中国社会治理智库丛书·民俗学系列

现代民俗学的视野与
——民俗主义·本真性·公共民俗学

下

周 星　王霄冰　主编

2018年·北京

第四单元

民俗主义与本真性

伪民俗的制造*

〔美〕阿兰·邓迪斯

  1950 年,在一个半通俗期刊《美国信使》(*American Mercury*)上,民俗学家理查德·道尔森(Richard M.Dorson)发表了一篇短文,篇名是"民俗与伪民俗"[1],在这篇文章中他创造了一个新名词"伪民俗"(Fakelore)。在这篇短文之后,道尔森倾其毕生,开始致力于科学的民俗研究和对伪民俗的攻击。他多次强调二者的区别,例如发表于 1969 年的论文"伪民俗"和 1976 年出版的《民俗与伪民俗:民俗研究方法随笔》(*Folklore and Fake lore*:*Essays toward a Discipline of Folk Studies*)。

  道尔森是如何定义"伪民俗"这一概念的呢?"伪民俗是打着地道的民间传说旗号,假造和合成出来的作品。这些作品不是来自田野,而是对已有文献和报道材料不断进行系列的循环反刍的结果,有的甚至纯属虚构。按照保罗·班扬(Paul Bunyan)的形象描绘出来的数个'民间英雄'就是这样,他们是凭借一些起码的口头传说的滴流,进行文学开发的结果。"[2]

---

* 本文由周惠英译自 Alan Dundes, *Folklore Matters,* University of Tennessee Press, pp.40-56. 译文曾经陈建宪校定。 本文原刊于《民间文化论坛》2004 年第 5 期。
[1] 道尔森文章原名为 Folklore and Fake Lore,后来他将 Fake 和 Lore 合成为一个新词 Fakelore。——译者
[2] Richard M. Dorson, "Fakelore", *Zeitschrift für Volkskunde*, 65(1969), pp.56-64.

道尔森对伪民俗和制造伪民俗的人们进行了反复批判，近乎一种尖刻的批评。他似乎从未倦于批评所有"实际是人为合成，却声称是真实可信的口头传说，只适宜于启迪大众的那些作品"，他甚至指责"作者、编辑和出版商们都在误导欺骗大众"[1]。

道尔森特别指出了保罗·班扬的故事系列，他断言"并没有保罗·班扬这么个人"。对道尔森而言，保罗·班扬正好是他所定义的伪民俗的典型范例，大部分流传着的班扬奇遇在各种有据可查的作家创作中出现，甚至有人印发这些故事作为红河木材公司商业广告的一部分[2]。这里虽然也许是有最初真实的，如道尔森贴切形容的"口头传说的滴流"，但是关于保罗·班扬，很明显他的绝大部分已出版的故事却从未在人们口头上广泛流传，当然，"滴流"一词的深浅还一直处在人们激烈的讨论之中[3]。

道尔森经常表示轻蔑的另一个对象是本杰明·波特肯（Benjamin Botkin）编纂的民俗系列"宝库"丛书。波特肯在1944年出版了极受欢迎的《美国民俗宝库》(*Treasury of American Folklore*)，由于主要依靠印刷品和书写材料，波特肯在为他的宝库所指向的更广大读者群改写这些材料时大展手脚。道尔森评论波特肯离不开图书馆时将他比做"在市场上买自己钓的鱼的体面渔夫"[4]。

需要说明的是，道尔森批评的不是运用真正的民俗作为素材或灵感来写作散文或诗的诗人和作家们。因为文学作品取材于口头传说久已成为一个光荣的传统。道尔森反对的是，将原先个人杜撰的材料公然冠以纯粹的口头传说之名。在道尔森看来，民俗与伪民俗之间不可否认有着一好一坏的分别。

另外，伪民俗还应与民俗的遗存（survival）和复兴（revival）两个概念区

---

[1] Richard M. Dorson, *Folklore and Fakelore: Essays toward a Discipline of Folk Studies*, Cambridge, Mass.: Harvard University Press, 1976, p. 5.

[2] Danirl Hoffman, *Paul Bunyan: Last of the Frontier Demigods*, Philadelphia: University of Pennsylvania Press, 1952. p. 74; Richard M. Dorson, *American Folklore*, Chicago: University of Chicago Press, 1959, pp. 217-218.

[3] Edith Fowke, "In Defense Paul Bunyan", *New York Folklore*, 5(1979), pp. 43-51.

[4] Richard M. Dorson, "Folklore and Fakelore", *American Mercury*, 70(1950), p. 338.

分开来。遗存意味着传统的延续，不管它在形式上怎样的缩减或改变，至少作为民俗它还存在着。复兴则是传统有过中断之后，有意识地唤醒并恢复曾经兴起过的一种民俗。伪民俗，相反，根本就从未存在过——至少在可见的形态上。

尽管纯粹主义者和经院式的民俗学家以伪民俗为敌不难理解，但从伪民俗一直试图改变甚至取代真正的民俗来看，从民俗研究的开端18世纪末起，伪民俗的存在就与民俗研究产生了复杂的不可分割的联系。道尔森的看法尽管有历史性的重大意义，但他似乎并未把给了他当之无愧的荣誉的"伪民俗"概念与著名的或者说有着非议的三部作品联系起来。它们是18世纪60年代出版的詹姆斯·麦克菲森的《莪相诗集》、格林兄弟1812年至1815年出版的《儿童与家庭故事集》和1835年出版的芬兰民族史诗《卡勒瓦拉》。

詹姆斯·麦克菲森（1736—1796）于1760年出版了在苏格兰高地收集到并由盖尔语译成英语的《古诗片段》（Fragments of Ancient poetry collected in the Highlands of Scotland and Translated from the Gaelic or Erse Language）。紧接着在1762年发表《芬歌儿：一首古英雄叙事诗》（Fingal：An Ancient Epic Poem），1763年发表《贴莫拉》（Temora）。1765年这些作品被收进《莪相作品集》（Poems of Ossian），同年比肖普·珀西（Bishop Percy）的《英国古诗选》（Reliques of Ancient English Poetry）面世。很快它们的真实性遭到质疑。塞缪·约翰逊（Samuel Johnson）经过一些"田野"调查，1775年发表《苏格兰西方诸岛游记》（Journey to the Western Islands）。他指出，麦克菲森只是找到了古典诗歌的一些片段，诗歌的绝大部分是他自己组合而成，却以来自传说示人。[1] 苏格兰哲学家大卫·休谟（David Hume, 1711—1776）是卷入莪相之争的人之一。他也写了一篇短文"关于莪相诗歌的真实性"（Of the Authenticity of Ossian's Poema）表达他的疑问[2]，但由于种种个人和政治原因这篇短文直到

---

[1] Phyllis A. Harrison, "Samuel Johnson's Folkloristics", *Folklore*, 94(1983), pp.57-65.
[2] David Hume, *Essays: Moral, Political and Literary*, London: Longmans, 1898, Vol.2., pp.415-424.

1864年才发表。① 1763年在写给雷维伦德·修·布莱尔（Reverend Hugh Blair）的信中（布莱尔于同年写了"评《莪相作品集》"[Critical Dissertation on the poems of Ossian]，为麦克菲森声辩其作品并非伪造等），休谟要求证据而不只是相信，"这些证据不应是尚在争论的东西，而是证词"②，并且这些证词中应包括口头传说的资料。休谟坚持对可证实口头材料的要求将争论推进了一大步。③

对可能存在的盖尔莪相诗人原始资料的详尽研究表明，麦克菲森虽然引出了苏格兰高地口头传说的真实源流，但他并没有忠于原始资料。诗的破格和他对盖尔方言词汇明显错误的理解，使作品与原来的口头风格相去甚远，显出了文学的混杂。④ 麦克菲森对一首首民歌的不同版本进行综合成书，并且自由地增删。经麦克菲森改写之后，生动的歌谣变得"拗口不连贯"，还有人说："麦克菲森似乎可以说独创性地改编了原始素材，但同时他也失去了故事的大部分。作品内容变得晦涩……经常地，很难令人将故事读下去。在他的讲述中，故事失去了它原有的悲剧性、动人之处和崇高品格，几乎失去了它所有意义。"⑤ 对莪相资料进行了最全面研究的作者则评述道："看来，跟麦克菲森其他著作一样，要想判断哪里是有意篡改哪里是想忠实记叙却判断失误，并不是件容易的事。"⑥

往好的方面讲，看来麦克菲森确实是收集了口头传说的碎屑，但是他假定它们是一首古老史诗，并据此尽力将它们组成一个统一有序的排列。⑦ 他的素材有些是口头片段，有些是手稿材料。然而，正如一位注释者所说："在他的绪言和长篇导论中，麦克菲森并没有向读者解释清楚，史诗是由一些片段组成，

---

① Neil R. Grobman,"David Hume and the Earliest Scientific Methodology for Collecting Balladry", *Western Folklore*, 34(1975), p.29.
② David Hume, *The Letters of David Hume*, ed. J. Y. T. Greig, Oxford: Clarendon Press, 1932, Vol.1, p.399.
③ Neil R. Grobman,"Eighteenth-Century Scottish Philosophers on Oral Tradition", *Journal of the Folklore Institute*, 10(1973), p.193; idem,"David Hume and the Earliest Scientific Methodology", p.29.
④ Derick S. Thomson, *The Gaelic Sources of Macpherson's Ossian*. Folcroft, Pa.: Folcroft Press. 1969.
⑤ Ibid., pp.29-55.
⑥ Ibid., p.71.
⑦ Baily Saunders, *The Life and Letters of James Macpherson*, New York: Haskell House, 1968, pp.9-140.

而这是他的作家朋友们都心知肚明的；不仅如此，他还在一篇文章中写到他是将所发现的东西原样呈现给读者的。"① 有资料显示麦克菲森在1762年的几个月中确实向出版商展示了他现场记录的"原件"，用来与存疑者核正。然而，麦克森并没有将这些原件全文印发。

如果说伪民俗是"打着地道的民间传说的旗号，通过假造和合成出来的作品"，那么麦克菲森的莪相诗就是最早成文的符合条件的伪民俗作品之一。但同时这件伪民俗作品显示出了它不可估量的影响。且不论莪相是伪民俗还是真民俗，它激起了全欧洲平民对诗歌的兴趣。18世纪新古典主义只是指向古希腊和罗马的正统典型艺术。而从苏格兰高地引出口语诗歌的源流意味着，史诗不仅来自古代，同样可来自现代未受教育的农民。对高尚的野蛮人的颂扬也来自他们。并且由此开始出现浪漫主义、尚古主义和民族主义的一种奇特融合，它们在19世纪盛行，并将一直相携发展，直到将民俗学提升为严肃的学术研究的重要推动力出现。

提及民俗科学的创立，我们不能不提到格林兄弟。他们被看成民俗学研究的先锋人物。他们收集并出版德国民俗，由此引发了一场实质性的智力革命，激励着在许多个国家里热望成为民俗学家的人们不断收集他们本地的传说。1815年雅各布·格林（1785—1863）发了一份关于怎样收集口头传说的特别建议的通告。他概括道："首先，我们应该忠实而准确地从讲述者口中得到每一细节，尽量采用他们的原话，不要捏造或添加……"在此之前，1812年的《儿童与家庭童话集》(Kinder-und Hause, rchen)第一卷序言中，格林兄弟声明："我们已尽力将这些童话原汁原味地奉献出来……没有环境的添加，没有修饰，也没变动……"但格林兄弟并没有做到他们所宣扬的。因此，格林童话第21篇《灰姑娘》(Cinderella)在1812年的版本，到1819年即7年后就被按照黑森（Hesse）的三种译文扩展和改写了。格林兄弟，特别是威廉·格林，开始结合各种译文写成合集，并按需填充细节或重新讲述比原文更"简单而纯粹"

---

① Ibid., p.174.

的故事。

　　对视为神圣的格林民间故事真本的深入研究，揭示出很多这样有出入的地方①。更为严重的是，有资料证明，格林兄弟不仅篡改了他们声称是从农民口中直接采集的故事，还伪造了提供者的资料。举个例子，他们说，多拉斯·维曼（Dorothea Viehmann）是个理想的讲故事的人，她是凭记忆讲述古老的黑森人童话的德国农民。然而事实上他们很清楚她是个受了教育有文学素养的中产阶级妇女，她的母语是法语而非德语。②格林兄弟的错误包括他们隐瞒了材料的出处，甚至销毁了所有有关手记的原件。据艾利斯（Ellis）判断，销毁它们是"为了确定没人知道他们实际上过分精心地重写了他们所有的原始材料，随心所欲地改变形式和内容，将它的长度扩展为原来的两倍甚至三倍"。结论就是，"格林兄弟想要创造一个德国的伟大民族遗产，却装作只是发现了它们；之后，没有人会想把他们推翻"③。事实上民俗学家们试图将这些事实整个掩饰过去，继续把格林兄弟研究民俗的成果和方法树为典范加以颂扬。

　　确实，把格林兄弟著名的《儿童与家庭童话集》划归为伪民俗实在是种亵渎，但某种程度上口述材料已被重写，经过了修饰和详尽描述，然后以纯粹真实的口头传说的身份示人，则确实已经成为伪民俗的一大案例。对于麦克菲森和格林兄弟，你可以很合理地说，从他们声言所做的，即从农民口中采集到用他们自己语言讲述的民间传说这一点看来，他们对民俗学发展起到了重要作用——不管他们对待这些口头材料是多么的随便。

　　格林童话出现后几年，19世纪20年代末，一个年轻医生兰罗特（Elias Lonnrot, 1802—1884），开始广泛地收集民间诗歌，特别是芬兰卡累利阿（Kaeelia）诗歌。1831年，兰罗特和一些志同道合的朋友组成了芬兰文学社，

---

① John M. Ellis, *One Fairy Story Too Many: The Brothers Grimm and Their Tales*, Chicago: University of Chicago Press, 1983.

② Ibid., P.32. See also Heinz Rölleke, "The Utterly Hessian Fairy Tales by Old Marie: The End of a Myth", in Ruth B. Bottigheimer ed., *Fairy Teles and Society: Illusion, Allusion, and Paradigm.*, Philadelphia: University of Pennsylvania Press, 1986, pp.287-300.

③ Ibid., p.100.

后来它逐渐成为收集和研究芬兰民俗的一面旗帜。20 世纪 30 年代初，兰罗特一边继续他的田野作业，同时开始考虑把不同的诗歌排列起来，放进某种叙述逻辑中去。1835 年《卡勒瓦拉》(Kalevala)初版面世。这本书猛然叩响了芬兰民族意识之弦，它被尊为远古以来就存在的史诗。兰罗特因为成功地将它的碎片还原成完整的形态而备受推崇。他和其他致力于芬兰传统文化的学生们采集了更多的诗。1849 年，他出版了修订本。1835 年的初版《卡勒瓦拉》有 32 首诗，5052 行。而 1849 年版的却有大约 50 首共 22795 行。总共有多少芬兰人曾经认定《卡勒瓦拉》是真实的口头史诗并不清楚。有些人知道是兰罗特将独立分散的不同诗歌连在了一起，但他们认为至少这些单个的诗歌是真实可靠的。但威廉·威尔逊指出："事实上，不只《卡勒瓦拉》是首合成的史诗，其中单个的诗歌也是合成的；没有一首诗歌是以人们叙述时候的样子出现在《卡勒瓦拉》中的。"[1]

《卡勒瓦拉》看起来是伪民俗的一个典型。它对可能是或可能不是最初口头讲述的情节进行文学修饰甚至重写。然而芬兰主要的民俗学家维护了《卡勒瓦拉》作为合理的民族性民间史诗的地位。除了卡尔·科隆——他是赫尔辛基大学的第一位民俗学教授，于 1888 年开始任教，1908 年成为芬兰比较民俗学的首席永久教授——他并未维护《卡勒瓦拉》。科隆是著名的"民俗学之友"(Folklore Fellows)创始人之一。"民俗学之友"成立于 1907 年，是以提升民俗学研究规范为己任的国际性组织。实际上他声言兰罗特尽管受过大学教育，仍可看作是一个民间诗人[2]。科隆当然很清楚，并且最终承认虽然《卡勒瓦拉》将一直是芬兰文学的基础，但因兰罗特对原材料的秩序有许多变动，它已毫无科学研究的价值[3]。芬兰民俗学家玛蒂·哈维伊瓦(Martti Haavio)曾经评

---

[1] William A. Wilson, *Folklore and Nationalism in Modern Finland*, Bloomington: Indiana University Press, 1976, p.40.

[2] Jouko Hautala, *Finnish Folklore Research 1828-1918*, Helsinki: Societas Scientarum Fennica 1968. p.104; Wilson, *Folklore and Nationalism*, pp.74-75.

[3] Hautala, *Finnish Folklore Research*, p.120; Wilson, *Folklore and Nationalism*, p.75.

论到，正是科隆提醒了他，"《卡勒瓦拉》坦率的说话方式，显示了它是个伪造品"。[1]问题在于尽管民俗学家们明白，哈维伊瓦 1954 年所说"《卡勒瓦拉》并不是严格意义上的民间传说"确为事实，但是芬兰人包括很多知识分子，都宁可相信《卡勒瓦拉》是真正的民间史诗。[2]

浪漫主义和民族主义的力量在芬兰曾经——现在也是——如此的强大，以至于人们曾经相信的东西——现在也还相信的——远远比真相重要。所以既然芬兰人民相信《卡勒瓦拉》是民间史诗，芬兰（和外国的）民俗学家指出它是伪民俗就毫无作用。顺带提一句，爱沙尼亚人对自己所谓的民族史诗《卡列维波埃格》（the Kalevipoeg）也有类似强烈的民族情感，部分原因是他们受到了芬兰史诗《卡勒瓦拉》的激发（或出于妒羡），虽然《卡列维波埃格》与真实的口头传说之间的联系比后者还要少[3]。

民俗学家无法阻挡人们相信伪民俗的东西就是民俗。对美国保罗·班扬，我们能得出同样的解释和推断。一个遭到道尔森批评的大众化作家回应道："既然美国民众认为保罗·班扬是个民间英雄，那我们就只好把他当作民间英雄"[4]。班扬的伟大故事是不是伪民俗，这引起了一场尖锐的争论。并且很明显，班扬还有可能是加拿大人而非美国人。但只有民俗学专家们关心它的口传来历。我相信几乎大部分的美国人都把班扬看作真正的美国民间英雄（除了相对少数读过道尔森的反对意见的人）。许多的班扬雕像使美国风景自小屋门前到高速公路上的餐馆都增色不少，这证明班扬已深深地进入了美国人的意识。最使道尔森恼火的是，在他自己的散文选集《美国民俗和历史学家》（*American*

---

[1] Wilson, *Folklore and Nationalism*, p.75.

[2] Olli lho, "On Nationalism ina National Science", *Acta Sociologica*, 20(1977), pp.293-299. Aimo Turunen,"Folk Epic to National Epic: Kalevala and Kalevipoeg", in *Folklorica: Festschrift for Felix J. Oinas*, ed. Egle Victoria Zygas and Peter Voorheis, Indiana University Uralic and Altaic Series 141. Bloomington: Research Intitute for Inner Asian Studies, 1982, pp.277-289.

[3] Otto A. Weberman,"Kreutzwalds Kalevipoeg: Zur Problematik des estnischen Epos", in *Volksepen der uralischen und altaischen Völker*, pp.13-35.

[4] Richard M. Dorson,"The American Fakelore Scene", *Folklore*, 74(1963), p.439; cf. William S. Fox,"Folklore and Fakelore: Some Sociological Considerations", *Journal of the Folklore Institute*, 17(1980), p.251.

Folklore and the Historian）的书皮上，很显赫地印上了一张班扬的照片，而成了"伪民俗"的记载。出版社是不向作者征求封面设计的意见的，但它却以班扬的照片显示了民族大众文化的力量。班扬扛着一把巨斧站在封面上。而书的作者，在他长长的杰出的学术生涯中消耗了相当的时间和精力，只为证明班扬是伪民俗！

我们只能猜想或许口头传说对于民俗并不足够。在苏格兰、德国、芬兰和20世纪的美国，创造传统成了一种不容置辩的需要。不仅创造，还将它划入传统之列！麦克菲森声称莪相诗歌是真实的口头诗歌；格林兄弟坚持他们记载并呈现了纯粹的口头传说；兰罗特觉得他只是诚心诚意地重新叙述并还原了一部古芬兰的真实史诗；并且或许各位保罗·班扬故事的作者们都认为，他们只是修饰或扩展了一下一位真实存在过的民间英雄的经历。

在我们终于看清了一些明显的关系之后，我们能从这些迥异的伪民俗案例中辨明一个共同的因素。以上的例子当中，我们谈及的国家都有一种强烈的自卑感——准确地说，整个国家都在遭受着这样一种情结的影响。举例来说，苏格兰，在18世纪晚期是英国人谈笑和辱骂的对象。[1]休谟自己是苏格兰人，他在1776年3月18日给爱德华·吉本的信中说起苏格兰高地人："我知道你对莪相诗歌的真实性持有莫大的怀疑。这当然无可厚非。确实，任何有头脑的人都会想到，两万多首诗，陈述着无以计数的历史事实，被这个或许是欧洲最野蛮的民族，在这块最贫困、最混乱、最不安定的土地上，居然以口头形式保留在50代人中流传，这确实是不可思议。"[2]他在一篇关于莪相诗的真实性的文章中逐字重复了这段话。虽然休谟急于找到一个有价值的苏格兰诗人显示苏格兰民族的伟大，但他认为苏格兰人应该避免用其民族的口头语即苏格兰盖尔语写作，而应该用高级的英语[3]。这对于民俗学的发展简直是一种讽刺。同样的事在各地都发生着，与之联系的是有关知识分子对民间对民俗怀有的一种强烈的无

---

[1] Saunders, *The Life and Letters of James Macpherson*, pp. 183-187, 196.

[2] Hume, *Letters*, Vol. 2, p. 310.

[3] Grobman, "David Hume and the Earliest Scientific Methodology", p. 18.

法解决的矛盾情感。一方面，百姓都太普通了，低贱平民，用休谟的话说，他们是粗俗的。百姓是人口中愚昧落后的一个部分，优秀的知识分子为之羞耻。另一方面，民间又世袭着民族荣耀和浪漫的痕迹，热忱的知识分子又应为之颂扬。因此休谟搜索出一个苏格兰的民族诗人，却否定粗鲁的苏格兰高地人，并且拒绝盖尔语而采用英语。同样的情景出现在许多国家。知识分子面对他们的群众和民俗尴尬而又自豪。低劣培育了优越！特罗维·罗珀（Trevor Roper）概述了麦克菲森的我相怎样使苏格兰高地人变得不被小看的了："原先就像无序的野蛮人，连苏格兰低地人都鄙视他们，在爱尔兰人眼中他们是可怜的没文化的穷亲戚，现在因为创造了一首精致优美、高雅而感性的英雄史诗，苏格兰高地人就被整个欧洲称赞为有着高度文化的民族，而英国和爱尔兰无形中就下降到一种野蛮状态了"[1]。

与之相对应的是格林兄弟之前德国的情景。"不知什么原因，18世纪中期的德国文化相比于它的邻国一直处于落后状态，而且陷于为自己民族文化自卑的苦恼中……那时候的德国嫉妒地注视着它邻邦的文化；即使伟大的爱国者和民族英雄弗雷德里克（Frederick），普鲁士国王，都拒绝使用德语，而用法语说话和写作。他如此的崇信法国文学和文化的先进性，连莫扎特和歌德的出现都动摇不了他。"[2]

在芬兰，几个世纪以来人民都处在瑞典政治文化统治之下。威尔逊（Wilson）确切地指出："芬兰的民族意识开始它首次轰轰烈烈的觉醒是有悖于芬兰文化瑞典化了这一背景的。"[3] 到18世纪末，受教育的芬兰人都还说瑞典语，只有农民说芬兰语。

这么些相近的事例绝非偶然，我想一般来说美国人对欧洲一直有自卑感，尤其对英国和法国。就是到了20世纪初，美国的精英人物、艺术家、作家、

---

[1] Hugh Trevor-Roper, "The Invention of Tradition: The Highland Tradition of Scotland", *The Invention of Tradition*, ed. Eric Hobsbawm and Terence Ranger, Cambridge: Cambridge University Press, 1983, p.18.

[2] Ellis, *One Fairy Story Too Many*, p.3.

[3] Wilson, *Folklore and Nationalism*, p.5.

作曲家们，都还宁愿到欧洲生活和学习，而不愿意待在美国，要美国人忘记他们是生长在早先的殖民地上实在不容易。他们还在想着生活在"省"里，并且追随旧世界（欧、亚、非三洲）的艺术、音乐、文学，甚至还有烹调和服装的潮流。保罗·班扬反映了美国的自我形象：高大强壮，但不够智慧文雅。在某种程度上，美国人的自我形象是很"质朴"的，美国政治家们老是觉得在人口上、策略上都比老练的欧洲主导国家略逊一筹，1812年英美战争并没决定什么，但它的确表现了美国对英国的愤恨，以及美国想摆脱英国政治和文化统治的挣扎。直到第一次世界大战之后，美国才开始真正在世界强权的舞台上占据中心位置。

在这样的背景之下，保罗·班扬的许多故事几乎在同一时间出现并非偶然。有关保罗·班扬的口头记载出现在20世纪初[1]，他首次亮相是在1910年7月25日《底特律讲坛》（Detroit Tribune）的一篇特别论文中，1914年则出版了一本30页的小册子《维斯特渥德·卡尔之保罗·班扬引介》（Introducing Mr.Paaul Bunuyan of Westwood Cal.）[2]。本杰明·波特肯（Benjamin Botkin）的畅销文集《美国民俗宝库》初版于1944年，正值第二次世界大战期间。虽然道尔森苛责保罗·班扬的故事和波特肯的《宝库》是伪民俗——二者都对口头原始资料进行了文学性的改写，既有创造又加入了新的（而非传统的）细节——但他疏忽了他们出现的时间可能具有重大意义。

伪民俗明显满足了一种民族心灵的需要：维护一个民族的身份，使之不断增加民族自豪感，特别是在危机时期。霍布斯鲍姆（Hobsbawn）断言："旧有的方式尚存的地方，传统既不用复兴也不用新创。"[3] 或许民俗正好满足了对民族特性的渴求，但在认为自己民俗缺乏或不够充足的地方，有独创力的作家个体就会怀着民族热情填补那个空白。他们根据所需创造民族史诗或无中生有地创出"民间"英雄来，他们通常会编造并填充民俗片段，进行伪

---

[1] Fowke, "In Defense Paul Bunyan", pp.44-47.
[2] Dorson, *American Fakelore*, pp.216-217.
[3] Hobsbawm and Ranger eds., *The Invention of Tradition*, p.8.

民俗的制造。

对伪民俗进行研究，也就需要运用非口头资料。苏格兰高地的褶裙和格子呢跟袈裟一样都属于苏格兰伪民俗。[1]自19世纪后期以来，露天民俗博物馆在欧洲极为盛行，配置着各样建筑，从不同的处所移来形成一个综合"村落"。而且每一座建筑内部陈设都在不断增加，样式还层层出新（并不总是以它原来的样子）。每一个房间表达一个综合文本的类似品。并不只伪民俗是制造的，民俗发展的历史也是个制造的过程。有无数对过去"黄金时代"的历史妄加编撰的例子，就是为了支撑一个特定民族或种族的自尊。[2]

民俗学家早就认识到了民族主义与伪民俗之间的联系。[3]但他们并未看到民族自卑感和制造伪民俗之间可能存在着联系。我认为，如果说民俗根植于民族主义，伪民俗可说是源于民族的文化自卑感。而民族主义的情感与文化自卑感相连，所以民俗与伪民俗之间也是相连的。很明显，是强烈的自卑迫使某些民俗学的先锋为了"改进"民俗，夸张地改变了他们采集来的民俗，这样就使之与看起来更高级的古典文学遗产平起平坐了。在这种情况下，民间故事是如此急于证明这种平等——甚至更高级——以至于自命为代表的人就自觉地承担起操纵甚至虚构一些材料作为佐证的责任。

虽然口头和书面文学存在常规性的区别，但这些爱国的早期民俗采集者，代表性地把文学准则强加在口头材料上。民俗的成品永远都是自觉而为的文学史诗或故事，而非没有自我意识的口头叙述。然而，由于这些好心的修正主义者宣称他们提供的材料绝对可靠，他们就犯了伪造民俗的罪过。

现在我们就好理解了，为什么是那些自我感觉比别国差的小国家，如相对较小的芬兰、匈牙利和爱尔兰，如此积极地收集并研究民俗；并且也知道了为

---

[1] Trevor-Roper,"The Invention of Tradition: The Highland Tradition of Scotland".
[2] Cf. Edward Shils, *Tradition*, Chicago: University of Chicago Press, 1981, p.62.
[3] 例如，芬兰维尔森写的《民俗和民族主义》，米德发表的《卡勒瓦拉与芬兰民族》（见《民俗》1962年第73期，第217—219页）；希腊的麦克·赫尔非德写的《重来一次：民俗，意识形态与建设现代希腊》（奥斯汀：德克萨斯大学出版社1982年版）；俄罗斯则有，非利克斯·J.欧依纳斯写的《苏联民俗的政治功用及其主题》，发表于《民俗协会》杂志1975年第2期，第157—175页。

什么有着优越感的国家——英国和法国，明显没有太大兴趣收集并研究他们的民俗（虽然英、法都致力于研究他们殖民地的民俗，但这只是他们为了更好地控制殖民地人民的一种表现）。这样看来，德国在遭受"一战"的屈辱之后，怎样借助民俗提高纳粹思想意识也就更清楚了[1]。纳粹意识甚至驱使"学者"创造出"反闪族（包括希伯来人、阿拉伯人、腓尼基人及亚述人）的谚语支持纳粹组织消灭犹太人"[2]，当然，这是所有成文的伪民俗中最大的一个暗疾。

把伪民俗放到一个更大的历史文化背景之中，我们就可看到它不仅仅限于20世纪的美国。我认为道尔森所说"其他国家并没有类似于美国的伪民俗问题"有误。而多数人附和了道尔森的观点[3]。伪民俗实际上在18世纪的苏格兰、19世纪的德国和芬兰，以及很多时期的很多国家都已出现。举个例子，比利时的查尔斯·德·科斯特（Charles De Coster, 1827—1879），把欧伦施皮格尔（Germanic Til Eulenspiegel）的全套故事中猥亵不当的字句删除，并进行了过多修改。由此1867年《欧伦施皮格尔神话集》（La Legended' Ulenspiegel）初版面世，1869年更成熟的修订本发行。虽然，书中将大部分原始的泥土味粗俗人物删除了，德·科斯特还是被誉为民族诗人，一些弗兰芒批评家称他的创新作品为"弗兰芒圣经"，说明它确实触到了弗兰芒人的灵魂。与之相似，在瑞士，在民族热忱驱使下的中小学教师们写作"民歌"补遗，同时传统的射击比赛依照威廉·特尔（William Tell）的仪式进行并制度化，由此增强瑞士的民族意识。

如果伪民俗如霍布斯鲍姆所说是"创造的传统"，而它又如以上材料所显示的不断蔓延，那么民俗学家该如何看待它呢？道尔森主张谴责它，但看起来

---

[1] Cf. Hermann Bausinger,"Volksideologie und Volksforschung: Zur national-sozialistischen Volkskunde", *Zeitschrift für Volkskunde*, 61(1965), pp. 1-8.
[2] Wolfgang Mieder,"Political Tool in Nazi Germany: The Promulgation of Anti-Semitism and Stereotypes through Folklore", *Journal of American Folklore*, 95(1982), p. 458.
[3] Fox,"Folklore and Fakelore", p. 251.

不怎么有效。因为，从理论上说，伪民俗能够成为民俗。一个综合文本，即使是制造的，它也能成为口头传说（举例说明，某些格林童话译文就以标准的童话类型在口头流传——在直接或间接从格林故事文本中习得它们的人口中）。但是整体而言，几乎没有伪民俗进入民俗。那些依照政府意识形态在宣传活动中制造的伪民俗，比如在中国[①]和苏联，就无法进入口头传说，除非碰巧是讽刺诗文。民间是很有鉴别力的，它不会接受虚伪的杜撰之事进入民俗。然而，制造伪民俗用以获利——这想法不错。如果伪民俗比民俗畅销，为旅游者和出口市场大量生产的就是伪民俗而不是民俗。民俗的商业化，致使伪民俗经常被这样开发利用。但民俗商业化[②]和伪民俗已经不新鲜了。新鲜的是这一事实：民俗学家们终于认识到二者的存在并开始了很严肃的研究。

对莪相、《儿童和家庭故事集》和《卡勒瓦拉》的概述，意在指出伪民俗并不是始自20世纪美国。它只是民族主义力量突显出来的结果。"一战"之后美国才真正开始成为世界强国，你不能期望美国人会有怀旧情绪，因为他们作为一个民族存在的时间太短了。在我看来，保罗·班扬跟莪相和瓦伊那默伊勒（Vainamoinen）一样，同是史诗里的一个民间形象。他象征着美国的广阔幅员和强大力量。他横扫过这片土地，从它富饶的自然资源中获取利益。作为美国人的自我形象，有意思的是他并不很聪明。他从不骗人，也没有高超的手腕。他只是通过蛮力和强烈的意志力，而非巧妙的外交手段解决问题。

就某种意义来说，为保罗·班扬这一人物是作家制作的"仿造品"而争论不休是没有意义的。不如接受这一事实，即伪民俗或许跟民俗一样同为文化必需的一个成分。与其先入为主地把伪民俗看作不纯不实之物加以抵制，我们不如以一个民俗学家的身份，利用民俗学方法来研究它。

---

① Alsace C. Yen,"Red China's Use of Folklore", *Literature East and West*, 8(1964), pp.72-78; Chung-ching Yen,"Folklore Research in Communist China", *Asian Folklore Studies*, 26(1967), pp.1-62.
② 参见 Hermann Bausinger, „Folklorismus in Europa. Eine Umfrage", *Zeitschrift für Volkskunde*, 65(1969), S.1-8。

关于伪民俗和民俗主义的备忘录
——以美国民俗学的讨论为中心[*]

〔日〕八木康幸

引言

  英语的民俗主义（Folklorism）一词，无疑是对德语 Folklorismus 一词的翻译。围绕这个概念的讨论，在德语圈有很多积累，在以美国为中心的英语圈的讨论，大体上不过是从德语圈的输入。在日本，德国民俗学者有关民俗主义的检讨，业已经由河野真和法桥量等人而得到颇为详细的介绍。河野真翻译并解说了民俗主义概念的提倡者汉斯·莫泽的贡献，以及向各国发送问卷、促使这一概念得到普及的赫尔曼·鲍辛格的贡献，作为这一概念在日本的介绍者，他发挥了很大作用[①]。法桥量以鲍辛格的讨论为线索，整理并介绍了此后科斯特林和波德曼等人有关民俗主义所开展的深入的理论探讨。[②]最近，由河野真翻译鲍

---

[*] 本文由周星译自《日本民俗学》第 236 号，第 20—48 页，2003 年 11 月。
[①] 河野真：「解説」、『愛知大学国際問題研究所紀要』、1990 年、第 39-47 頁。河野真：「フォークロリズムからみた今日の民俗文化－ドイツ民俗学の視角から－」、『三河民俗』第 3 号、1992 年、第 94-112 頁。
[②] 法橋量：「選択肢としての民俗文化－ドイツ民俗学におけるフォークロリズムの議論を、えぐって－」、『白山人類学』第 4 号、1996 年、第 42-68 頁。

辛格的《科学技术世界中的民俗文化》（2001）日文版得以问世[1]，并有门田岳久的书评[2]，由此，意味着民俗文化的二手性演出和利用的民俗主义的概念，以及相关的各种讨论，在关心民俗学的日本研究者中间，也更加广为人知。

在这种情形下，本文以远离德国、以北美为中心的英语圈对民俗主义的讨论为题，除笔者对英语刊物较为熟悉外，还有几个理由。[3]美国在早于莫泽论文的20世纪50年代，理查德·道尔森曾经展开过对伪民俗（folklore）的批判。[4]此后有关民俗主义概念的讨论，一般均要涉及伪民俗，多认为需要在与伪民俗概念的关联中去理解民俗主义。此外，正如近年一些展望性论文所显示的那样，讨论民俗主义时，梳理德国民俗学的讨论的同时，注意到东欧各国和苏联的民俗主义研究动向也很重要。[5]所以，有必要对于将德国民俗学的讨论相对化、在更为宽阔的视野中对民俗主义予以定位的尝试也给予恰切的评价。关于美国民俗学的现状，岩竹美加子编译了《民俗学的政治性——美国民俗学10周年的反思》（1996），这是一本优秀的出版物，但其中对于民俗主义的讨论并未给予足够篇幅[6]，特别是针对该书收录的克什布拉特—吉布利特（Barbara Kirshenblatt-Gimblett）论文中对民俗主义的论述，河野真提出了疑问[7]，因此，对于美国最近有关民俗主义概念的讨论，也就有必要予以明确。

进入论述之间，尚有几点需要说明。首先，日本民俗学和欧美民俗学的研

---

[1] 不过，该书英文版（Bausinger, 1990）在出版时追加的第五章有关民俗主义的讨论，在以原著为依据的河野真译日文版中，没有被包括进来。
[2] 門田岳久：「ドイツ民俗学の転機とフォークロリスム―バウジンガー『科学技術世界のなかの民俗文化』を読んで―」、『日本民俗学』第232号、2002年、第139-145頁。
[3] 在为数不多的与美国民俗学的对象有关、涉及民俗主义的成果中，可以举出大月隆宽的述评。参见大月隆寛：「都市とフォクロア」、ジャン・ハロルド・ブルンヴァン：『消えるヒッチハイカー都市の想像力のアメリカー』、新宿書房、1988年、第279-302頁。
[4] Richard M. Dorson, "Folklore and fake lore", *American Mercury*, 70(1950), pp.335-342.
[5] Bendix, "Regina Folklorism: the challenge of a concept", *International Folklore Review*, 6(1988), pp.5-15. Šmidchens, Guntis, "Folklorism revisited", *Journal of Folk Research*, 36-1(1999), pp.51-70.
[6] 岩竹美加子編：『民俗学の政治性―アメリカ民俗学一〇〇年目の省察から―』、未来社、1996年、第45-47頁。
[7] 河野真：「民俗学と政治性または近代―『民俗学と政治性』によせて―」、『未来』368、1997年、第20-23頁。

究对象未必一致。特别是北美民俗学的研究对象,主要是民间故事、口头聊天等口头传承,以及音乐、舞蹈、祭礼行事、衣饰、食物等,即便将其以物质文化为对象的民俗生活研究的志趣包括在内,若和日本民俗学的研究对象相比较,也是相当限定的。反言之,又有"本土主义民族学"(nativist ethnology)之称的日本民俗学,其实倒有一些特别[1]。所以,必须理解其适用民俗主义概念的可能性,从一开始就有限度。

近十多年间,笔者个人以民俗主义为线索,研究了日本若干节祭和艺能,自觉处于某种必须负责的立场,尽管如此,笔者关心的主要是民俗主义概念在日本民俗学研究中的有效性,而不是美国的民俗文化和民俗学理论的研究动向本身。现在,要沿着美国民俗学的学术史及范式变迁等脉络来探讨民俗主义,对于截至目前并未研究美国民俗学的笔者而言,有力不从心之处。因此,本文以介绍重要的研究战果为主,只能算是一种粗略的述评。

道尔森对伪民俗的批判

意味着捏造的民俗之意的"伪民俗"一词,是由理查德·道尔森于1950年创造的[2]。道尔森对于经由作家和编辑创作的民俗,以及商业和政治对民俗的利用等予以激烈批判,前后持续长达四分之一世纪之久。他最初批判的对象是以保罗·班扬为代表的对于民族英雄故事的编造,以及获得巨大商业成功的本杰明·波特肯(Benjamin)编纂的《美国民俗宝库》[3]。他认为,这些有意识地予以加工、创作,通过大众媒体而广为传播的故事、歌谣、舞蹈、民俗艺术等,

---

[1] Marilyn Ivy, *Discourses of the Vanishing: Modernity, Phantasm, Japan*, The University of Chicago Press, 1995, p. 66.
[2] Richard M. Dorson, "Folklore and fake lore", A*merican Mercury*, 70(1950), pp. 335-342.
[3] B. A. Botkined., *A Treasury of American Folklore: Stories, Ballads, and Tradition of the People,* Grown Publishers, 1944.

为取悦大众、迎合其感伤与乡愁而不惜歪曲，故将其命名为"伪民俗"而予以强烈的批判[1]。道尔森认为，波特肯编纂的"宝库系列"丛书，意在娱乐，其中仅有若干片段具有民俗的属性。正如历史学者追寻史料、人类学者以能够确认的资料为必需一样，民俗学也必须保证自己的资料是在田野获得的真正的文本[2]。道尔森也承认波特肯是应予尊敬的前辈，所以，伪民俗争论的对象并不是非研究者。20世纪四五十年代，在美国民俗学会，有所谓纯粹主义者和通俗主义者对主导权的争夺，针对作家、记者、杂志编辑等业余民俗学者致力于创作迎合大众的伪民俗，以专业的学术性学会为目标的道尔森提出异议，不久他就任美国民俗学会会长，并以确立了大学研究者的优越地位而获得胜利[3]。在道尔森看来，这是为了确立民俗学在学术界中地位的战斗。

对于浪漫主义的民族主义对美国民俗的夸张，道尔森的理解是它同样是对民俗的一种加工行为，故也是他批判的对象。他激烈抨击政治意识形态对于民俗的操弄，其批判对象是纳粹第三帝国以及以苏联为首的东方阵营各国。在苏联，从民俗本是上层阶级向劳动者阶级的渗透这一资产阶级理论，向劳动者在阶级斗争之中创造了民俗这一教条实现了转换，开展了利用民俗的政治宣传，搜集民俗，并着力褒扬劳动者的民俗。[4]恰逢"冷战"时代，道尔森持续地批判共产主义各国对民俗的操作，并以对抗共产主义意识形态对民俗的利用为理由，坚决反对美国因国防教育法而消减大学对民俗学的资助[5]。

1969年《德国民俗学杂志》刊登了鲍辛格发送有关民俗主义的调查问卷

---

[1] Richard M. Dorson, "Folklore and fake lore", *American Mercury*, 70(1950), pp.335-342; Richard M. Dorson, *American Folklore*, The University of Chicago Press, 1959.

[2] Richard M. Dorson, *American Folklore*, p.285.

[3] Richard M. Dorson, "Fakelore", *Zeitschrift für Volkskunde*, 65(1969)pp.56-64.

[4] Richard M. Dorson, "Current folklore theories", *Current Anthropology*, 4-1(1963), pp.93-112.Richard M. Dorson, "Introduction", R. M. Dorson ed., *Folklore and Folklife*, University of Chicago Press, 1972, pp.1-50.

[5] Richard M. Dorson, "Folklore and National Defense Education Act", *Journal of American Folklore*, 75(1962), pp.160-164; Richard M. Dorson, *Folklore and Fakelore: Essays toward a Discipline of Folk Studies*, Harverd University Press, 1976.

之后五个国家的回应。①同期刊登的道尔森的"伪民俗"一文，虽不是对问卷的回答，但他在文章最后一段提到民俗主义。道尔森论述到，大众化、商业主义、大众媒体等裹挟文化之类的伪民俗问题，在美国的严重状况是其他国家难以比拟的，同时还提到由他本人担任编辑的《民俗学研究所杂志》预定出版德国、奥地利和瑞士民俗学特辑②的计划，他表示从已知的内容来推测，似乎看不到民俗主义有多大影响。他总结道：感伤地描述或廉价地装饰民俗素材，比起意识形态对民俗的操作还要好一些，那些更为阴险且不能忽视的伪民俗，在这些国家目前尚未有多么明显的进行。③

考虑到20世纪60年代初，汉斯·莫泽已经对民俗主义进行了详细讨论，可知道尔森当时对民俗主义的理解尚不成熟，而且，伪民俗这一用语也尚未扩展到能够适用于指称意识形态对民俗的利用这一侧面。但在1973年召开的以"现代世界的民俗学"④为主题的国际会议上，道尔森在主题讲演中提到民俗主义概念和鲍辛格的著作，介绍了德国民俗学是将祭礼、舞蹈、衣饰、工艺等被有意识地商品化的情形使用民俗主义这个词来指称⑤。在同时期的论文里，他向专业民俗学研究者提出应该学习的事项中，包括"区分商品化的、意识形态式的伪民俗或民俗主义与传统的民俗"，将商品化和意识形态的利用相并置，同时也将伪民俗与民俗主义相提并论⑥。

德国民俗学主要是从民俗的商品化这一文脉来论述民俗主义，就此而论，伪民俗和民俗主义的确有一定的共通性。关于民族主义和意识形态的作用，道

---

① バウジンガー、ヘルマン：「ヨーロッパ諸国のフォークロリスムス一学会から各国へ送付されたアンケート一」、『愛知大学国際問題研究所紀要』第90号、1990（1969）年、第49-58頁。
② 德语圈的民俗学特辑，刊登在1968年的《民俗学研究所杂志》上，参见 Special Issue, "Folklore in the German-sperking Countries", *Journal of Folklore Institute*, 5-2/3(1968)。
③ Richard M. Dorson, "Fakelore", *Zeitschrift für Volkskunde*, 65(1969), p.64.
④ 以"现代世界的民俗学"为主题的国际会议，在印第安纳召开，有31个国家的民俗学家参加。会议记录有《现代世界的民俗学》（Dorson ed., 1978），收入了23篇研究成果。
⑤ Richard M. Dorson, "Folklore in the Modern World", R. M. Dorson ed., *Folklore in the Modern World*, Mouton, 1978, pp.11-51.
⑥ Richard M. Dorson, "Is folklore a discipline?" *Folklore*, 84(1973), pp.177-205.

尔森的看法也是正确的。但是，伪民俗这一概念，从一开始就具有价值取向。对于道尔森来说，民俗学的对象亦即真正的传统性的民俗是存在的，因此，发现与之相反的伪民俗并予以排除非常重要。道尔森对存在真正的民俗深信不疑，将以假充真的伪民俗视为有害，认为其在研究上没有价值，以此种二元对立式的本质主义为前提，对保持民俗的人们对自己文化施以加工的行为不加包容，这可以说是道尔森伪民俗概念的特征，同时也是它的局限。

伪民俗与族群认同

阿兰·邓迪斯曾经在 1966 年的论文《美国的民俗概念》中，对道尔森的伪民俗概念的有效性提出质疑。[1]邓迪斯指出，有意识地对民俗进行操作并非多么特别之事，在复杂的现代文化中，其倾向正是并非被动地接受文化，而是能动地去形成文化，因此，美国民俗学将不得不重新思考人们对民俗之传播变迁过程的有意介入。[2]邓迪斯在资本主义和辩证法的唯物论亦即美国和苏联对民俗的改造之外，还举出了另外一个有意识地介入民俗的事例，亦即民俗的复兴。所谓复兴（revival）是传统中断之后发生的有意识的人为现象，民俗学家大多视之为模仿而投以怀疑的目光。但在现实中，民俗舞蹈和民俗歌曲的复兴见于美国各地。邓迪斯在此基础上，批判性地斟酌和复兴形成了对照的残存（survival）概念，并导引出 20 世纪前半叶的民俗学家马萨·沃伦·班库维斯的一段见解："民俗并不是没有生命的残存，而是活着的艺术。它经常采取新的形式，对古老的事物予以再创造"，进而提示了上述两个概念并不是对立的。

罗杰·亚伯拉罕和苏珊·卡尔切克的论文《民俗与文化多元主义》，是

---

[1] Alan Dundes, "The American concept of folklore", *Journal of Folklore Institute*, 3(1966), pp. 226-249.
[2] 1969 年，柳田八枝子介绍了美国口承文艺的研究动向，她曾提及邓迪斯的这个观点。参见柳田八枝子：「アメリカ合衆国における口承文芸研究の最近の傾向」,『日本民俗学会報』59、1969 年、第 19-26 頁。

1973年"现代世界的民俗学"国际会议的成果之一，其依据新的范式，对民俗概念进行了批判性检讨[1]。根据亚伯拉罕等人的意见，在现代美国的复杂且又异质的文化状况下，族群集团表演各自的民族传统，以维持其族群认同的需求非常强烈。构成其背景的乃是始于公民权运动的族群集团的意识，在20世纪60年代以降空前高涨。民俗学家注意到，尤其是由中欧、东欧、南欧出身，信仰天主教的劳工阶级所代表、被称为"白人族群"的、非盎格鲁·撒克逊系统的贫困白人移民及其子孙们，在文化的多元性格局中，日趋积极地表现各自的文化。同时，亚伯拉罕等人主张，传统的民俗学研究是对文本化的民俗进行文学的和历史的研究，今后应该转换为采用民族志的方法，重视言语和交流，以及共时性的、非历史的表演研究[2]。通过将民俗作为贯穿于日常和非日常的广泛性的表演来把握，民俗学家能够应对民族意识高涨的现场。他们主张不必介意真与假，或者民间与通俗之间的界限，针对族群集团对其传统更加自觉的表现，以及表演等新的自我宣传方式，民俗学应该采用自己的方法去加以研究。

出身匈牙利的民俗学家琳达·德科的论文《草莓栽培农民的葡萄收获祭》[3]，似乎是以将民俗与伪民俗的区别予以虚无化的方式来描述族群集团的行为。路易斯安那州有一个人口不到500人的小农庄阿帕道奋（Arpadhon），这是在1896年由一个材料公司开拓的匈牙利移民的村落，他们自称是美国最大的匈牙利人村落。村民中很多都是来自五大湖周边地区的矿业地带和工业都市、

---

[1] Abrahams Roger D. and Susan Kalcik, "Folklore and cultural pluralism", R. M. Dorson ed., *Folklore in the Modern World*, Mouton 1978, pp. 223-236.

[2] 道尔森曾将罗杰·亚伯拉罕和丹·本－阿莫斯等年轻一辈研究者的新动向，用contextual（上下文脉的、语境的）一词来形容（Dorson, 1972, pp. 45-47）。对于以交流为中心的表演研究的理论性立场，请参阅本－阿莫斯的论文（Ben-Amos, 1971）。日语对表演研究的介绍，较为详细的有：R.W.アンダーソン：「アメリカにおける民俗学の現状」、『民俗学評論』26、1986年、第3-9頁；飯島吉晴：「アメリカにおける『民俗』概念の変容―物から過程へ―」、『国立歴史民俗博物館研究報告』27、1990年、第201-219頁。

[3] Linda Dégh, "Grape-harvest festival of strawberry farmers: folklore or fake?" *Ethnologia Europaea*, 10(1977-78), pp. 114-131.

寻求农业和安居之地的移民们的后代。除了均是匈牙利人之外，他们彼此之间并没有血缘关系。20世纪初，村民们曾经学会了祖国匈牙利的葡萄收获祭的舞蹈和演奏，在每年10月一个星期日的傍晚举行丰收舞会，这种舞蹈不久就变成了阿帕道奋居民的共有财富。通过对舞蹈、服饰和音乐等深入研究，和他们自身的讲述，德科详细揭示了这些栽培草莓的农民，依据将匈牙利的民族传统抽象化的印象而表演丰收舞的情形。他们的舞蹈原本是19世纪的移民们在矿业劳动现场与乡愁一起追忆之物，也是迁移到阿帕道奋的早期移民以故乡的村落记忆为依托地的复兴之物。这些均已经颇为衰落，但通过参加1976年在华盛顿为建国200周年纪念举办的史密森尼民俗文化节，它们却又获得了全新的表述："恰是因为孤立，匈牙利人的文化认同得到了持续维系"、"保持着在祖国业已绝迹了的古风习俗"，等等。

德科认为，虽然有的民俗学家会从丰收舞当中找到伪民俗或民俗主义的证据，但在因为其将各种传统以混合形式随心所欲地表现为哈贝斯特舞而感到惊讶的同时，更重要的则是对它们予以接受。德科的结论是："持有并传承民俗的传统的强烈愿望，在他们的信念之下实现了。"他们对于风格与趣味的感觉，和语感一样因为文化的变迁而遭到损失，虽然已经不能区别民俗音乐、模仿的民俗音乐、大众音乐和都市流行音乐，但他们试图维持传统的意志，使得伪民俗变成了民俗。可以说德科的研究证明，通过分析在现实中展开的表演的历史背景，以及现场的状况等，根据前后语境的分析路径超越了民俗之真伪的讨论，具有丰富的可能性。

民族主义、意识形态和民俗

20世纪70年代的美国民俗学，关于伪民俗，超越亚伯拉罕等人的理论性探讨以及能够和德科的案例研究相匹敌的成果，几乎很难见到。一般对伪民俗的理解，依然停留在它是道尔森发明的用语，它是"作家创作的假冒民俗，却诈称为真。保罗·班扬的故事大都是伪民俗"[1]之类的水平上。"民俗主义"也是直接用德语词，并采用西文斜体字来表现，经常被认为不过是一个输入的概念而已。但是，在20世纪70年代，以远离北美的欧洲和亚洲为对象，有关对意识形态对民俗的支配，民族主义促使民俗的形成等的研究，却切实地有了很大进展。虽然其与伪民俗和民俗主义讨论的关系较为稀薄，但不容忽视的是这些动向促成了此后不久在20世纪80年代的理论深化。在此试举例子若干如下。

与西德的研究进展相呼应，库利斯塔·卡梅耐斯基研究了纳粹对民俗的利用。在国家社会主义的意识形态结构中，民俗学被赋予了核心性地位，很多民俗学家为纳粹的政策提供了合作。卡梅耐斯基讨论了党的意识形态亦即罗森伯格的文化政策，以及纳粹对民俗学文献的出版和专业杂志的刊行、曾经对国家社会主义运动发挥过作用的马库斯·希尔德贝尔特·贝穆的工作等[2]，揭示了北欧日耳曼民间故事被纳粹意识形态所替换，并被利用于教育课程和种族主义宣传的事实。[3]

印第安纳大学的《民俗学研究所杂志》，在道尔森主导下，陆续推出了一些项目规划，1975年由菲利克斯·奥伊纳斯担任编辑，推出了主题为"民俗与政治"的特辑[4]。以奥伊纳斯的论文《苏联对民俗的政治利用和主题》为首，收录了以苏联内部的乌克兰、西伯利亚，以及阿尔巴尼亚、中国等社会主义国家为田野，研究民俗与意识形态及民族主义之关系的论文。同时还收录了琳

---

[1] Jan Harold Brunvand, *Folklore: A Study and Research Guide*, St. Martin's Press, 1976, p.138.

[2] Christa Kamenetsky, "Folklore as a political tool in Nazi Germany", *Journal of American Folklore*, 85(1972), pp.221-235.

[3] Christa Kamenetsky, Christa"Folktale and ideology in the Third Reich", *Journal of American Folklore*, 90(1977), pp.168-178. 德语圈对民俗学纳粹化的研究，详见此后道乌和利库斯菲尔德的翻译和著述。请参见 James R. Dow and Hannjost Lixfeld ed.and tranal, *The Nazification of an Academic Discipline: Folklore in the Third Reich*, Indiana University Press, 1994, p.354 此外，道乌还翻译过利库斯菲尔德的著作。

[4] 1978年，在该特辑发表的主要论文的基础上，又追加了一篇讨论土耳其的民俗与民族主义的论文，由奥伊纳斯主编，出版了论文集《民俗·民族主义·政治学》。参见 Felix J. Oinas ed., *Folklore, Nationalism and Politica*, Slavica Publishers, 1978.

达·德科对民族性的研究、威廉·威尔逊关于叙事诗卡勒瓦拉与芬兰政治的研究论文等。

奥伊纳斯的论文揭示的历史表明，在革命后的苏联，被视为反映统治阶级意识形态而遭到敌视的民俗学研究，在 1934 年召开的全苏第一届作家会议上，由于高尔基的呼吁而恢复了地位，但通过大规模的采集计划、组织的编成、实施调查和出版研究成果等过程，民俗学研究作为应该为社会主义及共产主义意识形态做出贡献而成为宣传和教育民众的工具，被有意识地进行了筛选和利用[1]。重视世界性的比较研究和地理传播的形式主义与芬兰学派被认为有害而遭到压制，在斯大林、吉达诺夫行使权力的 20 世纪三四十年代，普罗普、吉尔姆斯基、阿扎多夫斯基、波卡特伊廖夫等学者遭到批判，或被迫进行了自我批判。不久，通过始于 1956 年的去斯大林化，民俗学家们虽然仍受到意识形态一些制约，但在某种程度上却也重获了自由[2]。

威尔逊对芬兰叙事诗卡勒瓦拉的研究揭示出，自 1835 年兰罗特（Elias Lönnrot）出版《卡勒瓦拉》以来，卡勒瓦拉总是与民族主义和政治意识形态相互纠葛在一起[3]。19 世纪初，芬兰区分为若干个语言集团，并不曾拥有共同的文学。当面临俄罗斯的统治和文化的俄罗斯化等危机时，兰罗特和他的伙伴们开始搜集地方的古老歌谣，并将其编缀组合成为民族的文学。这为芬兰人带来了对于自己过去历史的自豪感，发挥了作为独立的文明国家之证据的作用。威尔逊批判性地分析了围绕着卡勒瓦拉，20 世纪前半叶芬兰持极右政治立场的民族主义和共产主义分别与其民俗的关系[4]。

卡梅耐斯基的研究和"民俗与政治"的特辑，并没有直接提及伪民俗和民俗主义。但以赞美斯大林及其一派的歌曲和民间故事为对象的"疑似民俗"

---

[1] Felix J. Oinas, "The political uses and themes of folklore in Soviet Union", *Journal of Folklore Institute*, 12(1975), pp.157-175.
[2] Felix J. Oinas, "Folklore and politics in the Soviet Union", *Slavic Review*, 32(1973), pp.45-58.
[3] William A. Wilson, "The Kalevala and Finnish politics", *Journal of Folklore Institute*, 12(1975), pp.131-155.
[4] 威尔逊的研究，后以《现代芬兰的民俗与民族主义》为题归纳成书，并于 1976 年出版。参见 William A. Wilson, *Folklore and Nationalism in Modern Finland*, Indiana University Press, 1976.

（pseudo-folklore）^① 这一用语，几乎与伪民俗相互重叠。卡梅耐斯基和威尔逊所说的赫尔德的影响不仅在德语圈，甚至还波及斯拉夫各国和芬兰，就像卡勒瓦拉那样的民俗创造，总是和浪漫主义的民族主义运动相伴随。这个观点对于促进伪民俗与民俗主义的讨论得以深化是必不可少的理解。^②

东欧、苏联有关民俗主义的讨论

英国民俗学家威尼恰·纽沃尔（Venetia Newall）说他初次接触到民俗主义概念，是在1967年于比利时召开的国际民俗音乐协议会的大会上。^③联想到道尔森的情形，可知英语圈民俗学家得知民俗主义的概念，距离西德的讨论并没有很晚。但对于英语圈的民俗学而言，民俗主义不再是一个输入概念，而是作为folklorism予以接纳，是在20世纪70年代后半叶，其背景是这一概念不仅在德国和德语圈，在东欧各国及苏联也开始得到很多讨论这一基本事实。^④

根据邓雅·赖特曼－奥古斯丁在《现代南斯拉夫的传统文化、民俗与大众文化》^⑤中的介绍，20世纪50年代的南斯拉夫，由于工业的发展和都市化，以及政治上中央集权主义的影响，有一个时期，农民的出身遭到嫌弃，以传统的尚古主义为耻的风潮扩展开来。不久，到20世纪60年代后半期，伴随着政治

---

① Felix J. Oinas, "Folklore and politics in the Soviet Union", *Slavic Review*, 32(1973), p.16.
② Christa Kamenetsky, "The German folklore rivival in the eighteenth century: Herder's theory of Naturpoesie", *Journal of Popular Culture*, 6-4(1973), pp.836-848. William A. Wilson, "Herder, folklore and romantic nationalism", *Journal of Popular Culture*, 6(1973), pp.819-835. ウィリアム・A・ウィルソン：「ヘルダ、民俗学、ロマン主義的ナショナリズム」、岩竹美加子編：『民俗学の政治性－アメリカ民俗学一〇〇年目の省察から－』、未来社、1996年、第157-186頁。
③ Venetia J. Newall, "The adaptation of folklore and tradition(Folklorismus)", *Folklore*, 98(1987), pp.131-151.
④ 对鲍辛格的调查问卷做出回答，并刊登于1969年《德国民俗学杂志》的五个报告中，有三个来自当时的东方国家：波兰、匈牙利、南斯拉夫。
⑤ 收录于道尔森主编的《现代世界的民俗》（1978）一书，但赖特曼－奥古斯丁当时只提交了论文，没有与会。

和社会权力向地方分散的劳动者自主管理体系,促使社会生活出现了民主化,以及民族和地方层面上传统的再活性化,另一方面,市场经济也影响到大众文化,产生出将民俗作为观光和娱乐产业所需要的消费财富来定位的倾向。赖特曼-奥古斯丁对民俗主义的定位是将其置于传统的民俗和大众文化的关系之中,认为它存在于原本就有的民俗和作为所有文化性活动之构想的民俗之间,是具有二次性存在形态的民俗;他进而又指出其中还有两个层次:委身于现代媒体,却保持原初的健全艺术性的情形和作为大众文化而被商品化了的、传统的特性多已丧失的情形。①

同样是在20世纪70年代,阿尔伯特·贝茨·罗德也曾指出,在东欧各国,当初,民族认同的意识确实对民歌和舞蹈的演出发挥过很大影响,后来,商业主义和国家的宣传又为其提供了持续的动机;特别是在东南欧,民俗主义在其文化、经济、政治生活中的很多部分,均持续地发挥着重要作用②。正如他断言的那样,这一类理解,其实是继承了南斯拉夫有关民俗主义研究的活泼讨论。在东欧各国,一方面汲取了西德的成果,同时也对民俗主义追加了一些独特的检讨。

实际上,据匈牙利的威尔姆斯·沃伊德介绍,1977年该国曾经举办过数次涉及民俗主义的研究会;1977年和1981年,与国际多瑙河民俗节相配合,还举办了讨论民俗主义的国际会议③。以沃伊德为中心,民俗主义研究的很多成果被收录在从1979年至20世纪80年代陆续推出的《民俗主义纪要》中。沃伊德在其《今日的民俗与民俗主义》④中,注意到在文学和艺术中滋生的民俗主义

---

① Dunja Rihtman-Auguštin,"Traditional culture, folklore, and mass culture in contemporary Yugoslavia", R. M. Dorson ed., *Folklore in the Modern World*, Mouton, 1978. pp. 163-172.
② Albert Bates Lord, 'Folklore, "folklorism"and national identity', *Balcanistica: Occasional Papers in Southeast European Studies*, 3(1976), pp. 63-73.
③ Vilmos Voigt, "Today's folklore: A review", Irma Riita Jarvinen ed., *Contemporary Folklore and Culture Change*, Suomalaiseu Kirjallisuuden Seura, 1986, pp. 17-32.
④ 在英国民俗学会100周年纪念大会的记录集《20世纪的民俗学研究》(Venetia J. Newalled., *Folklore Studies in the Twentieth Century: Proceedings of the Centenary Conference of the Folklore Society*, D. S. Brewer Rowman and Littlefield, 1980)中,收入沃伊德几乎相同的论文。虽然民俗主义在欧洲广为人知,但在英国尚较为陌生,所以,该书编者威尼恰·纽沃尔在沃伊德论文的脚注中追加了简单的名词解说。

的重要性，同时还尝试对民俗主义的一般理论进行建构。沃伊德将民俗主义定位为民俗变成非民俗的过程，认为它和逆向的民俗化过程恰好构成了一对范畴。此外，与自从民俗学成为一门独立学问的当初就已经存在的浪漫主义时代传统性的民俗主义相对应，他还将巴托克和高大宜，以及俄罗斯时代的斯托拉维斯基的音乐，康定斯基、保罗·克利以及马克·夏加尔等人的绘画中所见的新的艺术，作为新民俗主义与之对置[1]。沃伊德的讨论，其特征在于他将利用民俗的文学和艺术的创造性行为，也作为超越时代的广义民俗主义来理解；进而还把19世纪以前传统性的民俗主义和20世纪的新民俗主义予以对置，但从中可以窥见其不言而喻的前提是认为民俗为农民的生活所支撑。可以说在将民俗文化作为农民文化来理解的东欧各国，有关民俗主义的讨论并没有去追问概念的前提，而是指向了类型区分的精致化及其应用。

赞赏民俗主义的正面作用的态度，以苏联的维克多·古瑟夫较为明显。古瑟夫刊登在1980年《民俗主义纪要》上的《现代民俗主义的主要类型》一文指出，民俗主义这一用语可以追溯到19世纪法国的保罗·塞比略特；在20世纪30年代，阿扎多夫斯基曾广泛使用民俗主义一词，用来指称或表示作家、文艺批评家、编辑等学术领域之外的人们对于民俗的兴趣；而在最近，民俗主义还被定义为民俗被同化为生活习惯、文化和艺术时发生变形的历史发展过程等，揭示了苏联的民俗主义研究与德国民俗学有所区别，而且是从更早的时期开始展开的事实。此外，他还指出，能够找到民俗通过与文化的不同发展阶段相对应而形成的各种民俗主义，莫泽和鲍辛格所说的民俗主义不过是现代民俗主义的一个类型而已，并提示了生活习惯、意识形态和艺术等三个类型的民俗主义[2]。据说古瑟夫曾经对包括沃伊德在内的东欧民俗学家产生了很大影响[3]。

---

[1] Vilmos Voigt, "Folklore and folklorism today", *Folklorismus Bulletin*, 1(1979), pp. 21-29.
[2] V. E. Gusev, "Principal types of present-day folklorism", *Folklorismus Bulletin*, 1980. pp. 12-14.
[3] Regina Bendix, "Folklorism: the challenge of a concept", *International Folklore Review*, 6(1988), pp. 5-15. Venetia J. Newall, "The adaptation of folklore and tradition(Folklorismus)", *Folklore*, 98(1987), pp. 131-151.

对伪民俗、民俗主义的评价和批判性的检讨

1984年3月，美国学术团体评议会人文社会科学部门和匈牙利科学院的共同委员会联合在印第安纳大学举办了主题为"文化、传统、认同"的国际学术研讨会。以撰文讨论史密森尼民俗节和公共部门民俗的出现及其反映的民俗歌曲复兴热潮的布鲁斯·杰克逊[1]及来自匈牙利、提出了自己的民俗主义概念的威尔姆斯·沃伊德[2]为首，阿兰·邓迪斯、琳达·德科等数位学者参与，通过相互的活泼讨论，极大地推动了关于民俗主义的理解。[3]

琳达·德科的论文《匈牙利人在新旧国家的认同表现对于民俗的利用》，也是这次研讨会的成果之一。[4]在对从18世纪后期到整个19世纪，具有学术研究与政治实践之双重属性的民俗学成果和各种概念进行再评价之际，以民族主义偏向，以及主张本真性的资料从今天的标准来看可被认为是捏造的等为理由，民俗研究的先驱知识分子们常常遭到责难。对此，德科持批评性的观点。在现当代，进一步的变化正在进行中，民俗在学术研究的目的下得到搜集和解释，或者被艺术家、作家、教育工作者，以及博物馆人士等专家作为可以利用的素材而予以资料化，进而还作为博得人气的节目被演出。此类学术的、应用的和娱乐的各种情形，均对民俗的承载者施以切实的影响，并形成了复杂的循环过程。基于这样的理解，德科指出，从学术上对民俗、伪民俗和民俗主义这

---

[1] Bruce Jackson, "The folksong revival", *New York Folklore*, 11(1985), pp.195-203.
[2] Vilmos Voigt, "The concept of today's folklore as we see it Budapest", Hungary, Europe, *Journal of Folklore Research*, 21(1984), pp.165-175.
[3] Neil V. Rosenberg, "The gredt boom", Neil V. Rosenberg ed., *Transforming Tradition: Folk Music Revivals Examined*, University of Illinois Press, 1993, pp.27-33. 除了布鲁斯·杰克逊刊登于1985年《纽约民俗》杂志上的论文之外，这次研讨会的主要成果，被收录在1984年的《民俗学研究》杂志（Special Issue, Culture,Tradition,Identity Conference, *Journal of Folklore Research*, 21-2/3［1984］）之中。
[4] Linda Dégh, "Uses of folklore as expressions of identity by Hungarians in the old and new country", *Journal of Folklore Research*, 21(1984), pp.187-200.

三个概念所做的严密区分，对于现代社会中的民俗学定义而言是无效的。

德科的具体研究对象是匈牙利人和匈牙利系的美国人，她追踪了他们从18世纪到20世纪之间，作为民族或族群认同的表现而利用民俗的作为。在祖国匈牙利，其主要表现为哈布斯堡帝国统治下希求独立的知识分子们的文学性民俗主义；在格林兄弟影响下，从抽象的农民印象去追寻理想而开展的民间故事与民谣的搜集，在世纪交替之际探寻农民音乐之古层的巴托克和高大宜的民俗主义；在农民歌谣和舞蹈演出中所反映的两次世界大战期间的民俗运动；在社会主义体制下，有组织的，且以国家规模所展开的民俗舞蹈和民俗艺术的民俗化；以及通过教育而使上述情形得以普及等等。在新大陆，德科指出，第二次世界大战之前合众国的同化政策和20世纪60年代以降的公民权运动这两种相互对立的情形，曾经对匈牙利裔美国人的认同自觉产生了很大影响；重要的还有以建国200周年的节庆为契机，促成了对于民俗文化的广泛发掘和再活性化。在此基础上，德科解说了早期移民所经验的文化变迁、两次大战期间对匈牙利民俗文化的接受、"二战"之后新移民带来新的民俗文化，以及最近20年与欧洲的关系等等，揭示了在旧世界与新世界、旧移民与新移民、民众与精英、都市和农村等的相互交涉当中，民俗作为农民的艺术日益鲜明地成为族群认同的象征性表现的过程。德科针对顺应各个不同时代而在民俗中产生的现象，毫不犹豫地使用民俗主义这一用语来指称。出自农民社会的民俗作为认同的表现，或作为传统化的对象，在现代社会面临着被选取的过程，对于详细分析了这些过程的德科而言，民俗和民俗主义的概念是相互渗透的，而不可能是相互排斥的。

另一方面，在道尔森创造伪民俗一词以后经过了35年，阿兰·邓迪斯对这一概念进行了独特的检讨。邓迪斯在《民族主义的自卑意识和伪民俗的捏造》[①]一文中指出，对于道尔森来说，民俗和伪民俗这一组二元对立是无疑存

---

① Alan Dundes, "Nationalistic inferiority complexes and the fabrication of fakelore: a reconsideration of Ossian, the *Kinder-und Hausmärchen,* the *Kalevala,* and Paul Bunyan", *Journal of Folklore Research,* 22(1985), pp.5-18. 作为此前的有关研究，威廉·福克斯曾经主张应该采用社会学的方法，探讨伪民俗在20世纪的意识形态霸权、文化霸权的形成中所发挥的作用。参见 William S. Fox, "Folklore and fakelore: some sociological considerations", *Journal of Folklore Research,* 17(1980), pp.244-261。

在的，在确认了所谓伪民俗可以区分为意味着传统之延续的"残存"，以及意味着传统在一时中断之后又被有意识地复活起来的"复兴"之后，他明确指出伪民俗实际上是从18世纪后半期以来，恰是在民俗研究肇始之际便已经同时存在。诸如1760年由苏格兰的詹姆斯·麦克菲森出版的《莪相诗集》、格林兄弟在1812年和1815年出版的《儿童与家庭童话集》，以及1835年得以出版的芬兰民族叙事诗《卡勒瓦拉》等等。根据邓迪斯的见解，麦克菲森出版的《莪相诗集》是由伪作和片段拼缀而成的创作，它被说成是盖尔（凯尔特）古诗的翻译，其实是早期最典型的伪民俗之一[①]。格林兄弟的《儿童与家庭童话集》，也与人为的操作不无关系。邓迪斯指出其在改版时曾经做过手脚的事实，并引用艾利斯最近的研究成果，指出讲故事的人是一位能够讲法语的受过教育的人，这显示格林童话也是伪民俗。进一步，为浪漫主义和民族主义所支持的兰罗特等人的《卡勒瓦拉》，也明显地有对田野资料的任意性编辑和对诗篇的反复操作，显然，它也是未曾作为通常的民俗而存在过的伪民俗。

邓迪斯推论道：苏格兰、德国和芬兰均是处在比其邻国及周边较为后进的地位，因此，也就更加强烈地需要有浪漫主义的民族自觉，正是这类文化的自卑感促生了伪民俗的出现。他同时认为，虽然既非理智又不精致，但既强且大的保罗·班扬正好填补了美国终于脱离英国的政治及文化统治、作为第一次世界大战后的大国开始起步时期这个新兴国家的传统的空缺，并作为满足其民族认同之欲求的自我印象而出现。道尔森曾经提到在商业主义发达的美国，伪民俗问题要比其他国家更为严重，但这是错误的。伪民俗在18世纪的苏格兰、在19世纪的德国和芬兰，进而在不同时代的很多国家均可见到它的发生。邓迪斯提出的问题是，如果把伪民俗视为霍布斯鲍姆所谓"创造的传统"，那么，民俗学家又该如何去考虑伪民俗呢？从理论上讲，伪民俗会变成民俗，但在现实中，即便是看社会主义国家的例子，几乎找不到转变为民俗的伪民俗。伪民

[①] 关于麦克菲森《莪相诗集》的讨论，现在仍在持续进行。2001年的《美国民俗学杂志》曾组编过一期特辑。 参见 Special Issue,"James Macpherson and the Ossian Epic Debate", *Journal of American Folklore*, 114(454)(2001).

俗和每每被归结为伪民俗的民俗商品化亦即民俗主义，这两种情形绝不是全新的现象，全新的只是民俗学家终于觉察到了它们的存在，并开始认真地对它们展开了研究。伪民俗和民俗一样，也是文化不可或缺的集合性要素，邓迪斯的结论是不应该像道尔森那样对伪民俗予以责难与拒绝，而应采用民俗学的方法，将其作为民俗学的对象加以研究。

民俗主义和公共部门

　　若依据瑞吉娜·本迪克丝的意见，大约是到20世纪80年代以后，经由对民俗学的历史所进行的内省和反思的检验，才引发了对于伪民俗概念的理论探讨，进而也才出现了将伪民俗统合进更为广泛的欧洲民俗主义的讨论之中的努力。[1]诸如重新检讨传统的概念，并追问表象的主体等，在始于这一时期对基本概念和方法的再检讨的动态中[2]，与民俗主义的讨论直接相关联的是，通过翻译将德国民俗学的研究成果介绍到英语世界，以及出现了总结德国和东欧相关讨论的展望性论文。由詹姆斯·道乌和汉约斯特·利库斯菲尔德编译的《德国民俗学》[3]于1986年出版。20世纪70年代后半期，美国学者道乌前往利库斯菲尔德所在的弗赖堡大学访学一年，接触到了西德民俗学的最前沿，以此为契机开始对德国民俗学进行编译工作，包括像鲍辛格《关于民俗主义批评的批评》那样的理论性研究，以及对民俗文化商品化所进行的案例研究等，共收录了1967—1977年间德国民俗学的成果19篇。在对既存概念进行追问的先锐性论文中，甚

---

[1] Regina Bendix, "Fakelore", Thomas A. Green ed., *Folklore: An Encyclopedia of Beliefs, Customs, Tales, Music, and Art,* Volume 1A-H, Abc-Clio, 1997, pp. 275-277.

[2] 关于美国民俗学的20世纪80年代，请参见岩竹美加子：「はじめに」、岩竹美加子编：『民俗学の政治性－アメリカ民俗学一〇〇年目の省察から－』、未来社、1996年、第9-61页。

[3] James R. Dow and Hannjost Lixfeld ed. and trans, *German Volkskunde: A Decade of Theoretical Confrontation, Debate, and Reorientation(1967-1977),* Indiana University Press, 1986.

至包含了在美国评论者看来显得粗暴的内容[1]，由此可见其冲击力之强。

威尼恰·纽沃尔的《民俗的适应与传统》一文，是他 1987 年 3 月作为英国民俗学会会长的讲演，这篇文章有一个副标题即"民俗主义"。[2]在为《20 世纪的民俗学研究》一书所写的序言中，纽沃尔曾经使用相当的篇幅来解说民俗主义[3]，他对民俗主义抱有持续而有强烈的兴趣，不仅解说了德国民俗学始于莫泽的有关民俗主义的讨论，进而还涉及东德、瑞士、匈牙利、希腊、阿拉伯各国及北欧各国等，介绍了欧洲各国很多研究者的研究业绩。在论文后半部分，他虽然对单纯地陆续指出国内民俗主义事例的姿态未能表现出批判的精神，但对欧洲民俗主义的研究状况所作的详细介绍，应该说贡献很大。

瑞吉娜·本迪克丝发表在 1988 年《国际民俗学评论》上的《民俗主义——一个概念的挑战》[4]一文，是英语圈民俗主义研究的重要成果。[5]在历史上欠缺明确的农民阶层的美国，并不需要面临和欧洲同样形式的对民俗的利用与民俗变形的问题。但是，在学术之外的场景下，从事专业性的工作，亦即所谓公共部门的民俗学家，可以说是通过参与对民俗的操作而与民俗主义发生关联。尝试通过对西德和东欧的民俗主义讨论和争论进行整理，进而将民俗主义的研究成果反映在美国对应用民俗学的讨论中。副标题所谓的"挑战"，意味着是对支配性范式的异议申述。

本迪克丝提示在民俗主义这一用语中存在着特别的含义[6]，其论文前后两部分，分别介绍了莫泽、鲍辛格、科斯特林、波德曼等西德的讨论，以及东欧

---

[1] Philip V. Bohlman, Book review: *German Volkskunde: A Decade of Theoretical Confrontation, Debate, and Reorientation(1967-1977), Journal of American Folklore*, 100(1987), pp.95-97.

[2] Venetia J. Newall, "The adaptation of folklore and tradition(Folklorismus)", *Folklore*, 98(1987), pp.131-151.

[3] Venetia J. Newall Introduction, V. J. Newall ed., *Folklore Studies in the Twentieth Century: Proceedings of the Centenary Conference of the Folklore Society*, D. S. Brewer·Rowman and Littlefield, 1980, pp.xv-xxviii.

[4] 该文是以 1984 年美国民俗学会大会上的发表为基础完成的。纽沃尔 1987 年的论文曾多处引用正在印刷之中的本迪克丝论文，所以，引用和被引用的年次顺序有所颠倒。

[5] Regina Bendix, "Folklorism: the challenge of a concept", *International Folklore Review*, 6(1988), pp.5-15.

[6] 关于德国民俗学中意味着非学术领域的"民俗"一词，请参见法橋量：「選択肢としての民俗文化－ドイツ民俗学におけるフォークロリズムの議論を、えぐって－」，『白山人類学』第 4 号，1996 年，第 42-68 頁。

的相关讨论。在东欧的情形下，基于国家的文化政策，民俗学家们积极地参与了民俗主义，也因此有沃伊德和古瑟夫等人对能够说明民俗与民俗主义之区分的理论框架的探索。本迪克丝特别关注的是，赖特曼-奥古斯丁和东德的海尔曼·斯特洛巴赫的讨论。在赖特曼-奥古斯丁的最新见解中，民俗与民俗主义之间是难分难解地相互结合在一起，若以萨格勒布民俗节为例，民俗学家慎重地选出真正的表演者，让他们站在萨格勒布的舞台上，但以此为契机，表演者们也就处于民俗主义的范围之内。斯特洛巴赫也指出了民俗主义概念的不确定性。当民俗脱离了原先的文脉而得以上演之际，经由教练和表演者的心理，它们就是艺术活动了，这是民俗转化为正当的文化遗产；但若从观众反应来看，却是有可能将它们作为历史的或民族志学的，亦即真正的民俗文化的一部分而予以接受。此类从无意识的自然态度中产生的人们的行为经常存在，其作为民俗正是民俗学家的对象。本迪克丝认为，这一类解释对社会性地定义的民众及其保持的民俗这一前提构成了追问，需要民俗学本身的再定义。

　　本迪克丝最后又回到了道尔森对伪民俗的批判，再次确认了美国民俗学所面临的应用民俗学和公共部门的课题。就是说，构成道尔森之批判依据的真伪民俗，作为其区分标准的传统性，由于表演理论将民俗重新定义为艺术性的交流，其意义被削弱了。在关于族群性的研究中，由于对过去民俗的维持与复活，有意识地予以加工的民俗表现能够成为民俗学的研究对象。受过训练的民俗学家从属于州和联邦政府等公共机关从事民俗艺术的演出等策划，亦即所谓应用民俗学，或者在公共部门领域已经确保了基础，有必要与学术领域相互合作。本迪克丝强调，应该从经验过民俗学的意识形态参与的欧洲民俗主义中有所学习，应用民俗学领域应该对意识形态有所自觉，这非常重要。

超越伪民俗和民俗主义

　　在公民权运动和族群复兴的 20 世纪 60 年代，以及因建国 200 周年而狂热和寻根的 20 世纪 70 年代，公共民俗学获得了很大发展。从 1967 年起史密森尼机构开始举办美国民俗生活节，从 1974 年起由国家艺术基金开始资助民俗艺术项目，进而在 1976 年，依据《美国民俗生活保存法》而由国会图书馆设立了美国民俗生活中心等，公共部门的民俗学顺应当初由政府主导的事业而展开。到 20 世纪 80 年代，从州和城市到社区，在各种层次，无论公共或私人机构，有很多民俗学家参与其中，公共民俗学成为非常活跃的领域。与此同时，围绕着在进行调查、资料搜集、展示和公演事业、教育资料的制作、记录的出版等工作时，公共部门的作用、目的和方法的相关问题，以及民俗文化如何被表象、谁拥有其权限、引导它的意识形态为何等有关表象的讨论，日益具有了重要意义。[1]

本迪克丝的论文正是在这种状况当中发表的。同在 1988 年，芭芭拉-克什布拉特-吉布利特《错误的二元论》则引起更大反响，成为有关公共部门之民俗学最为频繁地被引用的成果之一。[2]克什布拉特-吉布利特批判的目标，是自从道尔森提出伪民俗以来，美国民俗学始终维持了纯粹民俗学与应用民俗学的二元论，疏于检讨民俗学原本就曾具备的应用属性。有关对特定政治立场的支持、表象、艺术、文化批评等分别展开的讨论，最强烈地反映了岩竹美加子所谓的"后（现代）的状况"[3]。关于民俗主义，虽然将其作为考虑构成本真性的民俗学表象行为时的线索之一常会言及，但或许是由于鲍辛格论文被引用的部分涉及对概念解构的影响[4]，只是将伪民俗与复兴相并置，并未给予应有的重

---

[1] Robert Baron and Nicholas R. Spitzer ed., *Public Folklore,* Smithsonian Institution Press, 1992. Burt Feintuch ed., *The Conservation of Culture: Folklorists and the Public Sector,* The University Press of Kentucky, 1988. 1991 年新设了"民俗文化基金"。以包括公共部门在内的多义性概念"文化中介"（Cultural brokerage）为主题的讨论，于 1999 年的《民俗学研究杂志》上推出了一个特辑。参见 Special Issue, "Cultural Brokerage: Forms of Intellectual Practice in Society", *Journal of Folklore Research,* 36-2/3(1999)。

[2] Kirshenblatt-Gimblett, Barbara, "Mistaken dichotomies", *Journal of American Folklore,* 101(1988), pp.140-155.

[3] 岩竹美加子：「はじめに」、岩竹美加子编：『民俗学の政治性－アメリカ民俗学一〇〇年目の省察から－』、未来社、1996 年、第 9-61 頁。

[4] H. Bausinger, "Toward a Critique of Folklorism Criticism", James Dow R. and Hannjost Lixfeld ed. and trans. *German Volkskunde: A Decade of Theoretical Confrontation, Debate, and Reorientation(1967-1977),* Indiana University Press. 1986(1966), pp. 113-123.

视。始于伪民俗批判的纯粹和应用这两种民俗学的对立，正如在对公共民俗学的先驱波特肯予以重新评价中所见的那样[1]，在经历过漫长的道路之后，其在民俗学的自我省察之中得到调解。可以看到伪民俗和民俗主义等概念群对于学术史的贡献得到了一定的评价。克什布拉特-吉布利特对于民俗主义和伪民俗的价值认定，在这一点上，与本迪克丝并没有很大的距离。

理所当然，同样的理解也见于1997年本迪克丝出版的专著《探寻本真性：民俗研究的形成》一书之中。[2]在其尝试从本真性的追求这一观点出发，对民俗学的历史予以重构性把握的努力中，本迪克丝对1988年讨论民俗主义的论文又作了修订追加，并将其编入该书第六章和第七章之内。第七章的标题为"从伪民俗到文化的政治学"，其中从道尔森的伪民俗到表演研究，进而还相继引用了维斯南特、汉德勒、克什布拉特-吉布利特等人的研究成果，论述了文化表象的政治学和本真性，认为民俗学的工作是文化性的，同时也有政治性，伴随着沉重的责任。[3] 1997年，本迪克丝还为《民俗学——信仰、习惯、故事、艺术的百科事典》执笔撰写了"伪民俗"和"民俗主义"等词条[4]，她在后者中指出，民俗主义这一用语由于欠缺限定性，逐渐地不再被使用，取而代之的是文化疗法、传统的创造、再激活（活性化）等用语，根据不同目的而又分别使用的倾向。民俗主义虽说是一个"有内涵的概念"[5]，但却不是锐利的分析概念，

---

[1] Jerrold Hirsch, "Folklore in the making B. A. Botkin", *Journal of American Folklore*, 100(1987), pp.3-38. Jerrold Hirsch, "Cultural pluralism and applied folklore: the New Deal precedent", Burt Feintuch ed., *The Conservation of Culture: Folklorists and the Public Sector,* The University Press of Kentucky, 1988, pp.46-67. Bruce Jackson, "The folksong revival", *New York Folklore*, 11(1985), pp.195-203.

[2] Regina Bendix, *In Search of Authenticity: The Formation of Folklore Studies,* The University of Wisconsin Press, 1997.

[3] 关于第七章，请参阅饭岛忠实的介绍。飯島吉晴：「アメリカ民俗学の成立と展開」、福田アジオ・小松和彦編：『講座日本の民俗学—民俗学の方法』、雄山閣出版、1998年、第225-237頁。

[4] Regina Bendix, "Fakelore", Thomas A. Green ed., *Folklore: An Encyclopedia of Beliefs, Customs, Tales, Music, and Art,* Volume 1A-H,Abc-Clio, 1997, pp.275-277. Regina Bendix, "Folklorismus/folklorism", Thomas A. Green ed., *Folklore: An Encyclopedia of Beliefs, Customs, Tales, Music, and Art,* volume 1A-H,Abc-Clio, 1997, pp.337-339.

[5] 河野真：「解説」、『愛知大学国際問題研究所紀要』、1990年、第39-47頁。

有关它的言说已经是作为得到确认的客体、作为学术史的概念而被解说[1]。这可以说是从本迪克丝的方法——亦即比起事象本身要更加重视人们讨论时的立场——自然导引出的结果。

1999年古提斯·史密什的《民俗主义再检省》一文，对过去的定义作了新的检讨，讨论了这一概念在现代民俗学研究中的有效性，是有关民俗主义最新的展望性论文[2]。史密什首先整理了东西德国和苏联著名学者们的成果，对于那些不能适用于调查研究之实践现场的既往理论进行了批判。其次，参考了俄罗斯学者阿扎多夫斯基的见解，把民俗主义定义为是将民俗的传统作为族群集团的、地域的、国家的文化象征而予以反复的确认。同时还引用斯特洛巴赫、鲍辛格、汉德勒等人的意见，认为现代世界的民俗主义，是为了回应对于历史连续性的乡愁一般的需求，把民俗作为过去和近代以前的传达手段而予以客体化，并为现在带来未曾改变的安定性的传统的印象。出身拉脱维亚的史密什以苏联时代的波罗的海国家的民俗复兴为对象，指出民俗主义的实践者往往就是魅力超凡且具有创造性的艺术家，其运动经常和追求自由与人权的政治性斗争结合在一起，因此，他们所展演的音乐和舞蹈，既不是模仿之物，也不是创造的传统，而是具备在现实中能够给观众以感动的本真性。史密什还和许多其他学者一样，确认把民俗主义的历史上溯至18世纪的赫尔德，并指出民俗和民俗主义是在过去两个世纪之间，由民族国家的建设者们所创造出来的民族的传统。最后，他再次确认了自己对民俗主义的定义：作为族群集团的、地域的或者国家的文化象征而对于民俗的有意识地利用，表明民俗主义有可能成为国际学术讨论和意见交换的一个很好的出发点。

---

[1] 依据笔者管见，本迪克丝的研究几乎不援引民俗主义。瑞士出身的本迪克丝在论述瑞士因特拉肯的民俗行事和观光之关系的案例研究中曾经提到民俗主义，但其核心的分析概念为"传统的创造"。Bendix,"Regina Tourism and Cultural Displays: Inventing Traditions for Whom?", *Journal of American Folklore*, 102(1989), pp.132-146.

[2] Guntis Šmidchens, "Folklorism Revisited", *Journal of Folk Research*, 36-1(1999), pp.51-70.

结语

　　从 1950 年道尔森提出伪民俗，到史密什最近再论民俗主义，上文以美国民俗学为中心对有关伪民俗与民俗主义的讨论作了一番初步的梳理描述。由于伪民俗概念的提出而分离的学院派和应用派，在历经 40 年之后得到和解。在这个漫长的故事中，始终处于英语圈民俗学之周边位置的民俗主义，恰因为其边缘性而发挥了调停之媒介的作用，如此说或许有一点穿凿附会。例如，像琳达·德科所实践的那样，或者如史密什所期待的那样，作为概念或分析的路径，民俗主义还有值得进一步探索其有效性的余地。但在进一步探讨时，不仅本真性，追问其审美性和伦理的尝试也有必要一并展开。

　　本文在把握民俗学内部的各种理论，以及在把握理解公共民俗学所不可或缺的政治与社会的文脉等方面，尚有许多不足；也几乎没有涉及与民俗学深有关系的诸多领域，例如，文化人类学中有关表象的讨论，以及近年来有关文化之政治学的讨论等等，而只是按照时间顺序对研究成果予以陈列的方式，难免流于表面化。此外，对于本研究而言可能成为重要线索的各位学者的学术背景，以及他们相互之间的交流等情况，也没能获得足以引导出某些贴切讨论的信息。这些都是今后应该继续深入的课题。

文化政治学：民俗学的新走向？
——兼论钟敬文先生的"民俗文化学"*

王杰文

作为一名民俗学研究者，我的主要工作是向大学生及其他对民俗学感兴趣的群体介绍民俗学是什么，民俗学家如何搜集、整理、研究民俗文化以及为什么民俗文化是十分重要的。客观地说，尽管每个人都有自己的民俗学观念，但极少有人知道民俗学家们到底在做什么。一个相当普遍的臆测是：民俗学家就是带着他们的录音机、照相机和笔记本在偏僻乡村"采风"，当他们看到一些离奇有趣的风俗习惯时就把它记录下来。因此，民俗学的研究工作被看作是一件相当浪漫的事。事实上，即使在学术界内部，大多数学者对于民俗学是什么也并不了解，他们不知道或不承认民俗学是一门独立的、明确的学科，是一门人文科学与社会科学的交叉学科，是有着自己的文献资料、研究方法与特殊理论的重要学科。偶尔有极少数的历史学学者、人类学学者或是文艺学学者发现了一项民俗学的研究个案，也会把它视为与他们自己正在研究的学问相关的某种研究。因此，毫不夸张地讲，无论是学术界内部还是学术界外部，大多数人对于"民俗学是什么"存在着误解。

---

* 本文原载《西北民族研究》2005 年第 4 期。

然而，这种普遍的误解部分是由民俗学的学术传统本身造成的。简单地回顾一下民俗学的学术史就可以清楚地了解这一点。

处境尴尬的民俗学

与社会学、人类学等其他学科一样，民俗学也是在西方近现代工业化与都市化所引发的巨大社会变迁的历史背景下产生的。然而，不同之处在于，从一开始，民俗学就是服务于民族主义复兴运动的，而人类学则是服务于殖民主义全球性掠夺战争的。

早在19世纪中叶，欧洲浪漫主义民俗学家们就抱着怀旧心理关注"质朴的过去"，开始对本民族的民俗文化与民族传统产生了强烈的兴趣，并着手进行了影响深远的搜集、整理工作，试图由此而唤起一种民族精神。显然，当时的民俗学研究工作是与该民族的民族自卑感密不可分的；另一方面，持有社会进化论的人类学家们，为了更好地解释现代性的巨大变迁，努力地去分析在其他时空条件下小型的、单一化的社会文化，并发展出一套社会进化的阶梯模式。在这一模式当中，他们把西方文明置于阶梯的顶端，而把那些原始部落的文化置于阶梯底部。这一模式为殖民主义的侵略战争提供了合法化的理论依据。[1]

事实上，无论是浪漫派还是社会达尔文主义者，都把"民俗文化"定义为"被隐藏的、被遗忘的、落后的、小社区的文化"。在他们的分析性框架中，"民俗文化"具有如下两个典型特征：一是年代久远，一是地处偏僻，"民俗文化"与"过去的"、"古代的"、"遗留的"、"落后的"等概念等同起来。因此，长久以来，在大部分民俗学学者与人类学学者的观念里，"民俗文化"就是"迷信的、无知的、落后的、原始的人们所拥有的知识"，与这些特征相关的另一

---

[1] 约翰·R.霍尔、玛丽·乔·尼兹：《文化：社会学的视野》，周晓虹、徐彬译，商务印书馆2002年版，第80页。

套浪漫的术语是"简单、纯洁、自然"。于是,"民俗文化"便与"财富、进步、工业、知识、都市、社会"等术语区别开来了。

如果借用列维-斯特劳斯"二元对立"的结构主义模式来图示"民俗文化"的特征,"民俗文化"(作为"传统文化"),与"现代文化"截然相对[①]:

类型	民俗文化	现代文化
特 征	民众	精英
	传统	现代
	农村	都市
	农业	工业
	农民	工人
	文盲	识字人
	手工	机器
	口头传承	大众传媒
	落后	进步
	迷信	理性
	巫术	科学
	边缘	中心
	社区	社会
	熟悉的	陌生的
	低级的	高级的

民族主义民俗学家们坚持认为:民俗中蕴藏着民族的精神财富。民俗文化是乡村社会的产物,而现代文明是都市生活的产物。面对现代都市文明、工业文明的冲击,全世界的民俗学家们都在哀叹"传统民俗"的消失。于是,抢

---

① 比如德国的 J. G. 赫尔德、格林兄弟,英国的 J. 布兰德、W. J. 托马斯、麦克斯·缪勒、安德留·兰、E. G. 哈特兰、阿尔弗雷德·纳特,芬兰的科隆父子,俄国的什克洛夫斯基,日本的柳田国男,美国的 F. J. 查尔德等民俗学家都有相似的民俗学观念并告诫人们说,旧的传统与仪式正在消失,因此,要尽自己所能赶快搜集。

救、搜集、保护的呼声不绝于耳，这种呼声部分地反映了民俗学学术机制的保守，也表现出了作为一门静止学科的尴尬处境。因此，学科以外的人把民俗学看成是一门研究"古董"的学问，把民俗学家们看作是一些自我陶醉的、自欺欺人的怀旧者。学界内外对于民俗学的误解岂不是由民俗学自身造成的吗？显然地，上述"二元对立"的分析结构实际上是某种"理想结构"，是立足于现代社会而对遥远的异邦与邈远的古代的想象与发明。殖民地的纷纷独立与现代化、工业化、都市化、商业化的大肆渗透打破了人类学与民俗学所建构的"理想结构"，学者们在田野调查中发现，那个由学术前辈们许诺的、浪漫的田野遭遇恍如梦中黄粱，引诱着他们进入了田野，却让他们满怀失望地离开田野。

西方民俗学界的反思历程

为了摆脱学科所处的尴尬处境和个人的失落与困惑，西方民俗学家们一直在努力寻找从固有的知识传统中突围出来的有效途径。与此同时，某些兄弟学科也在反思自身的学术传统，比如人类学与历史学都发现了自身学科史中被发明的传统、带有欺骗性的叙述以及民族主义的想象[1]。这些具有破坏性的学术反思，预示着人文科学与社会科学领域当中研究范式的转型。这些相关的研究启发了民俗学家来反思自己的学术传统，并进而将民俗转向文化政治学的研究。然而，一个更为重要的问题是，在"反思民俗学研究传统"这一学术课题背后，还存在着一个具有逻辑上之连续性的问题意识序列，显然，只有真正地把握了学术思想史中的问题意识序列，才能更好地把握当下的学术潮流。我国民俗学界对于"反思民俗学研究传统"的学术潮流的知识主要来自美国民俗学领域的

---

[1] James Clifford and George E. Marcus, *Writing Culture: The Poetics and Politics of Ethnography*, Berkeley: University of California Press, 1986. Clifford Geertz, *Works and Lives: The Anthropologist as Author*, Stanford: Stanford University Press, 1988.

介绍与发明①，因此，了解美国民俗学思想史上的问题意识序列是十分必要的。

战前，美国民俗学在文学、语言学、历史学、人类学等领域当中都有发展。②在文学派民俗学当中，卡尔·柴尔德对英美民谣的比较研究影响巨大，美国三代文学派民俗学家都直接继承了他的衣钵，坚持在欧洲与美洲民俗文化之间寻找联系。柴尔德比较侧重于搜集、整理民俗事象，标示民俗事象的历史地理分布，然而对于民俗文化的艺术向度却重视不够。这一研究取向虽然保持了民俗与社会科学之间的联系，却招来了后起的文学民俗学家们的强烈反感，他们极其厌烦"起源式研究"，而转向了美学研究。其中帕理-洛德的口头程式理论、列维-斯特劳斯的结构主义理论以及20世纪70年代以后的文本中心理论都是文学派民俗学取得的成绩。

在人类学派民俗学当中，博厄斯的影响十分深远。博厄斯的一个突出贡献是以良好的田野作业来搜集第一手资料，其核心有两点，一是准确地记录资料，一是发现最佳的信息提供者。博厄斯的研究方法体现了他的民俗学观念，即，每一种文化都拥有自己的概念、分类体系与文化特质，为了能够对另一种文化有一个准确的理解，田野工作者必须用当地语言搜集由当地专家提供的最为可靠的材料。但是，博厄斯把民俗限定为一种非主流的文化，对于信息提供者本身缺乏研究的兴趣，而只把他们看作是口头传统的"载体"。这种对"超机体（superorganic）"文化本身的信仰使得博厄斯忽视了对民俗文化的传承人的研究。然而，博厄斯的民俗文化观念直接导致了民俗学研究领域整个研究范式的改变。

事实上，博厄斯也是语言学派民俗学的重要奠基人，在搜集被博厄斯称为"最原始的艺术"（民俗）时，博厄斯竭力主张"以地方语言搜集文本"，把语言"情境化"于语境当中，在真实的话语背景中研究语言。他还主张把语言

---

① Regina Bendix, *In Search of Authenticity: The Formation of Folklore Studies*, Madison:The Uniiversity of Wisconsin Press, 1997.

② Jack Santino,"Folklore as Performance and Communance", *100 Years of Amearican Folklore Studies*, 21-25 (1988).

分析成为最小的话语单位，在地图上标示出来。后来，形式主义语言学家罗曼·雅各布森更加强调了语言翻译的困难，主张与地方信息提供者建立更加紧密的联系，进行更加长期的合作，把他们从单纯的地方文化信息提供者的角色转化为研究的合作者的角色。

在历史学派民俗学当中，长期以来存在着三种研究方式，第一种是把历史作为解释民俗的一种方式，主张民俗是历史事件、历史经验和历史情境的结果，相信只有在恰当的历史情境中考察民俗事象才可以充分理解它。理查德·道尔森特别强调说，"美国民俗是由形成美国社会与文化的主要历史力量产生的结果，比如殖民化进程、处女地的开垦、地域性群落的发展、美洲本土文化的变迁、奴隶制的历史、移民及工业化进程等，这些历史语境在调查与研究特定的民俗文化类型或群体时对民俗学家非常有用。"[1] 第二种是把民俗作为历史证据加以应用，为历史研究提供了一种可供参考的、来自民间的观点，以挑战流行的历史观念。第三种是把民俗与历史对等起来，认为在民俗文化当中可以获得某种文化的态度与价值观。

"二战"后，理查德·道尔森扛起了美国民俗学的大旗。道尔森有着历史学背景，是一个浪漫的民族主义学者，潜在地奉行着实用主义的哲学观念。在1950年，道尔森在一份颇受欢迎的杂志（《美国水银》）上发表了一篇题为《民俗与伪民俗》的论文，开始攻击在民俗学领域中不断增长的大众化、商业化倾向，攻击的对象是保罗·班扬的传奇性故事与本杰明·波特肯编纂的"美国民俗宝藏系列"。那么，什么是"伪民俗"呢？道尔森指出，伪民俗即是那些自称是真正的民俗，实际上却是假的、人工捏造的民俗，它们不是从民间搜集来的，而是根据反复流传的早期文学作品和新闻线索改写而成的。道尔森特别指出并不存在保罗·班扬的传奇故事，这些故事是由某些作者创作出来的；本杰明·波特肯对于故事的不受限制的改写，更是引起了道尔森的强烈不满，他把波特肯称作是"在市场上猎取对象的花花公子"。必须澄清的一点是：道尔森

---

[1] Richard M. Dorson(ed.), *Hand of American Folklore,* Indiana University Press, 1983.

并不反对以真实的民间传说为基础创作文学作品的文学家，因为作家文学建立在口头文学的基础之上是由来已久的传统。道尔森反对的是本来是由个人创作出的作品，却厚颜无耻地声称它是真实的、未掺杂任何东西的口头传说的作品。

道尔森多次在民俗与伪民俗之间作出区分，对于伪民俗及其创作者的批评一直是不遗余力的，例如，1969 年的《伪民俗》与 1976 年的《民俗与伪民俗——有关民俗学研究的原则》。道尔森还把"伪民俗"与"遗俗"、"复兴的民俗"区别开来，在道尔森的理论当中，"遗俗"指的是传统民俗的延续，即一项民俗在形式上如何消失或是改变；"复兴的民俗"意味着传统的非连续性，即指使一项曾经盛行的民俗的复兴。而"伪民俗"则是根本没有存在过的现代的伪造。[1]道尔森把"伪民俗"与美国资本主义市场联系起来，同时也攻击海外国家的政府意识形态对于民俗的控制，尤其是共产党对于其国内民俗文化的操控[2]。

阿兰·邓迪斯对道尔森的"伪民俗"观念进行了批评。邓迪斯从历史的角度检视了民俗学家们公认的"经典性的民间文本"（真民俗），比如《来自苏格兰高地的古代诗歌》《飞格：一首古代英雄史诗》《古代英国诗歌的圣骨箱》《卡勒瓦拉》《格林童话》等，所有这些被民俗学家们奉为经典的民俗，经考证，都程度不同地存在着随心所欲的自由增删与有意无意的误解。但是，即使大家都知道它是七拼八凑而成的"百衲衣"，也仍然宁愿相信它是真正的民俗。因此，邓迪斯认为，民众信仰的东西比真实的东西更重要。如果芬兰人民相信《卡勒瓦拉》是一首民间史诗，芬兰民俗学家即使指出它是"伪民俗"也无济于事。因此，民俗学家们并不能阻止民众相信"伪民俗"是民俗。[3]

事实上，一个显然的事实可以更容易地说明民俗学家总是在"伪造民俗"。就口头语言与书面语言的区别而言，早期的民俗学家们在记录民俗事象时，总是把书面语言的标准强加到口头语言上，最终的记录不可避免地带上了书面语

---

[1] Alan Dundes, *Folklore Matters*, The University of Tennessee Press, 1989, p.40.
[2] 钟敬文：《中国民间文学讲演集》，北京师范大学出版社 1999 年版，第 18 页。钟先生也曾提到中国的"革命歌谣"有些是伪造的。
[3] Alan Dundes, *Folklore Matters*, 1989, pp.43-51.

言的色彩，或多或少地丢失了口头叙述的特征。但是，民俗学家们从来都会声称他们记录的是"真民俗"。

从更广阔的历史与文化的角度分析之后，邓迪斯发现，"伪民俗"远不限于20世纪，更不限于美国。而是遍布于世界上任何一个国家的普遍的文化现象，只是在细节上有些区别而已，比如，比较弱小的国家（比如芬兰、匈牙利、爱尔兰、挪威、瑞典等），在搜集民俗材料方面非常积极；而那些具有优越感的国家（比如英国、法国等），对于国内的民俗材料明显地不感兴趣，而是致力于殖民地民俗材料的搜集；而德国在一战中落败使得德国学者们积极投身于"发明与创作"德国民俗文化的工作去。因为民俗文化是最能满足与填补群体心理需要的一种文化因素，可以激发出强烈的民族认同感，因此，当某个群体处于困难时期时，那些渴望激发民族意识而缺乏民俗文化因素可资利用的学者们，就不惜"创造与发明"民族史诗或其他民俗文化类型来填补这一空缺。民俗学家们很早就认识到民族主义与民俗学之间的联系，但很少有人意识到"伪民俗"与民族自卑感和文化自卑感之间的联系，事实上，正是这种自卑感促使群体中的先进人物有意识地操控、捏造证据来伪造民俗，目的就是想要赶上先进文化或经典文化，证明自己的民俗文化更好、更优越。

既然"伪民俗"是一种普遍的"传统的发明"，那么，民俗学家们应当如何去看待它呢？从历史的角度来看，很少有"伪民俗"可以被民众接受为"真民俗"，比如，在中国与苏联的革命年代里，除了极少数的打油诗之外，民众都会明智地拒绝那些虚假的、捏造出来的"伪民俗"。但是，如果"伪民俗"为服务某种思想而被编造出来加以贩卖，可能比真民俗贩卖得更好，比如旅游民俗即是其中一例。然而，民俗文化商业化并不是什么新鲜事，新鲜的只是商业化的民俗本身，邓迪斯建议民俗学家们接受这一文化事实，运用民俗学的分析工具，着手进行严肃的研究。

面对道尔森的激烈批评，本杰明·波特肯也不示弱，认为道尔森把自己的工作归之于"伪民俗"是一种过于简单的归类。因为道尔森忽视了这一现象背后的社会政治兴趣与文化生产的因素。他把民俗文化分为两种，一种是

"我们发现的民俗",另一种是"我们想象中的民俗"。而他自己的工作更接近于后一种民俗,只是"宽泛意义上的文学的、社会学的而非严格意义上的民俗学的"。①

总之,道尔森对于"伪民俗"的批评以及因此激起的民俗学界的广泛讨论是国际民俗学研究范式转化的前奏,随着"以文本为核心指向的静态研究法"被"以表演为核心指向的动态研究法"所取代,"伪民俗"与"真民俗"之间的划分变得不再重要,而是伪民俗与民俗文化一起,被作为文化整体的一部分被加以研究。

民俗学研究范式的转型经过了长期的探索与论争,从整体上讲,所有这些理论探索都可以归结为"以表演为核心的动态研究法",他们都关心民俗文本赖以生存的情境,反对剥离情境来研究文本;他们更加努力地去亲近"民众",在细致的田野调查中密切关注文本产生的方式。而这一研究指向都是在对于"他们共同的父亲——道尔森理论"的反思中产生的。

田野中的民俗学家们首先面临的一个问题就是先辈们努力提炼出来的民俗文化的类型观念与现实场景中民俗文化的表演之间的龃龉,罗杰·D·亚伯拉罕认为,明晰而固定的类型往好里讲是一种结构,往坏里讲是对文化理解的一种障碍。亚伯拉罕转而强调"以展演为核心的"民俗学理论,这一理论的提出一方面得益于他个人的文学修辞学的积累,另一方面是借用了维克多·特纳的戏剧仪式理论。"展演"这一术语试图把社区成员全部容纳于民俗事件当中,民俗学有义务通过探索该文化当中最深层的、最复杂的、多声部的、多层次的象征,理解当地民众潜在的有意义的经验。②

与罗杰·D·亚伯拉罕相呼应,丹·本-阿莫斯也竭力反对类型的概念,认为民俗学家们总是抛开现实,出于科学方法论的热情而面壁虚构某种分析体系,

---

① Alan Dundes, *Folklore Matters*, 1989, p.34.
② Richard M. Dorson, *Folklore in the Modern World,* Mouton Publishs, Hague, Paris, 1978, pp.223-237. Roger D. Abraham, "Folk Drama", *Folklore and Folklife: An Introduction,* ed. Richard M. Dorson, pp.351-362. Chicago: University of Chicago Press, 1972, pp.351-362.

"类型"的概念便是其中之一[1]。民俗学家们习惯于把民俗文化的交流活动转化为科学的概念体系,建构成为一个自足的逻辑概念的整体。本-阿莫斯反对这一研究策略并主张把民俗学看作是一个"交流的过程"而不是一系列互相毫无联系的"民俗事象"[2]。他给民俗学所界定的定义是"小群体内的艺术性交流"[3]。他有意地舍去了"传统"与"口头传播"这两个核心词汇,认为"传统"乃是学者们建构出来的没有固定内容的老套,本质上是一种工具性的修辞策略。在大众传媒广泛普及的现实当中,口头文本已经与其他形式的文本相互渗透,因此,强调"口头传播"毫无意义。与此同时,阿兰·邓迪斯把"民众"的概念进一步泛化,因为民俗文化早已不再仅仅存在于边缘群体当中。邓迪斯称,任何共享某一文化因素(文化认同)的群体都可以成为民俗学的研究对象[4]。而理查德·鲍曼则批判性地提出,民俗学的社会基础在于对差异的(而非共享的)认同,并认为许多传统民俗文化类型,比如道德性笑话经常被人们讲述,它强调的是群体之间真实而清晰的差异[5]。

此后,整个美国民俗学领域的研究范式都转向了观察民俗的展演与行动,民俗学家们承认民俗文化展演的普遍性。然而,尽管对于展演与情境的研究是指向现代生活的,但是,对民俗文化之历史感兴趣的学者们仍然希望获得"最真实的、最精确的民俗资料"。戴尔·海姆斯所提倡的"讲述民族志"是这一研究取向的典型代表。海姆斯具有深厚的语言学背景,他的信条是恢复美国本土文化的真正传统。他把传统作为国家财富的一部分,并相信"应用民俗学"中大部分内容是真正的民俗文化,那些被改编的部分也是为了适应表演情境的

---

[1] Dan Ben-Amos(ed.), *Folklore Genres*, University of Texas Press, 1976, pp. 10-40.
[2] Dan Ben-Amos, "Toward a Definition of Folklore in Context", *Journal of American Folklore*, 84(1971), pp. 3-15.
[3] 丹·本-阿莫斯:《在承起关系中探求民俗的定义》,张举文译,《民俗研究》1998年第4期。丹·本-阿莫斯:《承起关系中的"承起关系"》,张举文译,《民俗研究》2000年第1期。
[4] Alan Dundes, *Folklore Matters*, 1989, p28.
[5] Bauman Richard, *Verbal Art as Performance*, The University of Texas Austin: Waveland Press, 1977, J. J. Macaloon, "Cultural Performances, culture theory", J. J. Macaloon(ed.), *Rite, Drama, Festival, Spectacles*, Philadelphia: Institute for the study of Human Issues, 1984.

需要。他同时认为民俗文化的表征即是展演，展演是创造、实现、获得甚至超越事件的文化过程，这种超越发生于展演者展演的过程当中，因此，展演活动本身应当被仔细辨别。海姆斯看到，其中有些只是展演者漫不经心的死记硬背，而另一些才是激情满怀的创作。"讲述民族志"就是要聚焦于展演者及其表演的高潮，即展演者的才能得到充分发挥，观众与展演者共同沉浸于意义的创造过程之中。从本质上讲，海姆斯仍然是在寻找"真正的传统民俗"[1]，他把展演活动当作民俗文化存在与实现的方式，当作民俗传统连续性的一部分。

邓尼斯·泰德洛克比海姆斯走得更远，他主张在记录民俗文化的展演时"翻译本土风格"。他认为历史上搜集民俗资料时，尤其在从口头表演向书面记录转化的过程中，一些环节出现了问题，口头表演中含有的文化特质、审美因素、地方性意义、文本潜在的情感内容等都不同程度地被误译或是删略了。此外，泰德洛克认为，调查者的存在本身也会破坏民俗展演的"真实性"，因此，只有在没有陌生人打扰的情况下，该群体自身内部的民俗展演才是"纯粹的""理想的"民俗表演。于是，泰德洛克努力寻找更为科学的记录方式，并且把展演活动中产生与运用的民俗文化转译成分析性的术语，这就导致了学术性文本的产生。他的方法论追求显然受到人类学家克利福德·格尔兹的影响，格尔兹强调深度分析与自我批评，建议民俗学家们从参与观察者的角度描述田野遭遇，尽力去弥合主客体之间可能产生的误解与矛盾，从而把民俗志写作作为一种文化批评与文化书写。[2]总之，戴尔·海姆斯与邓尼斯·泰德洛克寻找"真正的民俗"的努力及其理论，延宕了民俗学研究范式的进一步转型。

正当人类学派民俗学家们竭力强调"展演情境"的重要性之时，文学学派民俗学家们提出了他们的批评，他们认为人类学派民俗学家们提出的新的研究范式实际上是把民俗学转化成了民族学或者更坏，转化成了某种"行为科学"，而这种研究取向歪曲了民俗自身的"内在价值"。约翰·史蒂文认为，民众与

---

[1] Regina Bendix, *In Search of Authenticity: The Formation of Folklore Studies*, Madison: The Uniiversity of Wisconsin Press, 1997, p.117.

[2] Clifford Geertz, *Works and Lives: The Anthropologist as author*, Stanford: Stanford University Press, 1988.

民俗学家们关注的是文本而非情境，文本是民俗特质的最佳表达，其中包含了人类文化中审美的与哲学的精华，保存了宇宙世界与人类自身永恒的答案，而民俗学家们对这些民俗文本的内涵仍然一无所知[①]。

文学学派与人类学学派各执一词，其间的裂痕愈加明显。后来，大部分美国民俗学家着手研究大型的民俗事件，比如仪式与表演活动。在实际的研究过程中，民俗学家们发现了被改造的民俗文化，琳达·德科说，在仪式性展演活动当中，对于民俗文化的积极的、创造性地使用是主体表达其群体态度的有意识的操纵。在这种情况下，区分"伪民俗"与"真民俗"是不可能的。[②]罗杰·D·亚伯拉罕也认为，道尔森区分"伪民俗"与"真民俗"的做法，使得民俗学丧失了参与文化政治学研究的机会。他既强调对民俗文化与大众文化进行应用性研究，也强调民俗文化被作为民族认同的策略性手段加以使用的心理学、社会学的研究。他号召民俗学家们从研究"展演的行为"转向研究"传统被革新的文化策略"，于是，民俗文化"复兴与发明"的过程成为当下民俗学研究的主要兴趣。现有的研究发现，传统民俗的不断重构是所有社会生活的一个侧面，民俗文化不是自然而然的固有的存在，而是象征性地构成的过程性的建构。因此，区分"真民俗"与"伪民俗"不仅不可能，而且毫无意义。无论从经验的层面还是从理论的层面讲，所谓"真正传统的民俗"从来都不是一成不变的，而是当下限定的。于是，民俗学的研究范式不得不转向"民俗政治学"[③]。

文化政治学、传统的发明以及选择性的改编都可以更好地理解民俗文化展演过程中政治性的维度与主观意图的羼入，美国民俗学家们运用自己的"知识考古学"解构了学科固有的知识结构，承认民俗学远不是一种"纯粹的"学问，而是一种文化与政治的双重创造。

经过长期的学术争论，美国民俗学家们基本上放弃了对于工业化、现代化、

---

① Regina Bendix, *In Search of Authenticity: The Formation of Folklore Studies*, 1997, p. 125.
② Linda Degh, "The Hypothesis of Multi-Conduit Transmission in Folklore", In *Folklore Performance and Communication,* Dan Ben-Amos and Kenneth S. Goldstein, eds., 207-252.The Hague:Mouton, 1975, p. 43.
③ Regina Bendix, *In Search of Authenticity: The Formation of Folklore Studies*, 1997 p. 143.

商业化的敌意。他们发现，科技时代的到来并不意味着民俗文化的终结，相反，技术革新所带来的变化以一种自然的方式弥漫在民间文化当中。因此，民俗学应该是"当代学"，民俗文化对于现代都市社会、工业生产乃至于日常生活仍然是十分重要。民俗文化存在于人类行迹所至之处，而不是单单存在于那些"未受污染的"穷乡僻壤或遥远的古代，虽然，从历史的角度来说，民俗与乡村民众之间具有紧密的联系。因此，德国民俗学家赫尔曼·鲍辛格与美国民俗学家阿兰·邓迪斯都认为"民俗学"（Folklore）中的"民"（Folk）并不专指乡村民众，而是任何共享某种文化传统的匿名的群体；民俗文化也不是一成不变的，而是不断发展变化的历史进程的产物[1]。

    基于上述学术性论争与对话，美国民俗学的研究对象大大拓宽了。都市民俗、工业化与旅游民俗、大众传媒与民俗、民俗学与民族主义、意识形态及政治的关系等成为现代美国民俗研究的主要范畴。现代化与商业化解放了民俗学，使之从先前的狭隘偏见中解脱出来。民俗不再仅仅属于落后的、古老的、无教育背景的大众，而是一种为全社会民众共有的文化财富。在研究工业化的都市时，民俗学家们面对的是鲜活的民俗而不是"遗风异俗"，是某一个特定群体的真实生活而不是作为某一固定时间里的死的知识，其中琳达·德科对于布达佩斯工场工人传说的研究，对于匈牙利城市移民传说的研究都是都市民俗研究的典范。在研究旅游民俗时，民俗学家们发现现代技术虽然转变了现存的社会、经济设置，却没有改变旧传统。他们注意到民俗文化正在经历着一个分离与重组的过程。比如在旅游工业当中，民间节日、民间舞蹈与音乐、民间习俗与手工艺品等都被有意识地商业化了。正是这一商业化现象使得民俗家们创造了一个新词——"民俗主义"（Folklorismus）[2]。民俗学家们发现，不只是所有的旅游村庄，事实上整个乡村社会都在对工业化、商业化作出回应，因此，研究者们认识到，他们的任务是探索民间文化正在经历的修正与变迁。另有一些民俗学家在

---

[1] Jack santino, "Folklore as Performance and Communance", *100 Years of Ameariican Folklore Studies*, 1988, p. 32.

[2] Richard M. Dorson, *Folklore in the Mordern World*, Mouton Publishs, Hague, Paris, 1978.

工业中寻找民俗，比如美国民俗学家阿兰·史密斯发现，在汽车工业与计算机工业中流传着许多传说与笑话，汽车工业与计算机工业是机械时代的两种大型的技术象征，一系列关于死亡的传说与诙谐性叙事都围绕着汽车与计算机展开[1]，那些与传统事物相关联的民众的思想被移植到了现代化的替代品当中去了。其中，美国民俗学家詹·哈罗德·布鲁范德的相关研究是其中最重要的实绩。

过去，民俗学界把大众传媒视为民俗文化的敌人，但是，正如马歇尔·麦克卢汉指出的那样，"媒介中口头 - 听觉的环境在某种意义上再次回到了早期的部落社区，成千上万的人共享奇观，共同发笑，共同崇拜同一个偶像"[2]，因为大众传媒也在传播着以前仅在有限范围内流通的民俗文化。在各种新兴的传播媒介当中，民俗文化大体呈现为以下三种形态[3]：一是民俗作为民俗文化本身，即民俗被直接处理为民俗，是在"民间传统、神话、传说、故事、仪式"等标题下呈现的；二是民俗作为引诱民众消费的手段，即民俗的呈现是为了促销其他商品；三是民俗作为一种"旁白"，即民俗被处理成为一种风格化的技术，是一种民俗化的接触，民俗被升华为某种主题。[4]总之，通过对大众传媒中的民俗文化的研究，"民俗文化"的传统研究范式被进一步解构了。

然而，由于历史的原因，对于德国、美国民俗学界提出的新的研究范式，世界各国的民俗学家们反应不一。即使在美国与德国，部分民俗学家仍然主张把"民俗主义"等同于"应用民俗学"，特别是应用于"民俗旅游工业"；葡萄牙民俗学家们认为，商业化、工业化的民俗文化应该留给文化人类学家去研究，民俗

---

[1] Jan Harold Brunvand, *The Vanishing Hitchhiker: American Urban Legends and their Meanings*, New York: Norton, 1981. Jan Harold Brunvand, *The Truth Never Stands in The Way of a Good Story*, Urbana and Chicago: University of Illinois Press, 2000. Daniel Cohen, *Phone Call From a Ghost: Strange Tales from Modern American*, New York: Pocket Books, 1988. Lutz Rohrich/Sabine Wienker-Piepho, *Storytelling in Contemporary Societies*, Gunter Narr Verlag Tubingen, 1990.

[2] 马歇尔·麦克卢汉：《理解媒介：论人的延伸》，何道宽译，商务印书馆2000年版，第113页。

[3] D.Spitulnik, "Anthropology and Mass Media", *Annual Review of Anthropology*, 22(1993), pp.293-315. Priscilla Denby, "Folklore in the Mass Media", *Folklore Forum*, 4(1971), pp.113-125. Linda Degh, *American Folklore and The Mass Media*, Bloomington and Indianapolis: Indiana University Press, 1994.

[4] 申载春在《民俗的影视整合及审美价值》(《山西师大学报》2003年第1期) 一文中也提出了"复制式"、"点缀式"、"点化式"三个概念，用以概括影视传媒当中民俗事象被整合的方式，极有创造性。

学家们应该把自己的研究范畴限制在"纯粹"农民的文化当中；瑞士民俗学家们对于这种新的研究范式置之不理，认为尽管现代民俗是传统民俗文化史的延续，但是它们只是一种当代的现象，并未形成民俗，因此，不在民俗学的研究范畴之内；波兰人则认为这是一种社会文化现象，有待于科学的文化研究的介入。

从世界民俗学家们对于这一现象的反应中，康拉德·科斯特林发现，学者们之间的分歧点只有一个，那就是强调"Folk"还是"Lore"。如果"Folk"处于民俗学研究的核心，那么问题就不再是这些被改编的民俗发生了什么，"伪民俗"、"民俗主义"的提法就没有太大意义，学者们思考的问题应该是这些新的变化对民众会有什么影响。相反，如果把"Lore"置于民俗学研究的核心，那么，学科本身就会被封闭起来，学者们就会对"民俗的变革"带给民众的痛苦与折磨视而不见。当然，科斯特林也发现，迷恋于抢救、搜集、保护"传统民俗"的行动，也许并不是简单的功能失调，显然是另有某些"功能"与"需要"在起作用①。总之，民俗学界在对民俗文化进行解构与重构的同时，社会也在对民俗文化进行审美的或实用性的建构与重构，这一平行结构性行为使得民俗学家们开始关心文化政治、文化象征以及商业民俗了。

钟敬文先生的"民俗文化学"

1989年，钟敬文先生在回顾中国民俗学70年来研究史的基础上，提出了"民俗文化学"的概念，认为"民俗文化学"是对"作为一种文化现象的民俗"②进行研究的学问。钟先生认为，"民俗文化的范围，大体上包括存在于民间的物质文化、社会组织、意识形态和口头语言等各种社会习惯、风尚事物。"③显然，在钟先生的理论视野当中，民俗文化学的研究对象是"知识

---

① Regina Bendix, *In Search of Authenticity: The Formation of Folklore Studies*, 1997, p.156.
② 钟敬文：《中国民间文学讲演集》，北京师范大学出版社1999年版，第2页。
③ 钟敬文：《中国民间文学讲演集》，第6页。

（Lore）"而不是"民众（Folk）"，而这恰恰是西方民俗学研究力求超越的研究范式。在世界民俗学领域（包括中国民俗学领域）面临困境，西方民俗学家们反思各自的学术传统的背景下，中国的民俗学研究者们应该如何评价钟先生的这一学术思想呢？

在反思钟敬文先生的"民俗文化学"思想体系之前，需要特别指出的一点是，早在1990年以前，钟先生已经指出，民俗文化学是"现在学"[1]，从他的论文中可以发现，钟先生已经了解了西方民俗学理论界提出的"民俗主义"、"假民俗"等概念及相关的理论争鸣[2]。因此，可以肯定，钟先生是在了解西方民俗学界反思民俗学传统的背景下提出自己的学术思想的。然而，西方同仁们热烈争执的话题在钟先生的思想体系中显然并没有激起太大反响。

钟先生称自己的"民俗文化学"思想，是从中国传统文化的具体情况出发提出的符合国情的学科理论。在《建立中国民俗学派》一书中，钟先生总结出以下三点：首先，中国古代的知识分子习惯于从政治的角度评价和议论民俗；第二，中国的民俗学文献大多从回忆的角度来记录民俗；第三，中国现代民俗学具有民主主义的特点，虽然这种民主主义仍然是在民族主义的影响产生的[3]。基于这些总结，钟先生总结了民俗文化的特点，构拟了民俗文化学的体系，概括了民俗文化学的功用。在钟先生思想体系当中，"上层与下层"、"传统与现代"、"真实与伪造"、"都市与乡村"、"民与俗"、"文本与情境"等矛盾范畴都被和谐地、辩证地统一在一起[4]。（1）在"民"还是"俗"的问题上，钟先生着重强调"俗"，也就是民俗事象本身。在钟先生的学科体系当中，特别有一项

---

[1] 钟敬文：《中国民间文学讲演集》，第14页。
[2] 钟敬文：《中国民间文学讲演集》，第16—18页。
[3] 钟敬文：《建立中国民俗学派》，黑龙江教育出版社1999年版，第14—17页。
[4] 钟敬文：《中国民间文学讲演集》，第52—60页。钟先生1983年5月在中国民俗学会成立时的讲话"民俗学的历史、问题和今后的工作"第二部分（对民俗学几个问题的意见的"速写"），着重讲了民俗学界存在的四个问题，即"民族的与阶级的问题"、"农村文化与都市文化的问题"、"古代学和现代学的问题"、"理论与实践的关系问题"。这些问题在1991年《民俗文化学发凡》一文中得到更加详细的阐述。

是"民俗文化志学",即记述民俗文化事象的部分。但是,不强调"民"并不意味着不重视民俗事象存在的方式。(2)在"现代"还是"历史"的问题上,钟先生着重强调民俗学是"现在学",承认民俗学的工作方法是对现存民俗的搜集与整理,民俗学的研究目的也是为了现代,但是,中国有几千年积累下来的丰富的民俗史料,也需要进行整理与研究,钟先生把它称作"历史民俗学",同样属于"民俗文化学"体系中的一项重要的部分。(3)在"乡村"还是"都市"的问题上,钟先生把重点置于乡村,钟先生把中国传统文化分为三层,认为中下层文化(包括民俗文化)是中国文化的基础部分,而"民俗文化的主要创造者和承担者便是农民,还有渔民、工匠等劳动者"[①]。他们主要居住在乡村,他们也保留了更多的民俗文化,但是,他同样不排斥对于都市材料的搜集与研究[②]。(4)在"研究"还是"应用"的问题上,钟先生首先强调"研究",认为"研究"是"应用"的基础。(5)在"真实的民俗"与"伪造的民俗"问题上,钟先生持谨慎的态度,他把那些出于某种原因而伪造的或者半创作乃至完全捏造的"伪民俗"与真正的民俗对立起来,提醒民俗学家们在掌握材料时仔细辨析,他对于民俗文化的分辨标准显然是依据它是否为人民所接受了,这与阿兰·邓迪斯的观点非常相似。(6)在"纯粹的民俗文化学"与"民俗文化政治学"的问题上,他采取了兼容并包、互为补充办法,既包括"理论民俗学",也包括"应用民俗学"。在钟先生的学科框架中,建设应用民俗文化学,不仅仅在于提出现实民俗事象存废的理论界限,而且要提出保护优秀民间文化的现行措施。这是民俗学家"经世致用"的实践性行动。

总之,在中国民俗文化学的理论体系当中,民俗文化虽然被主要界定为乡村的、中下层民众的、传统的和表达性的,但是,至少从理论上讲,它却可能

[①] 钟敬文:《中国民间文学讲演集》,第3页。
[②] 钟敬文:《民间文化讲演集》,广西民族出版社1998年版,第4—12页。钟先生在谈到"当前中国民俗学工作者的侧重点问题"时,对这一问题有详细论述,说他赞成"保守"的民俗文化学观念,理由是"乡村中风俗的变异远不及都市那么大,震动亦不若大都市那么剧烈,特别是距离大都市较远的偏僻地区,较多地保持了民俗文化的原貌,民俗文化的积淀更为厚实"。

又是都市的、上层的、现代的、商业化的。因此，在西方民俗学领域当中属于水火难容的概念与理论体系，在中国民俗学领域当中却可以相安无事。在西方民俗学研究范式转向单一化的文化政治学研究时，钟先生提出的"民俗文化学"却包容了众多的研究范式，文化政治学的研究范式只是其中之一种，但并不是唯一的、最重要的范式。

毋庸赘言，钟先生的民俗文化学学科体系是一个具有广泛包容性的、开放的、辩证的体系，它不仅总结了我国民俗学发展的历史，也包容了世界民俗学领域取得的先进成果。现代化、商业化、工业化给民俗文化带来的影响与变革以及由此引发的学术思考也已经进入了钟先生的学术视野[1]，然而，这种变革与反思，在钟先生的理论体系中并没有掀起巨大的波澜与骚动，这是钟先生在研究考察了中国民俗文化的发展历史与现状，比较分析了国内外民俗学发展的历程与轨迹之后所做出的学术决策。这是符合中国多民族的一国民俗学这一独特性格的学术思想，也是符合中国国情的全局性规划。在西方民俗学界解构"民俗文化学"的同时，钟先生建构的"民俗文化学"已经走在西方同仁的前面了。

---

[1] 钟敬文：《民间文化讲演集》；钟敬文：《中国民间文学讲演集》，第22—24页。比如，钟先生注意到最近出现的民俗"热"现象，并概括为如下四种：运动宣传型、节日纪念型、文艺技巧型、商业广告型。

民俗学与本真性*

〔美〕瑞吉娜·本迪克丝

某些术语有一种特性。表面上，它们区分了具体的、具有极其客观正确性的概念；实际上，由于运用者的观点对它们的更改、缩小或者扩大，这些术语使思想的边界变得模糊不清，在其意义范围内包含了不仅不协调而且还有一部分是相互矛盾的概念。

——爱德华·萨丕尔（Edward Sapir）

"本真性"是一个自反的词；它的本质是对其本质的不本真。

——卡尔·达尔豪斯（Carl Dahlhaus）

最初来自原创，怎么会以复制终结呢？

——爱德华·杨格（Edward Young）

当我们走近 2000 年的时候，整个世界都充满了自称具有本真性的各种事物和经历。住房里装备了具有合格证书的古董家具和针织品衣物。饭店声称继

---

* 本文由李扬译自 Regina Bendix, *In Search of Authenticity: The Formation of Folklore Studies*, The University of Wisconsin Press, 1997 的绪论。译文原刊于《民俗学刊》第 5 辑，此次收录略有订正。

承了最正宗的祖传烹饪艺术，罐头食品标上"纯正"的字眼。古典音乐会以使用原始乐器来体现其与众不同，而摇滚明星们则千方百计保留祖先所传的原始声音和体验。旅行时，我们既可以去观看最后的真正猎头族，也可以漫游在名胜古迹后面的小巷里追寻隐藏其间的本真日常生活，也可以到哈莱姆黑人住宅区的教堂里目睹教区居民们的信仰活动。为了我们感知和经历的渴求，我们已经创造出一个显而易见的本真性市场了。

同样，在过去的几十年里，人们对于模仿，不说是热衷，至少也是很感兴趣。在博物馆里——传统上这是陈列真作的地方——充斥着仿造品的特殊展览。各种诸如猫王埃尔维斯模仿大赛、卡拉 OK 演唱等活动，表明人们痴迷于追求完美的模仿，在逐渐把原作破坏掉的过程中力求达到和原作极其相似的境界。这些原先被声称为仿造品的东西通过和原作完全相同的表现和商品化过程，正在和真作互相靠拢，要区分其真假只能靠其自述了。在影片《沙漠妖姬》（1994）中，男扮女装的"皇后"们在澳大利亚内地对口型在模仿瑞士乐队 ABBA 主唱女歌手的演唱。他们以这种方式实现了克利福德·格尔茨（Clifford Geertz）的观点："这是原创性的复制"[1]。

尽管在今天的广告中真作的商品化已经显而易见，但是这股风直到最近还没有吹到专心研究文化的学术界。这些学科形成的时代正是西方世界从封建社会变成民主资本主义社会的时期。当时大学被当作研究和教授一种理想文化的地方，并把该文化的组成部分结合到新的经济和政治力量中去——即资产阶级。而这个理想文化事业的核心部分便是本真性。在构想此理想文化的轮廓时，那些不本真之物都被排除在外了。从最好的角度来看，它们是一些在学术研究上不值一提的东西，而从最坏的角度来看，则被斥为破坏这个人们精心呵护的高贵理想的害群之马。因此，那些文化学科的正宗经典，比如文学和语言研究、音乐、艺术史以及人类文化学等著作，一开始便承担着一份沉甸甸的责任，要了解、复兴和保持本真性。

---

[1] "制造经验，创造自我"，《人类学经验》，第 380 页。

然而在过去几十年里，这些领域也逐渐意识到他们的理想中所固有的难题。艺术史已开始仔细检查其经典之作，并且在和其他领域的对话中注意到灌输在展览中的意识形态。音乐界已经对音乐史和表演方面的排除和认可系统提出疑问。语言学牢记着在立学之本中对源语言的重视，关注当前世界各地语言策略与源语言的谐和。在人类学、民俗学和历史学领域里，关于虚构的传统、虚假的部落以及民族想象之事物的发现动摇了文化本真性概念，却推动了那些热衷于此类文化政治的研究。

为了缓和这种紧张关系，学者们已经开始研究自己的学术文化，对其学科在历史上所形成的方法进行解构，并对产生权威知识的机制和策略进行检查。人类学围绕着核心概念"文化"诸问题，已经发展出了其领域里有所变异的学科史。解构作为观念和方法的民族志学的计划由拉比诺（Rabinow）发起，并在克利福德（Clifford）和马库斯（Marcus）1986年合编的论文集里得到充分的发展，它给美国文化人类学留下了深深的印记。而乔治·斯托金（George Stocking）通过自己的研究及其编辑的《人类学史》为人类学研究方法提供了一种前所未有的观点。目前历史学和社会学作为独立学科的发展状况显示，学者们需要对研究领域不断变化的本质及其合理性有所认识。

本书的目的也在于此，是把民俗研究当作正在迅速成长的探索中一个特定范例，以促进文化研究。我采用比较的方法，审视了这个领域分别在讲德语的欧洲国家和美国的发展状况。德语的民俗学一词据说是该领域里最古老的词语，而美国民俗学则是在20世纪中期才达成学科一致的。美国早期的高等学府也在某种程度上以德国模式为榜样。民俗学界以及其他领域的许多重要学者在其领域的形成阶段中搭起了和德国学界之间的桥梁，或者清楚地区分了和德国学界之间的界限。两者之间有关本真性的区别和延续颇有裨益，因为尽管两国之间有文化和年代语境的不同，但是其关于本真性的概念使民俗学作为一门学科在两国中都名正言顺了。

民俗学历史及其目前的困境所反映的问题超出了学科的范围。其广泛的主题对定义提出了挑战，而且一直不断地引起那些同样处于跨学科窘境中的文化学科的关注。尽管这门学科颇为芜杂多相，但是它廓清学科轮廓的努力却一直没有停止过——其中有几分是被逼无奈，因为界限分明的学科在制度上占有优势。本书详细研究文化的某个方面为何以及如何被分离出来，构成一个学科主题——这个过程出现在所有声称其核心领域是文化的某个部分的学科中，从早期人类学和文献学，到今天过剩的领域和民族学研究等。我认为，人们以各种各样的方式把本真性当作一种因素来阐释该学科，把它和其他文化学科区分开来，开发其分析方法，批评论争理论，或者创造新的范例。而文化的知识及探索又给文化的局部和整体注入社会影响，成为文化各方面的"人造化"的一股力量。这样，学术便为那些在商业化的文化本真性方面生机勃勃的市场和政治铺好了路，因而也变成新的学科。在此过程中本真性作用的拆解，正是学界近年来出现反思的原因。

半个世纪以前，沃尔特·本雅明（Walter Benjamin）通过分析机器再生产时代的艺术，描绘了本真性本身偶然的、难以捕捉的本性：恰恰是因为本真性无法被再生产，所以某些再生产技术的发明……提供了一些途径，把本真性分割成不同层次。本雅明把机器再生产时代以前的艺术归到宗教领域，于是艺术头上的光环使崇拜者对它无法抗拒——给物质世界带来了一种高不可攀的外表。而再生产使这种光环逐渐消退，把以前被顶礼膜拜的本真性世俗化了。

世俗化削弱了艺术的崇高地位，知识也同样失去了其神圣的位置，因为越来越多的知识靠理性和实验的证明产生，它被更多阶层的学习者所接受。因此，为了保持与神圣性的关联，外表千变万化的本真性，立刻变成了作为人之本原的文化知识的目标和纽带。

但直到最近几年为止，除了莱昂内尔·特里林（Lionel Trilling）的名著《真诚与本真性》之外，人们对本真性一词及其长期以来所起的作用却很少做评论性的详细研究。文化人类学和人类学、文献学以及专门研究民族文学和文化史的学科的形成和发展，恰逢政治和经济领域把兴趣投到文化和种族特征方面的时期，当时随着西方探险的进行，白人们碰到了许多未曾见过的人种，随后又希望把他们变成殖民地的臣民。本真性的修辞性含义渗透着学科和政治两方面的意义，有时两者还纠缠不清。正是因为承认了这种纠缠不清，当今学界才不无极端地自我意识到如今的学科延续处于困境之中，实在是任重道远。

以下七章中所展现的发展历程不会让人摆脱自省感到轻松。我把德国以及美国民俗学在原则和实践范围内对于本真性的混用进行了充分揭示，以此来证实学术的责任和义务。乔治·斯托金认为人类学作为一种科学研究体系"由于欧洲人和'其他人'之间自古以来的互相接触和理解所积累的经验而获得自我约束能力——有人可能认为是具有系统性的结构"，因此他所写的人类学史中包括了"和那些历史经验和文化假设背景背道而驰的学术成果，这些背景既激活了该学科又约束了它，而它又反过来变成发展的束缚"①。渗透在民俗学史中那种渴望本真性的执着证明了学界对"社会及处于其中的我们被创造的本质"（科斯特林语）所做的贡献。承认了在文化和学术过程中两者互相的创造并不意味着不需再继续致力于这项创造了。如果这种努力有助于把本真性——尤其是其中带有欺骗性的关于超凡脱俗的种种许诺——从全球正在新现的词汇中去掉，那么我们的主要目的就达到了。

对本真性的探寻基本上是一种情感和道德的追求。但是这种基于经验的追求无法持久地满足人们的需要，因此本真性需要在实用和价值方面扩大范围。当某件东西被宣告为真品时，该物品就合法化了。而宣告本身又反过来使认证人有了合法性，当然其中有关如社会身份、教育以及宣传个人观点的能力等方面也起到了一定作用。本真性的认证过程往往郑重其词，把被认证之物提升档次。在 20 世纪末期的几十年中，此认证过程飞速发展，被认定为真品的东西如此之多，以至于物以稀为贵的现象正在消失：一瓶番茄酱一旦被标上"纯正"的字眼，也就失去了其特别的意义了。而关于内在本真性的问题——真实的人类经验、对于赫尔德（Herder）称之为丰富的"人们的心灵"的探寻——却是一种复杂得多的诱惑，是一系列旨在洞破玄机的诱惑。

长久以来，民俗学被当成寻求本真性的载体，满足了逃避现代化的渴望。

---

① "人类学历史：根源和目的"，《被观察的观察者：民族志田野作业文集》，第 5—6 页。

理想的民俗学界被当成摆脱了文明邪恶的纯洁之地,是任何非现代的隐喻。它和政治的关系密切,并且把本真性当作合法的外衣,参与到和有关现代性的政治变迁中,在革命时起了正面的作用,而在反革命时则有反作用。最有影响力的现代政治运动是民族主义,其根本观念便来自本真性,而民俗学假借本土文化的发现和再发现,自浪漫主义时期以来一直在为民族运动服务。

在废除欧洲的君主专制统治、建立民主政权的过程中,民族主义功不可没。但是其民族唯一性的观念却隐隐约约透露着过去保守的民族精神。由它所产生的民族纯洁性或本真性观念根深蒂固,因此本真性的思想最终破坏了由它本身所产生的有关自由和人道主义的倾向。废除旧制度时所隐含的不言而喻的普救志向和强调每个民族要建立其独特性的排他主义观点产生矛盾。因此革命的力量可能由于强调本真性而转向反面,这样的情况在20世纪末期世界各地的政治运动中常常出现。

对本真性的追求是一种特殊愿望,它既包含现代性又反现代性。其目的在于恢复本质,只有通过现代性才能认识到本质的消失,也只有通过现代性所创造的方法和情感,本质才能得到恢复。这些我们在反省现代化的框架中便可以了解到(参见贝克、纪登思、拉什:《反省性现代化:现代社会秩序中的政治、传统和美学》,斯坦福大学出版社1994年版)。本真性的本质,出于构建或偶然,是认知反省性的结果;在资本主义导向的大众传媒世界,意味着被模仿产品和审美成规所包围。对纯粹本真性永不停止的渴望企图刺穿卢梭所谓"忏悔的创伤",即一种对现代化的非神话性、非传统性和"祛魅"所做出的反应。

在民俗学界,本真性的观念渗透了其核心术语以及准则。如本书的章节将展现的那样,它已经形成一套具有惊人持久性的词汇,虽然理论的范例会改变,这些词汇却不会变。民俗学家们在本学科中对本真性的主张,也是他们借此申明自己在制度上的权利的途径。

从体验或经验的本真性到其在书面上或物质上的表现之间的转变,隐藏着一种基本的自相矛盾的论点。一种文化商品一旦被认定为真作,人们对它的需求就会增加，它就会获得一种市场价值。民俗却和一件梵高的真作不同，它可以被无数次地复制和仿造——"民"的任何一员都应该具备生产某件"俗"品的技艺和精神。世界各地人们都深谙其道的是，与自己的传统充分疏离，将之推向市场。

当然，对于那些没有兴趣考虑文化产品所隐含的"本真"或"伪造"意义的人们来说，疏离一词本身就是一个陌生的概念。由于文化学者直到近年来还坚持把意识形态和市场力量当作破坏民俗本真性的外来力量，因此，在他们看来，促进民俗市场化总会导致本真性的丢失。市场的改变同时也减轻了此类学者作为文化产品认证者所受的束缚。

宣告某一种表达文化形式已经死亡或正在灭绝使得真作的数量变得有限，但这也促使人们追寻那些尚未被发现、属于原汁原味的民俗。用一位德国民俗学家开玩笑的话来说，我们最好不要使用"民"字，因为一旦一首真的民歌或一件真的民间建筑被展示出来，就会马上失去其本真性。更善辩的鲍德里亚（Baudrillard）指出，"为了让文化人类学生存下去，其研究对象必须死亡，这样它就可以报复被'发现'，同时也用死亡来抵制企图掌握它的科学。"[①] 拙著认为，并不是说研究对象必须灭亡——文化是不会死亡的，它们至多是与生存其中的构建者一起发生变化。文化领域里必须改变的是这些领域的工作者如何去概念化研究对象。而在跨文化时代，把本真性及其相关的词汇一并移除，是构造文化研究概念的有用的一个步骤。

本真性观念的存在意味着其对立面虚假性的存在，这种两面性的结构是本真性成为难题的症结所在。在宗教论述中，认定某物为某一宗教的本质"意味着把其他的概念、准则，甚至（该宗教的）全部分支归到非本质或非法的范围之内"。[②] 同样，当我们认定某些文化表达形式或者制造物为真实的、可信的或同时也是合法的，这就意味着其他的表现形式是虚假的、伪造的、甚至是违法

[①] 《假象与模拟》，密歇安大学出版社1994年版，第7页。
[②] 乔纳森·科恩：《如果罗庇阿喀巴今天还活着》，《美国犹太人大会》1988年第37期。

的。学科的实践已经有"恋纯癖"并强烈谴责"冒牌货",因此一直支持这样的谬论,认为只有纯粹的文化才是规范。难怪文化本真性很容易就被人拿来当素材,在有关种族、种族划分、性别以及多种文化主义的政治辩论中据之鼓噪。

鉴于表达文化的学者殚精竭虑,把小麦和谷壳任意地分开,描绘本领域里"本真的"或"合法的研究主题",讨伐伪民俗等等,这里似有必要证明,在民俗学领域内外寻求本真性最终已经变得多么空虚,有时是多么危险。

在他们辛勤地整理资料、捍卫本真性的背后,隐藏着一种担心失去本学科的焦虑。20 世纪晚期的文化学界被各种焦虑所困扰。高等教育的本质及地位在悄悄发生变化。大学在创建时期被当作建设国家项目的一个组成部分,其作用是教授和研究知识,使那些受到启蒙的学子把发现自我和他们的民族文化联系起来。"德国的理想主义者以为我们可以在民族文化中找到自我"[1],因为人文主义的学界迅速地阐释并塑造了国家政体中的文化原则。20 世纪晚期,同质民族文化的观念面临多元文化人口统计学的现实——被文化学界内部的运动所承认的相当重要的现实。后殖民地时期及女权主义的批评和结构主义相结合,揭示了学科和文化准则的意识形态,并带来权威丧失和学科支离破碎的感觉。

同时,跨民族的资本主义已经使文化的意义发生变化,一方面表现在公民(或"资产阶级",或"高级")文化上,另一方面表现为民族志资料的多样性。文化像知识本身一样已经变成商品,一个逐渐公司化的(而不是公有制的)大学正在取代那个空洞的、具有"杰出"思想的一个民族或者公民文化的观念。产品的语言一旦进入学术界,马克思的格言"一切固定的东西都烟消云散了"对制度结构来说也适合,虽然各学科曾经借助之而得以合法化。文化学界因此发现自己受到两方面的挑战,各种各样的反省运动使分别检验和了解学科的意识形态成为要务。同时,所有的知识创造者都被逼入困境,必须向当局证明其知识产品的优质。

明确地提出在知识市场中文化学科在"优质"方面的新地位和特质,这种

---

[1] 比尔·里丁斯:《废墟上的大学》,哈佛大学出版社 1996 年版,第 53 页。

呼声不断高涨,在此过程中学科史学起到必不可少的作用。这门学科研究的重点在于学术领域的作用和目标、个体研究者、为了达到目标所采用的推论,以及学术研究和更大的社会和政治网络之间的关系。把知识创造本身纳入调查研究范围之内,这迫使人们承认有更大范围的环境在某些特殊时期给某种学术授予权力或者剥夺权利。学科史学使我们得以体验在业已发生的转型背景下,出现暂时危机时的感受。

乔治·斯托金认为这种反省的原因是"把更普遍的职业和社会注意力集中在知识和权力的问题上"。[1]其他的——那些曾经是各种名目下文化研究领域的中心任务——也开始对西方的典范及其殖民统治的同谋提出了挑战。后殖民时期本土的民族志、历史学以及语言学已经把兴趣投入到揭开殖民时期的遭遇、那些遭遇在文化自我及其他观念的形成中所起的作用,以及它们给学科形成留下的烙印等方面。在此过程中西方文化研究的机构越来越倾向于反省检查。所以与文化有关的领域内部面临着合法性的转型,外部面临着从授权一方到跨国消费品的重组。总的来说,学科史学对学科意识形态的评估极其重要,它有助于适应这种转变,在21世纪前夕重新定位文化学科的角色。

我的这项学术研究调查,目的在于将对本真性的热望引导到个案研究的领域里。民俗学是了解文化学界意识形态潮流趋势中一个特别令人痛苦的例子。但是这里为一个领域所说明的——相当重要的原因是它那时代错误的名字,故只能生存在学术界的边缘——却不是一个孤例。相反,它显示了许多学术领域所固有的微观世界的问题。

本真性和民俗学之间有许多关系,包括在学科、政治以及个人自我等方面的自主自治的愿望。我本人和目前这个问题亦有关联,因为我自己作为一个民俗学家的"成年"之季碰巧赶上社会科学和人文科学转入反省、对知识体系进行批判性检验的时期。对本真性的概念、历史及围绕它的哲学探讨等方面的讨论,可以作为构建民俗本真性学科史遵循的途径。

---

[1] "人类学历史:根源和目的",《被观察的观察者:民族志田野作业文集》,第3页。

任何人之所以研究和追随民俗学都有很深的个人原因——既可以是一种社会责任，为表达文化的魅力所折服等缘由；或者正相反，是惊奇、震惊，或由于表达文化一些形式所包含的根深蒂固的仇恨和丑恶而产生的愤慨。正是因为这些与表达文化有关的个人恩怨，我们才可以体会到和研究对象之间直接的关系，而本研究揭示了这样的关系如何塑造学科形成的过程。

我20岁时开始学习民俗学，缘由是对自认为原汁原味的巴尔干半岛的音乐和舞蹈有了依恋之情——一种把许多人引入民俗研究的动机和个人感情。当我加入民族舞蹈小组、听到异国情调的音乐时，似乎触摸到深沉藏匿的自我。当发现有一门学科叫民俗学，或许多欧洲国家称之为欧洲人类文化学的时候，我欣喜若狂，希望把自己的兴趣往职业上拓展。一所瑞士大学的民俗学助教给我泼了冷水：我感兴趣的这些东西和欧洲人类文化学毫无关系；它们不过是东欧社会政治过程一些伪造的副产品而已，所以并非民俗学学科研究的组成部分。

尽管在可接受的研究范围内我尽了最大努力，在我第一次做田野作业，探讨新年化妆表演的习俗时，虽然当地人和民俗学家都认为该习俗如果不是来自异教徒的话，就是古代沿袭而来，我却发现它顶多在几个世纪以前开始兴起，直到第二次世界大战之后才形成目前的形式。我还记得当时得到结果时感到既冷静又兴奋。一方面，它推翻了普遍存在的关于该节日源于古代或异教徒的假设，但另一方面，它让我看到研究新方向的有趣前景。在和一位小学老师较长的会谈中，他极其骄傲地告诉我，在20世纪40年代他在该地区开始教书的时候，这个节日已经是多么"衰落"了；在请教了一位非专业的民俗学家以及国家服装保护协会的成员之后，他开始发起一场"彻底清理"这个节日的运动，并"重新引进"庆典中的异教徒成分。他让学生们做一种新型服装的推销员，还在当地报纸上倡导以"真实的"方式过节。他的运动非常成功，20世纪80年代初期大部分的被调查者都相信那种最新型的服装便是最古老的衣着。虽然我的目的是研究"真的东西"，但对表演者来说是真实的东西，却显然与我的学科关于本真性的概念不同，后者认为创新或再创造是对"真正"传统的损害。

在那项研究的过程中，我偶然碰到有关"民俗主义"（folklorismus）的德国文献,其解释是"二手民俗"。在对"民俗主义"的讨论中,产生了民俗学历史和理论概念两方面的严重问题,这使我坚信,对于学界里民俗学家认为是虚假的、伪造的或者意识形态上不正当的东西,我必须探寻它,而不是回避或者排斥它。为什么无论是学者还是非专业人士,都这么热切希望(并促使)把"真的民俗"和伪造的东西区分开来,对此我始终耿耿于怀。

所幸我的这种与日俱增的困惑碰巧遇到了学科内渐成气候的自我反省,以及逐渐增强的对民俗学和意识形态的兴趣,无论它是假借浪漫主义还是民族主义的幌子,无论它是打着共产主义还是法西斯的旗号。20世纪80年代出现了大量的著作,探讨社会行为方式及人工制品的发明创造。例如罗伊·华格纳(Roy Wagner)的《文化的创造》(1981年),特别是埃里克·霍布斯鲍姆(Eric Hobsbawm)和特伦斯·兰格(Terence Ranger)合著的《传统的创造》(1983)一书,激发人类学家、民俗学家和历史学家去证明那些曾经被认为是古老习俗的东西却来自现代。创造和再创造计划的制定过程,通常以"文化政治学和文化诗学"的框架来安排,已经变成惯例而不是例外了。这种研究流程不可避免地产生的结果是,整个学术大厦的中心概念也将经受这种解构主义的处理。原先处于社会边缘的"文化政治学"如今却是研究和理论的中心,而本真性已经变成最常讨论的术语之一了。

本书是我自己要澄清"本真性问题"的产物,重点对德国和美国做比较,其一部分原因来自个人的环境。我在瑞士长大,故欧洲德语地区成了我研究的重点,但我又是在美国接受大部分的学术教育。我最熟悉的这两个地区也显示了欧洲和新大陆之间在文化探索方面的相互影响和紧张关系。

在听我谈了在处理本真性和民俗学两者关系上的挫折之后,我在巴塞尔大学的同事罗纳德·伊诺恩(Ronald Inauen)只是半开玩笑地下了结论,"文化研究就是对不本真的研究"。如果有的话,究竟有什么还能算本真的呢?对于这个问题,我在阅读和思索了好几年之后,发现本真性充其量只是一种经验的特质:比如在音乐演出时一个人会感觉脊梁上一阵发冷,此刻可以使其流泪、大笑或者兴高采烈——经过再三思索之后,此人可以将之具体归类,但是在此过程中却会失去代表本真性特征的直接性。

由于文化研究是对行为、表达方式、习俗以及实践活动的"探讨"而不是"经验",因此在这个存在主义的意义上,它只能把不本真的展现出来。进一步说,为欣赏和理解文化,本真性不应该是重要的。一个人要超越那些充满感情的兴趣是很难做到的,这些兴趣可以把他带进民俗学这样的领域;同样,一个人也很难摆脱与他者文化接触时的浪漫想象,虽然这样的想象是我们适应文化的现代感的一部分。但对于本学科是如何构建起来去追求本真性这个问题,如果我们有一些反省意识,至少就应该对这个概念左右我们的生活和工作提出挑战。

本真性一词来自希腊语,有两层含义,"举止带有权威的人"和"用自己的手制造的"。莱昂内尔·特里林回顾过去时所说的"此词在其词源希腊语中清楚地包含了暴力之意"使它有更深的意义,也使它和它所经历的受西方支配的市场商业化形成对照,因为特里林这样指出:"Authenteo 意为:完全有权力控制;也有谋杀之意。Authentes 意为:不仅是主人和执行者,而且是凶手、杀手,甚至是自杀者。"① 今天我们在使用这个术语时不必完全照搬其词源层次上的意义,尽管由于诸如种族或宗教本真性等的缘故所造成的暴力,是这些古希腊词意在现代的痛苦变现。

百科全书提供了这个术语在特殊历史条件下的意义,其来源于宗教、法律用法和实践。其中可以追踪到的意义和语境是礼拜仪式歌集的真实版本,以及为了证明圣徒遗物的本真性所要求出示的真实性凭据。一张封条可以赋予文件以本真性,而弗雷德里克一世所颁布的一系列法令被称为"真实的弗雷德里克法"。但要证明手稿的真实性,却会把人带进一种茫然境地,因为按照教会的法律常规,真实手稿指的是规范的文稿,它还要以标准和专制的方式声称其中包含了启示。如果只在圣经研究的范围内追寻本真性,成果会很丰富,这不足为奇。但是在文艺评论范围内,本真性指的是某一件特殊手稿

---

① 《真诚与本真性》,牛津大学出版社 1974 年版,第 131 页。

的历史真迹。当代实践把这一词义扩展到原始的、真的和未加改动的。本真性一词的希腊语意义之一,"用自己的手制造的"在法律方面的可靠意义可以简化成"手工制造"。它在艺术和古董界的定义是制造者或原作者、一件人造物品的独特性等的清晰可辨别性,这个定义的来源是"用自己的手制造"的词义。

与此相反,民俗学家长期以来一直在匿名的整个社会群体即"民众"中寻找本真性。难以辨别的作者身份、在时间和空间上的多重存在、各种项目的变体,以及"传统承继者"的社会和经济状况等,都是检验民俗本真性的途径。一旦讨论的对象是单独表演者或人工制品的制造者,匿名传统的标准就开始瓦解,而本真性的问题就可能已经被抛在一边。然而,渗透在学科论说中的有关本真性的专业词汇却没有因为特例的变化而变化。原始的、真实的、自然的、天真的、高贵的以及单纯的、栩栩如生的、激发美感的、激动人心的——这样的形容词还有很多很多。自18世纪以来民俗学家们就开始使用这些词汇,套在给他们在民俗文本和表演中发现的特质上。

在以下章节中将继续突出此类词汇,为的是说明所用的语言要比企图超越它的理论更具有持久性。随着时光流逝,"本真性"包含了更广的意义,由于连续几代学者们使用同一个术语,使旧词获得了新的内涵,更不用说像心理学一类的学科给它增加的含义,还有浪漫主义的民族主义政治化所起的作用。理解本真性便是理解语言应用中意识形态的波动,以及在长时间和跨语境中语言应用目标的变化。研究语言意识形态的语言学家正在提出研究语言话语本身的意识形态的方法。[①]这样的研究对那些声明可以建立一个中性价值(因而更科学和有价值)的语言学分支的人提出挑战,而学科史学又使这一挑战成为现实。当探讨本真性概念在不同时间和不同地方的使用时,有许多意义同时存在,这些意义构成了"思想的茫然境地",本书的目的也在于围绕这个境地找寻一条出路。

---

① 伍拉德、谢夫林:《语言意识形态》,《人类学年报》1994年第23期。

在西方，关于本真性的出现有权威的解释，这些为理解以下研究中关于这个概念的那些零碎的、多义的应用打好了基础。"在其历史的某个时期，"莱昂内尔·特里林写道，"欧洲的道德生活增添了一种新的成分，我们称之为真诚的自我状态或者品质"[1]。在16世纪真诚的需要开始使人们心烦意乱，而毫不奇怪，最大的痛苦来自剧院——这是为表演和技巧而建造的地方，因而是"不真诚的"。演员们有本事让观众感动得掉眼泪或愤怒，这引起了观众的怀疑。特里林吸收了戈夫曼（Goffman）的观点，注意到剧院的魅力如何使人们意识到生活中的角色表演，认识到这种表演损害了真诚。但是如果行为规范需要伪装，那么问题就产生了，即在这些文明的要求之下，能否找到自我诚实的社会阶层。

18世纪中期形成的卢梭哲学包含了最有影响的表述，说明从真诚到本真的转变。"我们从卢梭那里知道了把我们的本真性毁掉的是社会"。[2]相反，卢梭理想中的本真之人是处于天堂般纯真状态下、不被舆论和生活所影响的人。卢梭的著作"是一个旨在给（个人）以尊严的计划，要把（他们）从社会的上层建筑解放出来，让（他们）以纯洁、不被污染的状态回到社会"[3]。这个论点为那些需要宣布民主政治合法化的法国革命者提供了一个哲学的纲要。当社会上层建筑被清理干净之后，每个人的原始道德就会出现，到那时，所有的人都会平等和自由。卢梭的"野蛮人"是本真性存在的化身，而他又发现，那个国家的卑贱民众应该让他们的直觉和感情保存完好，其"情感和诗歌都没有死亡"，他们当中还有野蛮人的残余。

本真性的呼唤隐含着一种批评的姿态，它反对都市习俗以及在语言、行为、和艺术方面的技巧，反对过分的贵族作风，并展望一种纯洁、不受影响状态的回归。如此怀旧的想象，显然是受了探险者描述遭遇"外来的"并且"野蛮的"民族报告的激发才有的。卢梭、赫尔德及其同时代的人遵照自己哲学的逻

---

[1] 《真诚与本真性》，第2页。
[2] 《真诚与本真性》，第92页。
[3] 库切拉：《欧洲民俗学史》，费城人类研究所1981年版，第116—117页。

辑，赋予了本国那种乡村、田园式生活方式如此的纯洁性和本真性。然而，18世纪欧洲上流社会的文人却不希望过着后来的梭罗（Thoreau）或公社社员那样的生活。赫尔德给他同辈的礼物是挑选了民间诗歌作为民间性的所在，激发了当代人及整个社会和文学运动，鼓舞大家去吸收和模仿民众真实的审美观。赫尔德及狂飙时期的浪漫派在寻求个人的道德本真性及其艺术上的表达及沟通之间建立了坚固的关系。对他们来说，农民阶级的口头艺术变成了整个人类接触本真性的一种途径。

"发现"了民众以及出现了专门研究其文化的一个领域，这和外来者的魅力以及和文化人类学的发展如此密切相关的"原始文化"概念交织在一起。但是亚当·库柏（Adam Kuper）认为"关于原始社会的理论研究的是一些并不存在，而且从没存在过的东西"[1]，这使我故事中的寓意更加扩散了。本真性和"原始社会"不同，它的产生并非来自他者的有限制类别，而是来自自我和他者之间、外部和内部状态之间的探索性比较。对本真性的召唤就是承认弱点，把自我的愿望慢慢地渗透到学科的形成中。本书把本真性作为推论形式来进行解构，但这样做实际上也不能停止人们对本真性的追求。因为这种追求源自人类深刻的渴望，无论它是宗教精神方面还是存在方面的，而对于人们如此渴求的东西宣告其不存在，可能会破坏一个人们因之建设了有意义生活的核心。

事实上，不是追求的对象，而是其愿望，及其过程本身产生了存在的意义。朝圣及其变异形式——旅行有其特别之处，它凭一本旅行日记记载着"在路上"的经历。日记作者由于已知晓到达那个渴望已久的目的地时，其结果将是那份失望之情，因此他根本就不到达目的地，而是追求那种流动的旅途过程中寻求本真所在的体验。旅行在许多方面都是现代"存在意义"的关键所在，自从启蒙运动以来它一直伴随着西方社会的变迁，作为一种跨文化的多方面活动而出现。对旅游业的研究作为一个领域最初曾被讥笑，但它已经清楚地阐述

---

[1] 亚当·库柏：《原始社会的创造：幻想的转变》，伦敦鲁特拉奇出版社1988年版，第8页。

了人类在自我和他者的动态关系中追求本真性的各种途径。"本真性问题就像伴奏的音乐一样跟随着旅游业研究"①，这种研究把兴趣放在这个概念的具体方面，即培养市场开发和消费方面。与此相反——也许是因为其注重孤立的自我——存在主义哲学对现代自我理论的建立只局限于解释本真性的定义，而忽视其应用。

  本真自我的出现可以论证为现代性的结果，而现代性是政治、社会和经济变化的基础。争取自我是和努力寻找或述说一种更本真的存在密切相关的，而这样的努力需要哲学对机器再生产时代个人存在的本质进行探索，并用语言进行表达。现代性的进程带来了极度的痛苦，一方面是对进步的渴望，而另一方面则是怀旧，缅怀常常被进步改革所抛弃之物。存在主义哲学可以说是21世纪抵挡动荡思潮的一种努力。

  特里林追溯了17世纪以来西方世界追求本真性的缓慢步伐。在20世纪人们已经把原始的、丑陋的东西当成比简朴的、纯粹的更本真的东西了。诺尔曼·麦勒（Norman Mailer）的注解，"我们正处于浮士德时代，决心在完蛋之前要么见到上帝，要么见到魔鬼，而本真之宝石必然是我们打开大门的唯一一把钥匙"，也许这正是20世纪在追求本真性中崇尚原始性的精髓所在②。麦勒在这里指出了既敢于勇往直前又忧心忡忡的自相矛盾，它来自对知识和权力无情的探索，对自我和自律的检验，体现了现代性的特征。

  萨特（Jean-Paul Sartre）的存在主义观点更新了17世纪的论点，用角色表演取而代之，其反抗的对象是资产阶级而非贵族阶级的阴谋。他公开指责支配大众行为的受尊敬之习俗"受到了伪善和不本真性的污染，"并标榜自己的斗争为"文明之举"，因为他已经"破坏了自己对自我的内在感知"③。萨特追求本质的救赎，但他要救赎的不是浪漫主义所想象的自然的纯粹，而是人体的肉体性，以及非资产阶级的他者。

---

① 休斯：《旅游中的本真性》，《旅游研究年报》1995年第22期。
② 伯曼：《一切固定的东西都烟消云散：现代性体验》，纽约企鹅出版社1988年版，第37页。
③ 查莫：《粗俗与本真：萨特世界中的他者尺度》，马萨诸塞大学出版社1991年版，第6—7页。

马丁·海德格尔（Martin Heidegger）走在萨特的前面并受到后者的批判。其著作《存在和时间》力求成为 20 世纪关于存在本质的最终表述。海德格尔把存在的两种可能称为"Eigentlichkeit"和"Uneigentlichkeit"，译为"本真"和"不本真"。他认为个人为"平淡无奇"所困，从而妨碍了真正地"拥有"自我。一个人要想存活在海德格尔式的真相中，并且得到"最大限度的智慧的启发"，他就必须超越"平淡无奇"的需要[①]。海德格尔发明了德语名词"Eigentlichkeit"（本真性），并把德语的语法和词汇作了些许改变使之可以表达"存在"之意。对一些人来说，他已变成现代哲学关于本真性这一术语的创始人。

但是，对于已进行了一段时期的文化研究方面的反思，海德格尔形而上学的诱惑无法指明方向。目前重新发现了海德格尔，这令人烦恼，因为即使我们把他的著作和他分开来——他是纳粹党的一员，在 1933 年曾经说过，"这些思想都不是你们存在的法则！希特勒才是德国的现实，是今天以及未来的法律"——这是海德格尔在极权主义时代条件下所写的，受制于当时的政治环境。

海德格尔一类的形而上学者的逻辑评论基于其对语言的运用上，这一点使海德格尔显得与众不同和神秘莫测。1931 年卡尔纳普（Rudolf Carnap）提出，海德格尔的哲学靠的是"缺乏语言逻辑的假句子"。对卡尔纳普来说，形而上学者试图通过思考和写作的行为来表达本真性——他称之为"生活的情感"——这种行为并没有赋予他们一项对他来说需要基于经验而不是反省的使命。

因此，第二次世界大战之后阿多诺（Theodor Adorno）在写作时由于充分认识到海德格尔令人迷惑的语言所固有的危险和能量，对存在主义提出了更加严厉的批评。其书名《本真性的专业术语》便可以显示，作者通过分析语言和风格来反对存在主义思想。以海德格尔的术语"本真性"为代表，存在主义者的语言是一种危险的武器："出类拔萃的一类掩盖了低层次的一族，这显示了那

[①] 金：《海德格尔的哲学》，纽约麦克米兰出版社 1964 年版，第 58 页。

些可能的受害者是如何被隐藏起来的"。海德格尔的著作"得风气之先",因为它描述了"1933年以前知识界走出黑暗的方向——在作者的描述中,这些方向充满灼见、又带有强制性"。而"专业术语"由于缺乏具体性,看上去好像存在主义关于本真性的观点"属于诸如不可剥夺的可能性一样的人的本性",而不是"从产生的瞬间情形中抽象出来的东西"。对阿多诺和诸如乔治·卢卡奇(Georg Lukács)等左派人物来说,海德格尔式的存在主义最终是不负责任的,其沉湎于"存在"反映了存在主义者没有能力应付工业社会。当一个人从社会中退出,到无穷尽的领域里寻求本真的存在,他就逃避了与社会和历史的相互作用,以及这种相互关系中自己的位置。特里林的观点也与此相似,他认为本真性最危险的表现就是逃离人类社会,"把人与人的关系拒之门外"①。

20世纪后期知识界转向检验社会生产和知识的意识形态本身,布迪厄(Bourdieu)从中获益,发现卡尔纳普的批评由于局限于哲学的习性而没有切中要害。他主张双重理解,既不把他的评价只限于"纯粹原文",也不仅仅因为已得知作者的政见而谴责它。他从政治文化方面和哲学领域的角度研究海德格尔的原文。在检验"受哲学论述所影响的强迫接受形式时,布迪厄试图超越阿多诺,揭示能防止哲学论述免于堕落成论述者的阶级立场的炼金术般的转换"。通过仔细观察海德格尔论说的内容和方式,他还坚持主张要检查海德格尔那些"本身意义不明确的词,特别是这些词的普通用法所带来的价值判断和感情内涵"②。布迪厄的结论使海德格尔显得也和本真性本身一样带有欺骗性:

也许是因为海德格尔从来都不知道自己在说什么,所以他才口无遮拦而其实毫无必要。也许是同样的原因使他自始至终都不肯谈论自己和纳粹有染:要恰到好处地讨论此事将不得不承认(向其自己也向其他人),其"本质先于存在论"思想从未自觉地阐述过其本质。③

如民俗学此类的领域,它注重公众美学,与存在主义哲学之间也许没有多

---

① 参见阿多诺:《本真性的专业术语》,西北大学出版社1973年版,第4—5、59、171页。
② 布迪厄:《马丁·海德格尔的政治本体论》,斯坦福大学出版社1991年版,第3、104页。
③ 布迪厄:《马丁·海德格尔的政治本体论》,斯坦福大学出版社1991年版,第105页。

少共同之见。但是"本真性的专业术语"和民俗学词汇是相互关联的。对个体本真性的渴望，和让别人相信一种特别的表演或者一种真迹的之真确的热望之间只有一步之遥。这种双重遗产在民俗学学科历史上最有威力和持久性的例子是（种族）民族主义的事业。歌曲或传说等文本表达文化在本真性华丽文辞的帮助下，可以从个人的经验变成民族团结必然的象征。在海德格尔时代，存在主义本真性的不明确词汇可以宣告其本真性文化的集体化推论为合法，并且把所有不能或不愿意与之为伍的人明确地排除在外且置之于死地。

本书无意对本真性作全面的记载或使之全部理论化。芭芭拉·克什布拉特-吉布利特（Barbara Kirshenblatt-Gimblett）已经指出，或许可以认为本真性的概念没有历史。我们要回答的关键问题不是"本真性是什么？"而是"谁需要本真性？为什么？"以及"本真性是如何被应用的？"对于这些问题的答案不止一个，它们要么属于存在主义范畴，要么属于民俗学历史领域。但我把各色文本放在一起——包括论文、集子、信件、和理论文章——为的是探索本真性及其相关的词汇在学科形成不同阶段的使用方式。

我为罗杰·亚伯拉罕（Roger Abraham）关于学术想象的文章作进一步阐述，认为在本真性的差异不断得到阐明的过程中，成为合法学科的"本真民俗学"观念已把民俗学领域置于社会和学术界的边缘。本真性之激进的、乌托邦式的、反现代的魅力不时使民俗学和某些思潮在社会政治方面颇有吸引力，因此也使它短暂地处于声名狼藉的境地，有时是事后才有所醒悟。民俗研究最强大的力量在于通过其表达文化，长久地把握着人类深深地企盼和惧怕的脉搏。

本书追溯了从"本真民俗学的创造"，到建设民俗学学科中对本真性不断变化的差异有策略的应用，以及目前对学科建立方法的重新评估的学术历程。书中的七章勾画了在欧洲德语地区和美国地区关系密切的民俗学史和学科合法化中本真性的应用。

查理斯·布里格斯和其他一些人已开始揭露"元推论"，它是那些为"本真民俗学"划界圈地者用来确定权威的名堂。本研究支持他们的做法，并通过更进一步地解构历史来扩展这种反省。回忆过去，我想起了关于赫尔德和民歌、格林兄弟和童话、田野工作者及其丰富的收获等等，我并不是仅仅重述，而是要指出追求本真性在一个探索领域发展过程中所起的作用。但是对知识如何构建进行解构不一定是解放它。民俗学的"危机"不是唯一的，解构为整个学术界带来了学科的失落感。但是反省是走向重新构思学科的第一步，它不受原来步履艰难的模式的束缚。

本书分为三个部分，以时间前后和比较的顺序安排。第一部分讨论了本真性概念的来历。第一章是有关本真性对德国知识分子的影响，以及学者作者和他们认为是本真性的出处——民间诗歌——之间的情感纠纷。在第二章，我试图把和本真表达文化的感情上的、内在的关系变成植根于科学严密的领域。第三章展示这方面在美国的发展状况。

第二部分分别谈论在德语地区和美国有关民俗学的制度化，以及利用本真性宣告学科的地位（第四章、第五章）。第三部分中有一章讲述德国民俗学对真作的挑战（第六章），及美国民俗学和政治文化的关系（第七章），然后进入关键之处，讨论在两地区面对日益高涨的对政治文化的反省时本真性所产生的问题。

边缘化的民俗学一直是跨学科的。语言学者、文学研究者、人类学者、历史学者和民族学者都致力于民俗研究，尽管居民俗学职位的学者人数不多。在从业者基础和体制呈现方面，民俗学作为独立学科是可以确认的。虽然该领域一直孜孜于不断变化的本真性研究，但是其从业者已经立志摆脱实证主义的、纯粹学术的理论和方法。民俗学是一个始于研究"全体的激情"的小领域，也敢于在知识界变得越来越专业的时候生出争得一席之地的愿望。所以，本书主要讨论学科及其方法——较少涉及适合体制的学科界限。也就是说，这是观念及其结果的双重历史，而不是知识分类史。

本书也不奢求搜珍罗奇，面面俱到。我已经努力把有关学者的论点融入上下文的语境中，但是在这里我感兴趣的只是他们对民俗学本真性使用史的贡献，而不是个人的全面成就。本书的一些段落对某些领域的专家（比如历史语言学、神话、艺术史、哲学、文学以及民族和地区研究等方面的专家）来说会很熟悉。有些人肯定会因为他们所专攻的领域没有涉及他们所掌握的深度而惋惜。但有些人在得知本真性对其自己学科的建设所起的作用之后可能会有所触动，在此过程中，也会赞同对现代化的反省。他们可能会在学科排他化和后学科的知识创造之间寻求一种更加和谐的依存关系。

因此，在民俗研究领域本真性的建立历史也有望是自由开放的。这样的历史显示，表达文化并非即将消失。一旦我们消除了学科思维中的二分法，"本真与不本真"本身也可能成为研究的对象。只要我们齐心协力，交流切磋，便能在本真性研究上有所建树，可以使我们分别从学科话语的范围内外来探寻"本真性"的含义和历史。

从体验到表征——科学探寻本真性的开端*

〔美〕瑞吉娜·本迪克丝

> 他注视着水里，发现它是由许许多多不同的水流汇聚而成，每种水流都有不一样的色彩，正交错编织着一张繁复精美的流动挂毯。……这些就是故事之流……每股彩线代表且包含了一个故事。海洋的不同部分则包含不同种类的故事。所有曾讲过的和许多还在酝酿中的故事都可以在这里找到，故事之洋实际上是宇宙间最大的图书馆。由于故事在此处以流动形式存在，它们也会不停发生变化，或形成全新的版本，或是糅合了其他故事而变成另外的故事。因此不同于普通图书馆，故事之洋远不止是个存放故事的仓库，它不是死寂的而是鲜活的。
>
> ——萨尔曼·拉什迪（Salman Rushdie）[1]

萨尔曼·拉什迪所著故事中的哈隆·卡里法（Haroun Khalifa）试图拯救故事之海，使其免遭妄想摧毁一切不能控制之物的统治者的毒药污染，这个故事

---

* 由薛泽闻译自Regina Bendix, *In Search of Authenticity*: *The Formation of Folklore Studies*（The University of Wisconsin Press, 1997）的第二章 From Experience to Representation: The Onset of a Scientific Search for Authenticity。本章先前的版本题为"科学探寻本真性的不同路径"（Diverging Paths in the Scientific Search for Authenticity），曾刊载于《民俗学研究杂志》（*Journal of Folklore Research*, 1993）。

[1] Salman Rushdie, Haroun and the Sea of Stories. London: Granta Books, 1990, p.72.

强烈展示了叙事的力和美。拉什迪将叙事的灵感之源设置在一个盛满故事之水的独立的月球上，他的主人公负责修复叙事的纯洁与健康。作为对浪漫乌托邦的象征性引喻（symbolic allusion），这里的月亮让我们想起从"真实"和欲望两者出发并实现到乌托邦的距离。

拉什迪选择运用有机的隐喻（organic metaphor）说明浪漫主义用自然修辞来对抗堕落中的文明这一做法的生命力。民俗学者对此了然于心，从民俗学这门学科的浪漫主义起源开始，就可找到无数证据。

当暴风雨来袭，庄稼尽毁，我们发现在树篱和灌木丛附近……有一秆秆麦子仍旧笔直挺立。太阳再次照耀时，它们仍旧独自默默生长……但当秋日将近，它们果实累累，于是穷人们把它们采摘下来一杆杆的捆好……运回家，接下来整个冬天，它们就是粮食，或许也是仅有的未来的种子。[1]

浪漫主义者所运用的丰富且饱含感情的本真性词汇在这里得到了充分展现。此处我关注的是在 19 世纪早期，当科学的精神开始向浪漫主义的感性词汇渗透的时期，学者们尝试将本真性看作一种可经科学证实的实体。

科学的道路表面上是为学术事业提供可信度并与浪漫主义的情绪化和明显的不精确性划清界限，但"科学的方法"并不构成与浪漫主义渴求的清楚分离。系统的研究计划实际上是要将浪漫主义用高度个人化且经验性的语言所阐明的东西变得可具操作且外在化。

展示早期这些运用科学方法确认本真性的努力对于领会民俗学学科的自我意识非常重要。以"科学"为准绳的学者至今还经常与浪漫主义的民族主义传统保持距离，但证据表明，对学术目标的理性追求总是与潜在的社会政治的幻想相互交织。尽管对于地方主义的、真正的民间理想的渴求越来越向私人话语转移，但仍继续传达着追寻科学的目标。通过科学尺度来界定和确认本真性使得逐渐远离关注社会政治的学术努力获得了合法性。[2]但这种明显

---

[1] Jacob Grimm & Wilhelm Grimm, *Kinder-und Hausmärchen*, Munich: Winkler, 1976(1819), p.29.
[2] Charles Briggs, "Metadiscursive Practices and Scholarly Authority in Folklortistics", *Journal of American Folklore*, 106(1993), pp.387-434.

的分歧无论在过去还是在现在都是一个误解①，因为 20 世纪八九十年代的许多争论都见证了在社会政治和学术道路的冲突中，双方都宣称要确保"真实的"本真性。

在科学主义的大气候里，本真性的道德的和情感上的概念化都需要物质表征。在关于 19 世纪学者的较大范围的讨论中，我要将雅各布·格林（Jacob Grimm, 1785—1863）和威廉·格林（Wilhelm Grimm, 1787—1859）两兄弟与卡尔·拉赫曼（Carl Lachmann, 1793—1851）进行对比，后者是深受语文学启发的文学批评与重构主义者、格林兄弟的朋友兼同事②。我将描述不具名的"民间"本真性和个人的、作者的本真性之间出现的差异。二者同时出现，最初并未对立。但到后来，一旦涉及原真的位点（locus）问题时，对这两种观念的回应就会引起无尽的争论，直到今天仍是如此③。

通过对比个人创作中和无名大众在理想化的过去中的本真性，可以认识到一种资产阶级（布尔乔亚）式的既不能与封建的高文化的个人创作遗产，也不能与更加民主但相对低贱的民间文化遗产相认同的不适。与这种不适心态相交织的是长期存在的精神性与宗教问题。因为尽管情感的活力已被科学的探索所取代，但对本真性的起源和证据的探寻并不能减轻失去上帝的终极权威的文明之痛④。对本真性的探索最终是对一种精神本质的探寻，学者在思考本真性问题时所选择的无论是结合宗教还是排斥宗教的研究道路均生动展现了在"本真性问题"中暗藏的复杂性。

---

① Barbara Kirshenblatt-Gimblett, "Mistaken Dichotomies", *Journal of American Folklore*, 101(1988), pp. 140-155.
② 在此向理查德·鲍曼（Richard Bauman）致谢，正是由于他曾经问我是否了解卡尔·拉赫曼的事情，才使我开始搜寻相关资料并收获颇丰。
③ 有关民间艺术的争论深刻阐明了该点，因为民间艺术与"高文化艺术"话语中展现出本真性强烈的"著作者"观念的交锋。与这些学术遗产相关的公开争论，可参见 John Michael Vlach & Simon Bronner eds., *Folk Art and Art Worlds*, Logan: Utah State University Press, 1986.
④ Mashall Berman, *All That Is Solid Melts into Air: The Experience of Modernity*, New York: Penguin, 1988(1982).

在浪漫主义中勃兴

浪漫主义者纵情于他们发现的民间诗歌中，他们的散文充分流露出陶醉的热情。但这些从民间听来的歌曲和传说是民间诗歌的"真实"形式吗？尽管知识分子将"民间"营造成一种纯洁本原的形象，但作为民间诗歌收集对象的那些人面临的社会现实却是，他们在习惯于鄙视下层的精英阶层眼中根本不可能显得纯洁。赫尔德曾直截了当地指出民众"绝不是胡同里的那些从不唱歌写作、只会尖叫和破坏的乌合之众"[1]。赫尔德暗示了理想化的乡村"民众"和那些迅速失去其农民先祖"自然的高贵"的新兴城市下层民众之间的差异[2]。从封建等级制向随着城市化和工业化而出现的社会经济阶层转变的这个过程被人无意中记录下来，例如拉赫曼在写给雅各布·格林的文字中提到，他前往柏林的兴奋旅行："你无法忍受柏林的民众，可能我更甚。但是在柏林的生活与别处完全不同，在这里你感知不到民众的存在"[3]。这些鲜活的判断构成了后来分类的基础，即将流行的大众文化与民间文化和精英文化区分开来[4]。

本真性开始与物化文本相关联，但那些肚里装着文本的民众大部分仍籍籍无名，他们被日益投射进更为迷人的过去时光。这种心理转变也带来了实践的相应变化，即从纯粹的浪漫主义渴求发展为对本真性起源的学术探索。

表现性文化的"人工化"，正如苏珊·斯图尔特（Susan Stewart）所指称[5]，必经的不只是忽略了社会和个人语境的文本提取。更甚的是，该过程一直

---

[1] Johann Gottfried Herder, *Stimmen der Völker in Liedern*, Ed. v. Müller. Tübingen, 1807(1774), p.69.
[2] 皮特·尼德穆勒在后来的匈牙利观察到了相似的对策："该概念结构自动地将异己的城市社团从作为国家之基础的'民众'的范畴中剔除。" Péter Niedermüller, "National Culture: Symbols and Reality", *Ethnologia Europaea*, 29(1989), pp.47-56.
[3] Albert Leitzmanned., *Briefwechsel der Brüder Jacob und Wilhelm Grimm mit Karl Lachmann*, 2vols, 1927, Jena: Verlag der Frommannschen Buchhandlung, p.372.
[4] 在美国，莱文有力地证明了该区分过程的任意性。Lawrence W. Levine, *Highbrow, Lowbrow: The Emergence of Cultural Hierarchy in America*, Cambridge, Mass.: Harvard University Press, 1988.
[5] Susan Stewart, *Crimes of Writing*, New York: Oxford University Press, 1991, p.105.

偏好特定的文类和内容，而对其他稍缺奇妙和美感的则不够重视。赫尔德那代人喜欢民谣，如阿希姆·冯·阿尔尼姆（Achim von Arnim）和克莱门斯·布罗塔诺（Clemens Brentano）的《少年的神奇号角》（Des Knaben Wunderhorn）歌谣集①。尽管格林兄弟也搜集民谣，并参与了《少年的神奇号角》的工作②，但他们对民间故事研究做出贡献太大，以至于他们在传说、古代法律、英雄史诗和神话上的大量学术成就反而被人遗忘，仅有一小部分专家记得。但正是通过对童话之外其他文类的研究让格林兄弟深化了对原始语言和历史的学术探求。

对广大民众而言，民谣和民间故事比雅各布·格林所痴迷的古代法律的残片更具有审美情趣。但民谣和民间故事一旦脱离其社会语境，被集结成书，通过文字媒介传播，它们就迅速沦为商品。在将口头经验性的材料转译成书面文本的过程中，早期的收集者帮助他们的社会阶级获得了"整个更大的口头语言世界——这个世界所想象的存在感、即时性、有机论和本真性——的碎片"③。

民间文类的商品化有时促进了民族主义思想的发展，而民族主义动机对民俗理论和实践的萌发又产生了巨大影响。尽管赫尔德对不同民族的民间诗歌的热情部分是源于其人道主义和普世主义取向，但这种民族差异的表现可以成为（将继续成为）政治差异的象征性证据。民间文学作品摇身变为论证政治联盟或政治独立的工具，比如《莪相之歌》（Ossian）之于凯尔特人、《格林童话》之于分裂的德国④，或史诗《卡勒瓦拉》（Kalevala）之于芬兰⑤。这种联系将受到人们偏爱的文类塑造成民族身份的象征，而这种潜在的观念在西方民俗学史

---

① Achim von Arnim & Clemens Brentano, *Des Knaben Wunderhorn*, Ed. H. Rölleke, Stuttgart: Kohlhammer, 1979(1806).

② Ludwig Denecke & Charlotte Oberfeld, Die Bedeutung der "Volkspoesie" bei Jacob und Wilhelm Grimm. In C. Oberfeld et al., eds., Brüder Grimm Volkslieder, 2(1989), Marburg: N. G. Elwert.

③ Susan Stewart, *Crimes of Writing*, New York: Oxford University Press, 1991, p 104.

④ Alan Dundes, Nationalistic Inferiority Complexes and the Fabrication of Folklore, Meerut(India): Folklore Institute, 1985, pp.1-21.

⑤ William A. Wilson, *Folklore, Nationalism and Politics in Modern Finland*, Bloomington: Indiana University Press, 1976. Lauri Honko, Die Authentizität des Kaleval. In Hans Peter Duerr ed., *Authentizität und Betrug in der Ethnologie*, 1987, pp. 357-392.

编纂过程中首先被解构[1]。民族主义和民俗学由来已久的纠葛最多构成寻找本真性的一个环境背景。我所关注的是作为研究对象和拥有修辞手法的语言。

语言的产生、发展和传播对德国学者来说意义重大。他们对表现性文化的重视最终更普遍性的阐明了语言的审美和政治功能，因为人类的存在和历史的本质正蕴藏于语言的神秘性之中。格林兄弟和他们同代人对语言的使用方式最清晰地影响了本真性的话语。因此浪漫主义探寻语言起源的情感本质——这反过来也影响了历史学的研究——主要还是通过哲学猜想来表述。

科学性和经验性的研究模式的出现要求用证据来证明本真性。格林兄弟和德国的同仁们是将浪漫主义思想和科学方法相结合的翘楚。他们的心忠于浪漫主义，然而他们的成就却属于科学人文主义。

本真性和格林兄弟

从民间灵魂到学术收集

赫尔德区分了"胡同里的乌合之众"和真正的民众，而资产阶级深信他们时代的"民众"仅仅是高贵正宗的诗歌传唱者而非创造者。因此探寻最初最本真的诗歌形式变得很有必要。在"科学方法"已经渗透进自然科学领域且影响到人文学科的时代，学者们进行了不懈的努力，试图从历史的尘埃中找回"真实"的定义。那些曾经属于文学和社会思考的内容现在都需要系统的研究。但这种状态引起了不满。卡尔·拉赫曼于1822年写道："发现几颗恒星或解剖蚊

---

[1] Richard Handler, *Nationalism and the Politics of Culture in Quebec*, Madison: University of Wisconsin Press, 1988. Michael Herzfeld, *Ours Once More: Folklore, Ideology, and the Making of Modern Greece*, Austin: University of Texas Press, 1982. Uli Linke, "Folklore, Anthropology, and the Government of Social life", *Comparative Studies of Society and History*, 32(1990), pp.117-148. Felix Oinas ed., *Folklore, Nationalism and Politics*, Columbus, Ohio: Slavica, 1978. William A. Wilson, *Folklore, Nationalism and Politics in Modern Finland*, Bloomington: Indiana University Press,1976. 在美国和德国，对民俗学的民族主义观念的"发现"或解构与"伪民俗"和民俗主义的发现同步发生。参见 Regina Bendix, "Folklorism: The Challenge of a Concept", *International Folklore Review*, 6(1988), pp. 5-15.

子的腿都得到了所有人的赞同并获得褒奖。但是我能发现几百种伪造的 aorists（拉丁文'韵文手法'）而且没人能不重视它们"①。

拉赫曼辛辣的评论暗指了当时社会对科学游记——如亚历山大·冯·洪堡（Alexander von Humboldt，1769—1859）出版的关于南美的游记——的反应。洪堡像他哥哥威廉·冯·洪堡（Wilhelm von Humboldt，1767—1835）阐释对语言、文学和历史的人文主义理解一样，用雄辩口吻讲述对地球和自然的整体性科学研究②。洪堡兄弟以及在定义和传播印欧语研究方面成就卓著的奥古斯特·威廉·施莱格尔（August Wilhelm，1767—1845）和弗里德里希·冯·施莱格尔（Friedrich von Schlegel，1772—1829）兄弟，都是由全能研究转向学科专业化和子专业化时代的典型代表。他们都经历了浪漫主义兴盛期，但同样接受了严密的分析方法。他们四人都有地位和财力对高校学术研究造成重大影响。此处讨论的本真性问题是从格林兄弟和拉赫曼的角度出发，但必须明白在洪堡兄弟和施莱格尔兄弟以及他们所在的更大学术圈的著作和通信中都可找到相关的比较③。

格林兄弟是在民俗学史上得到最广泛研究的人。考虑到他们不仅对民俗学，还对语言学、文学、宗教史的研究产生了极大推动作用，这种威望名至实归④。雅各布·格林和威廉·格林还是建构本真性概念的学术性实用方法的关键人物。⑤从他们的著作和通信中可以看出他们越来越清醒地认识到浪漫主义的情感泛滥，

---

① Albert Leitzmanned., *Briefwechsel der Brüder Jacob und Wilhelm Grimm mit Karl Lachmann*, 2vols, Jena: Verlag der Frommannschen Buchhandlung, 1927, p.373.
② 有关亚历山大·冯·洪堡对欧洲人看待南美视角的影响可参见 Mary Louise Pratt, *Imperial Eyes: Travel Writing and Transculturation*, New York: Routledge, 1992, pp.111-143.
③ 参见莱茨曼所编著的洪堡—施莱格尔通信。Albert Leitzmanned., *Briefwechsel zwischen Wilhelm von Humboldt und August Wilhelm Schlegel*, Jena: Verlag der Frommannschen Buchhandlung, 1908.
④ 格林兄弟在出版物、书籍和手稿都非常受限的年代获得了如此大的成就，当我重新认识这一切时对他们的崇敬更增一分。从他们的通信中可看出，尽管生活境况时常不尽如人意，他们非常愿意分享知识和友谊。有关格林兄弟著作的简介可参见 Ludwig Denecke, "Grimm, Jacob Ludwig Garl and Grimm, Wilhelm Garl", In K.Ranke et al. eds., *Enzyklopädie des Märchens*, vol.6, Berlin: Walter de Gruyter, 1990, pp.171-195.
⑤ 声称格林兄弟是"民俗学之父"或创始人的说法引起了极大争议。标准文本讨论了对该学科的诞生有所贡献的各路声音和社会政治环境。参见 Rolf Wilhelm Brednich ed., *Grundriss der Volkskunder*, Burlin: Dietricg Reimer, 1988.

也越来越关注使用系统方法来呈现一个更加真实、因而更加本真的过去。

1812年首次出版的《儿童与家庭童话集》(Kinder-und Hausmaerchen，缩写为KHM)深受《少年的神奇号角》①的影响。即便如此，格林兄弟也只采用他们认为本原的民间材料并保留他们的研究记录，这点与广受欢迎的《少年的神奇号角》中热情洋溢的混杂文本形成鲜明对比。尽管之前就有故事集在法国、意大利和德国问世，《儿童与家庭童话集》的序言和比较性注释还是在"简单的民间故事"的出版中独树一帜。格林兄弟对类属的区别非常重视，因此威廉·格林致力于英雄传说和史诗研究，雅各布·格林则专注于古代法律和神话的研究，且他们共同研究传说。简而言之，他们将前辈和同代人都热衷的类型看作是灿烂的个体提升整体价值的财宝。关于财宝的隐喻被频繁运用于民俗材料中，构成了与物质性较少的自然隐喻形成对比的物质隐喻②。在浪漫主义精神看来，隐喻指代的是社会价值观，是源于过去而用于加强当今文化的财宝。但由于学者们开始衡量口头的、印刷的和手写材料的相对价值，稀缺的字面含义在词汇中变得更加明显。

---

① 格林兄弟对《少年的神奇号角》有所贡献，他们把自己的童话故事的首批手稿交给布伦塔诺。直到布伦塔诺对该手稿置之不理之后，格林兄弟才开始自己动手。Achim von Arnim & Clemens Brentano (1979[1806]): Des Knaben Wunderhorn, Ed. H. Rölleke, Stuttgart: Kohlhammer. 若想了解对 KHM 首版的详细研究，可参见海因茨·罗乐克(Heinz Roelleke)的修订版。参见 Jacob Grimm & Wilhelm Grimm, Kinder-und Hausmärchen: Gesammelt durch die Brüder Grimm. Vergrösserter Nachdruck der zweibändigen Erstausgabe von 1812 und 1815 nach dem Handexamplar des Brüder Grimm Museums Kassel mit sämtlichen handschriftlichen Korrekturen und Nachträgen der Brüder Grimm sowie einem Ergänzungsheft, Transkriptionen und Kommentaren. Ed. H. Rölleke and U. Marquart, 3 vols, Göttingen: Vandenhoeck and Ruprecht, 1986. 诸如罗乐克这样的学者如此勤勉地从事编辑工作也显示了其渴望揭示本真的精神——格林兄弟的本真精神。对格林兄弟的编辑实践的整个讨论，尤其是由约翰·埃利斯(John Ellis)的作品所引起——构成了学术界关于"真实性"的长期存在以及再现民俗学材料有关"正确"的文本本真性的成就的争论。John M. Ellis, *One Fairy Story Too Many: The Brothers Grimm and Their Tales*, Chicago: University of Chicago Press, 1983. Charles Briggs, Metadiscursive Practices and Scholarly Authority in Folklortistics. *Journal of American Folklore*, 106(1993), pp.387-434.

② 约翰·皮特·赫贝尔(Johann Peter Hebel)的年鉴故事，以《莱茵流域民众朋友的小财宝箱》(*Schatzkaestlein des Rheinischen Volksfreundes*)之名集体出版，成了使用"财宝箱"这个词汇作为这种混合特质的合集标题的先例。Johann Peter Hebel, *Schatzkaestlein des Rheinischen Volksfreundes*, Tübingen: Wunderlich, 1980(1811).

《儿童与家庭童话集》于拿破仑战争的动荡年代问世。接受法国大革命的革命理念却并不赞同暴力。根据维也纳会议商讨的结果,德国设立了39个州,其中35个属君主政体,4个属自由州。腐朽的封建秩序早就开始崩溃,但如今政治发展赶上了经济和社会变革的速度。阶级社会规则的可预见性与旧秩序一起消亡。尽管浪漫主义运动渴望这些变革,但它们的实际发生却导致了对社会政治现实的更为悲观的评估[1]。

格林童话成为一个全新的德国政治领域开始民族化的中心标志,同时也是新兴资产阶级的道德指南。格林兄弟可能曾经期望有这样的发展,但他们肯定没有从中获得经济利益。格林兄弟《儿童与家庭童话集》第二版(1819)序言可以反映这个年代变化的心态。从对民间纯净声音的赫尔德式浪漫主义渴求转变到希望捕捉未受破坏的人类文明残余的怀旧、悲观、具有阶级意识的观念,都可在该序言中窥见一二。浪漫主义者没有了往日沉醉于自然美景和丰富的民间诗歌中的心情,他们此刻深陷于唯恐失去最后伊甸园的焦虑之中。尽管可能出于无意,但宗教意象仍在格林兄弟的语言中多次出现。

格林兄弟通过一些强有力的意象借用了自然隐喻并建立了本真性的词汇。"民间诗歌的史诗基础很像大自然中的片片绿荫,能够抚平焦虑、愉悦身心,永不使人感到厌倦"。民间艺术如同天真的孩子和纯洁的自然不受污染,阅读民间童话能让读者重新接触到已被堕落的文明毁掉的纯真。但不同于大自然的丰富,民间诗歌好则好已,佳作不多。格林兄弟将民间习俗和口头艺术比作遭受了暴风雨或干旱而幸存的独秆麦子,他们写道:"早前时代繁荣的一切都已消失殆尽,甚至记忆都开始消退,唯有民谣、一些书籍、传说和这些纯真的家庭童话……这诗意中流淌的纯净正是让孩子们如此*美好幸福的源泉*"[2]。纯真、纯净和幸福都是充满道德和宗教意味的本真性词汇。

---

[1] 克利福德·格尔茨对20世纪民族主义在第三世界国家取得成功的观察很中肯:"并非什么事都没发生,也并非没进入一个新时代。相反,新纪元已经来临,现在需要做的是活在当下,而非仅是想象它的存在,这难让人感到泄气。" Geertz, Clifford, 1973, *The Interpration of Cultures*, New York: Basic Books, p. 235.

[2] Jacob Grimm & Wilhelm Grimm, *Kinder-und Hausmärchen*, Rölleke. Stuttgart: Reclam, 1980(1857), pp. 29-31. 斜体是我的强调。

学者的任务就是重拾这种美。雅各布·格林为寻回古高地德语和中古高地德语的词汇和语法所做的大量工作对探寻日耳曼文明最早期的形式贡献非凡。他将同样原理用于神话研究，也大量运用自然隐喻："我们要从（神话）已近干涸的河水中找到它的源头，从沼泽之地挖掘出早期的溪流"[1]。

雅各布·格林借用了民间材料的价值，但这些材料却被他自己的语言所卷走，甚至都未点明它们为何具有如此价值。"如果无数的文字纪念碑或多或少保留了一些古老神话的残骸，那么我们仍能从大量传说和习俗中感受到它独特的呼吸……人们终于认识到它们的重要价值并开始收集它们，而它们在传播过程中保真度的问题才刚刚被意识到"[2]。水变浑浊然后又澄清，自然被践踏又重新恢复怡人的茂绿，甚至一副骷髅脉搏重生血肉俱全都是有机隐喻的华丽装备的一部分。就像撒满种子的田野，本来不具备多少美感，但经过学者辛勤的耕耘就可以重焕生机，这就是对现在的有机象征隐喻[3]。

自然诗的财富需要正确的运用，即科学的运用。雅各布·格林说道：

> 民间传说需要处女童真的手来捧读和采摘。若粗鲁的对待民间传说，得到的只会是凋零的花香。在那里盛开着似锦鲜花，即使只释放一丁点这大自然的珠宝也已足矣。额外的添加物反而会破坏这一切。想冒险尝试改变的人必须认识到民间诗歌的纯真正存在于它的整体中[4]。

---

[1] Jacob Grimm, *Deutsche Mythologie*, Ed. E. Meyer. 4th ed., Berlin: Dümmlers Verlagsbuchhandlung, 1876(1835). 参见第二卷：6。

[2] Jacob Grimm, *Deutsche Mythologie*, Ed. E. Meyer. 4th ed., Berlin: Dümmlers Verlagsbuchhandlung, 1876(1835). 参见第二卷：11。

[3] 随着反理性主义的后启蒙运动到来，有机隐喻成为历史概念化的特征。Hayden White, *Metahistory: The Historical Imagination in Nineteenth Century Europe*, Baltimore: Johns Hopkins University Press, 1973, pp.68-80. 怀特承认这种修辞方略的使用自"有机化的历史主义"出现以来一直后继有人，如赫尔德。这种修辞方略在怀特使用的"未开化的人"和"高贵的野蛮人"的比喻中也很明显。Hayden White, *Tropics of Discourse: Essays in Cultural Criticism*, Baltimore: Johns Hopkins University Press, 1978, pp.150-195.

[4] Jacob Grimm, *Deutsche Mythologie*, Ed. E. Meyer. 4th ed., Berlin: Dümmlers Verlagsbuchhand-lung, 1876(1835). 参见第二卷：11。

传说在德语中是阴性词。但此处借用的意象并不只是符合语法的词性，而是要唤起文明绅士们对女性和自然的那种熟悉的对处态度[1]。

格林兄弟《儿童与家庭童话集》序言中谈及他们在收集故事时如何认识到自己的目标，这种来自实践的观察对后人如何确认材料中的本真性问题有巨大影响。在自然方言还未被标准语言腐蚀、书面文字还未使传统僵化的地方最能发现具有历史价值的材料。"方言的纯洁性"和标准语言的破坏性之间的分歧只是本真性的政治历史上具有讽刺或逆转意义的事情之一。在法语长期占据高人一等的统治地位之后，作为政治和文学资产的标准德语前景不被看好。通过努力得到认可的新高地德语剥夺了方言使用者的语言权。格林兄弟关心的是文本的本真性，而不是方言使用者的权利，但语言的政治性已初见端倪。他们的职业所使用的工具——使用新标准德语写作并出版——被认为是对被研究的材料的破坏剂。很明显，用政治上强势的习语说话和书写的权力仍未向传统传承者开放，这也暗示他们未获得社会和政治上的优势。在方言研究史方面，赫尔曼·鲍辛格（Hermann Bausinger）注意到学术上的"三大分支"：高傲的启蒙运动、浪漫化的保守主义和解放的民主化[2]。格林兄弟的学术实践和主张似乎奇妙地结合了这三种特性的元素。

格林兄弟关于本真性传统的信仰在他们对主要的故事提供者之一的菲曼（Viehmann）夫人的描述中一览无余：

> 她叙述地很慎重，语气确定且不可思议的生动，还带有欢乐的情绪，刚开始完全是*自发*的，后来如果有人要求，她就会放慢语速，给人时间记录她的话语。通过这种方式逐字逐句地记录下大部分的叙事，其真实性确

---

[1] Sherry Ortner, "Is Female to Male as Nature is to Culture?" In M. Rosaldo and L. Lamphere eds., *Woman, Culture, and Society*, Stanford: Stanford University Press, 1974, pp. 67-87.

[2] Hermann Bausinger, "Dialekt oder Sprachbarriere?" In Bausinger, ed., *Dialekt als Sprachbarriere: Ergebnisse einer Tagung zur alemännischen Dialektforschung*, 1973, pp. 8-27. Tübingen : Tübinger Vereinigung für Volkskunde, p. 11.

凿无疑。那些信奉凭借马虎记忆就能*伪造*传统的人……真应该听听她是如何忠于叙事并追求其*正确性*的。她从不在重复叙事时更改内容，在她流畅的叙事中，一旦发现错误，便马上自行修正。[1]

格林兄弟所认为的本真性主要限于内容和主题。他们坦言自己所加的编辑工作[2]并认为这正是为本真性服务。"所有做过（类似的编辑工作）的人都会知道这绝不是轻率马虎的工作。恰恰相反，它需要经久磨炼才能获得的专注和机智，以便能够将更*单纯更纯粹*的和*伪造*的材料区分开来"[3]。因此，本真性是可以通过其被学者认可的外在形式的纯朴性辨认出来的。格林兄弟确信他们的判断"真实可靠"，因为他们认为自己发现的正是民众的纯洁性。"只有当诗人发自内心的*真实感受体验*，才能创作出诗歌，这时语言就会*半自觉半不自觉地向诗人倾吐词汇*"[4]。庆幸的是民众没有自觉意识到自己的诗意力量。

---

[1] Jacob Grimm & Wilhelm Grimm, *Kinder-und Hausmärchen*, Rölleke. Stuttgart: Reclam, 1980(1857), p.33. 斜体是我的强调。

[2] 近来许多有关格林兄弟编辑工作的耸人听闻的"发现"可能会连格林兄弟本人也困惑不解。尤其是参见 John M. Ellis, *One Fairy Story Too Many: The Brothers Grimm and Their Tales*, Chicago: University of Chicago Press, 1983. 我们如今的时代当然需要去除过去150年将格林兄弟描述成田野收集者的神话色彩，但我们的"发现"却犯了错误，缺乏历史敏感性，误用我们当代田野作业的标准和操守来衡量格林兄弟的工作。对格林兄弟而言，正如他们所展现的那样，的确需要将口头材料转化成怡人且有教育意义的文学作品。关于该点，还可参见 Chirsta Kamenetsky, *The Brothers Grimm and Their Critics*, Athens: Ohio University Press, 1992, p.110.

[3] Jacob Grimm & Wilhelm Grimm, *Kinder-und Hausmärchen*, Rölleke, Stuttgart: Reclam, 1980(1857), p.35. 斜体是我的强调。

[4] Wilhelm Grimm, *The German Legends of the Brothers Grimm*, Ed. and trans., Donald Ward, Philadelphia: Institute for the Study of Human Issues, 1981(1816), 第一卷：4—5；斜体是我的强调。卡梅耐斯基根据格林兄弟后来关于故事叙述的观点以及其与传统连续性的关系总结了他们对故事叙述者的欣赏标准："好的故事叙述者近于自然和传统，在拥有质朴的心灵和愿景的力量的同时还具有良好的直觉和即兴表达能力。和古代行吟诗人一样纯真，他们并没有意识到自己是艺术家。他们需要强烈的直觉引导他们尽可能接近故事的核心，但同时也离不开创造性思维来激活语言的活力。"参见 Chirsta Kamenetsky, The Brothers Grimm and Their Critics, Athens: Ohio University Press, 1992, p.109. 为了使林兄弟的观点保持精炼，卡梅耐斯基有时在重现和恢复格林兄弟的成就时舍弃了他们学术思想的进化和改变。

在简洁的序文注解中，本真性被分为两部分。文本呈现的是外在的本真性，由转录文本者的内在诚实来验证。虽然不可能保留转录者的诚实，但故事和诗歌的文本本真性可以得到保存。就这点而言，格林兄弟预料到寻找本真性的实际悖论。他们提供了寻回这失去珍宝的方法，并为专家学者们设定了中介者的身份。专家们从民众那里提取材料（民众肯定受到时代发展的不良影响），恢复其原来的美，然后将其提供给上层社会需要修复本真性的人来获得营养。格林兄弟认为民众所幸察觉不到自身的诗意力量，但他们却没有意识到自己的判断所基于的阶级和意识形态的局限[1]。

甚至在格林兄弟早期的研究工作中，他们就已经转变了浪漫主义对本真性的经验性探寻。[2]占主导地位的"探索"民间精神的潮流减退，被人为地将其划分到不断发展的类别。人们不再一味追求初见的美好，转而热情地探寻过去更加原始的美并渴望重拾这一切。在寻找原始本真性的道路上，格林兄弟并非孤身一人，而且也不止只有一种理念和实践方向。

寻找起源的不同道路

格林兄弟的工作属于关注历史以及语言和文学起源的学术界变化格局的一部分。尽管学术焦点放在建立和承认学术领域和学术方法上，但本真性及其最终位点的问题始终存在。现代性带来了政治和社会生活中个人主义的滋长，因此，宗教的合法性被削弱甚至丧失。[3]但是，将本真性的位点放在个人范围内来研究对许多学者而言未免太过大胆。对那些不愿接受终极美好的经历乃人造

---

[1] 关于格林兄弟对新兴资产阶级的看法的讨论，可参见 Jack Zipes, *The Brothers Grimm: From Enchanted Forests to the Modern World*, New York: Routledge, 1988, pp.19-23.

[2] 赫尔曼·鲍辛格指出在 KHM 中浪漫主义特征的转变很明显："要想维持对永恒不变自然的建构不太可能，取而代之的是追寻失去的自然。关于格林兄弟民间故事风格的分析表明了天真的语气是如何被感性的情绪所取代，从而使民间故事的世界变得较崇高而特别。……格林的风格……给予疏远了'自然'的个体以天真的自然的证据以及与自身的感性渴求相一致的和谐。"Hermann Bausinger, *Frumen der "Volkspoesie"*, Berlin: Erich Schmidt, 1960, p.283.(2nd, rev. ed.; orginal ed. 1968.)

[3] Lionel Trilling, *Sincerity and Authenticity*, London: Oxford University Press, 1974(1971).

的人，精神的或神赐的阐释仍然强有力且足以慰藉。一个不具名的民间社区，最好是存在于过去的，会是世俗个人和终极精神之间分歧的合理解决方案。这一民间社区也助长了格林兄弟个性化描述中半宗教性的基调。

寻找自身文化起源的浪漫民族主义思潮是19世纪一个普遍且潜在的动力，但它不是唯一的。在18世纪，翻译依然是研究的重要动力，可以说为日益高涨的对于（世界）文学的高文化观念打下了基础。东方著作越来越引起学者的兴趣，通过他们的研究和翻译，一个关于研究语言起源问题的不同方法出现了。[1] 从对"翻译的真正诗意艺术"——特别是奥古斯特·威廉·施莱格尔（曾翻译梵文作品）所倡导的那样——的追求中[2] 产生了对了解人类语言真实发展和关系的迫切要求。对获得原版东方著作的渴望如此强烈，在威廉·冯·洪堡收到施莱格尔再版《薄伽梵歌》（*Bhagavad Gita*）的新书样本时所写的信中展露无遗。

> 感谢你，阅读哪怕一小段这诗歌都能给我带来巨大的快乐。我在面对这样的事情时仍旧保持孩子般的天真。我也不能否认在阅读时，我由衷感谢命运给予我机会能一睹原版著作的风采……我感到如果我没有（这段经历）而辞世，那会是终身的遗憾。人不能宣称发现了新的真理……但人一旦被古代伟大而深沉的人文所吸引，这种美妙的感觉会让人在某个时刻感受到全人类的精神发展以及他们与一切无形的统治之间的亲属关系。[3]

运用推测和比较方法的印欧语言研究、母语的历史重构，以及应用历史批

---

[1] 印度在德国浪漫主义运动中扮演了与此处学术话语中"本土"研究兴趣相对应的"异国情调"。A. Leslie Willson, *A Mythical Image: The Ideal of India in German Romanticism*, Durham, N. C.: Duke University Press, 1964.

[2] Ernst Behler, Die Zeitschriften der Brüder Schlegel. *Ein Beitrag zur Geschichte der deutschen Romantik*, Darmstadt: Wissenschaftliche Buchhandlung, 1983, p.6.

[3] Albert Leitzmann ed., *Briefwechsel zwischen Wilhelm von Humboldt und August Wilhelm Schlegel*, Jena: Verlag der Frommannschen Buchhandlung, 1908, p.158.

判法通过推测来揭示文学著作的原本精神，这三者相互影响。以上这些相关背景在许多学术和大众期刊以及广泛的私人信件的激烈争论中都可看到。[1]例如，施莱格尔兄弟在期刊发表了他们绝大多数观点，有些期刊还是他们自己发起和编辑的。[2]

语言学家兼印欧学家弗朗茨·博普（Franz Bopp，1791—1867）用他的学术生涯阐明了从浪漫主义迷恋到学术辩论的转变。博普受他在德国的第一位老师的影响，对东方文化、文学和神话的神秘精神充满虔诚。但在巴黎，博普不光学习了梵语，还接受了将语言和文学相分离的语言学课程。这种划分影响了他个人的立场。"如果说最初我勤奋工作的动力是源于我对东方文学的热爱，那么最终语言也成为深具价值且重要的事业。我自身强烈渴望建立具有普适性和科学性的语言学研究，来解释语言是如何发展到如今的水平。"[3]由于深受自然科学模式影响，博普努力寻找"印欧语言之间的遗传关联"[4]。他希望通过自己在比较语言方面的知识来构建语言发展和衰落的准确形象。因此有机隐喻仍保留在词汇中，但是隐喻维度越来越被对实际的有机自然和语言发展的信奉所取代。博普还受到威廉·冯·洪堡的影响，后者在1812年的随笔中提到"把人类看作一棵枝叶覆盖整个地球的巨大植物。研究不同民族和其影响之间的多重关系的时代已经到来，他暗示民族间的差异要到语言中去寻找"[5]。

雅各布·格林尽管也受到当时关于印欧语言相互关系设想的启发[6]，但他开

---

[1] 17世纪后期到19世纪中期有关德国期刊杂志的主要参考著作可参见 Alfred Estermanned., *Die Deutschen Literatur-Zeitschriften: Bibliographien- Progarmme-Autoren*, Nendeln: KTO Press, 1978。也可参见 Jürgen Wilke, *Literarische Zeitschriften des 18. Jahrhunderts(1688-1789)*, Stuttgart: Metzler, 1978。

[2] Ernst Behler, Die Zeitschriften der Brüder Schlegel. *Ein Beitrag zur Geschichte der deutschen Romantik*, Darmstadt: Wissenschaftliche Buchhandlung, 1983.

[3] 转引自 Reinhard Sternemann, Franz Bopp und die vergleichende indoeuropäische Sprachwissenschaft, *Innsbrucker Beiträge zur Sprachwissenschaft* 33. Innsbruck: Institut für Sprachwissenschaft, 1984, p. 12.

[4] Reinhard Sternemann, Franz Bopp und die vergleichende indoeuropäische Sprachwissenschaft, *Innsbrucker Beiträge zur Sprachwissenschaft*, 33Innsbruck: Institut für Sprachwissenschaft, 1984, p. 8.

[5] Giuseppe Cocchiara, *The History of Folklore in Europe*, Trans. John N. McDaniel, Philadelphia: Institute for the Study of Human Issues, 1981, p. 234.

[6] Chirsta Kamenetsky, *The Brothers Grimm and Their Critics*, Athens: Ohio University Press, 1992, p. 99.

始研究语言的历史以便更好地理解"德意志民族最原始最自然的证据,以及在历史长河中不断发展的诗歌"①。对他而言,语言永远是理解和重建真实的德意志民族(或其他民族)之过去的主要工具。

由于格林兄弟在有生之年经历了德国由许多小王国和公国合并成为一个单一民族国家的过程,因此不难理解他们的工作都被深深打上了民族精神的烙印。他们的成就对服务于"将民众民族化"②的文化机构贡献非凡,这些机构的主要工作就是保存和实践地区或国家的民间文化遗产,如歌谣、舞蹈或体育运动。雅各布·格林在1831年的个人履历中写道:"即使我的研究在许多人看来毫无价值……于我而言它们永远都是荣耀且严肃认真的工作……它们滋养了我们对祖国的热爱之情。"③在感谢1859年《匈牙利的德语圣诞剧》(*German Christmas plays in Hungary*)的编辑工作时,雅各布·格林盛赞了"特兰西瓦尼亚(Transylvania)地区对德语的热爱",以及他坚信"如果他们在地位更高的匈牙利人和斯拉夫人中仍旧认同使用德语,那所有的希望都还在"④。但相对于民族主义的热衷,格林兄弟更为看重的是学术精神。当他们采取政治行动时,则往往是以个人自由和民主宪政的名义,而不是民族主义⑤。

雅各布·格林对民主政治的认同与对新教的强烈信念相一致,后者可以说影响了他对民俗学的看法。为了使他的宗教信仰与科学相符合,他论证了他的中心问题,即语言究竟是神赐还是人类的创造。如果是人类创造,就可以研

---

① Reinhard Sternemann, Franz Bopp und die vergleichende indoeuropäische Sprachwissenschaft, *Innsbrucker Beiträge zur Sprachwieeenschaft 33*, Innsbruck: Institut für Sprachwissenschaft, 1984, p. 12.
② Geoge L. Mosse, *The Nationalization of the Masses*, New York: Howard Fertig, 1975.
③ Jacob Grimm, *Reden und Abhandlungen*, 2nd ed., Berlin: Dümmlers Verlagsbuchhandlung, 1879, p. 18.
④ Jacob Grimm, *Jacob Grimms Briefe, 1829-1850*, Vienna: Carl Gerolds Sohn, 1867, pp. 14-15.
⑤ 格林兄弟勇敢反对新黑森公爵不合宪法行为的举动让他们丢掉了工作。参见 Chirsta Kamenetsky, *The Brothers Grimm and Their Critics*, Athens: Ohio University Press, 1992, pp. 21-25. 他们的同事尽管赞赏他们的政治勇气,但没能为他们提供新职位。在格林的同代人和民俗学前辈中,路德维希·乌兰德(Ludwig Uhland)更为清晰地将诗歌、学术和爱国信念以及大众化之间互为竞争的利益联结在一起。Hermann Bausinger, *Da capo: Folklorismus*, In Lehmann and Kuntz eds., Sichtweisen der Volkskunde, 1988, pp. 321-329.

究它的起源,但如果是神赐,这就无法实现。他的含蓄立场承认了他对至上存在的终极未知本真性的认同。雅各布对科学、起源和宗教的最清晰陈述见于他 1851 年为柏林科学院所做的一次演讲,题为"语言的起源"(The Origin of Language)①。该科学院曾在 80 年前盛赞过赫尔德关于该主题的论文,而格林感到在赫尔德之后,语言研究又有了长足的发展,因此可以重新思考该问题②。

格林在演讲一开始即将自然科学与人文科学做比较。尽管它们表面上有相似之处,但在格林看来,语言研究者与自然科学家不同。后者关心"破解自然生命的秘密,即动物、种子和植物生长的孕育和延续法则",但他们不关注动植物的起源或创造。尽管格林看到"创造和生殖之间的相似之处",但他认为它们的差异就如同"首个和第二个行为之间的差别"。如果语言真是上帝的创造,"那么它的起源就会像动植物的起源那样始终不为我们所知"。但如果语言是人类的发明,

> 即语言并非是由神圣力量直接赐予人类的,而是通过人类自由形成的,那么它就可以用人类的法则来度量。通过对历史的回溯,我们可以穿越……几千年的深渊,甚至让思维在其起源地着陆。因此语言学家可以……比自然科学家走得更远,因为他研究的是建立在我们的历史和自由之上的人类的创造。③

为了强调其立场,格林批判了语言来自神赐或天启的假设。他反对建构"原始语言"和"完美形式来符合想象中的天堂"。这样,思想成熟后的雅各布·格林已远离早期他们兄弟俩对民间故事的浪漫主义热情,而这股热情曾见

---

① Jacob Grimm, *Reden und Abhandlungen*, 2nd ed. , 1879, pp. 256-299.
② 赫尔德的论文也是对卢梭在相同问题上看法的回应,后者奠定了法国大革命的思想。Johann Gottfried Herder, Abhandlung über den Ursprung der Sprache, Ed. W. Pross, *Hanser Literatur-Kommentare*, vol. 12, Munich: Carl Hanser, 1978(1770).
③ Jacob Grimm, *Reden und Abhandlungen*, 2nd ed., 1879, p. 261.

诸他们曾经运用过的天堂般的隐喻中。

尽管格林论证社会建构和历史发展的语言能力的论据来自语言学的新近研究成果，他与赫尔德所得结论的不同之处仅在于他更强调人类的自由。"有关语言的神圣起源的幻想已经破灭。上帝未能提前控制而使人类有了自由的历史，这就与上帝将神圣语言移交给最早人类的宗教观念相违背。而语言中真正神圣之处在于我们的本性和灵魂中所潜藏的神圣本质。"[1]

随着有关语言和文学历史研究的学术路径越来越多，这样清晰的表述更显得珍贵。但在态度严谨的绅士学者们纷纷参与艰苦的语言重建工作的时代，且他们出版的著作不仅清楚阐释了终极语言形式，而且将历史语言学应用在了民族主义上，格林因而感觉到有必要阐明人类所能度量的起源的深度范围。

威廉·格林也关注民间文学的最终源头问题。但他更多的是推测，在他主要的个人著作《德国英雄传说》(*German Heroic Legend*)[2]中，他探究了传说的神圣和神话本质，自1821年起，他在与卡尔·拉赫曼的许多信件中均讨论了此问题。他的大量研究为德国英雄传说积累了已知的证据。通过概略分析，他选定以历史作为比照来研究神话以及口头性和书面性问题。

他对表演的重要性的认可在其结束语中清晰可见，该段话引自罗马历史学家阿米阿努斯（Ammianus），描述的是凯尔特人中的博学之士：

> 现在巴尔多斯（Bards"行吟诗人"）和着竖琴的甜美旋律吟唱着英雄诗体中著名豪杰的英勇事迹。但是，研究崇高诗歌的欧哈格斯（Euhages）试图解释自然的秘密法则。德鲁依德（Druids）在智者中更为高贵，并由兄弟组织紧密联系在一起，这是由毕达哥拉斯（Pythagoras）的权威所决定的。他们因研究晦涩深刻的事物而得以提升，宣称灵魂不

---

[1] Jacob Grimm, *Reden und Abhandlungen*, 2nd ed., 1879, pp. 283-84.
[2] Wilhelm Grimm, *Die Deutsche Heldensage*, 3rd ed., Gütersloh: Bertelesmann, 1889(1829), p. 427.

朽，嘲笑人类的一切。①

威廉思考的行吟诗人身上的历史和文学的统一性、他们的社会地位以及所被赋予的任务，表明他认识到叙事真实和社会语境之间的关系。在《儿童与家庭童话集》中，威廉将多种版本的出现解释为个人对传统核心元素的适应性表达。在 1821 年的一封信中，他写道："我相信最早的诗歌与超自然观念的启示有关，或多或少充满忧虑。"②他对这些"观念"随着时间而发生的变化很感兴趣，希望能"通过歌手之口或书面记录"来确定"诗歌所经历的改变"。他感叹"我们应该了解'唱'和'说'在史诗表演中的实际意思，以便我们能更好理解（表演）的本质"③：

诗歌的书面记载必然产生了很大影响。两大来源（书面和口头）相互交织，对传说的纯洁性可能有利也可能有害。书写一方面可以保存传统，而另一方面，它也可能碰巧留下的是有缺陷的或被损坏的记录。现在虽然可以阅读静态的书面资料，但缺乏鲜活的表演情景，因此几乎不可能维持相关的记忆。记忆自然而然地消失，造成了我们对传说的残缺认识。④

好像是对 20 世纪下半叶学界所关注对象的一种预测，这段文字显示了威廉对情境化"真实"或本真性的早期意识。他清楚感知到英雄传说既非神话般的神圣，也不是完全的史实，于是他思考要转变对叙事的态度。

---

① Wilhelm Grimm, *Die Deutsche Heldensage*, 3rd ed., 1889(1829), p.447. 格林所引用的是拉丁文版本，我此处引用的翻译来自《洛布古典丛书》卷一 "阿米阿努斯·马赛里努斯"（Ammenius Marcellinus）（1963[1935], pp.179-181）。感谢 Beatrice Locher 帮我查到该翻译。
② Albert Leitzmann ed.,*Briefwechsel der Brüder Jacob und Wilhelm Grimm mit Karl Lachmann*, 2vols, Jena: Verlag der Frommannschen Buchhandlung, 1927, p.793.
③ Wilhelm Grimm, *Die Deutsche Heldensage*, 3rd ed., 1889(1829), pp.421-422.
④ Wilhelm Grimm, *Die Deutsche Heldensage*, 3rd ed., 1889(1829), p.427. 着重号是作者所加。

格林兄弟在回顾传统（暗指口头的）时，都将其与作家作品相对立。[1]个人创作的诗歌（或艺术诗）和无名大众的诗歌——对推崇自然诗的赫尔德式或浪漫主义思潮而言非常重要[2]——有所区别的看法，与高文化的规范和大众低等文化表现形式存在鸿沟的新生观念密不可分。[3]尽管民谣或民间故事已被提升为是具有本真精神的崇高表现形式，但将它们变成书籍使其成为高文化的产物。

格林兄弟自始至终都关注表现在他们民族的民俗之中的语言和历史。他们寻找存在于过去的本真性，希望能用其中纯粹的德意志精神对他们同胞的现在和未来有所滋养和教育。但在格林兄弟的学术同仁和竞争者中还存在一些人，他们熟知文学和语言学历史，但选择支持地位占优的作家作品。在无名的自然诗与艺术诗展开本真性的竞争时，这些学者为确保作家作品的本真性而建立了经典。

现在看来，印刷技术对学术的影响极其巨大。学者们在理论和方法上致力于重构语言、文本和艺术作品的工作。但实际上，这需要破译手写稿，后者通常是独一无二的写本，并假设其有口头"源头"，以使最终大量发行的印刷品被认为是承载具有本真性内容的作品。格林兄弟和拉赫曼之间的无数信件证明了印刷的无处不在，可以想象当时印刷工为最后期限而忙碌，一旁是早已提前装好的活字盘。尽管没有专门的理论术语来称呼，但印刷媒介作为分享学术研究的主要工具，很明显为本真性的概念增添了更深层的含义。

---

[1] Chirsta Kamenetsky, *The Brothers Grimm and Their Critics*, Athens: Ohio University Press, 1992, pp. 63-64.
[2] 有关个人天赋与集体才能相比较的所有观点很难站住脚。尽管赫尔德强调自然诗的力量以及它所具有的传播民族精神的能力，但他也赞美天才的个人，如奥西恩、莎士比亚或荷马——虽然是由于他们拥有完美展现民族精神的能力。参见 Albert Leitzmann ed., *Briefwechsel zwischen Wilhelm von Humboldt und August Wilhelm Schlegel*, 1908.
[3] 有关英格兰高文化与大众文化比较的现代话语史，可参见 Morag Shiach, *Discourse on Popular Culture: Class, Gender and History in Cultural Analysis, 1730 to the Present*, Stanford, Calif.: Stanford University Press, 1989. 美国的相关情况参见 Lawrence W. Levine, *Highbrow, Lowbrow: The Emergence of Cultural Hierarchy in America*, Cambridge, Mass.: Harvard University Press, 1988.

卡尔·拉赫曼、本真性和读写素养的悖论

1826 年，奥古斯特·威廉·施莱格尔为翻译者写下了这样的颂词：

> 让我们来赞颂真正的译者，他不仅保存了著作的内容，还兼顾了其高贵的形式。他知道如何保留作品独特的个性，（因为他是）真正的天才先驱。他使得作品声名远播，冲破语言的障碍将（蕴含于作品之中的）精华赐给所有人。他是国与国之间的信使，是相互尊重相互赞赏的传播者，从而阻止了冷漠和仇视的滋生。①

施莱格尔写该颂词时脑海中并没有想到某个特别的人（或者可能是他自己），但格林兄弟的同时代人，卡尔·拉赫曼，就渴望达到这样的翻译境界。在拉赫曼身上，可以看出 19 世纪上半叶有关"本原的"或本真的含义的不同。

在德国，18 世纪民间诗歌的发现与当时将德语发展为一门适合文学书写的语言的努力相关联。这场发生于法国大革命之前的社会政治震颤在德国反响巨大，使得在力图统一德国的政治和宪法运动发生之前就触发了哲学和文学革命。在语言和民俗研究的学术系统化过程中，旨在发现中世纪德语手写稿的前浪漫主义热情让位于严密的文本编辑学。如果说在前浪漫主义时代，恢复和展现民族文学是主要的努力方向，那么在 19 世纪编辑中世纪文本的热潮中，在爱国元素的基础上，又萌发了恢复个人天才的浓厚兴趣。

卡尔·拉赫曼起初是古典主义者，在他编辑的关于罗马诗人的书中，他建立了一套评估手写稿的方法，迥异于当时盛行的主要基于个人美学品位的主观评估标准。拉赫曼尝试"客观地"建立写本的"系谱"，并在历史中探源，寻找到最古老的文本。很快他就将中世纪的德语写本纳入到研究对象中。正是由

---

① 转引自 Ernst Behler, Die Zeitschriften der Brüder Schlegel, *Ein Beitrag zur Geschichte der deutschen Romantik*, Darmstadt: Wissenschaftliche Buchhandlung, 1983, p.7.

于这项兴趣，1820年他开始了与格林兄弟终生的通信，其中也有真挚的友谊，尽管他们对一门发展中的学科的中心任务的认识分歧越来越大①。拉赫曼从未真正完整地阐释他的方法论②，但从他的信件中可以看出他对本真性的理解不同于格林兄弟。

本真性作为一项学术标准，已经在雅各布·格林写给拉赫曼的第一批信件中出现。为了表达他对拉赫曼"准确严密"的仰慕之情，格林写道，"你卓尔不群，总能提取万物之精华，尤其是对单一诗歌和方言真实性的判断上。"③雅各布为了建构古德语语法会利用所有可能的资料来源，拉赫曼则需要判断每一写本的年代和真实性，以便"剔除写本传统的不良影响从而提取中世纪诗歌的美学意义和艺术形式"。④例如在1823年的一封信中，拉赫曼详细讲述他如何论证沃尔夫拉姆（Wolfram）的英雄诗《帕西法尔》（Parcival）肯定是以每30行诗为一章节来构思的。他比较手写本，观察大写字母的规律重现，凭借他对沃尔夫拉姆的认识，即"他不同于其他人，用字节省"，因此"不会对他诗歌的长度漠不关心"。该分析被拉赫曼用来区分"更真实的和不太真实的手稿"，判断某部分"虽是后来添加的，但明显是真实的"，并推荐圣加尔（St. Gall）写本"虽然删掉了一行诗，并添加了其他行，但类似于《帕西法尔》，这无损

---

① 他们的友情中也存在紧张关系，特别是在格林兄弟失去工作后。但出版的信件还是清晰见证了他们之间虽有学术分歧但仍长久的友谊。Ulrich Wyss, *Die Wilde Philologie: Jacob Grimm und der Historismus*, Munich: Beck, 1979.

② 他的编辑版本附有大量很难看透的注解来阐释他的选择和遗漏。关于拉赫曼方法的一条评价写道："他将他的方法步骤隐藏在极为简洁的……所谓的文本批判的评注中。他极不容忍地把每个反对他的意见归为道德问题，并经常贬低其他观点，斥之为业余……他并没有将中古高地德语文本视为在他陈述中极具美感的成分，反而是将其贬为文本批判问题的危险区域。"特殊的专业语言当然是建立学科权威以及排除那些不愿参与学习密码的人的主要方式。Günter Schweikle, Ludwig Uhland als Germanist, In Hermann Bausingered., *Ludwig Uhland: Dichter, Gelehrter, Politiker*, 1988, pp. 149-181. Tübingen: Attempo, pp. 175-176.

③ Albert Leitzmann ed., *Briefwechsel der Brüder Jacob und Wilhelm Grimm mit Karl Lachmann*, 2vols, 1927, p. 80.

④ Albert Leitzmann ed., 2vols, 1927, p. 14. 威斯称格林的方法为"野生语言学"，拉赫曼的方法为"自家语言学……它将研究对象局限于具有美感的全体，而这些从一开始就与现实生活切断了联系"。Ulrich Wyss, *Die Wilde Philologie: Jacob Grimm und der Historismus*, Munich: Beck, 1979, p. 282.

其完整性"。①

不同于对浪漫主义而言至关重要的精神本真性，现有写本的物质本真性概念出现在格林兄弟和拉赫曼的书信往来中。因此，1821年雅各布·格林对他所研究的德语语法的一条评论表示怀疑，因为评论者使用了他认为不真实的材料："（我发现）最好笑的是他在末尾采用了虚假伪造的书板，我相信它发现戈斯拉尔（Goslar）。"②

学术界首先掌握手写稿的需求受到了关于物质本真性的学术观念以及收藏者所拥有的货币价值的阻碍。拉赫曼、格林兄弟以及许多其他人都花费大量时间和精力到图书馆和档案馆去复制——当然，是手抄！——现存文本的手写稿版本，且越多越好。拥有这些写本成为在物质上分享本真性的一种方式。而为了获得特别重要的线索，有人因此成为朋友，也有人为此绝交。拉赫曼和他富有的柏林朋友莫斯巴赫（Meusebach）（一个原始手稿的收藏者）之间破裂的友情就是这其中一例。

收藏者的保护意识很明显阻碍了学术发展，这让学者既烦恼又觉得好笑。因此雅各布·格林安慰拉赫曼，后者未能从卡斯鲁尔（Karlsruhe）图书馆借出写本，"有次我向斯图加特（Stuttgart）借一份写本，结果收到一封来自州政府的正式回复：我们不可能借给你，因为手写稿一旦被使用或复制就丧失了其部分价值！"③一种官僚化和大众化的对待本真性的观念，带着对其货币价值和造成贬值原因的判断，开始占据主导且被用来评判曾被认为毫无价值的文化产品。这一变化也清晰地体现在通信双方对过去几个世纪中本真材料缺乏价值的焦虑中，如雅各布·格林所说："霍夫曼（Hofmann，波恩的一位传统的、优秀的、还有点民间的图书馆助理）从装订书中（发现）并分离出辉煌的奥特弗

---

① Albert Leitzmann ed., *Briefwechsel der Brüder Jacob und Wilhelm Grimm mit Karl Lachmann*, 2vols,1927, pp.408-409.

② Albert Leitzmann ed., *Briefwechsel der Brüder Jacob und Wilhelm Grimm mit Karl Lachmann*, 2vols, 1927, p.263.

③ Albert Leitzmann ed., *Briefwechsel der Brüder Jacob und Wilhelm Grimm mit Karl Lachmann*, 2vols, 1927,pp. 231-232.

里德（Otfried）手抄本残卷。如今他将其真实地打印出来并标注上声符。15、16、17 世纪的图书装订者真应该感到羞愧！"①。

但格林兄弟和拉赫曼在对待具体诗人以及语法及其重建问题上观点不同。拉赫曼的目标是发现真实文本，要有真实的著者和留存的作品。但格林兄弟目的则在于真实地再现文化的过去面貌。因此在 1820 年的信中，拉赫曼赞扬了瓦尔特·冯·德尔·福格威德（Walther von der Vogelweide）写本的一份特别副本，因为"其中许多歌谣更真实"②。1822 年，拉赫曼在研究《帕西法尔》的一个版本时表达了他的沮丧之情："我看完了海德堡写本③。这个错误百出的版本反而得到了最好的保护，成了我们最希望留存的手稿，真不敢相信甚至缪勒（Mueller）的印刷错误都在误导人们……关于最真实的读本仍存在巨大的疑问。"④雅各布·格林在 1823 年赞扬了中世纪诗人沃尔夫拉姆·冯·埃申巴赫（Wolfram von Eschenbach）（被认为是《帕西法尔》的作者）使用"原始的"词汇和名字而非押韵且讨好读者的那种，他将其归因于沃尔夫拉姆"对传统的感情和忠诚"。⑤但拉赫曼对一份现存写本的个性特征提出了质疑："我意识到了在《帕西法尔》的（重构）中我最少强调的就是个性。你的残本证实了（该）写本的个性最强，而其中的真实文本却最少"。⑥拉赫曼承认他们方法上的不同，在 1825 年 10 月，他写道："由于一些抄写员的奴性依赖，导致在做批评性编辑时感觉糟糕透了。我多么羡慕你的工作，但我知道我做不来，我

---

① Albert Leitzmann ed., *Briefwechsel der Brüder Jacob und Wilhelm Grimm mit Karl Lachmann*, 2vols, 1927, p.275.

② Albert Leitzmann ed., *Briefwechsel der Brüder Jacob und Wilhelm Grimm mit Karl Lachmann*, 2vols, 1927, p.248.

③ 文本编辑者在工作中应对的是阅读方式的概念，在该处引用的语境中指的是《帕西法尔》的文本从海德堡写本的文本传统中获得重构的方式。

④ Albert Leitzmann ed., *Briefwechsel der Brüder Jacob und Wilhelm Grimm mit Karl Lachmann*, 2vols, 1927, p.350.

⑤ Albert Leitzmann ed., *Briefwechsel der Brüder Jacob und Wilhelm Grimm mit Karl Lachmann*, 2vols, 1927, p.384.

⑥ Albert Leitzmann ed., *Briefwechsel der Brüder Jacob und Wilhelm Grimm mit Karl Lachmann*, 2vols, 1927, p.393.

也永远做不完。"①

格林兄弟和拉赫曼之间的交流对双方而言极其有益。拉赫曼的最终目标——通过系统比较现存手稿来重建纯洁文本需要具备两个条件：中古高地德语的语法和韵律系统，这两者都是雅各布·格林所擅长的领域。②

拉赫曼逐渐被公认为文本批判法的创始人，该方法基于以下原则：

1. 已知的传统文本（如《帕西法尔》）在最初阶段肯定有一个且唯一一个原型。

2. 每个人在复制文本时可能只使用某一原本，即所有后来的写本都可以回溯到"母本手稿"上。

3. 传承下来的各写本之间的亲缘关系可以被清晰认定。

4. 抄写员一定是要旨在重现（原始）文本。在原本和副本之间应该没有任何中断。③

与通常喜欢根据美学标准选出最佳手稿，然后尽可能保持原貌出版的编辑做法不同，拉赫曼的"历史批判"系统的"谱系"性质允许使用一种"机械"（即"客观"）方法，来消除那些被错误导入该作者文本的异文，从而重构消失的原本④。这暗示了该编辑过程是基于事实而非直觉的假设。但是，对拉赫曼方法的正面及负面评价都赞扬了他敏锐的直觉所造就的充满美感的文本。⑤尽管拉赫曼近乎迂腐地坚持其学术正确性，但他的灵感和动力同格林兄

---

① Albert Leitzmann ed., *Briefwechsel der Brüder Jacob und Wilhelm Grimm mit Karl Lachmann*, 2vols, 1927, p.463.

② 这些信件在很大程度上是新近发现的规则的列举，双方都相互提供新证据和修改意见。

③ Harald Weigel, *Nur was du mie gesehn wird ewig dauern: Carl Lachmann und die Entstehung der Wissenschaftlichen Edition*, Freiburg: Rombach, 1989, p.178.

④ David F. Hult, "Reading It Right: The Ideology of Text Editing in the Legitimacy of the Middle Age", *Romanic Review*, 79(1988), pp.74-88.

⑤ 雅各布·格林在为拉赫曼所作的悼词中赞扬了他的天才，其编辑方面的纯粹主义同时深受美学和道德标准的指引。拉赫曼似乎依靠主观——虽然很可能毫无意识——标准重构中世纪文学的本真文本。魏格尔阐明只有拉赫曼才能够践行这样的方法——这一评价也被用于史迪斯·汤普森（Stith Thompson）的民俗学母题分类以及克劳德·列维-斯特劳斯（Claude Levi-Strauss）的结构分析。

弟一样，来自浪漫主义的驱使。他的最终目标是重构过去时代崇高诗歌的最纯洁形式。"在拉赫曼的编辑版本中，有两个灵魂在对话。在拉赫曼为他的《依威因》(Iwein) 所做的序中，他说读者可通过他的文本得到带有自我个性的本真的原始。"[1]

然而，该种纯洁是以牺牲许多在广大读者以及学者中已有一定传播的材料为代价而获得的。比如，拉赫曼编辑的《尼伯龙根》(Nibelungen)，直到20世纪仍被视为标准版本[2]，但它却伤害了许多人——包括格林兄弟的感情。该《尼伯龙根》的副标题为"遵循最古老的传统，摒弃伪造的版本"。拉赫曼的谱系研究法导致其忽视了大量被视为完整版史诗的材料。雅各布·格林在看完校稿后，坦陈了他对拉赫曼通过语法和韵律逻辑的方法来获得本真性而非"忠实于原稿"的不安[3]。甚至在拉赫曼的讣告中，格林都不能自抑地指出"一些优美感令人无法忽视的诗节被拉赫曼编辑的二十首（尼伯龙根）诗歌所遗弃，而《伊利亚特》(Iliad) 中他所否认的许多材料都是我所珍视的"[4]。

尽管拉赫曼的《尼伯龙根》版本直到20世纪仍深具影响，但在他所处的时代，他为努力获得新式且更为精准的本真性文本付出了高昂代价。与拉赫曼的《尼伯龙根》同时代的以及更早的版本有不少，其中就有拉赫曼的主要竞争者弗里德里希·海因里希·冯·德尔·哈根（Friedrich Heinrich von der Hagen）的版本[5]。冯·德尔·哈根和拉赫曼之间的对抗可被视为学术政治不那么让人愉快的一个方面的展现。尽管拉赫曼在其书信和评论中都奚落冯·德尔·哈根不够细致，从而导致其学术缺乏真实，然而冯·德尔·哈根于1812年被评为首位德语

---

[1] Harald Weigel, *Nur was du mie gesehn wird ewig dauern: Carl Lachmann und die Entstehung der Wissenschaftlichen Edition*, 1989, pp. 228-229.

[2] Karl Lachmann, *Der Nibelunge Noth und die Klage*, Berlin: Walter de Gruyter, 1960(1841).

[3] Albert Leitzmann ed., *Briefwechsel der Brüder Jacob und Wilhelm Grimm mit Karl Lachmann*, 2vols, Jena, 1927, pp. 475-476.

[4] Jacob Grimm, *Reden und Abhandlungen*, 2nd ed., 1879, p. 157.

[5] Eckhard Grunewald, *Friedrich Heinrich von der Hagen 1780-1856: Ein Beitrag zur Frühgeschichte der Germanistik*, Berlin: Walter de Gruyter, 1988.

教授，并在拉赫曼也同时申请的情况下在柏林获评成功[①]。虽然如今已不为大众所知，但冯·德尔·哈根也与格林兄弟、拉赫曼以及许多已被遗忘的学者一样，深受同种意识和学术思潮的影响。他也曾着手收集民谣，并努力确保在可被理解的情况下维持所发现的材料的本真性[②]。

拉赫曼对大众化诉求毫不在意，这点在他最富争议的编辑工作——《新约》的编辑版本中可见一斑。从表面看，该项尝试是个新挑战，因为可用的手稿匮乏，且大量的中世纪早期写本需要解读[③]。但跳出学术界的视角，拉赫曼的版本"构成了一种挑衅"，这是首次出现背离标准本的《圣经》版本，意图重构"公元4世纪末盛行于东西方的"通行本文本[④]。在这项大胆的对基督教权威极度冒犯的举动中，人们意识到关于精神或神圣本真性的最终位点是富有争议的问题。

作为一个尖刻的怀疑论者，拉赫曼指明《圣经》是人类的创造。尽管他声明他的工作仅是对文本和外在形式的研究，该重构工作的第二步"内部净化"需由神学家来完成，但他认识到"只有未曾得见的才能永恒"[⑤]。换句话说，在通行本这件事中，著者的声音，或与读者谈论重构和净化工作的灵魂，只能是来自上帝。但《圣经》最多只能算是对圣灵极其有限且有瑕疵的再现。拉赫曼应该也在他许多其他的编辑版本中接受了该观点。

由于受到解构主义驱动，后来产生了更多关于拉赫曼对本真性的概念化和

[①] 在德语世界里可获得很多有关德国语言和文学研究的学术制度化的描述。例如，可参见 Jrgen Fohrmann & Wilhelm Vosskamp eds., 1991, *Wisseschaft und Nation*, Munich: Fink, Rosenberg, Rainer 1989。*Literaturwissenschaftliche Germanistik: Zur Geschichte ihrer Probleme und Begriffe*. Berlin: Academie-Verlag. Klaus Weimar, *Geschichte der deutshen Literaturwissenschaft bis zum Ende des 19. Jahrhunderts*, 1989, Munich: Fink.

[②] Eckhard Grunewald, *Friedrich Heinrich von der Hagen 1780-1856: Ein Beitrag zur Frühgeschichte der Germanistik*, 1988, p.274.

[③] Albert Leitzmann ed. *Briefwechsel der Brüder Jacob und Wilhelm Grimm mit Karl Lachmann*, 2vols, 1927, pp.525-533.

[④] Harald Weigel, *Nur was du mie gesehn wird ewig dauern: Carl Lachmann und die Entstehung der Wissenschaftlichen Edition*, 1989, p.162.

[⑤] 转引自 Harald Weigel, *Nur was du mie gesehn wird ewig dauern: Carl Lachmann und die Entstehung der Wissenschaftlichen Edition*, 1989, p164。

标准的影响的鉴定性评估。1927年格林与拉赫曼通信的编辑者仍将拉赫曼的方法类比为"将画作从外部涂层中解救出来——即清理和恢复原始诗歌形式的——经验丰富的修复者"①。最近的一些分析更强调一个强迫性的且讲道德的人的心理驱动力,在他生活的时代,中世纪时期对于文本内容的敬意已被现代对个人创造力和著者的崇拜所取代。只有在依赖印刷技术的时代才会尊崇作品的"独特形态",而对"利用通过口头和书面媒介得以展现传统的无意识的伪造"加以鄙弃。魏格尔认为对于19世纪早期的学者而言,"著者的缺席引起了他们的焦虑,因为碎片化的、混杂且不连续的文本缺乏统一性",而科学的方法正是抚平其焦虑的极佳手段②。

结论

或许正是这种焦虑促进了应用于德国民俗材料的19世纪早期方法论的建立。由于浪漫主义时代盛行的情绪性和感情洋溢会引起理性主义者的焦虑,求助于系统化的方法就成了驾驭不受控制的思维的途径。魏格尔甚至说道,"卡尔·拉赫曼把一条弯路引进了语言学。毫无意义的实践被认为可以加速对本真起源的不受干扰的定位……科学洞察力的建立就在于对障碍存在的认识,没有障碍就没有科学,因为科学不同于日常经验。客观的洞察力包含了一个充满被纠正的错误的世界。"③另一个当代评论家同样指出强大的编辑控制权导致"文本虚假的即时性和透明度",掩饰了"实际上高度

---

① Albert Leitzmann ed., *Briefwechsel der Brüder Jacob und Wilhelm Grimm mit Karl Lachmann*, 2vols, 1927, Xvi.
② Harald Weigel, *Nur was du mie gesehn wird ewig dauern: Carl Lachmann und die Entstehung der Wissenschaftlichen Edition*, 1989, pp. 78-79.
③ Harald Weigel, *Nur was du mie gesehn wird ewig dauern: Carl Lachmann und die Entstehung der Wissenschaftlichen Edition*, 1989, p. 153.

人工化的作品"①。

拉赫曼和他的追随者所追求的个人主义的真实性受到了印刷技术的影响。具备读写素养只是领略著作者天才的第一步，而手写稿绝不可能完美。每个抄写员都有可能犯下需要被修正的错误，唯有印刷能带来一致和完美。印刷书籍加速了个人思想的广泛传播，而拉赫曼关于本真性的观念所支持的正是个人的创造力。就该点而言，印刷技术"作为工业时代的机器助长了免费赠送作品的表现行为，即现代版的自恋"②。拉赫曼痴迷于首版文本的独一无二，因此当柏林一家王室印刷商决定出版拉赫曼的《尼伯龙根》（其已被盛赞为"原始本真性的丰碑"）的限量版对开本来纪念印刷机问世四百周年时，拉赫曼格外高兴。③

格林兄弟为手写本的不纯净和偏差所吸引，从未寻求过个人的、著者的本真性。尤其是在民间故事的传播上，他们利用印刷媒介来抢救他们认为濒危的口头传统。但威廉·格林清楚认识到并担心书写对口头传统的影响，而拉赫曼却为"手写材料"的可变性而烦恼。

格林兄弟的研究是为了揭示和理解无名的或大众的本真性，因此历史环境的复杂对他们而言是有趣迷人而非麻烦讨厌的④。与之相反，卡尔·拉赫曼的精力花费在清除原始作品和重构文本的读者之间由时间和历史造成的一切干扰痕迹。

---

① Kurt Mueller-Vollmer, "The Digested and the Indigestible: Abandonment as a Category in the History of German Criticism", *Stanford Literature Review*, 3(1986), pp.31-46.

② Harald Weigel, *Nur was du mie gesehn wird ewig dauern: Carl Lachmann und die Entstehung der Wissenschaftlichen Edition*, 1989, p.228.

③ Harald Weigel, *Nur was du mie gesehn wird ewig dauern: Carl Lachmann und die Entstehung der Wissenschaftlichen Edition*, 1989, p.217.

④ 赫尔曼·鲍辛格评价格林兄弟的历史方法实际上服务于将过去去历史化："浪漫主义去历史化的悖论之一是做了大量地将历史整个抛在身后的努力。在雅各布和威廉·格林的工作中这点很明显：许多个世纪的证据都被协调起来，不断地指回到一个神话感超过历史感的场域。该研究的目标永远是'起源'……而这与实际的开始相比肯定存在或多或少的偏差。" Hermann Bausinger, *Frumen der "Volkspoesie"*, Berlin: Erich Schmidt, 1960, p.279.(2nd, rev. ed.; orginal ed. 1968.)

格林兄弟对他们的家庭童话所做的注释也使其工作成为19世纪兴起的将人文研究更科学化的努力的开端。这些注释的比较性特点表现了其已明显背离浪漫主义民俗收集中美学的、情感的甚至是政治的主旨。在与拉赫曼的讨论中——比如，在讨论关于英雄传说中的主人公和叙事顺序中，可以看到类型和母题研究的萌芽。[1]一个世纪后，约翰内斯·博尔特（Johannes Bolte）和吉里·波利夫卡（Jiri Polivka）出版了关于格林童话的五卷本比较索引（1913—1931），该项考证工作进一步认可了格林兄弟作品的学术性，而不仅仅是一种浪漫主义诉求[2]。由朱利叶斯·科隆（Julius Krohn）和卡尔·科隆（Kaarle Krohn）所创建的芬兰研究法代表了印度-日耳曼和日耳曼语言学的起源探索的融合。[3]文本的历史批判比较法发展为历史地理研究法，该方法用谱系式的抽象术语来解释不同文化和历史背景下的故事之间的联系。

本真性的概念对德国语言、文学、历史和民俗领域的学科发展起到了非常重要的作用。在欧洲推行民族国家化的背景下，给予历史和本族语言的独特性以合法地位的努力得到了支持，传说的"民间"材料成了建构本真语言和文学的主要来源。在工业化社会里，随着新兴社会阶层的出现，受过教育、满腹学问的资产阶级日益将本真的"民间"推向更高贵的过去，或者炮制出有关个人和著者的本真性的新观念。

为了使得日耳曼学专业得以建立，人们历经辛苦地创建了一套严密的学术方法，来证明这种建构行为是被允许的。尽管民间材料和本真性在这一特殊的壁龛中都不可能被包容，但19世纪的这一德国学术模式却仍继续被援用成为一种确认本真性的可行方式。在美国，随着对民俗研究领域的学术兴趣的兴起，这一模式也是后继有人。

---

[1] Albert Leitzmann ed., *Briefwechsel der Brüder Jacob und Wilhelm Grimm mit Karl Lachmann*, 2vols, 1927, p.772.

[2] Johannes Bolte & Jiří Polívka, *Anmerkungen zu den kinder-und Hausmärchen der Brüder Grimm*, 5 vols, Berlin: Dieterich, 1913-1931.

[3] Kaarle L. Krohn, *Folklore Methodology*, Translated by R. L. Welsch, Austin: University of Texas Press, 1971.

文化本真性：从本质论到建构论
——"遗产主义"时代的观念启蒙*

刘晓春

在当下中国，众多历史悠久、影响广泛的地方文化被赋予政治、经济、文化价值，超越其原生语境的文化时空与传承享用群体，成为被展示、被消费的对象被重新发明出来，广为"传承母体"①之外的人们所享用、利用、再生产乃至消费，成为民族—家甚至超越民族—国家界限的文化遗产。进入21世纪以来，随着非物质文化遗产保护运动的开展，文化多样性的观念在中国深入人心，极大改变了中国人的文化观念，影响了人们对地方文化的价值认定，那些之前

---

* 本文原载《民俗研究》2013年第4期。
① "传承母体"是日本民俗学家福田亚细男为批判柳田国男的"重出立证法"而提出的概念。他认为以"重出立证法"为唯一方法的民俗学研究成果是虚构的历史，必须放弃以资料的全国性搜集为前提的重出立证法，要在具体的传承母体中分析民俗现象之间的相互关联，从中得出变化、变迁，进而提出假设。他指出，那种认为重出立证法可以究明变迁过程的观点只是一种幻想。在这个意义上，民俗学必须把民俗放在其传承地域进行调查分析，在其"传承母体"，即传承地域究明民俗存在的意义及其历史性格。福田亚细男：《日本民俗学方法序说——柳田国男与民俗学》，於芳、王京、彭伟文译，学苑出版社2010年版，第100、160页。基于此，笔者将"传承母体"概念拓展为传承地域与传承群体，即包含特定时空以及在这一特定时空中生活并传承文化传统的群体。在全球化与现代化过程中，人口的流动，文化之间的交流，以及地方文化的遗产化过程，实际上表明本质主义意义上的"传承母体"面临被解体的可能，将"传承母体"看作是封闭的、具有稳定文化内核的观念，正面临着前所未有的挑战。笔者倾向于认为，当下，传承母体只能在理想类型（ideal type）意义上作为一个分析概念，但如果将传承母体依然看作是一个本质性的、均质的社会历史文化空间，则值得商榷。

被斥为"迷信"、"落后"的地方文化，被重新命名为民族—国家的"文化遗产"。在这一遗产化过程中，各种政治、经济、文化力量也介入到地方文化的发展，进而塑造了一种新型的文化生态，地方文化本身也被重新建构。这种关于地方文化的遗产化观念及其社会文化实践，笔者称之为地方传统文化的"遗产主义"。

在当下的遗产主义时代，地方文化从"生活文化"语境中被抽取出来，被移植到"文化遗产"的语境之中，为不同力量所重新建构，地方文化不可避免并确确实实发生了变化。在这一建构过程中发生的诸多社会文化变迁，似乎"一切坚固的东西都烟消云散了"。随着遗产主义的日益盛行，参与这一文化建构过程的不同力量，无论是政府、学者、文化传承人还是普通大众，往往为生活文化与文化遗产的"真/伪"问题所困扰。①

这一困扰与长期以来人们认为文化具有一种本真性的观念息息相关。文化本真性的观念认为，文化先验地存在，不证自明；具有久远的历史、稳定的内核和清晰的界限，可与他者文化相区别，并被作为共同体内部成员相互认同的依据；人们可以通过媒介客观、真实地予以表述（represent），并为他者所认识、理解乃至享用；本真的文化往往被看作是已经消失或正在消失的、过去的文化，与被认为是非本真的现实文化形成强烈的对比。文化本真性的观念在文化被发现、被表述之日起，就已根深蒂固地存在于人们的观念中。这一观念建立在西方哲学有关现实、再现以及知识的认识论基础之上，现实被视为是毫无疑问的存在，知识是关于现实的再现，再现可以直达透明的现实。然而，随着文化研究日渐深入，以及全球化、现代化进程的展开，围绕本真性这一观念，人们对文化的认识、理解及表述不断深化，逐渐认识到文

---

① 参见刘魁立：《非物质文化遗产的共享性、本真性与人类文化多样性发展》，《山东社会科学》2010年第3期；王霄冰：《浅论非物质文化遗产本真性的衡量标准——以祭孔大典为例》，《文化遗产》2010年第4期；王霄冰：《民俗文化的遗产化、本真性和传承主体问题——以浙江衢州"九华立春祭"为中心的考察》，《民俗研究》2012年第6期；刘晓春：《谁的原生态？为何本真性？——非物质文化遗产语境下的原生态现象分析》，《学术研究》2008年第2期。

化的本真性"具有多义性和不易把握的本质"[1]。本文试图通过分析人们的文化观念与对象之间相互建构的关系,进而梳理文化本真性的观念谱系,揭示文化本真性观念的生产过程,期望对当代知识界思考遗产主义时代文化传承与发展的关系有所参考。

本质论：文化是客观真实的再现

当文化作为一种生活与实践的客观对象进入人们的思想观念领域,成为一种确定性的知识,并为人们所表述,文化经历了从发现、再现到建构的过程。什么是文化? 如何再现文化? 如何真实地再现文化? 也就成了问题。

1. 发现文化：启蒙理性的历史观照

现代意义上"文化"的发现,与16世纪以来的地理大发现以及启蒙运动密切相关。16世纪的地理大发现,特别是新大陆的发现,促使西方学者开始重新思考与风俗、制度有关的许多问题,并将新大陆发现的风俗、制度与欧洲的风俗加以比较,进而产生了现代的民族志与民俗学[2]。18世纪,随着启蒙运动的展开,启蒙思想家开始反思笛卡尔主义只崇尚理性,从而远离历史领域的哲学观念[3]。启蒙时期的思想家如培尔(Pierre Bayle,1647—1706)、孟德斯鸠(Baron de Montesquieu,1689—1755)、伏尔泰(Voltaire,1694—1778)等,利用历史

---

[1] 瑞吉娜·本迪克丝:《本真性》,李扬译,《民间文化论坛》2006年第4期。
[2] Giuseppe Cocchiara, *The History of Folklore in Europe,* translated from Italian by John Mcdaniel, Philadelphia: ISHI, 1981, pp.7.
[3] 笛卡尔的"普遍怀疑"精神体现在知识理想中,就是"任何纯事实的东西都不得声称有任何真正的确定性,任何关于事实的知识在价值上都无法与清楚明白的逻辑知识、纯数学知识和精密科学相比拟"。E.卡西尔:《启蒙哲学》,顾伟铭等译,山东人民出版社2007年版,第187页。由此可见,任何关于事实的知识都不能达到这一知识理想,关于事实的历史被排斥在笛卡尔的知识理想之外。在笛卡尔看来,普遍科学的"整个建构就像规范几何学一样,依靠一种绝对证成在演绎之上的公理基础"。埃德蒙德·胡塞尔:《笛卡尔沉思与巴黎演讲》,张宪译,人民出版社2008年版,第44页。

证据，也利用在亚洲和美洲等新大陆旅行和探索所提供的新文献，强调人类风俗的多样性，特别是不同的自然因素，具体而言是地理因素，对不同人类社会发展造成的影响，它们导致制度和世界观的差异，这又造成了信仰和行为的巨大差别。这些观点强调人类价值的相对性，强调包括历史事实在内的社会事实之解释的相对性，这在一定程度上挑战了启蒙运动的理性主义[①]。

首先，通过经验、事实、常识乃至细节等文化现象呈现历史的真实。在培尔的《历史批判辞典》中，他对遥远的事实、考古的细节和历史趣闻表现出特殊的偏好和主观的兴趣。他醉心于细节，为事实而爱事实[②]。对历史学家以"想象"中的某种观念形态将历史事实串联起来的做法，培尔表示高度怀疑。他认为只有那些片段，即没有加工的原料、废墟、偶然性，才是"事实"[③]。换言之，那些摒弃了观念形态的事实、细节，才是历史的真实面貌。呈现"事实"不再是历史知识的开端，而是历史知识的终结，目的是"企图为达到'事实的真理'开辟道路"。他从不回避索然无味的细枝末节，为的是揭示历史知识的种种谬误，因为即便是最无足轻重的谬误，也有可能由于世代相传导致对事实真相的彻底歪曲。难怪卡西尔赞叹，培尔的天才不在于发现真，而在于发现假[④]。培尔正是在剔除假象之后，最终呈现历史的真实。培尔对于历史的理解，代表了启蒙运动时期世俗化了的历史思想，这一历史思想将基督教一信条的标准束之高阁，教导历史生命包括宗教史，应该根据人类精神的内在世界来加以解释[⑤]。

伏尔泰通过描述各民族的风俗，试图真实呈现人类的文化创造，包括制度、

[①] Giuseppe Cocchiara, *The History of Folklore in Europe*, p.7. 伯林：《反潮流：观念史论文集》，冯克利译，译林出版社2002年版，第3—4页。关于地理大发现对启蒙思想家及西方知识界的影响，具体论述参见刘晓春：《从维科、卢梭到赫尔德——民俗学浪漫主义的根源》，《民俗研究》2007年第3期。

[②] E. 卡西尔：《启蒙哲学》，顾伟铭等译，第188—190页。

[③] 叶秀山、王树人总主编：《西方哲学史》第五卷，尚杰：《启蒙时代的法国哲学》，凤凰出版社、江苏人民出版社2005年版，第110页。

[④] E. 卡西尔：《启蒙哲学》，顾伟铭等译，第190—191页。

[⑤] 弗里德里希·梅尼克：《历史主义的兴起》，陆月宏译，译林出版社2010年版，第359页。

礼仪、言谈、举止、服饰、审美、道德、宗教等。他写作《风俗论》的目的，是有感于近代国家历史著作堆砌众多毫无联系的琐事，既枯燥乏味又空泛无边，而要从众多未加工的素材中，剔除令人生厌而又不真实的战争细节，保留其中描写风俗习惯的材料，从中整理出人类精神的历史①。因此，在《风俗论》中，他宁可了解和描述各个时期的社会状况、家庭生活形式和工艺的种类及其进步，而不愿描写各民族的政治的、宗教的过失以及他们之间的战争②。

其次，通过文化呈现历史真实，体现了一种与以往完全不同的历史哲学观念。如果说培尔通过细枝末节呈现经验与事实，表达对传统历史领域中宗教神学权威的高度怀疑；那么，伏尔泰更进一步，他将历史提高到超出"过分人格化"、偶然事件和纯粹个人的水准，通过风俗——不是日常琐事、习惯，而是人的精神、思想、行为、生活方式等——表现"时代精神"和"民族精神"，文化史的目的不再是描述独特的细枝末节，兴趣也不在于事件的前后相继，而在于文明的进步和它的诸因素的内在关系。③

伏尔泰并不满足于说明纯粹的偶然事件，而是把描述与对现象的理智分析直接联系起来，把偶然与必然、恒久因素与暂时因素区分开来，在纷繁复杂的现象中寻求隐藏的规律。④经过漫长的历史跋涉，伏尔泰发现，在哲学最终启迪人们的思想之前，各民族的历史都曾为传说所歪曲，当哲学终于来到这个愚昧的社会时，哲学发现人们的思想已为数世纪的谬误所蒙蔽，以至于难以纠正。比如某些仪式、某些事实和某些纪念性建筑，都是为了证实谎言而建立⑤。伏尔泰认为，路易十四之前近900年历史虽然充满着罪恶、荒唐与灾难，但就像荒凉沙漠中偶尔出现零星住所一样，也会有某些美德和片刻幸福，比如对正常秩序的向往，不断地防止人类的彻底毁灭，形成了各个国家的法典，又比如宗教

---

① 伏尔泰:《风俗论》(上)，梁守锵译，"序论"，商务印书馆2009年版。
② E. 卡西尔:《启蒙哲学》，顾伟铭等译，第206页。
③ E. 卡西尔:《启蒙哲学》，顾伟铭等译，第200—201页。
④ E. 卡西尔:《启蒙哲学》，顾伟铭等译，第203页。
⑤ 伏尔泰:《风俗论》(上)，梁守锵译，第523页。

无一例外地向各民族传授教人和睦相处的道德观念等等①。因此，虽然英国、德国、法国等长期以来战乱濒仍，但战祸中出现的新人道主义减少了人类的战争恐惧，使人类从毁灭中得到拯救，国家的繁荣景象足以证明人类的勤劳智慧远远胜过人类的残暴与疯狂。②在纷繁复杂的历史线索中，他发现气候、政治和宗教等三种因素不断影响着人们的思想，他认为这是洞悉近900年历史演变的奥秘之所在。在《风俗论》的结论中，伏尔泰认为"人性"与"风俗"构成了各民族历史的主旋律与变奏曲：

> 一切与人性紧密相连的事物在世界各地都是相似的；而一切可能取决于习俗的事物则各不相同，如果相似，那是某种巧合。习俗的影响要比人性的影响更广泛，它涉及一切风尚，一切习惯，它使世界舞台呈现出多样性；而人性则在世界舞台上表现出一致性，它到处建立了为数不多的不变的基本原则：土地到处都一样，但是种植出来的果实不同。③

据此可以发现，尽管伏尔泰等人在一定程度上挑战了启蒙理性主义，但最终还是没有在根本上撼动启蒙运动的基本信条，即自然法和永恒真理的真实性。自然法和永恒真理支配着无生命的自然，也支配着有生命的自然，支配着事实和事件、手段和目的、私生活和公共生活，支配着所有的社会、时代和文明；只要一背离它们，人类就会陷入犯罪、邪恶和悲惨的境地。④

2. 移情式理解：历史主义的文化多样性

上述对笛卡尔主义的反思，可称之为"反纯粹理性"。"反纯粹理性"的思

---

① 伏尔泰：《风俗论》（上），梁守锵译，第530—531页。
② 伏尔泰：《风俗论》（上），梁守锵译，第533—534页。
③ 伏尔泰：《风俗论》（上），梁守锵译，第532页。
④ 伯林：《反潮流：观念史论文集》，冯克利译，译林出版社2002年版，第3—4页。

想家吸取了笛卡尔"普遍怀疑"的精神，也就是广义的笛卡尔的理性方法[①]，构成了欧洲启蒙时期理性主义的另一文脉。这些主张"反纯粹理性"的思想家并非拒绝"理性"。他们真正反对的是传统上排斥和压制经验的形而上学，他们提倡一种经验主义的理性，也就是在经验事实的基础上，力求论证的合理与清晰、思想的自洽与完整。[②] 正是在"反纯粹理性"思想指引下，启蒙时期的思想家维科（Giambattista Vico，1668—1744）、赫尔德（Johann Gottfried von Herder，1744—1803）等，秉持经验主义理性，专注于观念之外的历史事实以及经验常识。维科的诗性智慧开拓了理解古代历史、古代文化的新视野，以想象、理解、直觉、同情、移情等方式理解远古历史，在此基础上发展出以赫尔德为代表的德国历史主义的参天大树，其中包括理解、同情的洞察力、直觉的同情、历史的移情等[③]，深刻认识到人类习俗与文化的多样性。

如果说伏尔泰等"系统论述史实的"历史学家对历史的理解囿于自然法的藩篱，还试图依据不充分的证据建立宏大的综合，对于制度的连续性和发展也还没有充分关注[④]；那么，以维科、赫尔德为代表的"反纯粹理性"的历史主义则是对启蒙运动自然法学说的反动。在《新科学》中，维科将自己的注意力转向下层人民的行为与习惯，开始注意到当时非常罕见的美洲土著的民族志材料，根据这些来自不同阶层、不同地域人民的文化习惯，他以天才的能力洞察到其中呈现的人类景象，与认为人类本性相同的自然法观念迥然相异。维科的这些天才创造，构成了现代历史思想的基础。[⑤] 维科在《新科学》中形成了一种综合的知识，重构了人类前历史的图景，他将历史领域拓展到世界上所有民族。然而，尽管维科不再从历史中寻找永恒的、万古常新和简单明了的自然法真理，但他把历史视为一种精神的永恒过程，这种过程只包括一般的共同性，而不包

---

① 叶秀山、王树人总主编：《西方哲学史》第五卷，尚杰：《启蒙时代的法国哲学》，第 104 页。
② 张晓梅："译者序"，约翰·哥特弗雷德·赫尔德：《反纯粹理性——论宗教、语言和历史文选》，商务印书馆 2010 年版，第 1 页。
③ 伯林：《反潮流：观念史论文集》，冯克利译，第 123、139、140—141 页。
④ 格奥尔格·G.伊格尔斯：《德国的历史观》，彭刚、顾杭译，译林出版社 2006 年版，第 35—36 页。
⑤ 弗里德里希·梅尼克：《历史主义的兴起》，陆月宏译，第 47—49 页。

括个体①。维科对荷马的理解，体现了这一历史观念。后人以为荷马是希腊政治体制或文化的创建人，是一切其他诗人的祖宗，是一切流派的希腊哲学的源泉，维科将荷马还原到历史的真实世界，"他不以人格化的方式来看待荷马，而是把他当作整个民族的反映，就荷马史诗中颂扬的历史而言，整个民族才是真正的历史创造者"②。荷马史诗中性格鲜明多样的神话形象，即是由全民族共同创造，神话构成一个民族的共同意识。在维科的观念中，共同意识是整个阶级、整个人民集体、整个民族乃至人类所共有的不假思索的判断③，人们就是从这些具有民族典范性的英雄来理解一个民族的习俗。维科认为，这种共同意识的形成，乃是因为古人运用诗性智慧进行想象和创造世界，诗性智慧不仅使无生命的事物具有感觉和情欲，也使个别事例提升到共相，把某些部分和形成总体的其他部分结合起来④，最典型的体现在神话故事是想象的"类概念"。

如果说维科将各民族的共同意识与各民族多样文化的创造联系起来，通过多样的文化重构了各民族具有民族共同性的历史，进而从民族共同性的洞察中创造了文化独特性、文化多样性的观念，否定了自亚里士多德以来西方传统的核心——永恒的自然法学说；那么，赫尔德则明确将个体与各民族多样文化的创造联系起来，他认为所有价值和认识都是历史的和个体的，民族具有人的特点：它们拥有灵魂，具有生命周期，它们不是个体的综合，而是有机组织。每一个时代都必须通过它自己当时的价值来予以考察，就比如"幸福"这样的命题，任何一个民族，在特定时空，都具有其自身的幸福时刻，不存在那种绝对的、独立的、不变的幸福。在不同时空境遇中人们体会到不同的幸福感受，依国家、时代和地点的不同而具有不同的样貌，相互之间无法比较，"每个民族都在其自身之内有自己的幸福中心，正如每个圆球都有它自己的重心"。因此，赫尔德批判了当时的时代病症，"普遍的、哲学化的、博爱天下的语调，论及德

---

① 弗里德里希·梅尼克：《历史主义的兴起》，陆月宏译，第54—55页。
② 弗里德里希·梅尼克：《历史主义的兴起》，陆月宏译，第50页。
③ 维科：《新科学》，朱光潜译，商务印书馆1989年版，第103—104页。
④ 维科：《新科学》，朱光潜译，第201—202页。

性与幸福,总是把'我们自己的理想'强加于每个遥远的异邦,历史上每个古老的时代"。赫尔德认为,一些坚持启蒙理性的思想家们以"进步"作为理解世代演进之谜的密钥,他们不惜粉饰、生造一些事实,忽略、压制和掩盖另外一些相反的事实,以具有普遍意义的"启蒙"替代各民族自我感知的"幸福",用以进步为取向的"更多更好的思想"替代各民族多样的"德性"。赫尔德质疑这种以"进步"为唯一理想能否作为判断、批评或颂扬其他民族和时代之风俗的不二标准? 在他看来,人类的恶与德、完美、习俗和禀赋等等,"没有计划! 没有进步! 无非是永无止境的变化!"[①]

正是在反思启蒙理性以普遍、进步的观念压制多样的、变化的历史演变基础上,"现代意义上的文化概念——即一种社会的而非教育学的意义——开始出现在赫尔德的论述之中"。[②]文化建基于由具体时空中特定人群构成的社会,由社会生活和变化着的传统构成人类历史的整体链条,共同塑造了独特的个人,这一塑造过程,赫尔德称之为"教育"。通过"教育",个人与社会、人类整体形成关联。赫尔德认为,在这一基础之上探讨历史哲学的原则将变得清晰、简单、确定无疑。他将"传统"和"有机力"确定为历史哲学的原则,人类的"教育"既是"遗传的",又是"有机的"。"遗传的",即"教育"在"模范者"与"仿效者"之间传递;"有机的",即"教育"过程也是"仿效者"接受、取用、转化"传统"的过程。每一个体仿效、接受、吸收、消化、运用"传统"的过程,赫尔德或称之为"文化",因为它就像土壤之栽培,或称之为"启蒙",因为它为思想带来光明。[③]同时,在赫尔德看来,传统/有机力、遗传的/有机的、模范者/仿效者、文化/启蒙等都是不可分割的整体,而非二元对立或彼此分离。

赫尔德将"'文化/启蒙'之链"赋予人类的教育以及历史哲学的原则,以

[①] 约翰·哥特弗雷德·赫尔德:《反纯粹理性——论宗教、语言和历史文选》,张晓梅译,第8—9页。
[②] 唐纳德·R. 凯利:《多面的历史——从希罗多德到赫尔德的历史探寻》,陈恒、宋立宏译,生活·读书·新知三联书店2003年版,第459页。
[③] 约翰·哥特弗雷德·赫尔德:《反纯粹理性——论宗教、语言和历史文选》,张晓梅译,第16—20页。

此为标准理解欧洲之外的人民及其创造的文化,而不是用欧洲文化的理念作为标准。这一标准赋予他文化多样的眼光,使他在欧洲之外同样发现了人类的文化创造。他发现,"所谓'开化'和'蒙昧'、'文明'和'野蛮'民族之间,不过是量的区别,而非质的不同"。"即便是加利福尼亚和火地岛的原住民也学会了制造和使用弓箭;他们学会了自己的语言和概念、实践和技艺,与我们完全一样。在此意义上,他们实实在在也是有文化的开化民族,尽管是在最低的层次上。""民族之画卷有五彩斑斓,依着时间和地点纷繁变化。"[1]

总之,赫尔德的历史哲学超越了启蒙运动的自然法与机械式思想,带着新的方法走上思想史的舞台,他把世界与自然看作一个充满着来源于神的力量的生机勃勃的宇宙,世界与自然在经验中又具有其多样性。[2] 每一个时代都必须通过它自己当时的价值来考察,历史中没有进步或是衰落,有的只是充满价值的多样性。[3] 正是因为赫尔德的超越启蒙运动的历史哲学观念,在卡西尔看来,赫尔德对于启蒙运动的征服是一种真正的自我征服。[4] 赫尔德的历史哲学观念最核心的部分是他对个体本质所抱持的相对主义情感,以及他对每一种文化的赞赏,这些都对欧洲思想产生了深刻的影响[5]。

3. 真实而全面:本质主义的民族志时代

19世纪中后期开始,以文化(culture)为概念性工具研究他者的人类学,逐渐成长为体系化的现代学术,与政治学、经济学、社会学等现代社会科学一起,开始取代传统的道德哲学,试图从科学的而非历史和道德的意义探讨人性以及人类行为等基本问题。与道德哲学家依赖于来自内在逻辑的确信不同,现代社会科学主要通过搜集材料、观察对象甚至量化实验等经验实证手段,获得

---

[1] 约翰·哥特弗雷德·赫尔德:《反纯粹理性——论宗教、语言和历史文选》,张晓梅译,第20页。
[2] 弗里德里希·梅尼克:《历史主义的兴起》,陆月宏译,第358页。
[3] 格奥尔格·G.伊格尔斯:《德国的历史观》,彭刚、顾杭译,第36页。
[4] E.卡西尔:《启蒙哲学》,顾伟铭等译,第215页。
[5] 伯林:《反潮流:观念史论文集》,冯克利译,第1—3页。

认识理解人类以及社会的基本证据。同样地，人类学逐渐摒弃传统以来对他者的神话化、道德化想象，而以文化这一概念性工具为核心，发展出一整套经验实证基础上的田野民族志方法，试图真实、全面地呈现他者文化。[1]

通过真实再现他者文化以发现人类文化的共相，成为19世纪中后期以来人类学[2]等现代人文社会科学孜孜以求的终极目的。如何真实再现他者文化？科学、客观、系统、规范的田野调查成为人类学等学科真实再现文化的手段。尽管人类学有着英国、德国、法国、美国四大传统，但真实再现文化的民族志经典方法，还是由以马凌诺斯基为代表的英国功能学派人类学所创立的。在马凌诺斯基看来，民族志方法应以绝对坦诚和毫无保留的方式披露其科学研究结果，科学化、条理化的调查可以带来丰富而高质量的成果。何种民族志材料才具有无可置疑的科学价值？马凌诺斯基指出，唯有符合以下条件的民族志材料才具有无可置疑的科学价值：我们可以分辨出哪些材料是由直接观察与土著人的陈述和解说得来的，哪些材料是作者基于他的常识与心理领悟得来的。[3]民族志的首要理想就是从纠缠不清的事物中把所有文化现象的法则和规律梳理出来。[4]民族志的原始信息素材是以亲身观察、土著陈述、部落生活的纷繁形式呈现给学者的。面对纷繁复杂的异文化，马凌诺斯基指出，民族志学者在田野调查时应该怀有科学的目标，明了现代民族志的价值与准则，完全生活在土著人中，并使用一些特殊的方法来搜集、处理和核实他的证据。[5]民族志学者运用现代民族志方法，生活在土著人中，通过亲身观察体验，聆听土著陈述，广泛搜集事实和具体材料，将泛灵论、亲属关系、社会组织等现代科学概念引入看似光怪陆离的"野蛮人"世界，用土著的亲

---

[1] 威廉·亚当斯：《人类学的哲学之根》，黄剑波译，广西师范大学出版社2006年版，第1—3页。
[2] 按照克里斯·哈恩（Chris Hann）的说法，此处的"人类学"作为一个伞状概念，包含民族学、民族志，也包含民俗学、博物馆学等领域。据〔挪〕弗里德里克·巴特等：《人类学的四大传统——英国、德国、法国和美国的人类学》，高丙中等译，"前言"，商务印书馆2008年版。
[3] 马凌诺斯基：《西太平洋的航海者》，梁永佳等译，"前言"，华夏出版社2002年版，第1—2页。
[4] 马凌诺斯基：《西太平洋的航海者》，梁永佳等译，第8页。
[5] 马凌诺斯基：《西太平洋的航海者》，梁永佳等译，第3—4页。

属称谓表、谱牒、地图、示意图和图表等，显示出土著人具有确定的社会组织，受到权威、法律和秩序的管理，也受到极其复杂的亲属和宗族纽带的控制，证明了一个广泛而庞大的组织的存在，呈现了部落、宗族和家庭的构造，展示了一幅土著人严格行为和良好习惯的图画。[1]

人类学试图通过民族志整体考察、思考他者文化现象，全面呈现他者文化的整体面貌，借助其他文化的现实来反观自身文化的本质，以获得对文化整体的充分认识。马凌诺斯基认为，可接受的民族志工作的首要条件就是，它必须把该社区中社会的、文化的和心理的所有方面作为一个整体来处理，因为这些方面是如此错综复杂，以至不把所有方面考虑进来就不可能理解其中的一个方面。因此，马氏的《西太平洋的航海者》的主题尽管是经济，但却不得不经常涉及社会机制、巫术力量，涉及神话与传说[2]。与此同时，人类学在技术层面不断完善其整体视野的实现措施与策略，自1874年至1951年间历经六版编订的调查提纲《人类学的询问与记录》即其典型，几乎事无巨细地涉及人类创造的物质文化、非物质文化以及社会组织等方方面面[3]。根据规范的调查提纲，人类学家写作了众多民族志经典。

如果说马凌诺斯基从功能论角度将文化看作直接或间接满足人类需要的一套工具或一套风俗，其中的文化要素都有效地发生作用，文化的意义存在于文化各要素间的关系之中[4]，民族志研究者则是从文化内部各具功能的诸要素之间的相互关系中，达成对文化的整体把握；那么，法国社会学家涂尔干则强调呈现整体的社会事实。何为整体的社会事实？涂尔干认为，作为整体的社会事实独立于个体之外，从外部给人以约束，普遍存在于社会之中，并具有其固有存在形式。如何把握整体的社会事实？涂尔干指出，社会学要从混淆观念与事实的泥淖中摆脱出来，不应该用思想的分析去代替实在的科学分析，而应该把社

---

[1] 马凌诺斯基：《西太平洋的航海者》，梁永佳等译。
[2] 马凌诺斯基：《西太平洋的航海者》，梁永佳等译，"前言"，第2页。
[3] 英国皇家人类学会编订：《人类学的询问与记录》，周云水等译，香港国际炎黄文化出版社2009年版。
[4] 马林诺夫斯基：《文化论》，费孝通等译，中国民间文艺出版社1987年版，第14页。

会事实作为"物"来考察,"使社会现象与在头脑中把它们表象出来的主体分开,面对社会现象本身进行考察","社会事实越是充分地摆脱体现它们的个体事实,就越能使人得到客观的表象",从而超越孔德社会学以概念、观念代替社会事实的研究阶段。比如,作为社会事实的集体习惯,除了反映它所制约的个人行为之外,还以法律条款、道德准则、民间格言、俗语和社会构造的事实等固定形式表现出来,这些社会事实不仅存在于集体习惯所决定的持续的人类行为中,还通过言传身教、教育的师授,甚至通过文字的肯定永远流传下来[1]。这些长久存在、经常为人们所看到但也不受主观印象和个人所见之影响的集体习惯,便是涂尔干社会学要求专注于摆脱个人表现的、独立于个体之外的社会事实。涂尔干对宗教基本形式的社会性之探讨,体现了他对整体社会事实的理解。他认为,具有悠久的历史传统、外在于个体的宗教之所以具有社会性,是因为宗教具有强制性特点,社会始终不断地从普通事物中创造出神圣事物,神不过是对社会的形象表达[2],对于人类而言,宗教作为强制性的力量,对人既专横又助人,既威严又仁慈[3];宗教还具有普遍性特点,涂尔干发现,在宗教仪式中,当人们进入亢奋状态时,则感到自己为某种力量所支配,与其他人一起进入迷狂的欢腾,他认为宗教的观念似乎正是诞生于这种欢腾的社会环境[4]。

建构论:文化是现实的社会建构

20世纪初期以来,以"文化"为概念工具、运用田野民族志方法试图客观、真实、全面呈现他者文化与社会生活的人类学得到了长足发展,经由人类学家长期、广泛、深入的研究讨论,积累了一大批人类学经典个案,如米德

---

[1] E.迪尔凯姆:《社会学方法的准则》,狄玉明译,商务印书馆1995年版,第29、47、63页。
[2] 爱弥尔·涂尔干:《宗教生活的基本形式》,渠敬东等译,第297页。
[3] 爱弥尔·涂尔干:《宗教生活的基本形式》,渠敬东等译,第283页。
[4] 爱弥尔·涂尔干:《宗教生活的基本形式》,渠敬东等译,第289页。

（Margaret Mead）的萨摩亚、马凌诺斯基的特洛布里安德岛等等。在关于认识论、历史、经济、政治、族群、发展、环境、宇宙观等诸多方面，形成了文化相对主义、文化生态论等经典理论，以及历史人类学等跨学科实践，人类学被看作是"敢于检验那些自称具有普遍合理性的常识——特别是西方理论所公认的常识，并提供独到的批评视角和经验检验的余地"[①]。

然而，20世纪60年代，西方思想界开始反思17世纪以来的现代性进程，对现代社会结构、社会实践、文化及思维模式都提出质疑，随后的70年代和80年代发生的一系列社会经济变迁和文化变迁，如媒体、电脑及新技术的爆炸、资本主义的重新调整、政治的激烈变动、新的文化形式以及新的时空经验形式等等，让人们感觉到文化和社会确实已经发生了与现代社会不同的剧烈变化[②]。与此同时，西方理论界对追求普遍化、总体化，承诺能够为人们提供绝对真理的启蒙叙事即元叙事也进行了批判。法国思想家利奥塔尔（Jean-François Lyotard）用"现代"一词指称这种依靠元叙事使自身合法化的科学，而对上述话语的怀疑，利奥塔尔则称之为"后现代"[③]。利奥塔尔从叙事角度讨论最发达社会中的知识状态，认为依靠元叙事使自身合法化的科学并不是知识的全部，而且从柏拉图开始，科学合法化问题就与立法者合法化的问题密不可分，知识与权力从来都是相互依附的关系，知识与权力是同一个问题的两面：谁决定知识是什么？谁知道应该决定什么？只不过在发达社会的信息时代，知识的问题比过去任何时候都更是统治的问题[④]。

具体到文化领域，这种知识反思的思潮开始危及18世纪以来西方学者建构起来的文化图景。其中，由语言学家索绪尔引导的语言学转向，经由后结构主

[①] 麦克尔·赫兹菲尔德：《什么是人类常识——社会和文化领域中的人类学理论实践》，刘珩等译，华夏出版社2005年版，第6页。
[②] 道格拉斯·凯尔纳、斯蒂文·贝斯特：《后现代理论——批判性的质疑》，张志斌译，"英文版导言"，中央编译出版社1999年版。
[③] 利奥塔尔：《后现代状态——关于知识的报告》，车槿山译，"引言"，生活·读书·新知三联书店1997年版，第2页。
[④] 利奥塔尔：《后现代状态——关于知识的报告》，车槿山译，第14页。

义的阐发，在文化研究领域表现为，那些在民族志中呈现的他者文化，人类学家曾经信誓旦旦地声称是一种客观真实地呈现，它们与本真存在的关系却开始受到人们质疑，人们越来越将这些真实客观的文化看作是人类学家建构出来的产物。此外，以福柯为代表的话语理论指出，不存在为知识而知识、不为权力而获取知识的科学[1]，这一观点深刻洞察了知识与权力的关联，在文化研究领域则表现为质疑文化建构者与表述对象之间或隐或显的权力支配关系，开始认识到知识是通过制度性实践被社会建构起来的。

1. 客观：建构他者文化的"真实"幻象

本质主义的民族志一直强调通过一整套经验实证基础上的田野民族志方法，能够真实、全面地呈现他者文化。但这一人类学家苦心经营的学科神话却一再被打破。无论在田野调查还是在民族志写作过程中，人类学家的主体性都无法退隐到无，以致进入到完全客观真实地呈现他者文化的理想状态；此外，田野调查中资讯提供者主体性的存在，他们对自我文化的客体化，以及人类学家对于他者文化的客体化，始终贯穿在田野调查的全过程。跨文化人类学事实实际上是被建构的对象。

在某种意义上可以说，索绪尔的符号理论敲响了民族志客观性神话的丧钟，后结构主义则彻底终结了民族志客观性的神话。索绪尔的符号理论强调，语言符号是任意的，能指与所指的关系是一种偶然的文化约定，它们之间并不存在任何本质联系[2]。后结构主义从索绪尔符号理论中得到启发，并将其发挥到极致，他们强调任何社会都具有任意性和约定俗成性，例如语言、文化、实践方式、主体性以及社会本身[3]。福柯等后结构主义理论家否定现代理论所假设的一种前定的、统一的主体，也否定先于一切社会活动的永恒的人性。福柯呼吁要解构主体，而且强调主体的"创造性角色必须被剥夺，必须将它视为话语的一

---

[1] 乔治·瑞泽尔：《后现代社会理论》，谢立中等译，华夏出版社2003年版，第63页。
[2] 费尔迪南·德·索绪尔：《普通语言学教程》，商务印书馆1996年版，第102—105页。
[3] 道格拉斯·凯尔纳、斯蒂文·贝斯特：《后现代理论——批判性的质疑》，张志斌译，第25页。

个复杂的可变函数"[1]。德里达认为，支配着西方哲学和文化的二元对立（主体/客体、表象/现实、言谈/写作等等），建构了一种非常有害的价值体系。这一等级体系不仅试图为真理提供保证，而且还排斥和贬抑那些被说成是低级的方面和立场[2]。就是说，他们要揭露貌似客观、科学事实背后潜藏的主体，而正是这一主体，主宰了17世纪以来西方社会的知识与价值体系。

这一后结构主义的反思与批判在人类学领域则表现为对"民族志的现在时"（ethnographic present）的批判，即"民族志的现在时"表现的非时间性的、文化之间是统一的、观察者是中立的等假设，在学术的和政治的意义上都遭到了质疑[3]。而这一切，都与隐藏在人类学知识体系背后的民族志建构主体有关。人们越来越发现，民族志的文化表述受人类学的实践与制度的限制。因此，民族志的写作也不断地遭遇以下问题的追问：谁在说话？谁在写？什么时候？什么地方？和谁一道？对谁说？在什么样的制度和历史限制之下？[4]

如果说奈杰尔·巴利的《天真的人类学家——小泥屋笔记》带有某种戏谑意味地解构人类学田野作业的客观性与严肃性[5]，德里克·弗里曼的《玛格丽特·米德与萨摩亚——一个人类学神话的形成与破灭》质疑米德与其导师博厄斯共同建构的文化决定论神话[6]，那么，保罗·拉比诺的《摩洛哥田野作业反思》则以其年轻的坦诚与勇气，反思自己的田野作业及其民族志知识的生产过程，将人类学田野作业及其民族志生产过程暴露在阳光之下，它们不再是充满高度神秘色彩的学术秘密。拉比诺的田野作业及其知识生产的祛魅化过程，其实只是反思的表象，其深层原因恐怕与后结构主义质疑西方长期以来通过二元

---

[1] 道格拉斯·凯尔纳、斯蒂文·贝斯特：《后现代理论——批判性的质疑》，张志斌译，第66页。
[2] 道格拉斯·凯尔纳、斯蒂文·贝斯特：《后现代理论——批判性的质疑》，张志斌译，第27页。
[3] 保罗·拉比诺：《摩洛哥田野作业反思》，高丙中等译，"中译本序：哲学地反思田野作业"，商务印书馆2008年版，第10—11页。
[4] 詹姆斯·克利福德、乔治·E. 马库斯编：《写文化》，高丙中等译，商务印书馆2006年版，第42页。
[5] 奈杰尔·巴利：《天真的人类学家——小泥屋笔记》，上海人民出版社2003年版。
[6] 德里克·弗里曼：《玛格丽特·米德与萨摩亚——一个人类学神话的形成与破灭》，商务印书馆2008年版。

对立建构起来的真理观有关。拉比诺在该书中译本序言写道："1986年,《写文化：民族志的诗学与政治学》的出版是美国人类学的一个分水岭。该书掀起了一场激烈的讨论……但不幸地,它趋向于提供一种对主体性的轻易信任……我们以极为美国的方式把对知识主体的关注变成告解室里以'自我'为中心的讨论"①。就是在此10年前,拉比诺不顾导师格尔茨劝告,非常认真而固执地以人类学家、资讯人之间跨文化实践共同生产出来的人类学事实作为哲学问题进行反思,即此前从未被反思过的人类学者"客观"、"中立"背后所潜藏的主体性,即揭露在"客观事实"的背后,资讯人与人类学家的"事实""呈现"与制作过程,其最终要质疑的是民族志究竟"呈现"了谁的文化?

也许正因为此,拉比诺感觉到对人类学跨文化田野作业进行反思的迫切性,"必须对田野作业进行反思,必须反思它的历史情境,必须反思它的体裁约束,鉴于田野作业与其殖民的和帝国过去的关系,必须反思它的存在和价值,必须反思它的未来"②。拉比诺希望通过展示自己的人类学田野作业与民族志制作过程,反思支配人类学之所以成立的核心观念：文化/社会是否具有稳定的内核?作为人文研究的人类学是否仅仅只是智慧性而没有情感性和道德性?对于人文研究中的价值判断在场,人类学究竟是视之为洪水猛兽?还是必须置于批判性的反思之中,并且时刻与田野经验相互参照,并不断被调整?田野经验是否意味着人类学匍匐在实证科学的霸权之下,失去自我反思、自我批判的自觉,还是时刻保持反思与批判在知识探求中的有效地位?③

拉比诺认识到,人类学家在开始进入田野时,就已经不再中立,而是深陷于地方的政治与社会之中④。拉比诺在摩洛哥田野过程中的众多资讯人,由于其各自身份和社会地位,被深深地嵌入到不同的社会权力结构之中,由于人类学家的介入,他们作为一个个活生生的主体,为拉比诺提供的资讯有其各自的视

---

① 保罗·拉比诺：《摩洛哥田野作业反思》,高丙中等译,第9页。
② 保罗·拉比诺：《摩洛哥田野作业反思》,高丙中等译,第5页。
③ 保罗·拉比诺：《摩洛哥田野作业反思》,高丙中等译,第10—11、19、24页。
④ 保罗·拉比诺：《摩洛哥田野作业反思》,高丙中等译,第94页。

角、各自的利益考虑。在与不同资讯人互动的过程中,强烈地刺激拉比诺从根本上思考社会和文化的范畴。表面看来,人们共享的常识以及日常互动是不证自明、无需反思的,但对于来自不同文化的人来说,日常互动以及常识的意涵,却远远超过了其自身。需要反思的是,我们身处其中的文化/社会本身,存在着一种稳定不变的、本质主义的内核吗?人类学家与资讯人之间只有充分认识到彼此的不同,进而相互尊重,相互之间有着充分的信任,资讯人能具有鲜明而执着的"主人"角色,反而才有可能消解人类学家与资讯人之间的权力政治关系,使得他们之间能够在彼此尊重和理解、清楚各自历史情境之局限的基础上,深入讨论各自的传统。经过与资讯人的深入沟通,拉比诺认识到,彼此之间的隔阂,基本源自各自的传统。但因传统导致的彼此隔阂,并不意味着彼此的"他性"是一种不可言说、不证自明、固定不变的本质,而是不同历史经历的总和。"他和我一样,并非居住于一个他性恒久不变的水晶世界。他成长于一个能够为他的生活世界提供有意义的,但仅仅是部分令人满意的解释的历史性环境"[1]。这一"部分",正是凸显了在全球化的跨义化交流时代,无论是东方还是西方,只有忠实于自己的传统,尊重他人的文化,"美人之美,美美与共",才能对话沟通交流,不断地深化对于彼此的认识和了解,进而理解他人,反观自己。

由此可见,人类学家来自自我文化的先见、田野地方、人类学家与资讯人之间的权力政治关系,以及由此衍生的情感反应与道德伦理等等,都会影响人类学家的田野作业与民族志写作。拉比诺认为,人类学家创造了一种意识的双重性。"人类学者的分析必须结合两个事实:首先,我们自身是通过我们提出的问题和我们寻找理解与经验这个世界的方式而历史地存在的;其次,我们从我们的资讯人那里得到的是解释,解释同样是以历史和文化为媒介。因此,我们收集的数据是被双重调节的,首先由我们自己的存在,然后是我们向资讯人要

---

[1] 保罗·拉比诺:《摩洛哥田野作业反思》,高丙中等译,第152—153页。

求的第二层的自我反省。"[1] 田野材料呈现的,并非是一种本质主义意义上的自在之物,而是人类学家在田野过程中获得的建构之物。

那么,人类学的"文化"是什么?拉比诺指出,人类学事实是跨文化的,它跨越了文化的界限而被制造出来。"它们本是活生生的经历,却在询问、观察和体验的过程中被制作成事实。人类学家和他所生活在一起的人们都参与了这一制作。"[2] 资讯人其实也是将自己的生活世界对象化,进行自我反省,以便借助外部媒介,重新表述自己的经验,以人类学家可以理解的方式予以表达。文化即阐释,文化"不可能自我中立地呈现,或以一种声音呈现。每一种文化事实都可以既被人类学家,也被其持有者,赋予多种解释"。人类学家和资讯人都深陷于自己编织的"意义之网",人类学家可以假装自己是中立的,假装自己无视人们能动地生活在各种决定因素的支配之中,只有人类学家才能书写他们的历史与文化,"然而,这仅仅是假象而已"[3]。

2. 权力:表述他者文化的"隐秘"工具

如果说前文分析了民族志写作中"谁在看",那么,这部分则要解决民族志"如何看"的问题。萨义德在《东方学》[4] 一书开篇引用马克思在《路易·波拿巴的雾月十八日》中的一句话:"他们无法表述自己,他们必须被别人表述",充分揭示了人类学与他者文化之间或隐或显的权力支配关系。长期以来,为人类学民族志所书写的西方他者,只不过是历史过程的牺牲品和沉默的证人,是"没有历史的人民",从来就不是历史过程的积极主体[5]。

在人类学的"西方/非西方"之间,学界惯常以"殖民/被殖民"的二元对立反映二者之间的权力与支配关系,这种关系反映在文化表述上,则体现在

---

[1] 保罗·拉比诺:《摩洛哥田野作业反思》,高丙中等译,第 115 页。
[2] 保罗·拉比诺:《摩洛哥田野作业反思》,高丙中等译,第 145 页。
[3] 保罗·拉比诺:《摩洛哥田野作业反思》,高丙中等译,第 143—144 页。
[4] 爱德华·W. 萨义德:《东方学》,王宇根译,生活·读书·新知三联书店 1999 年版。
[5] 埃里克·沃尔夫:《欧洲与没有历史的人民》,赵丙祥等译,上海人民出版社 2006 年版,第 2 页。

一系列对立与差异的关系，如西方/东方、先进/落后、文明/野蛮，以及理性的、贞洁的、成熟的、正常的欧洲/非理性的、堕落的、幼稚的、不正常的东方等等[1]。尽管学者们已经认识到，殖民/被殖民的关系，并不能以一种简单的二元对立关系加以处理[2]。但拉比诺发现，对殖民主义的研究几乎无一例外地依据上述支配、剥削以及反抗的辩证法[3]。对于人类学民族志书写中潜藏的权力关系的揭示，需要超越简单的二元对立以及拉比诺所谓的辩证法，引入福柯的权力观念以及布迪厄的文化政治学，以便更有力地揭示其隐秘的支配形式、表述方式等等。福柯的权力观拒绝自由主义与马克思主义共有的理解权力的司法模式，也不把权力的功能和运作简化为仅仅是维持生产关系和阶级统治，而把权力理解为多重力量关系，它们在自身运作的领域中建构自身的组织关系[4]。"权力无所不在，并不是因为它包含一切，而是因为它来自一切方面"[5]。权力本质

---

[1] 爱德华·W. 萨义德：《东方学》，王宇根译，第49页。

[2] "殖民"原本只是一个技术术语，仅用于描述人们迁移到世界其他地方并在那里展开新的定居生活的现象。随着帝国主义——通过武力的主权施加与经济侵略而实现——在世界范围的扩张，西方国家对其他地区种族及国家施行压迫、统治、奴役与剥削、倾销商品、掠夺原料等殖民控制，"殖民"开始被帝国主义赋予霸权的意义。20世纪殖民控制的结束，并不意味着殖民主义终结，帝国主义的资本垄断、社会文化领域的全球化影响等等，说明我们的时代仍然没有超越殖民主义。参见杨乃乔为巴特·穆尔-吉尔伯特等编撰《后殖民批评》一书所作的译者序"从殖民主义到后殖民批评的学缘谱系追溯"，北京大学出版社2001年版，第3—5页；以及张京媛编：《后殖民理论与文化批评》，"前言"，北京大学出版社1999年版，第1页。

[3] 拉比诺还注意到，非常奇怪的是殖民主义者本身极少为研究者所注意。他提请人类学家注意，福柯在剥削、支配与主体之间做出的区分，将为人类学者提供有益的分析工具。在当代殖民地社会的发展进程中，如摩洛哥的城市化，各种专家学者表面试图规避、逃避政治，却以自我殖民的方式发展出一种新的科学以及策略性的社会艺术，以构想和造就出一种新的、"恰如其分"的社会安排，在此基础上形成了一种崭新的权力关系的形式，使法国与摩洛哥（殖民与被殖民）之间"良性的"社会、经济与文化关系得到展现。保罗·拉比诺：《表征就是社会事实：人类学中的现代性与后现代性》，载詹姆斯·克利福德、乔治·E. 马库斯编：《写文化——民族志的诗学与政治学》，第312—314页。

[4] 凯思·安塞尔·佩尔森：《福柯解读尼采之意义——权力、主体与政治理论》，载汪民安、陈永国编：《尼采的幽灵——西方后现代语境中的尼采》，社会科学文献出版社2001年版，第143—147页。

[5] 福柯的性意识史研究，即通过考察性——作为我们生活中的肉体上最大的禁忌之一——在现代史上的遭遇，尝试摆脱法律的观点去思考性，摆脱国王去研究权力。他要追问的是，如果不是通过禁止和阻碍的手段，权力又是如何接近性的？通过什么机制、战术手段？他指出，要用权力概念，而不是用压制或法律概念去分析某一类性的知识的形成。而权力，是众多的力量的关系，这些关系存在于它们发生作用的那个领域。杜小真编选：《福柯集》，上海远东出版社2002年版，第344—345页。

上是生产性的，权力是人类主体的建构性力量。布迪厄则认为，文化不仅为人类的交流与互动提供了基础，也是统治的一个根源，文化不仅塑造着我们对于现实的理解，而且帮助确立并维持社会等级。无论采取何种形式[①]，文化都体现着权力关系。知识分子——专业化的文化生产者与传播者——在文化实践中建构的斗争舞台以及机构等级中，发挥了核心的作用[②]。借用布迪厄的"场域"概念分析民族志知识的生产过程，可以说长期以来人类学围绕民族志的生产形成了一个错综复杂的权力争斗"场域"。从西方国家的殖民统治力量对民族志知识的需求，促使人类学家到海外发现异文化，以一种"本质主义"的态度理解、描写异文化，进而形成刻板、僵化的异文化形象，到殖民地人民对殖民统治以及殖民文化的抵制与吸纳，重构了殖民地社会的社会关系与文化形态，那种认为传统与现代、东方与西方相对立的观点，已经被证明是一种不怎么"启蒙"的成见[③]；从人类学家运用西方人文社会科学的理论方法阐释异文化现象，将非西方文化作为西方自我的镜像，到殖民地人民与人类学家互动中所产生的自我客体化过程，人类学家与资讯人之间复杂的互动关系，都影响着人类学知识的建构；从民族志知识的生产逐渐成为人类学学科体制化的规训机制，到民族志知识的客观性与真实性越来越受到人们的质疑，作为学术规训机制一部分的民族志写作，难免受学术传统限制，民族志是否与社会现实渐行渐远？……等等，这些都表明民族志知识的生产是众多力量构成的权力之间争斗、博弈的结果。

人类学民族志建构的他者是与自我相比较的形象。威廉·亚当斯以美国人

[①] 布迪厄认为，文化资本可以以三种形式存在：（1）具体的状态，以精神和身体的持久"性情"的形式；（2）客观化的状态，以文化商品的形式（图片、书籍、词典、工具、机器等），这些商品是理论留下的痕迹或理论的具体显现，或是对这些理论、问题的批判等等；（3）体制化状态，以采取学术资格的形式使文化资本客观化。《文化资本与社会炼金术——布尔迪厄访谈录》，包亚明译，上海人民出版社1997年版，第192—201页。

[②] 戴维·斯沃茨：《文化与权力——布尔迪厄的社会学》，陶东风译，上海译文出版社2006年版，第1页。

[③] 马歇尔·萨林斯：《何为人类学启蒙？——20世纪的若干教诲》，载《甜蜜的悲哀》，王铭铭、胡宗泽译，生活·读书·新知三联书店2000年版。

类学学术史为例，指出美国人类学之所以能够发现他者、建构他者形象，是因为建立在进步论、原始论、自然法则论、印第安学、德国理想主义等五种哲学学说基础上，而这五种哲学学说都与他者这一概念密切相关。上述五种哲学学说，在人类学中衍生了普世论、比较论和特殊论等三种理论。实际上，上述三种理论衍生的结构主义、社会进化论、文化形貌论等不同研究方法，在民族志中赋予他者不同的角色。在普世论中，他者即我们，在比较论中，他者乃是以前的我们，而在特殊论中，他者是非我。如结构主义即属于普世论，力图发现和解释为所有民族共享的文化，社会进化论由于力图在某个普遍原则的基础上解释不同民族的差异，属于比较论，而文化形貌论则力图去理解每个文化的不同特质以及它们是怎样产生的，则属于特殊论[1]。人类学家通过何种策略建构自我与他者的关系，其中是否仅仅只是以客观、真实为唯一依归，没有潜藏着权力诉求呢？人类学家费边（Johannes Fabian）指出，我们能够接受的所有特定的人类学知识，都受到西方社会与非西方社会之间历史以来建立的权力与支配关系的影响，人类学知识本质上都是政治的[2]。他发现，人类学家以"时间"为手段，建构了自己的对象——野蛮人、原始人、他者，从这一过程可以非常清晰地看到，对权力的诉求是人类学的根本属性，而非人类学家偶然的误用[3]。

费边认为，在田野调查基础上从事民族志写作的人类学家主要有三类运用时间的方式。第一类是自然时间（Physical Time），用来描述大范围、长时段发生的历史事实，比如人口统计和生态变迁，这是一种"客观的"、"中性的"时间。第二类是世俗时间（Mundane Time）与象征性时间（Typological Time），这是两个相互联系的时间类型，它不以时间的消逝作为变量，而是以具有社会文化意义的历史事件作为时间变量，在某一世俗时间中发生了具有社

---

[1] 威廉·亚当斯：《人类学的哲学之根》，黄剑波译，广西师范大学出版社 2006 年版，第 3—5 页。

[2] Johannes Fabian, *Time and the Other: How Anthropology Makes Its Object*, New York: Columbia University Press, 1983, p. 28.

[3] Johannes Fabian, *Time and the Other: How Anthropology Makes Its Object*, New York: Columbia University Press, 1983, p. 1.

会文化意义的历史事件，从而使这一世俗时间具有了象征性；象征性时间奠定了一系列比较的基础，比如前文字的/文字的、传统的/现代的、农业的/工业的，以及部落的/封建的、乡村的/城市的等。第三类是互为主体性的时间（Intersubjective Time），人类学家强调，在人类的行为与互动中，交往是其重要的特质；在这一类时间中，文化不再被首先看作由不同群体人们制订的一整套规则，而被看作是一种特定的方式，人们在其中创造和生产了信仰、价值和社会生活的其他方面；时间不再仅仅被看作人类行动的历时变量单位，而是人类行为以及社会现实的构成要素；任何将时间从阐释话语中排除出去的企图，都只能是歪曲的、毫无意义的阐释[1]。

对于上述三类时间，费边指出，自然时间蕴涵的时间距离，其显示的是人类社会和文化的发展过程中自然法则或类法则的规律性运作[2]。第二类时间则是建立在比较的基础上，通过呈现一种与民族志研究者（西方）相距遥远的他者（非西方）的时间状态，以及在这一时间状态中他者的整体文化生活，建构了一种与西方现代文明相比较的"原始的"、"传统的"文明图景。在这一类民族志中，对原始的、前文明状态的怀古幽思，暗含着对现代文明的自我反思。威廉·亚当斯指出，这种原始论其实是进步论这枚硬币的另一面。它带着遗憾的眼光看待文明的发展，与其相联系的，是原始社会和原始人的理想化形象，用以批判现代文明的奢华和自我放纵[3]。而第三类时间，费边认为，表面看来似乎体现了人类行为和互动中的交往实质，民族志和土著处于相同的时代；但在民族志描述中，与"现代"相对立的"原始的"成了唯一标示土著时间的变量，民族志学者所处的西方的"现代"成了一个潜在的在场，无时无刻不在支配着人类学家的写作[4]。当人类学家以描述、分析和理论结论的方式生产人类学话语的时候，同一个民族志学者可能忘记或者否认他们与其研究对象之间的

---

[1] Johannes Fabian, *Time and the Other: How Anthropology Makes Its Object*, 1983, pp. 23-25.
[2] Johannes Fabian, *Time and the Other: How Anthropology Makes Its Object*, 1983, pp. 29.
[3] 威廉·亚当斯：《人类学的哲学之根》，黄剑波译，广西师范大学出版社 2006 年版，第 107 页。
[4] Johannes Fabian, *Time and the Other: How Anthropology Makes Its Object*, p. 18.

同时代经历[1]。有学者指出,民族志的写作范式对非西方社会采取自然化、非历史化的手法,使得民族志话语中充斥着自然与文化、原始状态与现代特性的对立,透露出的乃是一个隐秘的进化论,其产物就是上个世纪人类学反复出现的主题——永恒的民族志的现在时(the timeless ethnological present),这种对殖民地社会业已发生的社会变迁采取既承认又压抑的态度,实际上是服务于殖民统治的一种民族志书写策略[2]。因此,正是在这种意义上,威廉·亚当斯将进步论看作人类学哲学的"根中之根"[3]。

3. 文化是现实的社会建构

由上述分析可知,民族志的文化表述受人类学的实践与制度、权力的限制。人类学家非常清楚,现在的民族志写作不断地遭遇以下问题的追问:谁在说话?谁在写?什么时候?什么地方?和谁一道?对谁说?在什么样的制度和历史限制之下?随着马林诺斯基在麦卢和特罗布里恩德岛田野日记的出版,任何过于自信和一致的民族志声音都被暗暗打上问号:它掩饰了什么样的欲望和疑惑?它的"客观性"是如何从文本中建构起来的?[4] 人类学从关注民族志田野调查与写作过程中人类学家与资讯人的主体性开始,民族志客观性的神话就被逐渐瓦解,到人类学民族志建构的自我/他者形象所潜藏的知识/权力关系被逐渐披露,人们终于认识到,人类学民族志表述的文化不再是客观真实的完整再现,而是现实的社会建构,表述的仅仅只是"部分的真理"[5]。许多具有自觉意识的民族志作者发现,很难从一个固定的、客观的立场来谈论定义明确的"他者"[6]。以至于人类学家只能心存疑虑地评估自己的文化表述,"我们关于其他文

---

[1] Johannes Fabian, *Time and the Other: How Anthropology Makes Its Object*, New York: Columbia University Press, 1983, p.33.
[2] 特贾斯维莉·尼南贾纳:《为翻译定位》,载许宝强、袁伟选编:《语言与翻译的政治》,中央编译出版社 2001 年版,第 186 页。
[3] 威廉·亚当斯:《人类学的哲学之根》,黄剑波译,第 8 页。
[4] 詹姆斯·克利福德、乔治·E.马库斯编:《写文化》,高丙中等译,第 42—43 页。
[5] 詹姆斯·克利福德、乔治·E.马库斯编:《写文化》,高丙中等译,第 29 页。
[6] 詹姆斯·克利福德、乔治·E.马库斯编:《写文化》,高丙中等译,第 143 页。

化的大部分知识必须被看成偶然的,是交互主体间对话、翻译和投射的存有疑问的结果"①。

民族志的文化表述之所以遭遇如此之多的追问与困扰,拉比诺梳理了理查德·罗蒂(Ricard Rorty)、伊恩·哈金(Ian Hacking)以及福柯等人关于西方认识论的研究之后,认为与西方17世纪以来现代哲学认知范式的确立有关。笛卡尔放弃了亚里士多德将理性视为普遍性之把握的观念,知识成为内在的、表述性的和判断性的,被赋予了意识的认识主体及其表述内容成为思维的核心问题,也成为一切认知的范式。通过了关于"现实"和"认识主体"的表述检验的知识就是具有普遍性的知识,这种普遍性的知识当然就是科学,认识论成为现代哲学的核心②。但这一认识论范式在20世纪遭到人们的质疑。罗蒂指出,20世纪三位最重要的哲学家维特根斯坦、海德格尔和杜威都一致同意,必须放弃作为准确再现结果的知识观,这种知识是经由特殊的心的过程而成立的,并由于某种有关再现作用的一般理论而成为可理解的。对他们三位来说,"知识基础"的观念和以笛卡尔回答认识论的怀疑论者的企图为中心的哲学观念,都被抛弃了③。拉比诺进一步指出,福柯把表述问题看作是一种更为基本的文化关怀,一种存在于许多其他领域之中的问题。对福柯而言,表述问题与范围广阔的、异质的但又相互关联的社会与文化实践相联系,而这些实践又建构了现代世界④。

如果说拉比诺主要从哲学的认识论角度反思人类学本质主义反映在民族志写作中存在的问题,那么,早在20世纪初,社会学家韦伯就从方法论的角度,通过分析文化科学与自然科学的区别,探讨了文化科学的"客观性"。韦伯认为,文化科学的对象是文化事件,有别于自然科学的对象,文化事件包含有意

---

① 詹姆斯·克利福德、乔治·E. 马库斯编:《写文化》,高丙中等译,第148页。
② *Writing Culture: The Poetics and Politics of Ethnography*, edited by James Clifford and George E. Marcus, Berkeley: Universtiy of California Press, 1986, p.235.
③ 理查德·罗蒂:《哲学与自然之镜》,李幼蒸译,商务印书馆2003年版,第3页。
④ 詹姆斯·克利福德、乔治·E. 马库斯编:《写文化》,高丙中等译,第291页。

义与价值两种基本要素。文化事件的性质特点不是它自身"客观地"具有的，而是以人们认识兴趣的倾向为条件，产生自人们在具体情况下赋予相关事件的特殊文化意义[1]。这种力求根据其文化意义认识生活现象的学科，即"文化科学"。韦伯指出，文化事件的意义无法从任何规律概念得出、论证和阐明，"因为这种意义假定了文化现象与价值观念的关联"。因此，文化概念又是一个价值概念，人们只有将经验实在置于与价值观念的关系之中，经验实在才对人们具有意义，那些对于人们具有意义的经验实在便是"文化"，"'文化'是无意义的无限世界事件中从人类的观点来考虑具有意思和意义的有限部分"[2]。由于受制于价值观念，人们对于文化的观察、认识，在任何情况下都只有个别实在的一部分让人们产生兴趣，从而对人们具有意义。

此外，在韦伯看来，对于具体的文化科学而言，文化意义存在于历史事实之中，而不在于普遍本质和规律之中。韦伯认识到历史事实对于文化意义的生成之重要性，意味着人们对于经验实在的观察、认识不仅受制于人们的价值观念，还受制于经验实在呈现的历史性、多样性、无限性。由于文化事件的无限性与多样性，致使文化事件的有限部分才构成文化科学的探讨对象。因此，韦伯指出，对任何具体现象做详尽无遗的因果追溯，不仅在实践上不可能，而且也是荒谬的[3]。由于文化事实的历史性，以及文化事件对于人们而言所具意义的有限性，韦伯认为，与自然科学将经验的东西还原为"规律"不同，"客观地"对待文化事件是没有意义的。韦伯并不是说文化事件或精神事件"客观上"很少受规律支配，而是因为人们对社会规律的认识，并不是对社会现实的认识，人们建立"合规则性的"规律不是认识社会现实的目的，而只是认识的手段[4]。所以，无论是从文化事件所包含的基本要素，以及文化事件的历史性存在，还

---

[1] 马克斯·韦伯：《社会科学方法论》，李秋零、田薇译，中国人民大学出版社 2009（1999）年版，第 11 页。
[2] 马克斯·韦伯：《社会科学方法论》，韩水法、莫茜译，第 26—27、31 页。
[3] 马克斯·韦伯：《社会科学方法论》，韩水法、莫茜译，第 26—29 页。
[4] 马克斯·韦伯：《社会科学方法论》，韩水法、莫茜译，第 30—31 页。

是文化科学所建立的规律之实质出发，文化科学所研究的经验知识，其"客观有效性依赖于并且仅仅依赖于既定的实在按照范畴得到整理，而这种范畴在一种特定的意义上，亦即在它表述了我们认识的先决条件的意义上是主观的，并且是受到惟有经验知识才能提供给我们的那些真理的价值前提制约的。"[1] 也就是说，"不依赖于特定的和'片面的'观点而对社会生活或者'社会现象'绝对'客观的'科学分析是不存在的"[2]。因此，文化科学所研究的经验知识，没有不包含研究者个体主观性的绝对客观知识。

韦伯最终指出，"致力于认识具体历史联系的文化意义"，是文化科学唯一的最终目的，概念构造和概念批判也要服务于这个目的。他认为，文化科学研究者的真正才能在于，"总是表现在知道如何通过将人所熟悉的事实与人所熟悉的观点联系起来，而后产生新的知识"[3]。总之，韦伯的社会科学方法论揭示的，并不是从虚无主义的态度否定人们认识社会历史文化事件的可能性，而是提醒人们，由于文化事件之于人所具有的意义与价值，以及文化事件本身所具有的历史性，任何文化科学的研究，都只能是对文化事实之有限部分的认识、理解和阐释。同样的，民族志描述的客体，并不是一个静止的对象，在全球化、现代化进程中，民族志的书写实际上也是一个塑造和自我塑造的过程。

现在，我们可以从另一个角度，即知识社会学的角度理解民族志学者孜孜以求，试图客观、真实、完整地再现的"文化"究竟是什么。如果从知识社会学的角度着眼于民族志知识的生产与社会文化之间的联系，那么，民族

---

[1] 马克斯·韦伯：《社会科学方法论》，韩水法、莫茜译，第59页。
[2] 马克斯·韦伯：《社会科学方法论》，韩水法、莫茜译，第22页。
[3] 马克斯·韦伯：《社会科学方法论》，韩水法、莫茜译，第60页。韩水法认为，韦伯在社会科学方法论方面的建树，与康德批判哲学的影响有莫大关系。康德的批判哲学对抗一元论，他对于人类知识的重新解释不仅改变了人们对于世界的看法，而且直接改变了人们对于科学认识的看法。现象和物自身的区别打破了人们对于知识绝对性的形而上学信念；而对经验和先天形式的同时承认又提示了知识构成的多元性特点；知识领域和道德领域的划分，则揭示了人类生活中不同于甚至优于知识的理性另一方面的价值。韩水法："韦伯社会科学方法论概论（汉译本序）"。

志生产的知识,即人们通常所说的文化,这种文化则是一种表述,人类学通过民族志的表述,生产、建构了社会事实。知识社会学深受德国历史主义的影响,历史主义强调所有关于人类事物不同看法的相对性,即人类思想本身所具有的不可避免的历史性。如果不依照特定历史的脉络并强调思想所产生的社会情境,就根本无法了解历史情境。① 人类所有的"知识"都是在社会情境中被得到发展、传递和维持的。人们生活中的"所知"以及常识性的知识,都是被社会建构为一种现实。而且,关于这一现实的理论建构,不论它们是科学的、哲学的,或者是神话的系统,都无法穷尽社会中的成员视为"真实"的事物。② 那些以再现文化为己任的民族志学者,无一不是从自身文化的视野出发去发现、认识、考察、研究、描述文化,而且确立民族志学者自身生活方式的种种意义框架,无时无刻不深刻地影响他们的感知。因此,当我们强调客观、真实的知识的时候,我们需要追问的是,这究竟是"谁的客观性?"从这一意义上说,根本不存在什么"中立的"学者,也不存在对社会现实的照相式再现。任何文化描述的数据与材料的选择,其基础都是历史地建构起来,总是不可避免地随着世界的变化而变化。总之,"知识是通过社会而构成的"。③ 只有建立在这一知识社会学的观念基础之上,我们才能真正理解文化表述的诸多关键问题,如共同体如何被想象,传统如何被发明,认同如何被建构,以及神圣真理和宗教叙事是如何生产出来的,等等,诸如此类问题的探究,已经被知识界视为文化建构的经典案例。

讨论

以人类学、民俗学为代表的文化科学,对文化本真性的追索探求,经历数

---

① 彼得·伯格、托马斯·卢克曼:《现实的社会构建》,汪涌译,北京大学出版社2009年版,第7页。
② 彼得·伯格、托马斯·卢克曼:《现实的社会构建》,汪涌译,第13页。
③ 华勒斯坦等:《开放社会科学》,刘锋译,生活·读书·新知三联书店1997年版,第98—100页。

个世纪众多学者的探究、辩驳之后，人们认识到，民族志呈现的文化事实作为一种知识，是一种表述，是现实的社会建构，只是"部分的真理"，而不是关于社会事实的完全客观真实的再现。这一关于本真性的观念转换对于当下"遗产主义"时代有何启示呢？

"活态的"文化遗产作为一种既成的社会文化事实，无论以何种标准，我们都无法站在一个居高临下、天然正确的立场对文化遗产的"真/伪"做出价值评判。那种认为"真"文化具有天然正确的合法性依据，"伪"文化不具备存在理由的看法，是一种非历史主义的观念。"真/伪"评判标准一旦被确立，因其天然正确的合法性而成为确定的、静止的标准形态、"本真"样貌，很可能由于参与者的主体性、语境的时效性等因素而遮蔽了文化本身的历史性，反而会阻碍文化的传承发展，扼杀文化的生命力。如果我们再进一步检校其判断标准是否合理，可以追问的是，这一标准由谁来确定？学者？政府？商业资本？传承人？还是多方力量的共同确定？谁是主导力量？为何可以成为主导力量？在何种语境下确定？依据是什么？如何确定？这种人为建构出来的"真/伪"标准，与现实生活中人们感受到、意识到的文化究竟有多大距离？还有一个更为现实、无法回避的问题：中国当下诸多"文化遗产"在1949年之后历次运动中，不可避免地遭受到不同程度的破坏，有的甚至完全中断。20世纪八九十年代，传统文化复兴，但它们是民众适应当代社会发展复兴的"新传统"。难道我们敢于宣称，这些"文化遗产"都是从传统社会一直"原生态"地传承到今天，因而具有无可置疑的"本真性"？当我们认识到，一种天然正确的判断标准被确定的背后有如此之多的复杂因素相互博弈，我们究竟是应该悲叹文化的某种静止形态、"本真"样貌的消失，还是更应该警惕，这种"真/伪"判断标准是否有利于文化的自主发展与文化多样性的成长？

当然，我们会怀着一种悲天悯人的情怀，认为有责任通过文字等媒介手段搜集、记录、整理，进而拯救许许多多正在"消失"的文化，这正是民族志学者长期以来苦心经营的事业之一。美国人类学家乔治·E.马库斯概括了两种通行的民族志模式，抢救模式和救赎模式：民族志作者要么是"大洪水"来临之前的文化抢救者，要么寻找一个假定存在、文化本真性保存完好的"穷乡僻壤"，但前者往往对历史变化缺乏敏感，后者的假设则最终被民族志作者自己所推翻[①]。詹姆斯·克利福德则进一步指出，民族志随处可见的初民社会正在消失、传统社会之末日的主题，是民族志根深蒂固的寓言。这一寓言认为，他者社会是孱弱的，并"需要"由一个外部人来代表（还有，在这个社会的生命中重要的是它的过去，而不是现在或者将来）；脆弱的风俗的记录者和解释者是某种本质的保管人，是某种本真性无可怀疑的目击者[②]。这种想象出来的正在逝去的本真的文化，总是与当下现实生活方式急剧变迁、社会结构转型、日渐同质性的全球化过程、个人非本真的生活与道德堕落联系在一起[③]。"每一个被想象的本真性都预先假定有一个被感到非本真的当前环境，并且由这种当前环境的非本真性所产生"[④]。据此，我们可以继续上文的追问，这究竟是谁的本真性？今天我们还能找到一块没有被现代文明浸染的前现代"净土"？还有未被文字等媒介表述过的"无文字社会"？共同参与文化本真性建构的"土著"，难道他们是"不知有汉，无论魏晋"的桃花源遗民？因此，"本真的文化不是那些东西——被民族志作者或其他任何人搜集起来的易碎的、最后的事实"[⑤]，而是当地人感受的、体验的、实践着的、具有历史性的日常生活。

也许，我们还可以站在保护民族文化的高度来捍卫文化的本真性，进而唤起我们的文化自觉，维护民族文化认同。对于自己的文化从哪里来，到哪里去，我们为什么是我们而不是他人等等关涉文化自主性的问题，我们固然需要清醒的文化自觉。但需要警醒的是，我们正在保护的所谓"本真"文化，实际

---

① 詹姆斯·克利福德、乔治·E. 马库斯编：《写文化》，高丙中等译，第 209 页。
② 詹姆斯·克利福德、乔治·E. 马库斯编：《写文化》，高丙中等译，第 152、153 页。
③ 刘晓春：《个人本真性的建构》，《民族艺术》2011 年第 4 期。
④ 詹姆斯·克利福德、乔治·E. 马库斯编：《写文化》，高丙中等译，第 154 页。
⑤ 詹姆斯·克利福德、乔治·E. 马库斯编：《写文化》，高丙中等译，第 160 页。

上是一种现实的社会建构，这种被表述的、被建构的文化远不同于文化本身的真实样貌。因为任何通过媒介固化下来的某一特定时空的文化样貌，无法代表文化的唯一"本真性"。那些活态的、具有其自身功能、价值、意义的"文化遗产"，随着时代的变化而变化，并持续地为人们所认同，即呈现其"本真性"。只有在确立了何为"本真"文化的前提下，才有可能讨论文化自觉，才有可能避免少数人通过掌握书写所谓"本真"文化的权力影响文化的发展，继而歪曲地建构文化的符号与形象。

此外，一个我们无法回避，但往往不敢直面的伦理问题。我们享受着现代生活的诸多便利，来到"穷乡僻壤"，欣赏陶醉于"前现代的"、"本真的""奇风异俗"，却每每悲哀于当地人张开双臂拥抱现代技术，原有的生活方式日渐消失，甚至冀望他们永远生活在可以寄托现代人的怀古幽思、慰藉现代人灵魂的"前现代"时期。我们在声称保护民间文化的同时，难道我们没有怀抱一种文化优越感，以精英文化的观念及实践对民间文化进行殖民？[①]我们究竟是以一种文化代理人的身份抢救、救赎民间文化，还是真正唤醒文化持有者的文化自觉，由他们自己来阐释和确认文化的本真性？何谓文化自觉？费孝通先生强调，文化自觉不带任何"文化回归"的意思，不是要"复旧"，同时也不主张"全盘西化"或"全盘他化"，而是为了加强对文化转型的自主能力，取得决定适应新环境、新时代文化选择的自主地位，和其他文化一起，取长补短，共同建立一个有共同认可的基本秩序和一套各种文化能和平共处，各舒所长，联手发展的共处守则[②]。萨林斯甚至更直接地定义，"文化自觉"的真实含义是不同的民族要求在世界文化秩序中得到自己的空间。这不是一种对世界体系的商品与关系的排斥，而是……对这些商品与关系的本土化渴求。它所代表的方案，就是现代性的本土化[③]。现实的境况也表明，最近几个世纪以来，

[①] 方李莉：《警惕潜在的文化殖民趋势：生态博物馆理念所面临的挑战》，《民族艺术》2005 年第 3 期。
[②] 费孝通：《反思·对话·文化自觉》，《北京大学学报》1997 年第 3 期。
[③] 马歇尔·萨林斯：《何为人类学启蒙？——20 世纪的若干教诲》载《甜蜜的悲哀》，王铭铭、胡宗泽译，第 124 页。

全球化的同质性与地方差异性同步发展，人们就是生活在一个由不同地方性生活方式组成的世界文化体系之中。本土人民的现实生活告诉我们：我们无需杞人忧天，在全球化现代化过程中，本土人民既能保持自己的文化，也能适应现代社会的变迁。身处变动不居的时代，人们有权力也有能力选择自己的生活方式。

最后，还是回到知识社会学的立场，思考遗产主义时代民俗学的当下境遇。民俗学通过特殊的科学客观的文化技艺，如文艺集成、博物馆、人类学影视、民俗志书写等等手段，创造了科学客观的、具有本质性的、均质的民族文化的共同知识，这些共同知识被塑造为民族精神的象征，被建构成为民族共同的"文化遗产"，在建构民族文化共同知识的同时，民俗学也逐渐完善自我的知识生产与学科建构。[1] 当我们认识到，民俗学知识生产与民族文化共同知识之间具有复杂的相互建构关系，"文化遗产"是通过特殊的民俗学技艺生产出来的共同知识，那么，当前我们正在保护的"文化遗产"既是"遗产化"的"文化"，在某种意义上恐怕也应该是"遗产化"的民俗学吧？长期以来，"探求本真性"作为民俗学的主导范式[2]，这既意味着那些被认为是本真的、过去的文化日渐消失，也意味着传统的文化一直是民俗学建构学科合法性的依据。如果建构本真性的民俗学知识生产过程一旦被解构，遗产主义时代的民俗学又该如何面对当下多元、异质、流动的文化遗产的现实图景？悲情而浪漫的民俗学究竟是应该像唐·吉诃德一样捍卫一种想象中的本真文化，还是应该置身于复杂的现实生活，洞察"文化遗产"的生成过程与民俗学知识生产以及其他社会因素之间相互建构的复杂关系，进而超越"探求本真性"的学术范式？

---

[1] 参见沃尔夫冈·卡舒巴：《文化遗产在欧洲：本真性的神话》杨利慧译，《民俗研究》2010年第4期。
[2] Regina Bendix, *In Search of Authenticity: the formation of folklore studies*, Madison, Wisconsin: The University of Wisconsin Press, 1997.

民俗文化的遗产化、本真性和传承主体问题
——以浙江衢州"九华立春祭"为中心的考察*

王霄冰

民俗，是在民众当中流行的生活范式、礼仪习俗和价值观念，带有集体性、地方性、传承性和口头性等特点；它自发形成，形式自由自在，可不受文字文本、教条教义、政治制度等条条框框约束[①]。一般来说，传统的小型社会，如村落是滋生民俗文化的最佳土壤，虽然一项民俗的发生也往往有赖于外界因素的影响[②]。20 世纪以来，随着中国社会的彻底变革，传统农村社会的宗族、村社

---

* 本文原载《民俗研究》2012 年第 6 期。
[①] 当然并不排除民俗在乡土社会中担负的类似礼法的社会制约功能。美国社会学家萨姆纳（William Graham Sumner）在《民俗：论惯例、风度、风俗、德范和精神的社会学意义》(*Folkways: a study of the sociological importance of usages, manners, customs, mores, and morals*, Boston: Ginn and Co., 1906) 中认为，民俗虽然"并非人的有目的的、理智的创造"，是"通过偶发事件形成的"，但"当关于真实与是非的初步观念发展成关于福利的教义时，民俗就被提高到另一个层次上来了。它们就能够产生推理，发展成新的模式，并把它们的建设性影响扩及每个人和整个社会。这时，我们就称它们为德范了。德范是包含了关于社会福利的普遍的哲学和理论内容的民俗，其哲学和伦理思想本来就蕴藏在其中，民俗的发展使它们从暗示到明确"。引自高丙中：《民俗文化与民俗生活》，中国社会科学出版社 1994 年版，第 175、182、185 页。书名中的 Folkway 一词，意为"民间方式"，这里译为"民俗"。
[②] 关于民俗的发生，学术界曾有多种理论，萨姆纳的民俗自发形成于民间生活的观点只是其中的一种。与其完全唱反调的是瑞士人霍夫曼-科拉耶尔（Eduard Hoffmann-Krayer，864—1936），他认为"民众不生产什么，而只是再生产"。德国学者诺曼（Hans Naumann，1886—1951）则提出了"沉降的文化物"（gesunkenes Kulturgut）概念，指的是由上层社会流向民间而在民间得到传承的那部分文化，与天然成长起来的"原始的整体物"（primitives Gemeinschaftsgut）相区别。参见简涛：《德国民俗学的回顾与展望》，载周星主编：《民俗学的历史、理论与方法》下册，商务印书馆 2006 年版，第 808—858 页。其中"汉斯·诺曼和'沉降文化物理论'"一节，见于第 828—830 页。

等组织走向解体，各类民间民俗活动受到主流文化的轻视和打压。尤其在实行改革开放政策的最近30多年，中国加剧了现代化进程，乡土社会的版图日益缩小，作为农村社会栋梁的青壮年农民成群结队涌向城市，乡村人口稀有化和老龄化现象日趋严重，地方民俗赖以生存的文化生态渐趋消亡。在这种情形下，如何能将祖先创造的、世代流传下来的民间文化保存起来、传承下去，使之成为现代社会的有机组成部分，以保持中华文明的本土特色？这是社会各界共同关心的问题，也是中国政府发起非物质文化遗产保护运动的旨意所在。

然而，由于民间文化带有一些与官方正统文化不相融的特征，各类民俗事项在被认可为非物质文化遗产并受到保护的过程中，往往会经过一个被改造、被包装甚至被重新打造的过程。由此出现的一系列问题也是近年来社会各界有目共睹的，如民俗民间文化的（1）官方化/政治化，即将非物质文化遗产的申报和展演与地方官员政绩挂钩，民间的事情变成由政府包办，当地民众失去了对自身文化的自主权；（2）博物馆化/物质化，原本活生生的民间活动变成展示馆中静态的图片和实物；（3）市场化/商品化，非物质文化遗产变为商家逐利的工具和大众消费品。

非物质文化遗产的保护如何才能在尊重民间、保存文化的前提下进行？入围民俗事项的本真性、活态性与承续性如何能够得到充分保证？笔者以为，一个实实在在、名副其实的传承主体的确立和当事人文化自觉意识的提高，是解决以上问题的关键。以下将以浙江衢州的国家级"非遗"项目"九华立春祭"为例，根据本人2012年2月在当地收集的田野调查资料，来论证这一观点。

中国古代的句芒神话与立春礼俗

2011年5月，国务院颁布了《第三批国家级非物质文化遗产名录》（共计191项）和《国家级非物质文化遗产名录扩展项目名录》（共计164项）。由浙江省衢州市柯城区申报的"九华立春祭"和浙江省遂昌县的"班春劝农"、贵州省石阡县"石阡说春"一起，以"农历二十四节气"为总体名称，被纳入到国家级非遗名录的扩展项目名录（项目编号 X—68）[1]。九华立春祭所祭祀的是古代神话中的木神和春神句芒，祭祀日期设在农历二十四节气之首的立春日（公历2月4日或5日）。

农历二十四节气是古代中国人的伟大发明之一。华夏民族对由太阳运行带来的节气转换的认知到底源于何时？显然这是容易引发争议的问题[2]。胡厚宣、杨树达等老一辈甲骨学者曾研究过一片记录有"四方风名"的商代甲骨（《甲骨文合集》14294）[3]，考释出与《山海经》等后代文献记载基本一致的四个方位名称和所属的神灵之名："东方曰析，凤（风）曰劦（协）。南方曰因，凤（风）曰微。西方曰，凤（风）曰彝。□〔北〕□〔方〕□〔曰〕夗，凤（风）曰□"[4]。

周代的四方神灵观念见于《周礼·春官·大宗伯》。其中提到应以各种不同的玉石制成六样不同礼器，以供奉各方神灵："以玉作六器，以礼天地四方。以苍璧礼天，以黄琮礼地，以青圭礼东方，以赤璋礼[5]南方，以白琥礼西方，以玄璜礼北方"[6]。《左传·昭公二十九年》也有关于四方神灵的记载："木正曰

---

[1] 参见 http://www.gov.cn/zwgk/2011-06/09/content_1880635.htm(2012/2/12)。

[2] 迄今为止，学者们在对出土的殷商甲骨文的研究中，尚未发现与节气相关的时间概念。参见常玉芝：《百年来的殷商历法研究》，载王宇信、宋镇豪主编：《纪念殷墟甲骨文发现一百周年国际学术研讨会论文集》，社会科学文献出版社2003年版，第38—54页。

[3] 郭沫若主编：《甲骨文合集》第五册，中华书局1979年版。

[4] 参见胡厚宣：《甲骨文四方风名考证》，载《甲骨学商史论丛初集》第二册，成都齐鲁大学国学研究所石印本1944年版。杨树达：《甲骨文中之四方风名与神名》，载《中国现代学术经典·余嘉锡、杨树达卷》之《杨树达卷·积微居甲文说》，河北教育出版社1996年版，第800—807页。

[5] 前人对这片甲骨的转写用字略有不同，这里采用的是今人王晖的释文。该作者在总结前人研究基础上，认为商代卜辞中虽然"只有春、秋二季的划分，还没有用作季节的夏、冬之称"，"但从四方及四方风的蕴含看，四季的观念应该是产生了"，并引用于省吾的观点认为，这为"由两季向四季的发展准备了一定的条件"。在他看来，由于"季节的变换可根据季风的变化来推定，于是四方季风便被古人视作上帝改换时令的使者"。参见王晖：《论殷墟卜辞中方位神与风神的蕴义》，载《2004年安阳殷商文明国际学术研讨会论文集》，社会科学文献出版社2004年版，第321—322、326页。

[6] 《十三经注疏》（附校勘记）之《周礼注疏》卷十八，中华书局2003年版，第762页。

勾芒，火正曰祝融，金正曰蓐收，水正曰玄冥，土正曰后土"[1]。这里已把句芒和东方联系在了一起。对此，郑玄注曰："礼东方以立春，谓仓精之帝，而太昊、勾芒食焉"[2]。战国末年《吕氏春秋·孟春纪》亦载："其帝太皞，其神句芒。"高诱注曰："太皞，伏羲氏。以木德王天下之号，死，祀于东方，为木德之帝。句芒，少皞氏之裔子曰重，佐木德之帝，死为木官之神"[3]。关于句芒的神话，最早见于《墨子·明鬼下》，说他曾替"帝"传话、为有德之郑穆公添寿十九年。他的形象乃是"鸟身，素服三绝，面状正方"[4]。

成书于汉代的《礼记》在"月令"篇中将一年四季的主宰神明体系化，其中提到春三月的"帝"为太皞，"神"为句芒；夏三月的"帝"为炎帝，"神"为祝融；秋三月的"帝"为少皞，"神"为蓐收；冬三月的"帝"为颛顼，"神"为玄冥[5]。"句芒"，郑玄注释为："少皞氏之子，曰重，为木官"[6]。

民俗学者简涛曾指出，句芒在古代神话体系中是"神"，不是"帝"；他"身为春神、木神、东方之神，又为青帝的助手，它作为一个理想的媒介把季节中的春天、五行中的木、方位中的东方和五帝中的青帝连接了起来，构成了立春迎气礼仪中的完整象征系统"（见表1）[7]。虽然其中某些元素出自上古，但这一理想化系统的形成不可能在汉代之前，而是在两汉时期盛行的天人相应和阴阳五行观念影响下才得以完备起来。不仅如此，就是立春祭祀的礼仪习俗，起源也应在汉代，其礼仪设计依据的主要是《礼记·月令》有关设想，并基于西汉时期的郊祀礼[8]。汉代立春礼俗虽然吸收了民间的"出土牛"习俗，但和官礼的迎气礼属于互不相关的两个部分。立春迎气礼在东郊进行，参加者服饰以青

---

[1] 《十三经注疏》（附校勘记）之《春秋左传正义》卷五十三，中华书局2003年版，第2123页。
[2] 《十三经注疏》（附校勘记）之《周礼注疏》卷十八，中华书局2003年版，第762页。
[3] 王利器：《吕氏春秋注疏》，巴蜀书社2002年版，第9—10页。
[4] 《墨子》，李小龙译注，中华书局2007年版，第116—117页。
[5] 《十三经注疏》（附校勘记），其中的《礼记正义》卷十四，中华书局2003年版，第1352—1360页。
[6] 《十三经注疏》（附校勘记），其中的《礼记正义》卷十四，中华书局2003年版，第1353页。
[7] 简涛：《立春风俗考》，上海文艺出版社1998年版，第41页。
[8] 简涛：《立春风俗考》，上海文艺出版社1998年版，第23页以下。恰如作者所言，像《礼记》这样的著作不能被当成史书看待，其种种描绘多属理想性质的设想，而非对于事实的记录。

色为主，句芒以青帝助手身份出现，也是祭祀对象之一。同时，京城和各地要在城门之外设置土牛和耕人，向广大百姓报春，以示劝农之意。

表1　东汉立春迎气礼仪的象征系统

季节	五行	颜色	五帝	方位	神明
春	木	青	青帝	东方	句芒
夏	火	赤	赤帝	南方	祝融
立秋前十八日	土	黄	黄帝	中央	黄灵
秋	金	白	白帝	西方	蓐收
冬天	水	黑	黑帝	北方	玄冥

东汉以后，直到清代，立春礼俗在各代都有延续，但每个时期的表现形态有所不同。例如，唐代立春礼仪不再像汉代那么庄严肃穆，而是多了些欢乐色调，增加了像皇帝赏赐大臣春花的节庆内容[①]。"出土牛"习俗也有所改变，耕人变成了策牛人，他和土牛的相互位置被用来象征立春节候的早晚，且出现了官员杖打土牛的仪式性行为。这些都应是后世"扮芒神"、"鞭春"等立春习俗的源头。由人扮演"芒神"取代耕人或策牛人进入"出土牛"礼仪，应是在南宋时期才出现，"很可能是由于迎气礼衰微或者废止的缘故"[②]。到明代，朝廷制定了相应礼规，从礼制上确立了芒神的地位。

民国时期，政府取缔传统夏历（农历、阴历），改用西历（公历、阳历），立春不再是一个官方认可的节日，立春的官方礼俗从此彻底消失。但在一些地区的民间，依然流行着在立春日迎春、鞭（打）春、吃春饼和春卷等习俗。1949年以后，由于意识形态原因，这些习俗也不流行了。作为二十四节气之一的立春虽然还常被感知，但它作为一个古老的农事节日的属性却已被逐渐淡忘。

---

① 简涛：《立春风俗考》，第67页。
② 简涛：《立春风俗考》，第87页。

中国人有关青帝、句芒、春牛的记忆和情感已十分淡薄，扮芒神、鞭春牛、吃春饼、春卷、生菜等立春习俗真正变成了历史的"残留物"，仅见于一些偏远乡村和特殊的人群当中。① 位于浙西山区的九华乡外陈村，因拥有一座供奉句芒的梧桐祖殿并保留一些立春古俗，可谓是国内现有保留立春民俗文化最为完整的一处。

梧桐祖殿及其立春祭祀

九华乡位于浙江省衢州地区西北部，距离城区约9.5公里。此地有山有水，风景秀丽，古属浮石乡，民国九年（1920）改称毓秀乡，民国二十八年（1939）才改名九华乡，大约因临近当地九华山而得名。② 该乡行政上归属衢州市柯城区，现面积82.32平方公里，乡民两万多人，分35个行政村。外陈村是其中之一，人口212户，632人，近年由于青壮年外出打工较多，村里常住人口只有280多人。村民多属苏、傅、王、龚四大姓，前两姓居多，迁来时间较早，据说来自福建。四姓都有族谱，村中尚有苏氏和傅氏两个宗厅，供宗族活动之用。

---

① 20世纪90年代，简涛曾就立春习俗的传承情况做过调查。他的结论是"即使在民间，大陆许多地区也不再把立春作为节日，不再举行节庆活动，而只是把立春作为一个节令。各级政府只是把立春作为农业节令，作为春耕生产的开始而予以重视"。因此，当代立春民俗"只是一些零星的民诉事象，并且只限于某些地区，无论是事象的规模还是流行的范围都不能与清代立春民俗相比。他们只是清代立春文化的残留"。在探讨立春习俗式微的原因时，作者认为并不能完全归咎于外界原因，也与节日功能本身的转换有关："今天立春不再作为一个节日，人们甚至失去了立春迎春的观念，却不是由于立春文化变迁的突变造成的，而是由于它的渐变造成的。这里一个重要的原因是立春节日功能转移。立春不再作为一个节日庆祝，它的功能已经被另外一个重要节日所取代，这个节日就是春节，也就是中国的传统新年。立春的民间习俗也部分地转移到了春节的习俗之中。"参见简涛：《略论近代立春节日文化的演变》，《民俗研究》1998年第2期。
② 有人称这里的九华山为小九华，以区别于安徽的大九华山。

位于村口的梧桐祖殿是村中唯一的庙宇，里面供奉的主神就是中国古代神话中的春神和木神句芒。现有一个偏殿，供奉的是佛祖雕像。该建筑在民国二十二年（1933）曾经大修，1949年后遭到严重毁坏，一度被用作村里的锯板厂和碾米厂。2001年，一位名叫汪筱联（1943年生）[①]的当地人士在帮助柯城区旅游局进行旅游资源普查时，偶然发现了这幢老房子，见它有三扇门，不像一般民居，就猜是座古庙。当他刮去覆盖在老屋门额上的黄泥时，看到"梧桐祖殿"四个大字。后听村里老人讲，这是"梧桐老佛殿"，"文革"时里面的神像已被毁弃，他们只记得小时候村里每年都要在此举行立春祭和中秋祭，里面供奉的"佛像"长着一对翅膀。根据这一线索，汪氏推断村民们相传的"梧桐老佛"就是春神句芒[②]。

此后，在汪筱联等人呼吁下，锯板厂和碾米厂终于在2004年从庙内搬走。村民们自发捐款，凑了三四万元钱对"梧桐老佛殿"进行修缮。当时负责这项工程的是现任外陈村党支部书记龚元龙的弟弟龚卸龙（1965—2008）。在复原春神像时，他们参考了各类古文献中有关句芒的记载并加以汇集，如《墨子》的描述和《山海经·海外东经》中"鸟身人面，乘两龙"的说法[③]，从而把他塑造成一个长方形脸、身穿白衣、脚驭两龙、背上有两扇翅膀、右手举着圆规、左右握着装有五谷的布包的人物形象。

主殿采用这一带典型的民间建筑格局，当地称"三间六"，即分为上、中、下三堂，两边各可隔出三间（普通人家用门板隔开，在宗祠、庙宇中则不隔），共得六间房。中间部分为上堂、中堂（天井）和下堂。梧桐祖殿上堂中部神坛供奉上述句芒塑像，主神左手边祭台上摆放着三尊大小不一的关公像，右手

[①] 原为衢州市建筑器材公司总经理，从早年开始就喜爱研究当地的地理、民俗与传统文化，已出版《峥嵘山志》（与叶裕龙合著，中国文史出版社2010年版）、《毓秀九华（中国衢州）》，（衢州日报社2011年）等著作。

[②] 李啸、姚宏东、江毅丹：《春天来了，梧桐祖殿立春祭》，《衢州日报》2012年2月6日。

[③] 参见袁珂：《山海经校注》，上海古籍出版社1980年版，第265页。

边则是尉（迟）、晏、杨、蔡四位"灵公"雕像①。他们背后的墙上分别描绘着"风"、"雨"、"雷"、"电"四位神灵以及"富"、"贵"和两位天王的形象。大殿左右两边墙壁上，绘有二十四节气主题的壁画做装饰。天井的井边照例放着一盛满水的水缸，表示钵满盆满。下堂是两层的戏台，正门就开在台后。因为台不高，所以大人进门后都必须躬身穿过台下走廊。对村民们来说，这个设计正好用来强制人们在神灵面前低头，以示恭敬之意。

位于外陈村村头的梧桐祖庙背面靠山，前面也望山。隔着街道和田地，山下流淌着一条名叫"庙源"的小溪。顺小溪沿路而上，途经与外陈村毗邻的三皇殿村②，就会走进名叫"石娲"的山谷，半道上可以找到梧桐祖殿的原址。原址已无建筑，只在树木草丛间隐约可以辨识出一个用石头垒成的平台。人站在这里，面对着一座郁郁葱葱名为梧桐峰的山峰和山脚下一条清澈、奔流的山涧，"风水"如此之好，无怪乎古人在此选址建造春神殿了。

然而，当地人对梧桐祖殿的来历却有着自己的说法。据汪筱联解释，当地人之所以称春神殿为"梧桐祖殿"，是因为古谚有云："家有梧桐树，引得凤凰来"。凤凰非梧桐不栖。句芒鸟身，原是凤鸟氏族，凤鸟就是凤凰。相传古时外陈村境内的山岭主峰上多梧桐树，被句芒看上，便在这里居往下来。从此山上梧桐树以及其他树木都长得愈发茂盛。山民感恩，便在梧桐峰上盖起了一座庙宇，用一根巨大的梧桐树根雕了一个神像供起，称之为"梧桐老佛"。后来为何搬迁到山下呢？原来，在梧桐峰对面的天台峰上还居住着一对修炼成仙的

---

① 据"九华立春祭"国家级传承人汪筱联介绍，四位灵公（又称令公）都是历史上与衢州有直接关系的伟大人物。尉灵公即唐代大将尉迟恭，历史上被衢州府城守军奉为守护神。晏灵公是宋代一位衢州知府（疑为晏敦复，但其死因与传说中不同），传说他为警示百姓井中已被瘟神下毒，以身试法跳入井中，尸体被打捞上来后因中毒而变成黑色，所以这位灵公的形象是黑脸的。杨灵公是唐代诗人杨炯，和当地的干系不详。过去衢州有座"杨公祠"，被称为"第三城隍"。蔡灵公是汉代发明造纸术的蔡伦，因为这一带出产毛竹，过去山中有许多造纸小工场。关于四位灵公的姓名和身份，衢州市博物馆副馆长占剑的说法有所不同。他认为这四位灵公原本是在当地民间备受崇拜的西周徐国国君徐偃王的从神。

② 该村村头原有一座"三皇殿"，过去（具体时间不详）供奉的是上古传说中钻木取火的"燧人氏"、"轩辕氏"（皇帝）和"神农氏"（炎帝），当地人称"三朝天子"。这一庙宇已遭毁坏。

兄弟：赤松子和赤须子，他们是神农氏的雨师。赤松子小时放羊出身，成仙后仍在天台上养了一群羊，任其繁育而不食用，最后变得像天上的云朵那么多，把原本长满百草的山坡吃成了秃头山。木神句芒看了十分心痛，就和赤松子暗中斗法，让天台山上只长乔木和毛竹，不长百草。赤松子赶着羊群想到别处去，句芒就让移动的羊群前突然长出一片密密的乔木，好像木栅似的挡住去路。但赤松子在晚上还是偷偷把羊群赶到石梁方向的治岭山坡。谁知句芒又让这里不长羊吃的草。赤松子只好命令羊群进入"冬眠"状态，都变成白石头，等山上长草后再还原成白羊。赤松子的哥哥赤须子，不想让他们斗下去伤了和气，以致连累到百姓，就出面调解。他劝弟弟不要再养羊，让那些白羊永远成为石头。农家则可养些羊供人食用，这样数量不会多起来，平时又可听到羊羔的悦耳叫声。赤松子顺从哥哥，他的羊就永远成了满山的石群。赤须子又劝说木神句芒不要再一个人住在梧桐峰了，不如搬到在山下水口那片平地，造所大殿，将"三皇"、"五官"都请来，大家居住在一起。句芒依允。可怎么搬呢？赤松子是雨师，一天他让梧桐峰突然下起暴雨，将山中的梧桐庙冲倒了，"梧桐老佛"也顺着山洪漂流到山下，只在水口的波涛中打着旋转。正当许多村人在围观这一奇怪现象时，一位过路人劝他们赶快下水打捞，并说这是"梧桐老佛"的意思，因山庙太小，要大家在此为他盖所大殿居住，就叫"梧桐祖殿"。原来这人就是赤松子神仙所化。当地人听了他的话，就真的就地建造了这座"梧桐祖殿"[①]。

虽是神话故事，却也透露出一些接近事实的信息：一是梧桐祖殿确为春神句芒而建，原为一座山间小庙，后因洪水冲垮庙宇，将句芒塑像冲到外陈村村口，所以当地人为他就地建造了新庙。二是迁址后的梧桐祖殿，原本或许还有"三皇"、"五官"（疑为"三皇五帝"）等神位，但这些在近年新修的殿堂中，已被关公和四大"灵公"的塑像所取代。

[①] 参见汪筱联、邹耀华撰稿，于红萍整理：《衢州梧桐祖殿立春祭祀——立春祭祀申报"人类传说及无形遗产著作"的依据和理由》（内部资料，由衢州市文化广电新闻出版局提供）。

为恢复梧桐祖庙的立春祭，汪筱联等人整理出一些有关当地立春习俗的资料[①]：

立春日，俗称"接春日"、"开春"，这天人们起床后第一件事就是翻看历书，查明交春的时刻。人们用一株新鲜的黄芽菜植在盛满细砂的大碗里。碗里插有一面长条形红纸小旗，旗上写着"迎春接福"四个字，碗的后面放一杯清茶。然后把桌子搬到天井，插香点烛。等红烛燃完，再将黄芽菜移植于菜地或花盆中，表示春天到了，生气勃勃、万象回春[②]。这一日，"报春人"要挨家挨户上门送《春牛图》，即一种木刻印刷的民间版画。家家将《春牛图》贴于中堂，上面印着"风调雨顺"、"国泰民安"等吉语。《春牛图》一般以红纸黑线版为主，也有套色彩印的。它的图式象征着节气的早晚。如果有牛倌手提绳子牵着耕牛，意为当年农时节气迟，耕牛较空闲；有牛倌手提竹鞭在耕牛后面赶的，意为当年农时节气紧，耕牛特别忙；有牛倌骑在牛背上横笛的，意为当年风调雨顺，年成特好，等等。《春牛图》除了预卜一年的农业丰歉外，还要标出年中的生产节气和潮水涨落的时辰。

过去立春日在衢州府城要由地方官率僚属迎春于东部，"出土牛"行"鞭春礼"，称"打春"。鞭打完毕，老百姓一拥而上抢夺牛身上的土，谓之"抢春"，以抢得牛头为吉利。俗信抢到牛身上的"肉"，养蚕必丰收；抢到牛角上的土，庄稼必丰收；抢到牛肚子里的粮食，预示着这一年五谷丰登，粮食仓满囷流。民间还流传牛身上的土是天赐的灵丹妙药，只要用布包上它在病患处磨擦，病马上就好。所以每年都会发生为"抢春"而在拥挤踩踏中损伤身体的事件。立春日在梧桐祖殿也举办庙会，有迎春（敲锣打鼓迎接春神）、探春（外出踏青）、插春（采集松枝翠柏等插在门上）、带春（儿童将柳枝编成环状带到头上）、尝春（"咬春"、"吃春盘"，食用新鲜蔬菜）、"迎春牛"等习俗。所谓

[①] 参见汪筱联、邹耀华撰稿，于红萍整理：《衢州梧桐祖殿立春祭祀——立春祭祀申报"人类传说及无形遗产著作"的依据和理由》（内部资料，由衢州市文化广电新闻出版局提供）。
[②] 一说天刚破晓，家家就要拿香、纸、肉、豆腐干等到各自田里祭拜。参见李啸、姚宏东、江毅丹：《春天来了，梧桐祖殿立春祭》，《衢州日报》2012年2月6日。

"迎春牛"，就是用竹篾扎成牛形，糊上彩纸，脚下装小轮，身上披红挂彩，由一乞丐扮成"牧牛太岁"，迎春祭毕，牵着牛沿街游行。队伍打着旗子，敲锣打鼓。小孩子用七粒（或六粒）豆子系在牛角以避痘灾。庙会期间还进行投壶、击鼓传梅、踩高跷、竹马灯等游戏娱乐活动。祖殿戏台上要连演三天三夜的大戏。其他节日如春节、元宵、二月二、清明、端午、中秋、重阳、冬至等也要在殿内演戏，并邀请亲朋好友来做客助兴。节日小吃则有春饼、春卷、米粿、米糊等。

"壬辰年梧桐祖庙立春祭"实录

外陈村从2004年起开始恢复立春祭祀仪式，主要由村里自行组织。2012年是"九华立春日"被列为国家级非物质文化遗产后的头一次，当地各级领导格外重视，由柯城区教育体育局（文化局）一位主管副局长亲自把关。媒体也给予高度关注，除电视台、报纸进行现场采访报道之外，"衢州新闻网"还对祭祀仪式进行了网络直播。[①] 为迎接祭典，村民们提前好几天便开始忙碌。梧桐祖殿被打扫一新，门口贴上了新的春联："黄道轮回，四时节令从今始；春神下界，千树梅花报喜来"。殿门口挂上了一排排红色大灯笼，里面堂上挂起24个代表二十四节气的小灯笼。勾芒祭台前贴着"迎春接福"的红色标语，旁边摆着一只竹制的、身裹绿绸和红巾、头戴大红花的"春牛"。厨房里准备了好几百斤大米及成箩成筐的白菜、萝卜、豆腐等，以备招待工作人员和来宾香客之用。为保仪式顺利进行，2月3日村委会还专门把老老少少的村民召集起来"彩排"，里里外外忙得不亦乐乎。

2月4日9时，祭祀开始前，先在梧桐祖殿大门外举行授牌仪式，由柯城区宣传部长致辞，浙江省文化厅"非遗"处处长和衢州市文广新局局长为"国

---

① http://news.qz828.com/system/2012/02/03/010435143.shtml(2012/2/16)。

家级非物质文化遗产·九华立春祭"授牌，柯城区副区长接牌。之后全体进入大殿，大约9点18分左右，祭祀开始。担任司仪的是村民主任傅亦武，主祭为村支书龚元龙，陪祭的是两位年轻村民傅洪民和吴海根。由于场地狭窄，村委会对入场人数进行了严格控制，只有几十名村民代表在场，分老中青三拨，从老到幼且男女对称地分列在上堂和天井两边。老年人都穿着平常服装，青壮年要参加抬佛巡游活动，则穿黄色绸服，头戴黄巾，儿童们（共八男八女）都穿着绿衣绿裤，头戴竹枝编成的花环，脸上化了妆。

仪式开始时先在户外燃放鞭炮，奏乐。然后分成三大拨向春神献礼：第一拨为公共祭品，有二十多样，分别装在漆成红色的木盘里或直接摆在案前，内容包括：饭甑（即在木制的饭桶里将蒸好的米饭摞成高高的小山的模样，表面压入一排排红枣，上盖红色剪纸，并插上一枝翠柏做装饰）、牛头（当日用猪头代替）、猪头、羊头、清茶、苹果、香蕉、桔子、桂圆、金桔、蛋糕、红糕、芙蓉糕、油爪（江米条）、麻球、年糕、粽子、青粿、青菜、五谷种子、甘蔗还有梅花、松柏枝和一对大蜡烛等。第二拨是由领导和来宾敬献给春神的花篮，都已提前摆在大门口，届时只象征性地把其中两个抬到祭台上。第三拨是村民们自发准备的祭品。当日大约有近四十多名男女老人排着队，有序地献上了自家的装有祭品的竹篮或木盆，其内容和摆设大同小异：一条肉、一株青菜、两个粽子、一杯开水、一碗米饭（也要压成山形，嵌上红枣）、两条年糕、青白米粿、水果、糕点等。上面同样用红色的剪纸和翠柏枝条装饰起来。因当日的交春时刻是在黄昏的18点22分，所以祭品一直要摆放到交春仪式结束之后才能收回。

祭品、鲜花献完后，由主祭、陪祭和群众代表到天井的香炉前焚香祭拜。之后主祭宣读《迎春接福祭词》。词曰："四时复始，万象更新。金龙报喜，岁序壬辰。木神下界，大地回春。调风度雨，惠泽民生。自然和谐，天道遵循。十龙治水，七牛躬耕。天泰地泰，寿臻福臻。三衢大地，物阜风淳。国强民富，五谷丰登。"仪式的最后一项，是由陪祭导唱《祭春喝彩谣》。其形式是陪祭喊一句话，在场所有人就接一声"好啊"。共有八句：

壬辰立春，金龙报喜普天庆。——好啊！

春回大地，周而复始万象新。——好啊！

迎春接福，天泰地泰三阳泰。——好啊！

春神护佑，世荫福祉惠万民。——好啊！

春色满园，沃野千里江山好。——好啊！

春风浩荡，国泰民安遍地金。——好啊！

春华秋实，风调雨顺粮仓满。——好啊！

春赐万福，人寿年丰万家欣。——好啊！

殿内仪式在大约 9 时 40 分结束，其后众人移动至殿外一块地头，观看"鞭春牛"仪式。"春牛"是跟一位名叫王六古的村民借的，因此也就由他本人驾驭。老人穿着蓑衣，戴着斗笠，扮演着人们印象中的"老农"形象。鞭打春牛的"芒神"，不像古礼规定的那样由男童扮演，而是由一位 12 岁少女来装扮。她头扎发髻，披一件白色斗篷，装束并未完全依据用红纸张贴在殿前的《壬辰年立春交春、芒神、春牛图》①。"芒神"一边象征性地鞭打牛的头部、左身、右身、尾部和背部，口中一边念诵道："一鞭春牛，风调雨顺；二鞭春牛，幸福安康；三鞭春牛，三阳开泰；四鞭春牛，万事顺利；五鞭春牛，五谷丰登。"

古俗中的"抢春"仪式没有进行，取而代之的将糖果、花生等分撒给观望的人群。前任老支书傅生耀提了两篮祭品，代表村民们在田头焚香烧纸，祭拜天地。王六古开始来回犁地，之后傅亦武和傅生耀一个在前平地，一个在后播种，并将几株小青菜整齐地种到地里。此时，有人在地头放起鞭炮。在一片硝烟弥漫中，穿着黄色绸衣的村民们抬着纸糊的春牛、关公和四大"灵公"的坐像来到殿外，后面跟着一条绿色长"龙"。他们在广场上转了几圈后，开始浩浩荡荡地沿村巡游。在事先约好的一些人家门口停下来，让神灵们接受祭拜。

---

① 纸上写道："二〇一二年二月四日，正月十三 18:22 分为交春时刻，鸣放鞭炮，焚香行祭迎春。壬辰年春牛：二〇一二年（壬辰）春牛，身高四尺，长八尺，尾长一尺二寸，头黑、身黄、腹黑、角、耳、尾青，膝胫黄，蹄白，青牛口开，牛尾左激，牛笼头用丝。壬辰年芒神服式：芒神下界，二〇一二年（壬辰）：芒神孩童像。身高三尺六寸五分，系行缠鞋袴全，平梳两髻在耳前，本年是农晚闲，芒神于春牛并立左边也。"

村民们把盛有整套祭品的篮子摆出供奉，并将事先准备好的红包放在牛头上和神灵们脚跟的"功德箱"里。[①]然后焚香烧纸，为家人祈福。祭拜结束，他们会把祭品拿回家去给小孩吃，相信这样他们会长得"蛮气"（壮实）一点。

跑在巡游队伍最前面的，还有一位"报春人"。他手中拿着一叠红纸，每到捐过钱、做过奉献的人家，就贴一张在门口或墙上，或直接交到主人手里。红纸上的文字为"九华乡外陈村梧桐祖殿祭祀"，下有两幅图，一幅是春神像，上方写着"新春大吉"，左右分别写着"风调雨顺""国泰民安"的条幅；另一幅是儿童在日光下、田地里鞭打春牛的图像。文字部分主要介绍梧桐祖殿及其"立春大典"，并告知"今年的'立春祭祀'将于农历正月十三上午九时在外陈村隆重举行。届时将有知名婺剧团来梧桐祖殿连演四天大戏。欢迎社会各界人士即时前来同庆，共同祈福"。最后还有乘车路线和下车地点。显然这是本次活动的宣传传单，在巡游时则被用来"报春"了。

巡游队伍在本村转完一圈后，吃过午饭，又到临近各村继续巡游，直到下午三点多钟才回到庙里。这边庙里中午摆满了饭桌，香客们可以免费用餐。饭桌上坐不下的就领了盒饭到外面找地方吃。饭是白饭，菜以白菜、萝卜为主，都是素食。当天来拜神和看热闹的估计有上千人。庙里摆放的功德箱也因此收入了几千元的捐款。加上一路巡游的"收入"，估计总共有上万元。

以上这些仅仅只是"迎春"的前奏，因为当天交春的时刻是在黄昏。这时，来宾都已离开，香客也大都散去，只剩下外陈村村民和他们的亲朋好友。时辰到来之前，殿门紧闭。时辰一到，殿门即被打开，在一群打着灯笼的儿童引领下，手拿香烛的村民们一涌而出，纷纷在殿门口点上蜡烛，焚香烧纸，迎接春神降临。一时间，鞭炮大作，烟花四起，几位村民代表捧着两枝象征"春天"的树枝回到庙中，将它们摆到祭台前。又在庙中祭拜之后，仪式才告结束。之后戏台上好戏开场，以飨春神等各位神灵。

[①] 据一位老村民介绍，他和老伴给五位神灵各捐了 10 元，共 50 元，他女儿多给了 10 元（也许是给春牛的），共 60 元。

对"九华立春祭"本真性的探讨

外陈村梧桐祖庙立春祭祀与相关习俗原本是一种地方性民间文化，但在上个世纪中国社会大变革的冲击下，已被当地民众抛弃和忘却，只剩下一些零星的记忆。2004年修复祖殿时，由于当地人只记得里面供奉的是"长着一对翅膀"的神，所以现在的句芒塑像根据的完全是汪筱联等人的推测和考证。包括当代许多立春节俗，显然也参考了古书记载和来自其他地方的民俗志，并非完全以村民回忆或当地民俗文献为依据。在前往考察梧桐祖殿遗址的路上，我特意向两位陪同的村民打听"梧桐老佛"迁址的故事。其中一位尚能较完整地讲出，不过版本和汪筱联等人撰写的文本相当接近，很可能是从他们那里学来的。另一方面，由于立春礼俗和相关的神灵信仰在全国各地都已基本消亡。目前只在偏僻的外陈村，还留有这么一座春神殿及与立春相关的习俗，所以它能成为国家级非物质文化遗产也是理所当然的事情。

进入"非遗"名录却也使得外陈村梧桐祖殿的立春祭祀和习俗发生了一些根本的变化。首先是它被冠以一个原本没有的正式名称——"九华立春祭"。地方性民俗文化在迈向公共化和遗产化的过程中，"更名"往往是必经的步骤。梧桐祖殿立春祭之所以不用"外陈"而用"九华"命名，大约是为了照顾到九华乡对于外陈村的行政管理关系。正所谓"县官不如现管"，笔者在调查中也注意到，村里在做各项决策时对九华乡政府这一直接领导十分尊重，事事都要请示，不敢有所逾越。在外陈村与柯城区文化部门的沟通方面，九华乡也确实能起到穿针引线的作用。

其次，祭祀仪式的官方色彩有所增强，民间信仰的宗教色彩相对减弱。因为各级官员的参加和授牌仪式的举行，村民们意识到了官方在场，所以在操办祭典时会自动地模仿当代官礼的一些形式，比如发放专门制作的参祭牌，增加"敬献花篮"这样的礼节，并由村中少女担任礼仪小姐引领嘉宾，让儿童们化上妆、集体朗诵《春晓》等诗歌作品，等等。这些在近年公祭典礼上常见的套路，都被搬用到祭典当中。与此相反，一些被认为是"宗教迷信"的行为则被去除或遮掩起来。2月4日下午，庙门口突然悄悄地张贴出了一张红纸，上书一大大的"忌"字，并写道："正月十三下午祭台。生肖属鼠、牛、狗三生肖回避。孩童适时回避。祭台时间：16：00—18：00，特此告知"。从落款时间为二〇一二年二月一日来看，这是一个早就计划好的除秽仪式，之前却没有通知，想必是不想引起外人注意。听村支书介绍，他本人想阻止这个行为，但老人们坚持说，老戏台多年不唱戏，不除除晦气不行。我听到这个消息自然非常兴奋，连忙跑到殿中守候，但支书亲自来劝我离开，要我跟他去用晚餐。我想辩驳，说自己不属鼠、牛、狗，看看没关系，而且我从来没看过"祭台"，很想一睹为快。支书还是不让，说我的生肖虽然没问题，但还没有达到可以参观的年龄（只有老人才可观看），所以最好还是离开。出于礼貌，我只好顺从他。后来从村民口中听到一些祭祀的情况，好像是类似于傩祓一类的仪式：表演鬼神者要到乱坟堆里化妆，戴上面具，然后在戏台上舞蹈，并用鸡血祭台。之后有追赶仪式，即让村民把鬼神驱逐出村外，后者在没人的地方卸妆，把鞋子扔掉，换上别的鞋子回来就算是阴魂消散、万事大吉。因为有鬼魂出没，小孩（包括青壮年）和上述三个生肖的人容易为其所害，所以才有此禁忌。尽管如此我还是怀疑支书不让我在场的原因多半是出于他的顾虑，而不是因为我的年龄。也许在他的心目中，这样的"迷信"仪式与非物质文化遗产的名号格格不入，所以最好不要公开，以便产生不良影响。当民俗成为公共的文化遗产之后，即便行政部门不直接干预，承载它的民众群体也会进行自我监控，尽量让仪式及其背后的信仰意义能与现时代的主流意识形态相符。

第三，仪式的表演性增强，民间活动的随意性减弱。2月3日，村中老人们都提着空篮子，在殿里一遍又一遍地排练怎样入场，怎样把祭品整齐摆放到祭台前，然后怎样有序地退场。儿童们都化了妆，穿上统一的服装。敬献祭品和抬佛巡游的男人们也穿上了统一制作的绸衣绸裤。扮演"芒神"的男童由少女顶替，大概是因为女孩相貌俊秀、声音清亮的缘故。仪式行为也相对地集中到了梧桐祖殿周围，每家每户的活动明显减少。大家整天都在庙里帮忙，三餐也在庙里吃，原来以家庭为单位举行的"插春"、"咬春"和到自家田头祭拜等习俗也就自然而然地遭到冷落。

德国学者汉斯·莫泽（Hans Moser）在20世纪60年代曾提出"民俗主义"（Folklorismus）的概念，批评的是"在旅游业的影响下和由于大众传媒的需求、习俗由经常是非常简单的表演形式而转向夸张的色彩斑斓的表演形式的改变"。其后发生的德国民俗学界相关讨论主要聚焦于四个问题："（1）过去的民俗之面向观众和当前的民俗主义之做秀效果之间的区别；（2）恰恰经常被民俗主义的当事人所征用的'真实'这一范畴的可疑性，以及与此相应的对不真实的伪民俗加以排斥的问题；（3）民俗学对民俗主义——在多数情况下属非自愿的贡献；（4）在对美好的古老的过去进行安抚性展现的民俗主义在政治上的可被利用性"[1]。由此可见，原始意义上的民俗自身也带有表演特征，具有服务于地方政治和经济的功能，但相比之下，"民俗主义"行为的表演性和功利性更为强烈也更加明显，即已从仪式性表演转化成迎合游客和媒体的炒作与做秀；民俗主义者借助民俗学的研究成果，打着"真实"的旗号，贩卖着最不真实的"二手民俗"，使其为政治、商业、旅游等其他目的服务[2]。

"九华立春祭"的最初发现，也与当地开发旅游业的动机有关。在立春祭祀与习俗的恢复过程中，当地的文化人像汪筱联、已故衢州民间文艺家协会主席崔成志、衢州市诗词协会副会长叶裕龙等都发挥了极大的推动作用。他们为村民们重新"发明"仪式提供了专业咨询。但在由他们整理的"申遗"资料中，历史的和现代的、全国的和地方的、神话的和真实的信息全部融汇在一起，且都被作为"历史的真实"对待，让人一时难辨真假。最后，"九华立春祭"被当地政府的文化部门看中，并推荐申报成为省级和国家级的非物质文化

---

[1] 引自鲍辛格：《民俗主义》（"Folklorismus"），载《童话百科全书》第四集（*Enzyklopaedie des Maerchen: Handwoerterbuch zur historischen und vergleichenden Erzaehlforschung IV*），第1406—1407页。

[2] 语出莫泽。参见王霄冰：《民俗主义论与德国民俗学》，《民间文化论坛》2006年第3期。

遗产，祭祀由此也染上官方色彩，或多或少地为地方政治所利用，比如乡政府的官员们就难免会把这场仪式当成自我展示和引起领导和媒体关注的机会。那么，我们由此是否就可以给它带上一顶"民俗主义"的帽子，而对其本真性产生怀疑呢？

笔者根据自己的参与观察，认为今天的"九华立春祭"与德国学者所批评的"民俗主义"现象还不能同日而语，这是因为到目前为止，它所受到的外力干预与影响还是比较有限的。其中最关键的一点，就是它的传承主体并未发生转移。在整个活动中，外陈村的村民始终担任主角，其中直接在活动中负有职责的主动参与者有近200人，包括不少平时在外地打工的青壮年[①]。再者，村民们祭祀春神、"迎春接福"，为自己、为家人也为国家祈福、祈寿、祈财、祈年的中心主题也没有改变。人们在准备祭品、参加排练和祭祀时都带着虔诚和敬意，包括被化妆起来朗诵诗歌和喧嚷"春来了"的儿童们，也是一腔真诚，不带丝毫做作成分。当然，为了给外人留下一个美好印象，村民们也会以他们自身的理解尽量把仪式举办得体面一些，把自己认为阴暗的部分遮盖起来，把儿童们乔装打扮后推到前台来表演，等等，但这些都还在适度范围之内，尚属民俗本身所带有的面向观众的仪式表演性使然，不能被指责为是炒作和做秀。

由此，笔者得出结论认为，只要有一个实实在在的传承主体存在，其中成员的文化主体意识并未丧失，非物质文化遗产的本真和活态传承就可得到保证。所谓的传承主体，指的是传承人背后的那个集体，它和传承人的关系应是民众群体及其代言人的关系。

以外陈村为例，国家级代表性传承人目前只挂着汪筱联一个人的名字。当地文化部门正准备将龚元龙这样的本村主事者也报批为传承人。还有傅洪民、吴海根等年轻一代村民，也将作为后备人才得到培养。乡政府和村委员也在

[①] 其中最远的一位来自卡塔尔。他告诉笔者，自己出国已有6年，早就听说村里恢复了立春祭，这次回家过年正好赶上，感觉非常幸福、自豪。为了出份力，他自愿报名，替村委会用私家车接送往来客人，并在祭祀日担任维持秩序的工作。

筹备建立一个非宗教性的民间组织（协会），专门负责管理和推动梧桐祖庙和立春祭的运营。这些生于斯长于斯、习惯于穿西装和牛仔裤的当代农民，一方面，依然扎根农村，另一方面，又具备现代人的眼光和管理能力，一旦他们认识到自身拥有的乡土文化的价值，的确可以在传承家乡文化方面发挥出巨大能量。

但光有这些还不够。在树立与培养传承人的同时，我们也不应忘记在个别传承人之后那个作为传承主体存在的民众群体。在"九华立春祭"中，他们就是外陈村的600多名村民和临近各村的九华乡民众。立春日当晚，迎春完毕，一支名为"九九红"的婺剧团的男女演员们舞着一条鳞光闪闪的"龙"，登上梧桐祖庙的戏台亮相。照例先要"闹花台"，然后"摆八仙"。台下人头攒动，老老少少，有的坐有的站。当台上所有的神仙一一登场，汇聚一堂，由"天官"发令将他们派往民间送福送财、护佑百姓时，一位村民代表按例给剧团领队送上了一个红包和四条香烟，"天官"则及时地亮出了"风调雨顺"、"国泰民安"的锦旗，以示降福，并把一个硕大的塑胶"金元宝"交到村民代表的手上，顿时群情欢腾，一片欢喜。当看到这一幕时，我对于民俗遗产化后的本真性问题的担忧和疑虑全都烟消云散了。因为我相信，只要有这片土地在，有这座古庙在，有这些农民在，有这种生活的欢乐在，民俗就一定可以以它本土、本色、本真的面目永久地生存和发展下去。

第五单元

公共民俗学

美国公共民俗学：历史、问题和挑战*

〔美〕罗伯特·巴龙（Robert Baron）

公共民俗学指民俗在新的社会语境下，在民俗发生的社区内外的实际展现和应用，它在与其传统被展现的社区成员之间的对话和合作中进行。通过强调对话和合作，公共民俗学家拒绝应用民俗学家对待社区的"自上而下"的方法，认为民俗学家不应将某种特殊的意识形态强加在社区头上。虽然受到将民俗及其传统承载者客体化的一系列诘难，但公共民俗学为跨越文化边界的展示社区传统提供了有效的技术和概念工具，使得社区成员可以保护他们自己的传统。公共民俗学家通过展示传统文化，保护非物质文化遗产，传播民俗研究方法论等，丰富了美国民俗学的理论和方法，加深了他们与其研究社区之间的关系，使民俗学家的工作获得了更大的社会价值。

在关于美国公共与应用民俗学的本述评中，我将探讨在政府对民俗艺术和民俗生活的支持下，公共和应用民俗学的理念在过去一个半世纪的美国是如何发展的。我将把公共和应用民俗学的发展，与美国历史和美国民族认同形成中

---

* 本文由黄龙光翻译，原载《文化遗产》2010年第6期。作者原注：本文初稿在中央民族大学和北京大学进行了讲演，我作为富布莱特高级专家，得到了亚洲文化研究院、芬兰文学学会、瑟丽（Seili）岛约恩苏（Joensuun）大学与芬兰土尔库大学等研究生院知识交流论坛的资助。感谢尼克·斯皮策对本文更早版本的批评意见，感谢我在中国的很多新朋友和同行们提出的尖锐问题和他们的盛情款待。
编者注：原文标题为《美国公众民俗学：历史、问题和挑战》，为统一译名，经作者同意，现将"公众民俗学"改为"公共民俗学"。

的几个关键时期联系起来。

美国人长期以来，对关于是否同化、保持多样性文化和文化身份这些矛盾的看法存有争论。自从 19 世纪以来，可以看到美国的民族认同已从那些组成美国的多元族裔性、区域性和土著文化的基础上建构起来。美国民俗学家一直处于努力记录、保护、保有并公开展示美国多元文化传统的前列。

20 世纪末期，随着公共和应用民俗学成为学科专业和公共实践的主要核心，我们就相关问题进行了激烈的争论。这些问题包括诸如：受过学术训练的民俗学家是否应该投身于应用民俗学；如何将民俗再情境化，以便我们以基于（文化）表达的习惯情境，将民俗公开展示出来；应用民俗学与公共民俗学的相关价值以及它们之间的区别；公共民俗学规划如何展示传统及其践行者；公共民俗学作为文化干预时，民俗学家是否应作为我们所研究、展示的文化的鼓吹者；以及作为知识产权问题的"谁拥有民俗"的问题等。我将通过回顾有关应用与公共民俗学理念的历史，讨论以上这些问题。

一

美国应用和公共民俗学长期依赖于联邦政府广泛的支持，在更大程度上，比其他艺术和文化领域得到更多的支持。它的这种在联邦内的领袖角色在 20 世纪 80 年代前期尤为明显，这个时期由州政府、私人非营利组织创建了公共民俗规划项目的国家基础设施，由此补充了联邦规划。

从当代立场来思考，"应用"或"公共"民俗在美国首次系统地使用，是由美国民族事务局（BAE）在 19 世纪中期开始的。该局是一个负责记录美洲土著文化的联邦机构。在内战退伍老兵约翰·韦斯利·鲍威尔的领导下，美国民族事务局展开了对口头叙事、物质文化、传统习惯和信仰体系的调查。美国民族事务局和鲍威尔都认为，在这些传统由于几代人的同化而不可避免地消失之前，将其记录下来是非常必要的。根据埃里克·布莱迪的观点，"搜集关于美洲印第安文化信息，既有科学的目的，也有实践的目的：该纪录将为一个无印第安的未来保留这些印第安文化，同时也可作为面向未来的一个有效的人文过渡"①。借助这些记录，被征服后重新定居的美洲土著的管理者，可以更好地理解美洲印第安文化，以更有效地实施对他们的管理。当然，一个"无印第安的未来"从来没有发生过，美洲印第安人仍然骄傲地持有他们独特的身份。

同化，也可视作是以让成百万移民适应美国生活为目的的一项政策，这些移民在19世纪后期开始的移民大潮中来到美国。该移民潮止于1924年强行出台的严格的移民限制，但因1965年的一项新联邦法，大规模的移民重新开始，该法根据美国国家起源，消除了移民的种族限制。直到20世纪末期，同化的目标才被视为创造了一个美国"大熔炉"。大熔炉是在一个熔炉里将各种因素合并在一起的隐喻，这样形成了由所有不同成分熔化构成的一个混合物。该隐喻一直被用于说明作为一个均质社会的美国的发展。关于大熔炉理论的主要矛盾是，诸如在美国南部对非洲裔美国人的种族隔离，通过移民法对亚裔的排斥等。

自从民俗学在美国成为学科专业以来，美国民俗学家就对同化的概念进行了争论，他们以文化多元主义认识美国文化，即使其多元的概念一开始就较为有限。1888年《美国民俗学》第1期，表明了新的美国民俗学会（AFS）的任务，是搜集"快速消失的""英国古老的民众知识遗留物"、"南部各州黑人"、"印第安部落"和"法裔加拿大和墨西哥的口头传说"等。② 在描述美国民俗学会成立的使命时，亚伯拉罕·罗杰说到学会的那些奠基人把民俗看作"前现代过去的延续物"，他们正"试图去发现那些源于美国传统而独一无二的东西，这些传统因在美国发生的特殊文化融合，以及美国试验的社会性开放特质，而

---

① Erika Brady, "The Bureau of American Ethnology:Folklore, Fieldwork, and the Federal Government in the late Nineteenth and Early Twentieth Centuries", in Burt Feintuch ed., *The Conservation of Culture:Folklorists and the Public Sector*, Lexington: University Press of Kentucky, 1988, p.39.

② William Newell, et al.(unknown), "On the Field and Work of a Journal of American Folk-Lore", *Journal of American Folk-Lore*, 1(1888), p.3.

得到维持或发展"。他将他们对民俗的兴趣视为拥有一个公共的目的，即"由于获得民俗学家们热情关注而使传统社区及其生活方式变得有尊严；此外，则是一个意味着作为美国人可能要受到锻造的有益理念"。亚伯拉罕将美国公共民俗学的建立，看作同时是学科专业的创建。①

在20世纪，美国民俗学家们强烈鼓吹文化多元主义，那些强调建立在多元族裔、区域和职业化社区之上的美国的文化独特性的学者和作家们也参与进来。在20世纪30年代经济大萧条期间，民俗学家们在政府通过作品规划管理部的"联邦作家计划"（WPA）为失业作家提供工作的巨大努力中担当了重要角色。在经济困难和道德滑坡时期，通过资助文学、艺术作品的创作及区域、族裔文化的记录，作品规划管理部致力于唤醒美国人对其独特文化遗产的价值和优点的认识。美国文学、艺术和民俗自身，被视为美好的和有价值的，它们不再需要根据欧洲文化的标准来评价。正如希尔斯·杰罗尔德指出，联邦作家计划（FWP）拓展了谁和作为美国人意味着什么的视野。对于国家联邦作家计划的领袖们而言，"重新发现、承认和赞许民族文化多元主义……能够提供对美国人的文化理解，该文化理解则提供了新形式的包容而不是排外，民主的而不是专制的民族融合"②，这样可以使所有的个人和文化群体作为美国人更充分地参与"国家生活"。这个观点，可以与作为标准化尺度的源于大不列颠的文化遗产理念进行对比。

在约翰·罗马克思（John Lomax）、赫伯特·哈尔伯特（Herbert Halpert）、波特肯（Benjamin A. Botkin）这些民俗学大师们的领导下，联邦作家计划资助了全美范围内的民俗搜集工作。作为全国首位整个联邦作家计划的编辑，波特肯成为第一位阐述应用民俗学概念的民俗学家。但是，田野调查者们很少受到正规的民俗学训练，他们包括那些极富天赋的作家们，包括拉尔夫·埃利斯

---

① Roger Abrahams, "The Foundations of American Public Folklore", in Baron and Spitzer eds. *Public Folklore*, Jackson: University Press of Mississippi, (1992)2007, pp.258-259.
② Jerrold Hirsch, "Cultural Pluralism and Applied Folklore: The New Deal Precedent", in Burt Feintuch ed., *The Conservation of Culture*, 1988, p.49.

（Ralph Ellison）、亚瑟·米勒（Arthur Miller）等可能进入 20 世纪美国最伟大作家之列的作家。田野调查者们得到了波特肯这个作为全国首位整个联邦作家计划编辑的专业指导。波特肯把联邦作家计划的民俗工作目标，视为"将民众正当拥有的、我们取之于他们的东西，以一个他们理解的方式归还给他们"①。这种"还民以俗"的方式，由有关美国各州、各地区以及整个国家的民俗书籍、《美国指南系列丛书》中重要的民俗栏目及各州、各地区的旅行指南等组成。

波特肯对田野调查者的指导，强调对民俗社会、文化语境及其作为"活的知识"如何运行的搜集方式，而这时大多数民俗学家们则注重记录那些可借以追溯古老世界祖先的文本。它预期了 20 世纪晚期，将民俗作为表演以及任何文化群体拥有的传统进行研究的民俗学范式，将涉及采用民族志的方法搜集民俗。波特肯让他们搜集那些"源自口头"的传统，强调应"忠实地记录下听到的一切"，包括调查者提供的全部田野注释。被记录的传统应该"具有存在的目的和原因"，"应与社区或群体生活以及作为社区或群体一分子的报告人个体的生活息息相关"。他说道："任何由共同利益和目的联系在一起的群体，不论是受过教育的还是没受过教育的、乡村的或是城市的"，都拥有民俗，在这些"传统内部，可以加入很多元素，个人的或大众的，甚至是'文学'的，但是，它们都通过不断地重复和变异而被吸收、融为一个模式，该模式有着作为整体意义上的群体的价值和持续性"。②

"二战"以后，是经济持续增长的繁荣时期。这个时期，城郊大拓展，对于多数美国人来说，教育更普及，移动性更明显，随着现代性的胜利，大众逐渐意识到了民俗遗产，同时民俗传统却濒临灭绝。民俗以不同方式得到了普及。波特肯出版美国民俗论集，畅销了千万册。对美国民间音乐的广泛兴趣遍

---

① Benjamin A. Botkin, "WPA and Folklore Research:Bread and Song", in *Southern Folklore Quarterly*, 3(1939), p.10.
② Benjamin A. Botkin, "Manual for Folklore Studies", August 15,1938, Box 69, Federal Writers Project Collection, National Archives, cited in Jerrold Hirsch, "Cultural Pluralism and Applied Folklore:The New Deal Precedent", in Burt Feintuch ed., *The Conservation of Culture*, 1988, p.58.

及全美。布鲁斯歌手非洲裔美国人莱德贝利（Leadbelly）、俄克拉荷马州民间歌手伍迪·古瑟里（Woody Guthrie）、织工乐队（Weavers）等，将传统民间音乐进行大众化改造，从而在全美获得了巨大的声誉，并赢得了广大的听众。这个时期，学校和社区机构创设了一些项目，以便通过将不同的文化集中到一起，获得跨文化理解，从而互相学习对方的民俗。由阿兰·罗马克斯（Alan Lomax）制作的广播系列节目，在国家广播网黄金时段播出；民俗材料广泛地使用于电影中，以地区农业传统为特色的博物馆建立了起来，很多学校的老师们在其课堂教学中采用民俗，民间节日则以各地不同文化（小到族裔）的音乐为其特色。[1]

1950年，拉尔夫·毕尔斯（Ralph Beals）首次使用"应用民俗学"这个术语，他将其视为对扩大"少数民族价值"以及"民间遗产的广泛欣赏"的民俗材料的传播。[2] 1953年，波特肯明确阐述了应用民俗学的概念："使用民俗使其超越自我"。如果将"纯粹"民俗学家和"应用"民俗学家相比较，他说应用民俗学家致力于交叉学科，专心于跨文化理解，参与到民俗以及"社会或文学史、教育、娱乐或艺术"之中等。[3]

20世纪50年代早期，很多学院派民俗学家参与到或至少支持应用民俗学，于是，民俗研究获得了独立的学科地位。然而在20世纪50年代后期，很多学院派民俗学家开始严厉批判应用民俗学和民俗材料的大众化。应用民俗学家和民俗推广者们开始觉得自己在民俗学圈子内不受欢迎了。民俗推广者们被美国民俗学会边缘化，如波特肯和阿兰·罗马克斯等应用民俗学家，则从与学院派民俗学的学科纠缠中退了出来。应用民俗学的主要反对者是理查德·道尔森（Richard Dorson），他是学院派最卓越的斗士，也是创建美国研究生教育第一个

---

[1] Robert Baron, "Postwar Public Folklore and the Professionalization of Folklore Studies", in Baron and Spitzer ed., *Public Folklore*, 2007, pp. 307-337.
[2] Ralph L. Beals, "The Editor's Page", *Journal of American Folklore*, 63(1950), p. 360.
[3] Benjamin A. Botkin, "Applied Folklore: Creating Understanding through Folklore", *Southern Folklore Quarterly*, 17(1953), p. 199.

民俗学专业的印第安纳大学民俗学项目负责人。[①]

战后早期的大众对民俗的兴趣，到20世纪50年代中期减退了，原因除了其他的，还有民间歌手与极"左"分子的来往，极"左"分子毒害了美国艺术和文化的很多方面。

20世纪60年代，大众对民间音乐的兴趣再次升温。用民间土语"民间歌手"来称呼自己的歌手兼歌曲作家们，以及民俗复兴运动者们，写歌支持非洲裔美国人为争取公民权利的运动，反对越南战争，从而复兴了传统歌谣。其中有些人，如鲍勃·迪伦（Bob Dylan）或琼·拜埃斯（Joan Baez）成为全国范围内的明星。蓝调和阿巴拉契亚盎格鲁美国民间音乐的传统表演者，也开始广为人知，他们第一次为其社区之外的观众进行表演。现在很多的专业民俗学家，包括我自己，在年轻时，因聆听这样的民间音乐而首次对民俗产生了兴趣，一些专业民俗学家还作为传统民间音乐的讲解员进行公开宣讲。

二

20世纪60年代，当学院派民俗学家们极力抵制应用民俗学时，一些著名的民俗学家参与到史密森尼"美国民俗生活节"（The Smithsonian Folklife Festival，现为史密森尼民俗生活节）的开发中来，该节是自联邦作家计划启动以来，第一个联邦民俗生活节。史密森尼民俗生活节由拉尔夫·雷斯勒（Ralph Rinzler）创始于1967年。指导了史密森尼民俗生活节前20年的拉尔夫·雷斯勒，以前曾是"纽波特民间节日"（Newport Folk Festival）田野项目主管。该节日曾是最重要的民间节日，以其所带给观众的重量级传统民间音乐家，以及歌手兼歌曲作家如鲍勃·迪伦和琼·拜埃斯而著称。

[①] Robert Baron, "Postwar Public Folklore and the Professionalization of Folklore Studies", in Baron and Spitzer ed., *Public Folklore*, 2007, pp. 307-337.

史密森尼民俗生活节位于两侧布满了国家博物馆的华盛顿国家商业街，此外它还利用博物馆解释性和教育性的实践活动，如图文嵌板，博物馆物质文化展览的信息牌，一个"学习中心"，堪比博物馆商店的出售传统工艺品、书籍、CD 和其他物品的商店，以及一本作为展览目录的项目书。各种类型的民俗，在较大范围上得到了展示，包括物质文化、饮食、叙事、音乐及舞蹈。每年，来自世界特定国家或地区（如 2007 年的湄公河区域）的民俗传承者，同来自指定国家或地区的美国移民一道被介绍。[1] 来自不同地区、不同职业以及美洲土著的传统，在节日上也得到展示。该民俗生活节如同其他美国公共民俗活动一样，强调民俗的再情境化，以便在家里、社区聚集场所、学校操场以及其他"自然情境"下，以传统通常发生的样子进行呈现，而不是被舞台化和戏剧化，或变成广泛改造和程式化的舞台民间音乐和舞蹈产品。

S·狄龙·芮普雷（S. Dillon Ripley）担任如美国国家博物馆职能一样的史密森尼学会的秘书（主管），他努力使那些不常去博物馆的参观者更容易接近史密森尼民俗生活节。理查德·昆林（Richard Kurin）写道："该节日是各种各样东西的中和物，一个讲述全国各地不同人们故事的方式，而这些人的文化成就没有在博物馆及其收藏品中被展现。"[2]

史密森尼民俗生活节将民俗学家、民族音乐学家和人类学家，委以确定适合介绍的传统并充当"介绍人"的传统承载者的重任，介绍人在节日上介绍参与者并解释他们的传统。民俗学家们在史密森尼民俗生活节上的经历，造就了新一代的公共民俗学家，他们甘于与政府文化机构和私人非营利文化组织合作，而不是在大学任职。

对史密森尼民俗生活节的展演以民俗研究为核心予以展示，在 20 世纪 60 年代末期和 20 世纪 70 年代早期得到了发展。这种表演范式反对当时控制了美

---

[1] Richard Kurin, *Reflections of a Culture Broker: A View From the Smithsonian*, Washington: Smithsonian Institution Press, 1997.
[2] Richard Kurin, *Reflections of a Culture Broker: A View From the Smithsonian*, p. 121.

国民俗研究的文本方法。该表演模式将民俗视为在小群体中的艺术交流，关注民俗如何在面对面的互动中展现，以及传统如何在具体的社会文化情境中操演。①正如其他被民俗学家创建的节日一样，在这个节日中，那些传统承载者通常在试图复制民俗生活日常运行的传统的"自然"情境之下被介绍。例如，房屋被建造以演示建筑技术，舞蹈音乐会模仿一个餐馆或舞厅，加勒比海狂欢表演者则行进在节日的广场上。

在由民俗学家们创设的民俗生活节上所采用的展示形式（大型音乐会除外），被设计用来鼓励参与者和观众之间的互动，对游客传习艺术家的文化、艺术家践行传统的背景、风格和技巧。传统文化往往由民俗学家兼介绍人，或传统承载者进行解释，参与者常以其卓越的发言进行完美的解释。

类似史密森尼节一样的民俗生活节所采用的基本展示形式有：

在展示桌上，一个像商店或房子的复制的传统建筑物，或节日广场中一片限定的露天空间，传统手工艺、职业实践、饮食文化等的演示、讲座兼演示等使观众得以面对面地与传统承载者进行互动。它们可以连续地，或按照排好的活动方案进行展示，后者涉及展示者必须扮演一个更活泼的角色，以解释那些即将被展示的传统的背景。演示可能包含有"传递"参与的活动，该活动中的手工艺人向游客展示如何制作一件手工艺品，然后，观众试着亲手制作该手工艺品。

艺术家们在作坊讲述和介绍某种传统，唱一首歌，与其他音乐家合奏，或者一边展示他们的手艺，一边讲解他们是如何学习和继续践行传统的。

叙述台，也被称为"讲述者帐篷"或"讲述站"，用来展示口头叙事或讨论关于传统和文化问题的不同观点。运作该模式时，民俗学家们从传统承载者那儿引导出叙事。理想的状况是，参与者将不受民俗学家兼介绍人的干预，而

---

① Richard Bauman and Américo Paredes eds., *Toward New Perspectives in Folklore,* Austin:University of Texas Press, 1972. Richard Bauman, "Verbal Art as Performance", *American Anthropologist,* 77. José Limon and Mary Jane Young, "Frontiers, Settlements and Development in Folklore Studies, 1972-1985", *Annual Review of Anthropology,* 15(1986).

互相之间交流各自的故事。

在20世纪70年代早期和中期，史密森尼民俗生活节的规模和范围均得到了扩展，在1976年夏季的长时间活动中达到了顶点，作为签署独立宣言两百周年纪念的主要活动之一而引起了国家的注意。1976年以后，史密森尼民俗生活节的规模变小了，回归到每年夏季两次持续五天的周期活动。在20世纪70年代末期和20世纪80年代，其他一些国家、区域范围以及地方性的民俗生活活动在全美得到了发展。

这时，学院派民俗学家们注意到了应用民俗学活动的增多，探索将其与学科专业相结合。1971年，一大批著名的民俗学家出席了一个由宾夕法尼亚波音特帕克（Point Park）学院举办的应用民俗学的会议。他们讨论将民俗学专业知识应用于广泛的领域，包括卫生保健、中学教育、历史古迹保护以及艺术等。① 与会人员倡导在美国民俗学会（AFS）内建立一个应用民俗学中心，它反映了20世纪50年代强加于应用民俗学的边缘地位开始发生改变。会后，引发了关于应用民俗学是否应参与社会改革的热烈讨论，应用民俗学开始被赋予除其长期致力的改良社会和促进不同文化之间理解之外的新的意义。迈克尔·欧文·琼斯（Michael Owen Jones）指出："美国民俗学会应用民俗学委员会，为了赢得同行们的全面支持以便建立一个应用民俗学中心，使尽花言巧语地鼓吹。"担任该委员会主席的罗伯特·伯恩顿（Robert Byington），在一份委员会提交的应用民俗学的新定义中看到了这一凸显的地位，该定义是"拓展民俗学家常规的活动（研究、田野调查、出版、教学），特别是在学院围墙之外的地方进行教学"。根据伯恩顿的说法，"该委员会理直气壮地否认对我们是'持不同政见者或革命者'的指控，它坚决宣称'我们并没有社会或政治的平台'"②。

在对1974年美国民俗学会主席的演说辞富有影响的评论《民俗学的本质与

---

① Dick Sweterlitsch ed., *Papers on Applied Folklore*, Bloomington, Indiana: Folklore Forum Bibliographic and Special Series, no. 8, 1971.
② Robert Byington, "What Happened to Applied Folklore", In Charles Camp ed, *Time and Temperature*. Washington: American Folklore Society, 1989, pp. 78-79.

太阳神话》中，戴尔·海姆斯（Dell Hymes）将应用民俗学视作民俗研究使命的本质、持续性及其变异性。他主张，很多应用民俗学事实上是传统自我运行的一部分，是其适应新表演环境的一部分，因此，对旧文本的密集研究，也不仅是古物研究，而是旧含义接替新生活的手段，这也许部分地体现在出版取代了声音（传播）。①

根据海姆斯的观点，这不仅指出版：由于缺乏上锁保险库里盒装存储式的保存模式，我们通过记录、描述、解释来保持传统的努力，发现它们自身展示的局限性，那就是交流。

鲍曼（Bauman）和海姆斯的评论，反映了民俗学家对自己工作的公共性持有更广泛的意见，不论是在纯学术或在"应用"层面的实践上。很多民俗学家现在开始接受这个观点，即学者的介绍和传统的呈现，能够和应该拥有出版以外的媒介，以及在学院和大学外的地点进行。

但是，应用民俗学远没有被学院派民俗学家们普遍接受。其他一些民俗学家曾是设立国会图书馆美国民俗生活中心（AFC）的国会游说员，正如道尔森多年来强调的，应用民俗学与意识形态操纵相连，特别是在纳粹德国和苏联。根据阿尔奇·格林（Archie Green）的观点，道尔森在美国国会一次听证会上作证说，就职于公共机构的民俗学家可能"贬低学术的价值"，这反映了他认为民俗学家不可能同时既是一个鼓吹者，又是一个大公无私的学者的观点②。道尔森认为，如果民俗学家插手社会、文化进程，就充当了一个不恰当的角色："我认为社会改革不关民俗学家什么事儿，即他无须准备去改造那些制度，如果他变为一个激进主义者，他将成为一个拙劣的学者和民俗学家。"

尽管道尔森反对，美国民俗生活中心还是在1976年成立了。在头20年里，该中心进行了区域田野调查并组织展览。美国民俗生活中心通过田野培训学校、专业咨询等，提供民俗田野技术的援助，对退役老兵进行大规模的口述史

---

① Dell Hymes, "Folklore's Nature and the Sun's Myth", *Journal of American Folklore*, 88(1975), p.355.
② Archie Green: "Public Folklore's Name: A Partisan's Notes", in Baron and Spitzer ed., *Public Folklore*, p.55.

研究，通过网站（http://www.loc.gov/folklife/），提供大量的民俗生活信息，举行音乐会，并组织公共民俗学家和学院派民俗学家参与学术会议。

第三个主要的联邦民俗项目是"国家艺术基金"的"民俗和传统艺术项目"，它是美国艺术活动的主要公共资助者。自20世纪70年代中期设立时开始，民俗和传统艺术项目一直强调民俗艺术规划项目的国家基础设施建设和对它的支持，集中关注州政府机构中民俗学家的岗位设置，通常是在州艺术委员会里，但也包括大学、历史学会、公园与娱乐部、历史古迹保护局等。这些国家基础设施，也包括致力于民俗生活的私人及非营利组织，如内华达州西部民俗生活中心这样的区域组织、费城民俗生活项目这样的城市民间艺术组织、佛蒙特州民俗生活中心这样的州级组织。

由有时被称为"州级民俗学家"的公共民俗学家领导的州级民间艺术项目，在40多个州里表现活跃。他们进行了田野调查研究，组织展览、节日、音乐会，制作录音录像和媒体产品；为本地的组织和个人提供如何展现与记录民俗的咨询"服务"，为他们的田野调查创建档案；开发学徒制度，以使那些拥有某项传统艺术的惊人技艺的大师级民间艺术家，向本社区某个具有某项民间艺术潜能的成员传习该传统，并使之最终成为一个大师。最近几年，州民间艺术项目加大资助当地私人、非营利性组织，以实施这些项目。

我担任纽约州艺术委员会（NYSCA）民间艺术项目主管。出于纽约州的面积、复杂性，以及我所在组织的大额资金预算，从20世纪80年代早期我进入纽约艺术委员会时开始，我们的项目主要致力于资助其他组织实施民俗艺术工程。1670000美元的预算，使我们每年能够资助超过90家不同的组织。我们资助在纽约州大部分地区的地方艺术委员会、博物馆、图书馆工作的民俗学家们进行田野调查和民间艺术规划，援助个人和组织在其所在地区开发他们自己的民间艺术项目。我们的项目也资助由民俗学家领导的组织，这些组织主要或专门致力于民间艺术，如都市传说、都市民俗文化组织，服务于偏远乡村的纽约州偏远地区的传统艺术等。我们资助纽约州民俗学会，该学会是一个州级组织，它在诸如田野调查技术、市场营销、建档等领域，提供技术援助和专业开发，每年以不同的议题组织年会（2007年的议题是民间宗教艺术传统），向艺术家们举办培训班使其学习如何介绍和营销其传统，出版由专业民俗学家和对纽约州民俗感兴趣的作家供稿的针对普通读者的杂志《声音》(Voices)。但是，我们所资助的多数组织，都是基于社区族裔和地区组织，它们不是由民俗学家领导的，它们实施民间艺术工程，包括音乐会、展览、节日、民间艺术家居所和学徒制度。事实上，这些组织中规模最大的是美籍华裔团体，包括几个组织表演京剧、沪剧、绍剧和（或）昆曲的团体，其他的则是展示各种民间艺术，包括传统手工艺，例如，面塑和剪纸等。

为了培育纽约州公共民俗领域的专业开发，保持公共民俗学家的自我社区，我们的项目与纽约锡拉库扎文化资源委员会（Cultural Resources Council of Syracuse, New York）联合举办了纽约州民间艺术圆桌年会。在会上，民俗学家和社区成员聚到一起，分小组参与民间艺术规划，讨论当前的项目，参与培训班和每年不同主题的大会。这些主题包括田野摄影培训班、录音和录像，研究和介绍民间叙事、出版、营销民间艺术项目，以及个案研究等，以寻求大公司、私人基金和政府资助机构等对民间艺术项目的资助，还包括民间艺术教育项目。近50位民俗学家和社区成员出席了该圆桌会议，讨论民俗生活的田野调查和规划。自1986年成立以来，它已成为创建纽约州公共民俗学家社团的主要力量。

美国各地很多公共民俗学家介入到了民俗和教育活动之中，它使学生们，主要是初中和高中生可以从艺术家教习和示范其传统当中进行学习。在很多民俗与教育活动中，学生们就在他们自己的家庭和社区进行田野调查。这些活动在教室内外的项目中进行。因为美国所有艺术和教育项目，现在均强调要与其他课程领域相结合来进行教学，所以，民俗与教育项目通常设计将传统知识体系、艺术和学校其他科目联系起来。在社会研究的课上，学生通过他们自己和其他文化的民间艺术来学习；数学课的教授模式，包括学习民间艺术中数的应用等；写作技能方面，则通过学生们叙写他们调查、观察过的民间艺术而得到开发。

民俗与教育项目同样包括民间艺术家在学校和课堂上展示,以及民俗学家构建、争取而来的艺术家住所。帕蒂·伯曼(Paddy Bowman)指出,全部由教师和民俗学家参与的"合作式"项目前后有一些变化,她说,20世纪70年代登记由民俗学家为民间艺术家争取而设的综合活动和住所模式,并没有为教育提供持续影响,尽管其后与民间艺术家的联系激发了教师和学生们。[1] 其他民俗学家更喜欢组织劳动密集型的合作项目,这些项目要求民俗学与其他学科结合,他们觉得更古老的方法能以自我的方式展示民俗。

TAPNET(http://www.afsnet.org/tapnet/)包含教育资源中教育课程与其他民俗的链接。同时提供其他很多公共民俗网站的链接,包括参与酒馆传说的链接,它是提供关于我们实际生活的各个方面进行现场讨论的一个网络平台。酒馆传说的网址是:http://list.unm.edu/archives/publore.html。

当音乐和舞蹈代表了大多数美国公众的民间艺术活动时,公共民俗学家也在艺术、历史和人类学博物馆组织展览和开展公共活动,制作电影、音频和视频产品,开发广播、电视节目,创建活动的网站,制作音乐和口头艺术的CD,开发文化旅游项目,以及上述的民俗和教育项目。他们的展览根据传统代表的审美和文化语境评价民间艺术,探究正在展出作品的民间艺术家的技巧和理念,包括基于艺术价值选取的具有文化典型性的物品。历史博物馆的展览通常涉及的专题,有传统孩童游戏和比赛、卡里普索音乐(特立尼达岛土人即兴演唱的歌曲)、县级市集、航海传统等。带有户外展品和公共项目的"活态历史博物馆",为传统的农业和航海实践提供展示的机会,通过展示博物馆所强调的拥有悠久渊源的活态民俗传统,将过去和现在连接起来。[2] 民俗学家组织的大多数活动和展览都基于田野调查。

---

[1] Paddy B. Bowman, "Standing at the Crossroads of Folklore and Education", *Journal of American Folklore*, 119(2006), p.71.Philip Nusbaumed., "Folk Arts in Education", Special Issue, *Folklore in Use*, 3(2)(1955).

[2] Patricia Hall and Charlie Seemann, *Folklife and Museums:Selected Essays,* Nashville:The American Association for State and Local History, 1987.

最近几年，很多民俗学家开始介入文化旅游项目。他们录制 CD 和出版由那些一路沿着州内不同地区高速公路的"走廊"驾车的游客们所撰写设计的，为地区传统文化提供自助游的指南。他们一边驾车，一边阅读或倾听由社区居民讲解的口头叙事，地名、音乐解释、工艺描述、职业实践，以及有关该社区过去事件的历史背景等。这些旅游项目，由民俗学家与社区成员一道开发，即社区成员向民俗学家提供有关传统文化旅游目的地的建议，这些目的地可能吸引与社区成员互动的外来者前来参观。同时，也向民俗学家提供那些只能远望的其他目的地。[1]

三

本文从一开始讨论当代公共民俗规划时，就只用了"公共民俗学"和"公共民俗学家"，而没用"应用民俗学"和"应用民俗学家"的术语。自从 20 世纪 80 年代末期以来，大多数在学院外实践的民俗学家更喜欢将自己的工作称为"公共民俗"，而不是"应用民俗"。正如尼克·斯皮策和我在我们的《公共民俗学》一书中所给出的概念，公共民俗学是指民俗在新的语境下，在民俗发生的社区内外的展现和应用，它是在与其传统被展现的社区成员的对话和合作中进行的。[2] 然而，"应用民俗学"强调通过民俗学家对社区的想象与兴趣的实践，以进行民俗学科之理念的应用和传播。几年来，应用民俗学卷入了作为民族主义的社会、政治议程，以及土著居民、社会正义、跨文化理解的控制等。通过强调对话和合作，公共民俗学家拒绝应用民俗学家对待社区的"自上而下"的

---

[1] 由民俗学者开发的文化旅游项目的例子，包括来自华盛顿州的华盛顿遗产廊道旅游在内的西北遗产游。参见 1999 年由詹斯·隆德编制的《华盛顿东南遗产廊道游》；1997 年编制并在其中描述了美国土著编篮传统的《缅因州阿布纳基印第安人指南》；2004 年为介绍宾夕法尼亚州工业遗产区国家钢铁遗产区河流游而编制的《从草根到路径：驾驶指南》等。后者曾在多丽丝·J·戴恩 2006 年发表的《从路径到草根：寻找记忆中的街道生活》一文中有所讨论。

[2] Robert Baron, "Introduction", in Baron and Spitzer ed., *Public Folklore*, p. 1.

方法，认为民俗学家不应将某种特殊的意识形态议程强加在社区头上。应用民俗学家目前很重视合作的重要意义。在《应用民俗学》（该期刊不再出版了，以前名为《民俗的使用：现实世界中的应用》）某一期的"编辑申明"中，编辑大卫·沙尔迪尼尔（Shuldiner David）与杰西卡·佩恩（Jessica Payne）相信公共民俗学家对"正在获得合法化的应用民俗学"的"贡献"，包括"与社区成员合作而不仅仅是'代表'社区成员工作"。①

虽然应用民俗学家认为应用民俗学包括公共民俗学，但是，大多数在大学和学院外工作的美国民俗学家均把自己的身份界定为公共民俗学家。在建议将应用民俗学和公共民俗学两种方法合并时，戴安娜·贝尔德·恩蒂亚呼吁公共民俗学家们采用"应用"的方法，帮助传统艺术家保持和传播其文化，通过民俗学家"与社区成员一道合作努力，让他们采用传统知识来处理影响其生活的实际问题"。②

"公共民俗学家"在多数情况下与艺术紧密相连，而"应用民俗学家"通常潜心于民俗的其他领域。这些领域包括民俗学知识对健康的应用，例如，介入医生和医院之间，将有着多元文化的患者的传统信仰体系结合起来；通过在小群体的行为、仪式和习惯中应用民俗学家的知识，在组织化开发和管理方面提出建议。应用民俗学家和公共民俗学家也像新闻记者一样工作，在帮助无家可归者的项目中，宛若法庭审判中老练的目击者一样；与历史保护组织一道保护本国的建筑，认识极富地方文化意义的古迹等。③

与20世纪60年代的处境形成强烈对比的是，公共民俗学家（和自称为

---

① David Shuldiner and Jessica Payne, "Notes from the Editors", *Journal of Applied Folklore*, 4(1)(1999), p.2.
② N'Diaye and Diana Baird, "Public Folklore as Applied Folklore: Community Collaboration in Public Service Practice at the Smithsonian", *Journal of Applied Folklore*, 4(1), p.94.
③ See Burt Feintuch ed., *The Conservation of Culture: Folklorists and the Public Sector*, Lexington: University Press of Kentucky; Hufford, *Conserving Culture: A New Discourse on Heritage*, Urbana and Chicago: University of Illinois Press; Michael Owen Jones ed., *Putting Folklore to Use*, Lexington: University Press of Kentucky and various issues of The Journal of Applied Folklore and Folklore in Use: Applications in the Real World.

"应用民俗学家"的极少部分人）现在与美国民俗学会的活动融为一体，我们现在占该学会会员的一半。美国高校中民俗学专业所有的硕士和博士培养体系中，都开设有公共民俗学课程，向学生教授公共民俗学历史、理论问题及其展示实践。

自20世纪80年代以来，美国民俗学家之间在学院内外就一些问题进行着激烈的论战，这些问题包括公共民俗学理论、文化干预实践、文化经纪以及文化调解、"客体化"地展示社区成员、文化鼓吹以及知识产权。

美国公共民俗学家和应用民俗学家意识到，他们作为外来者干预了社区生活和制度，对归档和展示的传统具有不可避免的影响。根据大卫·维斯南特（David Whisnant）20世纪80年代的作品，公共民俗学家开始审视自己的工作，用大卫的话讲，他们就是"逃不掉的干预主义者"，这要求他们认识和反思其对传统承载者及其社区工作的牵连和后果。维斯南特划时代的著作《所有本土美好的东西》，展示了1890年以后的50年间，民间歌谣搜集者、古老手工艺复兴者、定居点学校和民俗节日创造者们是如何操纵了地方传统，他们偏爱和弘扬什么是他们认为正确的以及美国南部山区盎格鲁裔美国民俗的"传统"版本，因为他们有选择地忽略了更多当代的传统。他们的展示符合自己的意识形态，他们的意识形态包括弘扬源自英格兰传统的"古老存货"，在面对欧洲移民增长的现实，及其文化的影响下对其进行保护。作为一种由美国东北部公司控制的内部经济殖民，他们对南部传统的亲近，体现了他们作为外来者对矿业公司和纺织厂控制的南部山区的关注。[1]

在1988年出版的《文化保护：民俗学家和公共机构》一书中，公共民俗学家对他们身在其中的项目的描述，出自维斯南特关于特殊干预及其后果的观点。佩吉·A.巴尔格尔结合自己在佛罗里达民俗节上的经验说，"节日产品，必然地，牵涉到节日语境媒介之下的传统展示及指定艺术家的主观选择"。她指

---

[1] David Whisnant, *Au That is Native and Fine: The Politics of Culture in an American Region*, Chapel Hill: University of North Carolina Press.

出，节日传达了这样的信息："即民间艺术是有价值的、市场化的和濒危的"，涉到对理解传统及传统承载者自身的干预。[1]吉恩·哈斯凯尔·斯皮尔（Jean Haskell Spear）描述了她在弗吉尼亚一个乡村图书馆和社区人文中心设计的口述史和民俗生活项目。该项目有认定来自"非精英"及非洲裔美国人社区的传统承载者并提升其地位的效果，但遭到了该社区一些人的鄙视。不管怎么说，该项目在一个节假日庆典上第一次使观众们不分种族地融为一体。项目材料同时也被当地一个产业开发组织所采用，作为该社区文化上有趣的证据，吸引那些意识到自己文化遗产之政治价值，并参与地方政府竞选的政客。[2]

作为文化干预者，民俗学家意识到他们作为"文化经纪人"的意义和潜在价值，在文化机构、艺术家、学科内、传统社区和观众多方之间斡旋。正如理查德·昆林定义的一样，文化经纪人"通过不同的手段和媒体研究，理解和展示某个文化（有时甚至是自己的）给非专业的其他人"。他补充说，文化经纪意味着该文化展示是由代表有关各方的多种利益所驱动和谈判。任何调解文化展示之时，就会产生文化经纪。[3]文化经纪人拥有接近不同社区和选区的独特途径，用詹姆斯·鲍·格拉夫的话说，作为"促进型代理人"将社区成员和他们自身不太可能接近的诸如政府、媒体、资金来源以及新观众等连接起来。[4]

一些批评公共民俗学的人类学家和民俗学家认为，通过将传统承载者及其文化当作一个物体进行展示，是将文化客体化，根据汉德勒·理查德（Handler Richard）的观点，亦即当作了"有限时空连续的物体"。他将"无意识的生活方式"和"客体化的'传统'"进行对比，发现民俗学家通过创造"被想象的真实"，事实上却是使传统文化变为一个物体，即"客体化"的传统，导致了民

---

[1] Peggy A. Bulger, "Folklife Programs in Florida:The Formative Years", in Feintuch, 1988, pp. 77-78.
[2] Jean Haskell, Spear, "Unshared Visions:Folklife and Politics in a Rural Community", in Feintuch, 1988, pp. 154-165.
[3] Richard Kurin, *Reflections of a Culture Broker: A View from the Smithsonian*, Washington: Smithsonian Institution Press, 1997, p. 19.
[4] James Bau Gravrs, *Cultural Democracy: The Arts, Community and the Public Purpose*, Urbana: University of Illinois Press, 2005, P. 150.

间社会的终结。[1] 根据芭芭拉·克什布拉特-吉布利特的观点,"我们对文化的客体化早就被意识到了;节日也客体化了表演者,在过程中直接表明他们(的表演者身份)"[2]。对公共民俗学批判的视角,表明民俗学家及其传统被展示的社区成员之间有着权利、阶级的不平等。展示传统的权力掌握在民俗学家手里,他们建构并展示传统的实践,在展示传统文化时限制或拒绝传统承载者的声音,事实上改变了传统文化。对公共民俗学的这些批评,出现于人类学界对文化展示的政治进行大量研究和"文化多元主义"高涨的时期,这强调了社区文化自决和少数民族社区根据自己的主张实践自身文化的权利。

认为公共民俗学将文化客体化的观点,忽视了当代民俗学家使社区成员以自我的视角展示其文化的努力。各种文化项目通过与社区成员的协商和合作而设计,这使得他们能够以自我的文化视角对传统进行解释,承担经过民俗学家早期开发之后由他们自己来组织文化活动的责任。通过民俗学家的干预,使外界知之甚少的传统得到展示,大大激发了对于这些传统价值的认识,因为它们已经被外来者激活了。社区于是可以自己主动地展示和保护这些传统,并在民俗学家不在场时"组织"其传统。通过不断更新的展示,文化就远离濒危处境。

一些学院派民俗学家批评公共民俗学家是鼓吹者。正如我在前面提到的,理查德·道尔森认为,民俗学家不可能既是一个鼓吹者,同时又是一个公正的学者。芭芭拉·克什布拉特-吉布利特则认为,鼓吹可能扭曲实际的调查,特别是在需要获得政府资金的支持施加影响力之时。[3] 2004 年的《民俗研究》(*Journal of Folklore Research*)整版都刊登鼓吹的话题,其中几位作者争论说,民俗学家有义务为其所研究的社区和传统承载者鼓吹。该立场得到《美国

---

[1] Richard Handier, Nationalism and the Politics of Culture in Quebec, Madison: The University of Wisconsin Press, 1988, pp. 14, 55, 63.

[2] Barbara Kirshenblatt-Gimblett, "Objects of Ethnography", in Ivan Karp and Steven D. Lavine eds., *Exhibiting Cultures: The Poetics and Politics of Museum Display*, Washington, D. C.: Smithsonian Institution Press, 1991, p. 428.

[3] Barbara Kirshenblatt-Gimblett, "Mistaken Dichotomies", in Baron and Spitzer ed., *Public Folklore*, pp. 32-33.

民俗学会道德规范声明》的支持，它说民俗学家最基本的义务，是针对"他们所研究的那些对象"，"当出现利益冲突时，这些个体应被首先考虑"。埃利奥特·奥利格（Eliot Oring）在同期的《民俗研究》中主张，民俗学家不应对传统进行鼓吹，否则，他们应该受到道德的谴责，同时还会出现鼓吹一个社区与鼓吹另一个社区发生冲突的情况。[1] 在新版《公共民俗学》的序言中讨论奥利格的观点时，尼克和我指出，鼓吹不仅由彻底的政治鼓吹组成，而且也可能涉及社区其他利益的展示。民俗学家不仅需要展示自己观察的社区，奥利格将其视为民俗学家的角色，而且，还要在与有利益之争的多方社区合作时解决冲突。[2]

作为一个目前实际存在的全球性利益问题，美国学院派和公共民俗学家也关注知识产权和民俗。传统文化表达和知识权利，涉及如生物侵权这样的问题，这些问题是通过对传统医药植物的商业开发、非本土设计者对本土母题和图案的使用，以及世界音乐"取样"中对传统音乐的占有而产生的。在所有这些领域中，没有专利或版权的保护，传统承载者及其社区成员经常得不到补偿。美国民俗学会发表了一项知识产权问题的政策声明，并将其列为一份建议名录，提交世界知识产权组织（WIPO）。它呼吁世界知识产权组织要意识到会员国的需求不一定非要与其本土和传统社区的需求相符合，事实上可能正好相反。它迫切要求重视本土群体和非本土群体的民俗和知识，并建议在本土和非本土群体知识和民俗的材料整理和保护方面，提供技术援助和领导培训。它同时指出"商品化和私人化可能与传统知识和民俗持有人的权利和意愿背道而驰"。[3]

在讨论知识产权的全球对话中，尼克和我认为，这些问题是对公共民俗学具有批判意义的越来越突出的基本问题："谁拥有民俗？谁代表一个文化或社区

---

[1] Elliot Oring, "Folklore and Advocacy: A Response", in *Journal of Folklore Research*, 41(213)(2006), pp. 259-267.
[2] Robert Baron and Nick Spitzer, eds., "Cultural Continuity and Community in a New Century: Preface to the Third Printing", in Baron and Spitzer ed., *Public Folklore*, 2007.
[3] American Folklore Society, "American Folklore Society Recommendations to the WIPO Intergovernmental Committee on Intellectual Property and Genetic Resources, Traditional Knowledge and Folklore", *Journal of American Folklore,* 117(465)(2004), p.299.

发表言论？文化被视作商品时究竟会发生什么？传统文化的创造力、集体的观点和个体权利的对立，如何应对地方、国家或全球经济发展的利益？"①

在一个传统经验快速变迁并日益全球化的世界中，这些知识产权问题指向公共民俗学之主动性的重要性。民俗既是特定社区得到珍视的遗产，也是不同社区之间体验和理解相互文化的一种手段。民俗学家扮演着保护传统特别是那些不再践行的传统的重要角色。正如阿兰·罗马克斯在20世纪70年代阐述文化平等理念时指出，文化多样性的保护与生物多样性的保护同样重要。在其有影响力的文章《呼唤文化平等》中，罗马克斯认为，文化多样性的损失，可能是甚至比"生物圈污染""更为严重的问题"，他宣称"人类的适应更多的是文化上的而非生物性的"，人类文化模式的灵活性"使得人类这个物种在地球的每一个地带繁荣昌盛"。② 然而，全球环境保护运动使我们大家认识到了我们所在星球的自然生态威胁，但我们对非物质文化遗产保护之重要性的认识却还是少之又少，对非物质文化遗产保护的资助，比艺术和建筑少之又少。罗马克斯在一篇强调濒危传统音乐，呼吁在美国和全球范围内实行文化平等政策的文章中，提议创造"一个多元文化的世界，在这个世界里，各种文明以其教育和交流的自我支持系统而活着"③。

公共民俗学为跨文化边界展示传统提供了技术和概念工具，使得社区成员可以保护他们自己的传统。文化展示将事实上的道德和伦理结合起来，公共民俗学家将此视作其作为干预传统文化的文化经纪人的核心角色。公共民俗学通过对传统文化和研究方法论、展示和保护非物质文化遗产知识的传达等，丰富了美国民俗学的领域，加深了他们与其研究的社区之间的关系，使民俗学家的工作获得了更大的可见度。

---

① Robert Baron and Nick Spitzer, "Cultural Continuity and Community Creativity in a New Century: Preface to the Third Printing", in Baron and Spitzer ed., *Public Folklore*, p.xi.
② Alan Lomax, "Appeal for Cultural Equity", in Ronald Cohen ed., *Alan Lomax, Selected Writings 1934-1997*, New York: Routledge, (1972) 2003, p.285.
③ Alan Lomax, "Appeal for Cultural Equity", in Ronald Cohen ed., *Alan Lomax: Selected Writings 1934-1997*, p.288.

误分为二：民俗学的学院派与应用派*

〔美〕芭芭拉·克什布拉特-吉布利特
（Barbara Kirshenblatt-Gimblett）

尽管美国民俗学会成立已近百年，民俗学作为独立学科进入美国的大学却还不到 40 年。因此，"二战"后关于"应用民俗学"的争论可以视为年轻学科的自我反省。理查德·道尔森（Richard M. Dorson）致力于使民俗学成为独立的学科，应用民俗学是他宣战的对象，讨论进入了新的阶段。这在此之前没有过，甚至在新结盟的行动中，公共部门都没有面对过如此激烈的对手。①

同样，道尔森也向"大众化"宣战，他将此看成是商业开发的过程，他向"应用民俗学"宣战，他相信这与令世界更美好的崇高目标相符。对他来说，大众化生产出他所抨击的"伪民俗"：他有一篇才华洋溢的民俗学论文，认为不幸的消费者蒙受欺骗，民俗学作为学科被新创造的"宝藏"和文学性

---

* 本文由宋颖译自《公共民俗》（*Public Folklore*, edited by Robert Baron and Nicholas R. Spitzer, p.29-48）一书。本文原载于《民间文化论坛》2015 年第 3 期。

① 本文有一个较短的版本提交于 1987 年美国民俗学会阿尔伯克基年会"实践——回顾公共部门民俗学"讨论会。该讨论会是由罗伯特·巴龙和尼古拉斯·斯皮策组织的探讨公共部门的民俗学系列讨论的一部分。我受益于罗伯特·巴龙，他这些年一直鼓励我思考这些问题，我还得益于与爱德华·布鲁纳（Edward M. Bruner）、沙鲁·司拓布（Shalom Staub）以及斯蒂文·泽特林（Steven Zeitlin）之间新鲜活跃、不断深化的对话。

的荒诞故事所玷污。① 尽管应用民俗学者有更好的规划，在他看来这却是民俗学的旁枝。并且，应用民俗学只会让专业民俗学者脱离纯学术界，而这个年轻的学科正需要它所能找到的全部天才。也就是说，由于大众化过程和应用民俗学污染了纯学术研究，抽走了优秀人才，威胁了初出茅庐的学科进一步发展。

讽刺的是，民俗学作为独立学科在此后20年间势头良好，到了20世纪70年代，它培养出的专业学者远多于自身所能吸纳的。大学教育如何能继续培养不在这一领域内工作的民俗学者呢？20世纪70年代至20世纪80年代，大学面临人员调整，如果民俗学能使学生具有竞争力，它如何应对这种局面呢？矛头调转，敌人成了救兵。应用民俗学现在成了学科的分支，而不是对手。公共部门能够吸收，而且确实已经吸收了过剩的专业民俗学者。

这样勾勒战后美国应用民俗学发展的历史并不为讽刺，相反，是为强调几个出乎意料的情况。其一，应用民俗学成为学科加强自身力量而加以联合的组成部分。起初，它被看成是消极部分，是学科为了自身界定而抵制针对的对象，后来它成为学科拓展的途径，吸收了过剩的民俗学者。其二，随着民俗学进入美国的大学，美国民谣复兴在咖啡屋、音乐厅、录音室呈现上升趋势。尽管被指责是学科的威胁，民谣复兴却引发了人们接受民俗学正式培养的兴趣，很多后来成为杰出的专业民俗学家的人，起先都是民谣复兴的参与者。② 其三，尽管民俗学专业需要依靠公共部门吸收毕业生并对学生再培养，学术界（这里指系科与课程设置，而非个人）仍然保持着与应用民俗学的分离。

说到分离，我是指民俗学学术界依然对纯学术和应用民俗学进行划分，依然拒绝检查自身本质上无法回避的应用性：民俗学事业本身不能也不可能超越

---

① Richard M. Dorson, "Fakelore", *American Folklore and the Historian*, Chicago: University of Chicago Press, 1971; Richard M. Dorson, "The Academic Future of Folklore", *Folklore: Selected Essay*, Bloomington: Indiana University press, 1972, pp. 295-304.

② Bruce Jackson, "The Folksong Revival", *New York Folklore*, 11(1985), pp. 195-203.

意识形态、国家政治倾向、经济关注热点等。而且，当学术界把毕业生送到应用部门，仍然不自觉地轻视它作为比知识界更大的实践领地，——除了近来几个重要的例子外，民俗学者并不是专门为公共部门培养的。这里所说的培养，并不是指学会如何写新闻稿，为钱向政府官员游说，或组织一场节庆活动，尽管这些也都是必不可少的，但更需要的是批评地了解这一领域的历史及其应用的本质。

　　无论是作为值得研究的学科主题，或作为学科史和整体概念的完善，公共部门都还没有真正进入该学科的学术领域。近来对本杰明·波特肯（Benjamin Botkin）工作的重新评价以及对新结盟增长的兴趣，后者也是一个重要的例外，民俗学家建议，我们应该向欧洲，尤其是德国的民俗学者学习，他们正面对人民学（Volkskunde）和国家的社会主义制度的问题，近来有建议将人民学改名为"应用文化科学"[①]。

　　如果美国的民俗学界能够系统地考察其作为一种话语和专业的实践所基于的意识形态和经济基础，应用民俗学问题的核心性就会更加清晰，为了推进这种考查，接下来的讨论集中在四个方面：倡议、表述、艺术和批评话语。

倡议

　　倡议会误导研究，无论是在学术界还是在公共部门。在民俗成为学科的运动中，道尔森不相信大众化和应用民俗学，而没有将公共部门的民俗学作为一种值得研究的现象进行研究。本来很有潜力的学术兴趣的交流由此沦为争吵、谩骂和人身攻击。对美国民俗学与美国历史和文明之间的关系怀有兴趣的人，如埃里克·霍布斯鲍姆（Eric Hobsbawm）和特伦斯·兰格（Terence Ranger）

[①] James R. Dow and Hannjost Lixfeld eds., *German Volkskunde: A Decade of Theoretical Confrontation, Debate, and Reorientation*(1967–1977), Bloomington: Indiana University Press, 1986, p.2.

的《传统的发明》[1]，分析了"被发明"的传统的历史形成过程，以及在这一过程中民俗学者的作用，使得争辩超越了揭发和中伤，对民俗学作为学科进行了更多的反省。这种研究就可能阐明学术如何声称自身所具有的权威性，能"以最传统的形式"来表现美国。[2]

就工作在公共部门的民俗学者来说，他们常常承担过多的任务，过于依赖易变的政府财政，这使得他们看不到更大的事业机会——释放民俗学的实践潜力，即我们民俗学者可以具有超出组织庆典的多种回馈社会的价值。事实上，依靠政府财政，就锐化了倡议的话语，钝化了批评的潜力。更多内容可以参看《文化保存：美国文化遗产的保护》[3]，我们从中可以看到文化遗产的确认是怎么一回事[4]。然而，他们可能有很好的计划，这种文献既没有探寻特定群体和文化实践边缘化的根本原因，也没有考察这些设想以及文化实践管制和立法的潜在后果。这戏剧化地引发了对独立于倡议之外的文化批评话语的需求。学术界能填补这种需求。激发批评话语，学术界起着很重要的作用。对那些要在公共部门工作的民俗学者来说这是必需的训练。

表述

人类学家说他们的学科面临着表述的危机。尽管他们把危机限于作为文本制造的民族志，他们已经把讨论拓展至博物馆、世界市场、旅游业等。例如，

---

[1] Eric Hobsbawm and Terence Ranger eds., *The Invention of Tradition*, Cambridge: Uniersity of Cambridge Press, 1983.

[2] Stuart Hall, "Notes on Deconstructing 'the Popular'", in Raphael Samuel ed., *People's History and Socialist Theory*, London: Routledga & Kegan Paul, 1981, p.230.

[3] Ormond H. Loomis, *Cultural Conser vation: The Protection of Heritage in the United States*, Washington, D. C.: Library of Congress, 1983.

[4] 也可参看 20 世纪 80 年代《斯堪的纳维亚民俗研究通讯》(*NIF Newsletter*) 上刊登的劳里·航柯 (Lauri Hanko) 在联合国教科文组织的保护民俗生活政府专家委员会上的报告，由芬兰图尔库的日耳曼民俗学研究所出版。

1985年春，英国伦敦人类博物馆组织了表述专题的讨论会；斯图加特的系列展览和以"奇特的世界，欧洲人的幻想"为主题的目录[1]；1988年秋，由史密森尼协会和洛克菲勒基金会召集的"诗歌和博物馆表述政策讨论会"等[2]。

这些事件受到约翰尼·费边[3]，詹姆斯·克里福德和乔治·马库斯[4]，米歇尔·福柯[5]，皮埃尔·布迪厄[6]等学者著作的影响。他们的著作说明，表述实践不仅属于人类学，更大范围上讲，也属于民俗学——这些实践包括对同时或共时的否认，对乡村符号的文化流失和民俗抢救，对本真性的夸张，将文化客观化，以及表述其他事象之行为的权力承继。

卡斯托里亚迪斯（Castoriadis）的意思是，民俗学者不是在发现，而是在构造；他们建构的"真实"未经证实。在这点上，民俗学者和人类学者，都可以说是在"发明"文化[7]。或者，像赫尔曼·鲍辛格（Hermann Bausinger）对这一问题的系统地阐释："挑拨离间'真实的民间文化'与民俗主义，就形成了循环，民间文化因受外力促使而变成了民俗主义。"[8]对真民俗与伪民俗、复兴、民俗主义的区分，可以在这一视角上重新考察。

爱德华·萨义德（Edward Said）的"东方学"，进一步阐释了这种观点并

---

[1] Hermann Polig, Susanne Schlichtenmayer and Getrud Baur-Burkarth eds., *Exotische Weltem, Europäische Phantasien*, Edition Cantz, Stuttgart: Institut für Auslandsbeziehungen und Württembergischer Kunstverein, 1987.

[2] Ivan Karpand D. Lavine Steven eds., *Exhibiting Cultures: The Poetics and Politics of Museum Display*, Washington, D.C.: Smithsonian Institution, 1991.

[3] Johannes Fabian, *Time and the Other: How Anthropology Makes Its Object*, New York: Columbia University Press, 1983.

[4] James Clifford and George E. Marcus eds., *Writing Culture: The Poetics and Politics of Ethnography*, Berkeley: University of California Press.

[5] Michel Foucault, *The Order of Things: An Archeology of the Human Sciences*, New York: Random House, 1970; Michel Foucault, *Power/ Knowledge: Selected Interviews and Other Writings*, edited by Colin Gordon, tramslated by Colin Gordon et al., New York: Pantheon Books, 1980.

[6] Pierre Bourdieu, *Distinction: A Social Critique of the Judgement of Taste*, translated by Richard Nice, Cambridge: Harvard Univesity Press, 1984.

[7] Roy Wagner, The Invention of Culture, Rev. and exp. ed., Chicago: University of Chicago Press, 1981.

[8] Hermann Bausinger, "Toward a Critique of Folklorism Criticism", *Dow and Lixfeld,* Bloomington: Indiana University Press, 1986, p. 114.

为民俗学与相关学科提供了范式:"东方学所回应的更多的是产生它的文化,而不是其假定的对象,这一对象同样是由西方所创造出来的。因此,东方学既有其内在的一致性,又与其周围的主流文化存在着复杂的关系。"[1] 这些论述提醒我们,民俗学者与其他专业学者一样,是精英;他们的知识是权力的源泉;像东方学一样,民俗研究是"一种话语模式,支撑着学术机构、言语(以及)学术成果"[2]。学院派民俗学者一般是作者、编辑、主编等,拥有版权,获得民俗集成的版税。葛森·赖格曼(Gershon Legman)对这些行为进行了严厉地批评:"民俗的所有者——上帝保佑我们——现在证实是民俗学者在收集和出版着这些内容,通常是以政府或大学的名义,但他们不曾创造过民俗,他们受游戏规则的制约却还想创造民俗,他们,不客气地说,根本不可能创造出民俗来。"[3]

政治实体也宣称具有所有权。凯瑟琳·范德瑞[4],米歇尔·赫兹菲尔德[5],本尼迪克特·安德森[6]等人的著作已经生动地表明,民俗学理论与应用民俗学的历史,不能与作为意识形态的民族主义的形成过程以及这种意识形态与国家形成的政治过程的关系相剥离。从大的方面看,欧洲和美国的民俗学学科史是对民族认同与国家建立之间的张力进行的注解。民族主义之于民俗研究犹如殖民主义之于人类学史。我们业已谈论的可以称为民俗学的政治经济标记,也就是,我们在公共部门的工作是怎样助益于论述人群与民族在美国的民主语境下重新表述为族群性、多样性中的一体性。美国民俗学中的美国人是什么样的以及道尔森的相关论述,都值得在这种语境下重新考察。

---

[1] 爱德华·萨义德:《东方学》,王宇根译,生活·读书·新知三联书店 1999 年版,第 30 页。——译者
[2] Edward W. Said, *Orientalism*, New York: Random House, 1978, p. 2.
[3] Gershon Legman, *The Limericck: 1700 Examples, with Notes, Variants, and Index*, New York: Random House Value Publishirp, 1964, p. 521.
[4] Kathleen Verdery, *Personal Communication*, 1987.
[5] Michael Herzfeld, *Ours Once More: Folklore, Ideology, and the Making of Modern Greece*, Austin: University of Texas Press, 1982.
[6] Benedict Anderson, *Imagined Communities*, London: Verso, 1983.

很多民俗学项目的说明和遍布全国的民俗生活节的手册，揭示出这种话语的内在一致性，支持学术机构（大学、艺术院、手工艺协会、博物馆、历史社团等），并延伸说明民俗学事业是有支配力的文化兴趣的产品，但它具有启发性与良好的动机。"有支配力的文化产品"之学术机构，与我们试图保护的濒危社区之间的联盟则有些微妙。近来研究其负面影响的有道格拉斯·科尔（Douglas Cole）对西北海岸手工艺品混杂状态的研究[1]，以及凯瑞·杜菲克（Karen Duffek）对当代西北海岸印第安人艺术复兴的研究[2]。

历史学家米歇尔·华莱士（Michael Wallace）已经揭示了很多美国历史博物馆的意识形态，在这种揭示中，他们大多都是"有支配力的阶级的成员所建立的，体现了相对于其同伴而享有的特权地位的支持"。[3]而民俗学仍然引述殖民主义的威廉斯堡及相关计划作为例证，丝毫不考虑这些问题。[4]缺乏批评视角令人失望，尽管这并不令人惊讶，虽然我们在专业的期刊上常会定期评论书籍、电影、录音品等，却不评论展览和其他公共部门的项目。在这方面《美国民俗学刊》(Journal of American Folklore) 是个例外。

斯图尔特·霍尔[5]的研究，使我们认为民俗与非民俗的对抗，不是紧跟文化样式名录的描述性的问题或事实，而是涉及在真实的传统与复兴、伪民俗、精英文化之间"保持划分和差异的力量与关系"。霍尔认为，尽管名录在变化，分类倾向于保持学术机构如大学、博物馆、艺术院在坚持这种划分时要起至关重要的作用："那么，重要的事实，不是毫无描述性的名录——（名录）可能会将大众文化凝固成某种没有时间性的描述式模型而具有消极的作用，而是权

---

[1] Douglas Cole, *Captured Heritage: The Scramble for Northwest Coast Artifacts*, Seattle: University of Washington Press, 1985.
[2] Karen Duffek, "'Authenticity'and the Contemporary Northwest Coast Indian Art Market", *BC(British Columbia)Studies*, 57(1983), pp. 99-111.
[3] Michael Wallace, "Visiting the Past: History Museunms the United States", *Radical History Review*, 25,(1981), p.63-96.
[4] Ormond H. Loomis, *Cultural Conservation: The Protection of Heritage in the United States*, p.3.
[5] Stuart Hall, "Notes on Deconstructing'the Popular'", in Raphael Samuel ed., *People's History and Socialist Theory*, London: Routledge & Kegan Panl, 1981, p.234.

力的关系——不断地强调并将文化领域划分成享有优先权的部分和其他剩余的部分。"

在斯图尔特·霍尔、雷蒙德·威廉斯①及其他英国社会理论家的著作中，文化是战场，意义和价值的争论影响着哪些属于民俗而哪些不是，哪些将进入伟大的传统而哪些不能："教育和文化的学术机构，它们所做的很多积极的事情，也有助于控制和维持其边界。"②我们能够在这一控制过程中很好地检查我们的作用，以及霍尔所说的自我封闭的研究方法的危险，"为了'传统'而赋予其价值，把它看成是历史的，认为文化形式都承载着它们的起源且具有某些固定不变的意义和价值，而对其进行分析"，头脑中就有这样的公式。接下来看《文化保存》一书中的论述，因为它是来自国会图书馆的美国民俗生活中心对国会要求的回应，我把它看成是讨论表述的作品：

> 美国的人民受益于独木舟设计、长曲棍球、郊狼故事、蓝草音乐、户外野餐（扫墓日习俗）、跳木屐舞、蓝调音乐、手绣条纹被、累积的传说、儒道哲学、高丽参药、中餐炒面，塔姆布里扎琴乐队（南斯拉夫）、伐木建造技术、贝塞达舞蹈服装（捷克传统）、桑托斯（巴西）音乐、萨尔萨舞曲、牛仔驯马之道等。③

这样的名录基本上是已经确定的——他们直接使用海德·怀特的概括④。诸如此类的，来自第三方的民族志、目录、集成，模糊了表述形成的背后力量。他们创造了对"真实的"民俗的说明，也就是，"没有媒介的"民俗。道尔森针对伪民俗的争论最好被看成学术界在宣称自己的权力——认证、决定什么才

---

① Raymand Williams, *Marxism and Literature*, London: Oxford University Press, 1977.
② Stuart Hall, "Notes on Deconstructing 'the popular'", in Raphael Samuel ed., *People's History and Socialist Theory*, p.236.
③ Ormond H. Loomis, *Cultural Conservation:The Protection of Heritage in the United States*, p.11.
④ Hayden White, *Tropics of Discourse*, Baltimore: Johns Hopkins University Press, 1978.

是真实的民俗。与此相关的问题是：表述如何变得具有权威性了呢？

艺术

美国民俗学者和艺术史学家曾经就"民间艺术"（folk art）进行过激烈的争论，争夺的焦点在于如何界定、研究和表现被认为是"民间艺术"的材料。近来的美国民俗学理论，特别是在表演理论中，学科体系经历了根本性的审美变革，民俗学被概括为小群体内的艺术交流[1]，"社会生活中的艺术活动"[2]，"日常生活中的审美"[3]，这里只引述了三个例子。学科的审美性表现在公共部门，则是借助"民间工艺"（folk arts）一词来强调多元化，与美国民间艺术史学者所定义的"民间艺术"一词有明显的不同。同时，民俗学者还强调文化语境及内在的分类和标准的重要性，由于民俗学者面对的是活着的人，所以可以获得丰富的信息。关注语境及当地分类是公共民俗学项目的显著特征。

比较而言，美国民间艺术史学者已将民间艺术作为艺术史研究的一个分支，重新划出可作为艺术来研究的部分，为那些精美装饰性的艺术品进行了新的分类。跨越学术界和艺术世界而被重新定义的民间工艺，由此既可作为研究主题，也可作为商品推向艺术市场。通常情况下，这些物品的制造者、功能和直接的文化语境都不明了。它们一般都很古老，制作者已经去世很久了，典型的美国民间艺术品展览是以匿名的艺术品为特色，整理出散乱的语境信息。

这样定义的美国民间艺术作为审美分类，并非源自其自身、制造者或消费者，而是来自历史前卫派，通过展示匿名艺术品的历史信息和学术特色而将艺

---

[1] Dan Ben-Amos, "Toward a Definition of Folklore in Context", in Americo Paredes and Richard Bauman eds., *Toward New Perspectives in Folklore*, Pudlications of American Folklore Socirty, Bibliographic and Special Series, vol.23, Austin: University of Texas Press, pp.3-15.

[2] Richard Bauman, *Verbal Art As Performance*, Rowley, Massachusetts: Newbury House Publishers, 1977, p.vil.

[3] Barbara Kirschenblatt-Gimblett, "The Future of Folklore Studies in America: The Urban Frontier", *Folklore Forurn*, 16, pp.175-234.

术概念相对化。[1] 20世纪二三十年代，美国民间艺术被前卫的艺术家、商人、画廊及现代艺术博物馆"发现"并体系化，到如今已是寻常之事了。[2] 珍·里普曼（Jean Lipman）和爱丽丝·威彻斯特[3] 所提出的"新品位和新视野的胜利"带给了我们美国的民间艺术，并指出革新的不是物品而是我们的分类。正如维吉尼亚·多明古兹[4] 所谈论的民族学收集："所有关于收集本身——物品收集的方式，收集的原因，它们为何以及如何被展示——都指向我们。"这种说法平等地对待了民俗学和民间艺术品的收集。

很多美国民间艺术史学者仍然拒绝承认民间艺术是学科加工的产物，坚持认为它是世界客观的存在。由美国民间艺术博物馆出版的精美刊物《号角》（The Clarion）的最新一期中，有人提出"民间艺术"是"大概念"能涵盖多种事物，因为它可以"超越时间、材料并能在其中界定自身"[5]，或者认为"民间艺术的灵魂……使得它能抵制定义及学术研究"[6]，这种学术责任的放弃实质上是将责任丢给市场来定义，市场本来没有机会来为畅销品进行定义和组建新的分类。

社会学家霍华德·贝克（Howard S.Becker）曾令人信服地说明决定艺术的归属，不取决于"著作权而是取决于艺术世界对其及其制造者的接受能力"[7]。《号角》上的付费广告，读起来就像在民间艺术大伞下猛长的专业词典。商人

---

[1] Perter Bürger, *Theory of the Avant-Garde*, Translated by Michael Shaw, Minneapolis: University of Minnesota Press,1984.

[2] Beatrix T. Rumford, "Uncommon Art of the Common People: A Review of Trends in the Collecting and Exhibiting of Folk Art", *Perspectives on American Folk Art*, edited by Ian M. G. Quimby and Scott T.Swank, New York:Norton, 1980, pp. 13-53.John Michael Vlach, "Holger Cahill as Folklorist", in Journal of American Folklore, 98(388)(1985), pp. 148-162.

[3] Jean Lipman, and Alice Winchester, *The Flowering of American Folk Art:1776-1876*, New York:Viking Press,1974, p.11.

[4] Virginia R. Dominguez, "The Marketing of Heritage", *American Ethnologist*, 13(1986), p.554.

[5] Lee Kogan, "Review of Claudine Weatherford.The Art of Queena Stovall:Images of Country Life", in The Clarion, 12(4)(1987), pp.72, 74.

[6] Ben Apfelbaum, "Spirited Debate", *The Clarion*, 12（4）(1987), pp. 29-31.

[7] Howard S. Becker, *Art Worlds*, Berkerley: University of California Press, 1987, p. 227.

们宣称的"艺术"(画、雕刻及其他类别)有多种多样的描述：民间、原始、局外、本土、通俗、自学、视觉、流浪、乡村、民族等等。他们也能提供各种手艺(编篮、制陶以及其他被认定类型的物品)、美国文献、古董、装饰性艺术、古怪创意品、遗迹遗物、收藏品等。

无论学术界对此主题多么不感兴趣，它已被卷入艺术世界，协助其拓展可供研究和可被获得的物品范围，创造可作谈论资料的语言，质疑物品的本真性，通过此类艺术的文献资料来提升物品的价值。每一次，当物品被展览或被记载、被博物馆或知名的私人收藏家得到或未得到、通过拍卖会或画廊再次流转时，其身价就会上扬。美国艺术史学家的兴趣逐渐转向在世的民间艺术家，对艺术家自身的商业开发已经成为一个非常迫切的问题，但这还没有被民间艺术学者充分阐释过[1]。

具有讽刺意义的是，学院派与公共民俗学者都抵制盛行的美国民间艺术范式，他们也不可避免地被牵连进艺术世界之中。民俗学者成为基本力量以促进联邦及各州的艺术基金会和议院雇佣民俗学者，并建立民间艺术部门或项目。他们依赖艺术机构提供的基金和场地。结果，公共部门的民俗学者常常会用艺术来界定自己：例如，国家艺术基金会的民间艺术部门解释说，"民间工艺是指在我们大社会内各个子群体中逐渐发展而来的传统模式的审美表现，包括音乐、舞蹈、民谣、诗歌、叙事、修辞、手工艺、仪式等"。[2] 当民俗学被拓展至"社会生活中的审美活动"而为更大规模的项目提供了支持时，民俗学者却使用了狭窄的民间艺术定义，剔除了包括在民间艺术史学家的"民间艺术"大伞下的很多内容。

很多被称为是民间艺术的形式与艺术史上经典的形式不同，它们不是在艺术世界的语境中被创造出来的，而是仅凭这点来吸引人：它们"不像是源自任

---

[1] Jack Hitt, "The Selling of Howard Finster: When a Naive Folk Artist Becomes the Darling of the Art World. Who Profits?" In *Southern Magazine*, 2(2)(1987), pp. 52-59, 91.

[2] Linda Coe, comp., *Folklife and the Federal Governmemt: A Guide to Activities, Resources, Funds, and Sevices*, Washington, D. C.: American Folklife Center, 1977, P. 92.

何地方"①。因此，现在所知的纪念绘画、本土艺术、局外艺术等，都不符合民俗学者赋予民俗的传统性准则。它们"太个人"，不够"共有"，就像术语所说的"本土"、"自学"、"局外"等。它们已经创造出"传统"和"遗产"的版本，但迄今为止，民俗学家设置和维持的边界，仍然将其留给美国民间艺术专家去研究，而民俗学作为学科还不能吸纳它们。

纪念画家骄傲地认为他们自己发现了重组生活的媒介和形式：其鲜明的个人方式慢慢成为普遍的需求。要解释其中的原因，民俗学者也不明所以，但这些个人方式有很多普遍性。悖论却是，当民俗学者开始典型而精确地研究他们纪念的事物中某种不朽的主题——即过去时代的社会习俗（folkways，民俗）时，民俗学者发现要吸纳这些纪念事物非常困难，因为它们一直在变化。"伟大的时代：记忆，学习，传承"②这个有开创性的展览，揭示了记忆的诸项目（不只是绘画，也有缩图、模型等）被当作审视生活的内在方式，大多都可看成是自我借助时间所进行的社会建构，以及经历通过触手可及的物质材料所进行的传播。这种见解为民俗研究吸纳这些主题创造了理论上的需求，并超越严格的审美标准而拓展了主题分析，从而具有重塑民俗学与美国民间艺术史之间边界的潜力。③

除非这种潜力被意识到，否则，美国民间艺术史学者所推进的民间艺术的诸多内容都会被民俗学者所排斥，或认为其不属于民间，或认为这种艺术建立于碎片之上而不是艺术。很多美国民间艺术项目是落在联邦和各州艺术机构的夹缝之间，得到基金就更为困难，所以，只能继续依靠收集家和商人的网络、公司和商业兴趣的支持。民俗学者反对商业化的理想，责难对民间艺术的优先

---

① Howard S. Becker, *Art Worlds*, Berkerley: University of California Press, 1982, P. 264.
② Mary Hufford, Hunt Marjorie and Steven Zeitlin, *The Grand Generation: Memory, Mastery, Legacy*, Washington, D. C.: Smithsoniam Institution Traveling Exhibition Service and Office of Folklife Programs, in association with University of Washington Pressc(Seattle), 1987.
③ Barbara Kirschenblatt-Gimblett, "Introduction", *The Grand Generation: Memory, Mastery, Legacy,* edited by Mary Hufford, Marjorie Humt and Steven Zeitlin, Washington, D. C.: Smithsonian Institution and University of Washington Press.

拨给和不负责任的大众化过程，但这种趋势与他们的本意背道而驰，它依靠的正是开发利用。

美国民间艺术史学者与民俗学者之间的冲突，可部分地概括为没能将材料纳入民间艺术之名下来抵制商业化，当然，这并非材料本身不能，而是处理材料的人的问题。在某些方面，民俗学者已经被卷入到了现代主义者的行列，正如弗莱德里克·詹姆斯（Fredric Jameson）所概括的："现代主义设想自己的天职是抵制商业化形式，并非成为商品，其设想的审美语言无力满足商业需求并抵制工具化。"[1] 民间艺术史学者在促进民间艺术市场的商业扩张时，民俗学者，大多在非营利机构的壳内，抵制着这一过程。他们中的一些人走得较远，将民俗学定义为"非商业化"[2]，证明不向传统表演者支付费用是合理的，这是他们探索的一种实践。另一些人对此另有所想：但不是认为不向传统艺人支付合理的市场价钱是剥削，而是认为商业交换的威胁会使价值变得枯竭。

与此相符，民俗学者致力于促进对民间艺术的支持，扩大其定义使之符合联邦和各州基金组织的要求。而且，他们还要面对一个痛苦的问题，即如何有责任地介入民间艺术市场，以保护艺术家的利益。在这个问题上，对于美国民间艺术史学者来说，只要艺术家去世了就可以忽略不管。[3] 同时，民俗学者还要经常面对艺术基金和议院拒绝支持民俗生活项目的情况，其根据在于被表现的材料不是艺术，也不符合特定的审美标准。

民俗学者和美国民间艺术史学者都无法高枕无忧。通过民俗学的审美化，两者都忽视了某种形式可能无法作为艺术估价或者得不到基金。两者都有可能通过边缘化的审美，来维持他们所研究的资料，从而使其具有非政治性。无

---

[1] Fredric Jameson, "Refication and Utopia in Mass Culture", *Social Text*, 1:130-148(1981), pp. 134-135.

[2] Joe Wilson and Udall Lee, *Folk Festivals: A Handbook for Organization and Management*, Knoxville: University of Tennessee Press, 1982, p. 13.

[3] Jack Hitt, "The Selling of Howard Finster: When a Naive Folk Artist Becomes the Darling of the Art World. Who Profits?"*Southern Magazine* 2(2): 52-59(1987), p. 91.

论他们是否愿意，这反而有利于四处蔓延的文化商业化。[1]德伯拉·希夫曼（Deborah Silverman）说过，文化的保护者和文化的摧残者之间的界限已经模糊了；博物馆和企业仓库互相成为对方的延伸——民间艺术的产出是为了不断增长的、关系更远的市场，设计被授权，拷贝被大量生产，这种过程可概括为"博物馆文化的市场侵食"。[2]

文化批评

基于概念模式以外的实践，应用民俗学有变成学术垃圾堆的危险吗？抑或公共部门将挑战学术界的容纳度？毕竟，应用民俗学并不仅仅是实践的、族群的、政治的、经济的问题（似乎还不止这些问题），公共部门的民俗学也有自己的学术传统，还有写就的历史。这方面已初露端倪：大卫·维斯南特（David Whisnant）的著作《本地的皆好》[3]就是个例子。简言之，应用民俗学所具有的潜力是为整个学科提供批评的视角。

对学术界而言，我们会降至德国民俗学家迪特·克拉默（Dieter Kramer）所抨击的"对不承担义务的传统主体毫无意义的管理"[4]吗？或者，我们要检查自己的意识形态结构和表述的实践吗？道尔森的领导基于明确的乐观主义（"通过民俗学的教育、学习、收集和写作，学院派民俗学者对人类知识有巨大的贡献"[5]），我们还要跟随他多久，追随纯学术研究就能解决一切问题吗？什

---

[1] 我们只能希望从曼哈顿的南街海港博物馆的复杂事件中吸取教训。近来在马萨诸塞州的洛威尔文化计划（Lowell Cultural Plan）的城市文化产业中，也有这种复杂情形，该计划也涉及了"社区诸艺术"和"民俗生活"。

[2] Deborah Silverman, *Selling Culture: Bloomingdale's, Diana Vreeland, and the New Aristocracy of Taste in Reagan's America*, New York: Pantheon Books, 1986, p. 19.

[3] David Whisnant, *All That is Native and Fine: The Politics of Culture in an Appalachian Region*, Chapel Hill: University of North Carolona Press, 1983.

[4] Dieter Kramer, "who Benefits from Folklore?" *Dow and Lixfeld*, 41-53(1986), pp. 42-44.

[5] Richard M. Dorson, "Applied Folklore", *Papers on Applied Folklore*, edited by Dick Sweterlitsch, 1971, pp. 40-42. *Folklore Forum,Bibliographic and Special Studies*, no. 8, p. 41.

么时候我们的行动成了克拉默所断言的"纯科学是某种托词"？

作为研究领域，民俗学史不可避免地与民族主义纠缠在一起。民族主义如今在哪里都没有在公共部门更为明显，他们依赖政府财政，唤醒独特的民族主义的话语——多样性中的一体性，而没有对其进行批评性的再思考。什么是我们经常主张却鲜有探讨的多元性与一体性？多样性并不能解决所有问题：它往往成为掩盖不平等与冲突和逃避来自研究资料的更多挑战的方式。公共部门试图接受消化族群性和族群、遗产和传统的概念，而没有考虑到这些概念在战后美国的语境之下的历史形成过程。

更麻烦的是，近来有批评指出这些概念对血统超出了认同而赋予其特权。[1] 尽管所有主张是多样性如何保护的自由和选择，但其中对遗产有未经检验的假想，即与生俱来的权力和继承。自由和选择究竟在哪里？其权力就是说，"我放弃我的遗产"吗？在"二战"之前，在美国曾就此——即未被认证的权力和经过认证的权力有过斗争。但是，谈到这一点，"血统"仍然在我们表述遗产时起着决定性的作用。

关于血统的问题，一个最深刻的例子是纽约市支持京剧学习的大项目。从传授者的叙述看，建议被拒绝是由于学徒是欧洲人而非中国血统：在以学生为特色的说明中，传授者向观众解释，他曾有两个华裔美国学生，但他们两年后放弃了训练，这是因为他们的父母建议他们进入大学，以获得高报酬的工作。欧美学生能抵制父母的反对而做出相当大的个人牺牲，是仅有的愿意付出必需的努力来掌握这门艺术的人。在他看来，欧美学生可能会承载这门艺术直到未来的华裔青年想将它再拿回去。他没有说的是，学生，无论其血统如何，对于他的延续都是至关重要的。

这个传授者的评估符合大多数机构的政策，尽管这些机构偶尔也会支持文化背景与传授者不一样的学生。例如，国家艺术基金会民间艺术部门的指导方

---

[1] Werner Sollers, *Beyond Ethnicity: Consent and Descent in American Culture*, New York: Oxford University Press, 1986.

针说:"这些艺术家的传统所表现的特定方式,有助于确认与象征产生它们的群体"[1],方针提到"共有同样的族群遗产","通过好几代传承的工艺"以及"这些艺术参与者的本真性"。纽约州艺术院(NYSCA)民间艺术部在众多州一级的同类组织中最大、最有创新性,其方针提到,"为保持植根于特定传统社区的传统而努力"[2]。该组织"特别支持涉及民间艺术家个人的项目,这些艺术家参与他们自己社区成员中产生的传统,或者指导人们参与某种具体的传统,他们与复兴者有显著的区别。复兴者也是艺术家,但他们作为局外人,进入并复兴某些传统"。其方针还指出"但是,以复兴者作为表现者或传统民间艺术家的合作者的项目,并不是我们理想的支持项目",这样,复兴者就要寻找议院其他部门的支持。其他基金组织还有很多这样的例子。

传统与复兴表演者之间有所区分,这在公共部门中由来已久,例如,20世纪30年代,萨拉·诺特(Sarah Gertrude Knott)在她组织的国家民俗节庆(National Folk Festivals)中,从"复兴"中分出了"残存"[3]。由于"民间"(folk)一词已经被滥用,一些民俗学者倾向于说"传统工艺":他们认为"本真的民间艺术家,几乎不用这样的词(民间艺术家)来描述自己",而相反,复兴者却非常自如地使用"民间"一词。[4] 在威尔森和乌道尔组织的民俗节庆的手册中,提供了对表演者从最传统到最少传统性的更为细致的连续性分类。[5] 20多年前,格肖·赖格曼就认定这些明显的特征是"伪民谣歌手"和"伪民俗学者"所具有的。[6]

优先权如何被特别赋予这里所定义的民间工艺,要回答这个问题并不容

---

[1] 民间艺术部门说明,1981,p.1. 着重号为作者强调。

[2] *New York State Council for the Arts Program Guidelines:1987/88*, New York:New York State Council for the Arts, 1987, p.47.

[3] Joe Wilson and Udall Lee, *Folk Festivals A Handbook for Organization and Management*, p.7.

[4] Joe Wilson and Udall Lee, *Folk Festivals A Handbook for Organization and Management*, p.182.

[5] Joe Wilson and Udall Lee, *Folk Festivals A Handbook for Organization and Management*, pp.20-22.

[6] Gershon Legman, "Folksongs, Fakelore, and Cash", *The Horn Book: Studies in Erotic Folklore and Bibliography*, New Hyde Park, New York: Universty Book's, 1964, pp.494-504.

易，它们是近来才作为一种独立的项目，在基金组织中得到了认可，而能竞争到有限的资源。上述方针表达了希望确认和支持传统艺术家的劳动，他们一直在斗争，却并非总能成功，他们要面对强大的文化产业，而复兴者通常更容易在其中获得资源。这些方针也表现了与民间传统有关的所有者（优先权是首先支持"享有"遗产传统的那些人）和民间工艺应属于所有人的观念之间的张力。这种张力表明了民间艺术基金组织的两重目标：支持特定社区中的传统，并使其在社区之外也可见到，这在花纳税人的钱时尤其要被关注。国家艺术基金会的民间艺术部门的目标是，"通过使我们精致、生动、有意义的多元文化遗产得到更多表现，来丰富全体美国人的生活"[1]，由此产生了一个无意识的结果——基金支持局内人表现而局外人观看。我们的遗产是"多元文化的"，正因为这一点，我们被允许观看其他人在做什么，消费其他人的产品。

其他问题都附属于公共部门民俗学的要旨和体系。借助我们所使用的媒介，有助于游说基金赞助一体性与庆典性的民俗：节庆，在本质上是庆典；博物馆，是不可缺少的珍藏与固化的力量；大众媒体，将带来公开、声誉和钱。也许最重要的是，我们举办的遗产庆典，对我们赋予血统、文化继承及身份地位以绝对的优先，具有意义深远的影响。

德国民俗学者非常清楚民俗学理论通常被作为"应用科学而为国家服务"[2]，我们能够看到血统的争论将我们带向何处。关于民俗学抵制文化产业或其他机构中的权力集中化问题，英国社会理论家提供了另一种重要的视角。我们要警觉在我们的工作中，有某些超越传统文化的力量以新外貌归来，那些遗失在领土协议、奴隶制、传教活动、中产阶级迁居、农村地区郊区化、同化的教育实践中的传统事象，借助文化保护而得以恢复。倘若丧失这种自觉，应用

---

[1] *Folk Arts Program Description*, 81 / 82, Washington, D. C.: National Endowment for the Arts, 1981, p. 3.

[2] James R. Dow and Lixfeld Hannjost eds. *German Volkskunde: A Decade of Theoretical Confrontation, Debate, and Reorientation(1967—1977)*, Bloomington: Indiana University press, 1986, p. 8.

民俗学就沦为支持"民俗主义是对经济滞后的审美补偿"的观点。[1]

文化对象化，即我们工作的核心，是无法预料结果的复杂过程，是对特定传统、个人和形式的一种推崇。[2] 必须注意交互作用："被观察的对象在观察的过程中由于观察而变化。"[3] 珍藏，是很多公共部门工作的结果，也改变着它所珍藏的一切。这也是德国民俗学者所概括的民俗主义的影响。学术界与应用民俗学的合作关系，在这里也起着重要的作用，即用民族志的方法来研究公共部门自身，研究其所组织的特定项目和活动的影响。

结论

也许理论与实践相分离、学术界与公共部门相分离的问题，是美国所特有的问题，不只限于民俗学。一个美国访谈者问乌波特·艾克（Umberto Eco）如何调和作为大学教授的学者与新闻业活动。艾克回答：

> 欧洲，如德国、法国、西班牙、地理上的意大利等知识界的习惯一般是：这些国家的学者或科学家通常感到有必要在论文中发表观点、评论涉及所有市民的事件，认为这是他自己的学术兴趣和特定专业。我有些不客气地说，如果这是个问题，那并不是我这样的欧洲知识分子的问题，而是美国知识界的问题，他们居住的国家在大学教授和新闻从业者之间的职业

---

[1] Utz Jeggle and Koriff Gottfried, "On the Development of the Zillertal Regional Character: A Contribution to Cultural Econimics", *Dow and Lixfeld*, 124-139(1986), p. 136.

[2] Richard Handler, "On Sociocultural Discontinuity: Nationalism and Objectification in Quebec", *Current Anthropology*, 25(1984), pp. 55-71.

[3] Martin Scharfe, "Scholarship Visualized: On the Exhibitions at the Ludwig-Uhland-Institut", *Dow and Lixfeld*, 89-96(1986), p. 90.

划分比我们更严格。①

现在已经是民俗学者重新估价他们的职业、重新检查学院派与应用派的划分并结束这种划分的时候了。

---

① Umberto Eco, "Preface to the American Edition", *Travel in Hyperreality: Essays*, translated by William Weaver, San Diego: Harcourt Brace Jovanovich, 1986.

想象公共民俗 *

〔美〕黛布拉·科迪斯

什么民俗不是公共的？什么民俗能在根本上不涉及私人和个人的关注点？本文将公共民俗作为一种致力于广义上的民主文化参与来做一探讨。在过去的50年里，越来越多的美国民俗学者加入公共和应用民俗学者的身份行列，坚持着一个表面上简单而激进的观点：人类的经历、艺术和表现方式值得关注；我们对这些方面的忽视是有一定的危险的（Davis 1996;Green 2001; Baron 2008）。公共民俗常被以工作环境（大学校园之外）和媒介方式（节日、展览、纪录片等）来描述：以它们不同于主流的学术模式的特征来界定。然而，在此，我希望聚焦于实践：公共民俗学的工作是在做什么，以及这样的工作允许做什么。从公共民俗的诸多头绪中，我最终得以辨析出一个以公共利益为核心的积极传统：从中，所有的辛苦工作都是致力于发挥百姓的权利与能力，都是值得的，并将其轨迹留在艺术与文化之中；而这又是解放斗争的重要变异方式之一（Reagon 1990）。

---

* 本文由张举文译自：Debera Kodish, "Imagining Public Folklore", in Regina F. Bendix, Galit Hasan-Rokem eds., *A Companion to Folklore*, Wiley-Blackwell Publishing, 2012, pp. 579-598。业经原作者许可。作者简介：黛布拉·科迪斯（Debera Kodish）于1981年获得德克萨斯大学民俗学博士学位，并于1987年创建"费城民俗项目"（Philadelphia Folklore Project，PFP）。直到2013年从PFP退休，科迪斯先后参与或主编多部纪录片、文集和杂志，一直关注民间艺术和社会变革，也使该组织成为美国公共民俗的理论与实践结合运用的最突出基地之一。

民俗学家对民俗在文化生活中的重要角色可能会有统一的认识；但差异显现于如何将平民的实践视为关注根本上的社会不公平与不公正的表现方式（Stewart et al. 2000；Graves 2005: 196-220；McCarl 2006a, 2006b；Kirshenblatt and Kirshenblatt-Gimblett 2007；Haring 2008；Ivey 2008: ix；Scott 2009）。有些人称之为文化权力问题；这是不可分割的对文化（及其责任）的人权，也就是说，对优秀和核心的民间艺术的可靠的接触权力。新呈现出的美国公共民俗这一领域——这也是我在本文中的焦点，在公开关注大问题、大挑战，以及远见问题上是缓慢的。当政治没能公开成为或被纳入少数民族问题时，民俗中激进的传统很容易被埋葬。（Alvarez 2005: 7-17, 89-96；Cocke 2002）但是，我们已经发展了50年：对抗公司化的资本主义的负面冲击；尽力完美地去记录，但又目标狭隘地躲避其中的失误；批驳民族主义的、普世的和倒退的力量，同时又碍于对重要参与者的成就和共同参与的斗争成果的普遍忽视。而这一切都是在那些改变了我们生活格局的非裔美国人的自由运动和其他解放斗争的大背景下发生的。正是在这些交错的力量之中，伟大的导师们为公共民俗奠定了根基，尽管还有极不成比例的居于其中并对我们形成威胁的经济问题。本文是对他们的极大"欠债"的一小笔"偿付"。

政治与原则

对我和许多其他人而言，这些伟大的导师之一就是阿奇·格林（Archie Green）。他是一位为发展美国公共民俗这个领域做出了极大贡献的学者，但却没有长期稳定的学术基地；他是一位组织者，一位公共知识分子，一位"有着强烈自由主义倾向的无政府工会积极分子"，一位交友广泛的普通人（Cantwell 2001: xv-xvi）。他常常用这些词语来表述公共民俗：派性（partisan）、独特（particular）、多元（pluralist）；公共民俗是民俗在公共语境中的实践，是为了公众的利益的（Green 2001: 157）。他的大原则反映出其对重大和突出的社会问题的忧虑：环境和工人斗争，以及有关民主参与和公共责任。坎特维尔（Robert Cantwell）如此描述阿奇·格林通过以艺术语言所表达的反思：他在"填补话语构架（用格林自己的口头禅来说）之间的缝隙，将修辞式的平台搭建在论证的框架上，堵上接头的螺丝洞，再刷上一层保护漆"（Green 2001:xxii）。格林在成为民俗学家之前是造船工。他的语言恰当而讲究。他将公共民俗视为一种日常工作：一种完成必要任务的独特技术（Green 2001:199）。在此，为了表达我对他的敬意和怀念，我以自己的理解将政治表述为"反服从"和"激进多元论"来进一步阐释他的思路（Matsuda 1996）。这些概念为下面的关键词注入生命，解说了我最钦佩的、使我从中受到激励的著述。

这里所说的"派性"人士是指那些全心全意的、负责任的、反抗残酷力量的人。坦率地说，有派性的公共民俗工作是从长期与民众的交往中发展起来的，而从中我们变得有责任感。这一切来自我们日常生活中无法避免的冲突。我这一代人痛苦地目睹了我们为新自由派在过去30年里所造成的破坏而付出的代价。我们仍继续被斥责是为自己的政治服务（参见 Oring 2004）。在这样的背景下，选择成为有派性的人是一个关键的问题：关系到我们如何学会问需要问的问题，学会关爱和尊敬，学会做贡献，以及学会建立权力（Sheehy 1992: 323-329; McCarl 2006b: 23; Lindahl 2010）。

公共民俗学者是特殊化者：他们存在于我们的多元环境之中；坚持认为百姓日常实践有其重要性；长期执着地关心对因民众广泛和不同的经历所形成的高语境（high-context）的不同表达和理解；极度关注在经历世代和地域变化过程中所表现出的动态和多变的文化制造的本质。但是，我们也是私下的集体主义者：作为工作的一部分，体现在与他人的友谊和长期交往；共同关注社区的权威如何通过大众表达和实践得到印证；通过与民众共同生活而共同发展出发掘民众的创造性和个性的能力——这也是罗杰·阿伯拉罕（Roger Abrahams）的伟大贡献之一（1970）。一个融和特殊化与集体主义的积极分子的工作便是一幅特写作品。那些混合着认同感和本真性的概念，在面对从民众中扩展出的主观性、自决和自我时尚的艺术风格，以及社区生活质量时，让位于对后者的理解和认识（Graves 2005；Lear 2006: 7-10, 31, 42-52；Davis 2007；Sheehy 2007；Spitzer 2007）。我们认识到有策略的激进的本质论与反本质论都是民众反抗服从时的选择（Matsuda 1996）。将民间艺术与我们自己置于更广泛的斗争和自由运动的背景下，会使我们与那些反抗再次受到不公平规划的人联合在一起（Reagon 1990, 1991；N'Diaye and Bibby 1991；Payne 1995；Bambara 1996；Kelley 2002；Briggs and Mantini-Briggs 2003: 324-331；Freeman 2006；Asian Americans United）。这些人生转化都是因感情而发生变化的，表现在性格与名声上。但工作本身是"个人的"。这也是对格林形象的三重奏比喻的一个新维度的补充。而且，个人的当然也是政治的。

我们中没有几个人能比得上格林的完整人生气节：他对导向性意识形态有清晰认识；他是一位优秀的工匠；他具有雄辩家的口才，也是位文采洋溢的作家。"把这个记下来"，他大声喊道，直到我学会无论什么时候都要有备而来。我像徒工那样学会了写作。但是，我明白，学徒的身份，就其所追随的和所收获的而言，的确是一生的事业（Peterson 1996: 24-31；Hawes 2008: 154）。格林称其为游击队工作。何为游击队工作？其实，把这个说明白要比乍听起来难。在美国腹地的这些地区，如内华达州的艾尔科（Elko）、佛蒙特州的米德博瑞（Middlebury）、德州的奥斯丁（Austin）、爱达荷州的博伊斯（Boise）、威斯康星州的麦迪逊（Madison）、加州的弗莱斯诺（Fresno）、宾州的费城（Philadelphia），我们中的许多人几十年来都是单兵作战，或是有个很小的群体。我们始终处于严重的孤立无援。我们的领地支离破碎，互不相连：不能在某一次运动或某一时刻联合在一起。但是，与格林的许多学生和远亲一样，我至此由衷感激我已经深深地被许多当地的老师所包容接纳。他们是社会活动家、艺术家，有着广泛经历的人，就像格林一样，倾心倾力指导我（见"费城民俗项目"Philadelphia Folklore Project 网页）。

我们与各行各业的人共同从事这些工作，尽管缺少能将我们的计划目标说得更清楚的共同语言（Narayan 2008；Lindahl 2010）。置身于所谓的艺阵营的边缘，地处美国腹地之一的费城，我在此概括一个可以将我们团结在一起的目标：寻求如何有可能去想象文化，并为它耕耘健康的土壤。通过追溯职业实践的特色，我关注所交流的故事，那些宽容和远大的理想，被复述和评估过的成就（学会对我们所信任和关爱的人和事的珍重，是个无止境的过程）。正如斯匹泽所说，我们必须学会"在农场仓房里具有与在官僚机构里同样的从容"，以便在文化对话中"力求表达流畅"（Nick Spitzer 2007：99）。他归纳了文化融合论者所意识到的：我们都是在用复杂而多层的语言进行交流，我们共同带着道德和想象参与有关自己命运与未来的意义重大的对话。我发现，公共民俗的最佳状态是在响应托尼·邦伯拉（Toni Cade Bambara）的号召之时：寻找一种使革命者能与高瞻远瞩的领袖对话的桥梁语言（1996：235）。

那些论述公共民俗领域，并以此身份与民俗学科进行对话的实践者，在描述公共民俗时开创了新的方向。他们对民俗项目进行总体概括，普查关键问题，对联邦和州政府扶持的民间艺术项目提供各种建议，对不同行业和比喻说法指出利弊，进行个案研究以及有益的反思，总之，远远超过我在此所能肯定的。各种文集与特刊介绍了一系列重要的思想与观点（Collins 1980；Camp 1983；Feintuch 1988；Hufford 1994；Jones 1994；Baron 1999 and 2008；Shuldiner 1993-1995；McDowell and Smith 2004；Wells 2006；Baron and Spitzer 2007；MacDowell and Kozma 2008）。很多文章的作者们涉猎广泛的对话，也涉及在他们不同职业阶段参与过这些工作的人。在此，我要推荐这些著述作为介绍美国公共民俗的核心问题的概论。那些辛劳地奉献终身的各行业大师、艺术家、有色人群（极少被这样提到）提供了更多的榜样：将多年的有原则的实践提炼成精美的艺术（Cannon 2000；Peterson 1996；Alliance for California Traditional Arts 网站，Fund for Folk Culture 网站）。我们在社区艺术活动中的同行们也展现出很多类似的事例（Tchen 2007；Appalshop and Community Arts Network 网站）。无疑，一个坚实的基础已经建成。

珍重多种优秀

韦斯特曼（Bill Westerman）注意到，公共和应用民俗的工作为美国的"艺术"的革命性扩展做出了贡献（Westerman 2006: 118；Hawes 2008: 128）。但是，这是一场仍在持续的势力单薄的战斗。民间艺术和致力于此的民众在挑战主流（精英、普世论者、由上至下的权威、官僚）的观念：什么可算作艺术，出现在什么场合，以及如何被有意义地接纳和支持。毕竟，这才应该是艺术：有参与性、存在于普通百姓的生活和心目中、在群体记忆中有着与个人专长一样的可识别性。官方机构将多元的民间传统都铲到边缘；商业界蔑视这些传统，尽管它们大量存在于影子经济中，也成为备用价值的货币（Ivey 2008）。民间艺术在为得到公正和妥当的尊重而斗争。所以，想想这些：土著和岛国的篮子编制、牛仔诗歌、爱尔兰音乐、布鲁斯音乐、（阿什肯纳兹犹太人的）克莱兹默音乐，以及非裔美国人的讲故事，这些只是被视为在过去50年得到"复兴"或"再生"的有意义的民间艺术中的极少数例子。这一切意味着什么？韦斯特曼从中看到的是对精英所用的"优秀"概念的激进的再组合。

从韦斯特曼的乐观表述开始，去思考一下在多元的草根背景下"优秀"是被如何理解的。林达尔（Carl Lindahl）进一步分解此进程，用"森林"、"表演"，以及"森林低层植被"之间的相关元素进行比喻区分（2010: 257）。要想对出色的"表演"有个整体感觉的话，一个（既好奇又明显的）着眼点是那些获得有名望的奖励的个体艺术家。无论这些荣誉制度多么不完善或有问题，它们的确识别出一批了不起的艺术家。国家艺术基金遗产奖（有关民间艺术的全国最高荣誉，模仿日本的人间国宝项目）自从1982年起每年认定一些重要的文化遗产传承人。获奖人中有：玛丽·杰克逊（Mary Jackson）、贝克·拉姆森（Buck Ramsey）、艾琳·瓦茨（Elaine Hoffman Watts）、拉宛·罗宾逊（LaVaughn Robinson）等。他们的生平故事——林达尔的"森林"——激发了更多的人，使他们能沿着同样的路走下去。对此问题的关注可以扩展文化史，为多元艺术的"优秀"的诞生和精炼提供具体的细节和背景，也让我们了解他们对社区的意义，他们所面临的挑战（因为一次性奖励并不能保证永久的生存），以及他们所反映出的社会机体的健康状态（国家艺术基金会网站；Siporin 1992；Cannon 2000；Freeman 2006；Hawes 2008: 155-168；Mulcahy 2010）。

随后是"森林低层植被"：我们从中所获取的和记住的。已故的杰拉德·戴维斯（Gerald Davis）是一位值得尊敬的和杰出的公共民俗学先锋。他指出，"我们在梳理我们自己的经历方面做得很缓慢"（Davis 1989: viii）。那么，公共民俗中的"优秀"是什么？戴维斯在1996年美国民俗学会年会上的主旨发言提出了基本标准。他先描述自己在1972年与摄影家和社会活动家罗兰德·弗里曼（Roland Freeman）相遇的情况，然后反思他自己和他调查研究的人——巴尔的摩谋生小贩们（当地以马车贩货的非裔人）。30年后，弗里曼被提名成为国家艺术基金会遗产奖获得者。在他们早年的相遇中，戴维斯判断弗里曼已经具备了所需要的"优秀"：充满激情的献身精神、"珍重记录"的能力、"家庭历史"、"积极主动的关系"、"对传统的自始至终的执着"，以及"专业水平的技艺"。对"优秀"作品的要求很清楚简单，也很高：能被视为对人类精神本质有指导性关注的实践（Davis 1989: viii）。弗里曼自己认为他的工作"有回报感、有治愈力和凝聚力"（1989: ix）。

戴维斯对优秀实践的评判标准和弗里曼对他的改变人生的辛劳的总结，都是真诚评价的先例：可信的评判标准产生持久的价值。优秀是建立在这样的基础之上的：具有艺术性与精美技艺；使民众可以继续发展的（个人和集体的）知识；具有自我与作品的完整气节（我将在下面继续提到这个"本真性"概念）；有伦理观和原则目标的辛劳；信任；构建能让他人真心投入，且有远大目标的方法；带来真正的变化。这样的工作为走向自由铺筑了道路（Bambara 1996: 91-92；Atlas and Korza 2005: 162-163）。正如另一位已故的出色的从事公共利益的民俗工作者贝弗利·罗宾逊（Beverly Robinson）所坚持的——他将注意力转向非裔美国人的民间生活：这不是游戏。

由于多种原因，非裔美国人的自由运动和民权斗争，在发展公共利益民俗和树立优秀榜样的进程中，一直处于不受重视的状态。通过一个可敬的模范社区和在此传统中奋斗的老兵的生平故事，可以详细记录许多卓越的为了正义的团结工作。从中，人们对他人和更伟大的自由之梦产生责任感；从中，民间艺术成为社会变化的叙事中心，并出现在关键的时刻（Davis 1996；Freeman 1989；Kelley 2002；N'Diaye and Bibby 1991；Reagon 1990, 1991）。查尔斯·科布（Charles Cobb）描述非裔社会活动分子（包括民俗学者）时便带有如此远大的理想，但这绝非偶然：将自己视为此传统中的一部分；参与者"完全地献身于'赎回种族，为种族平反'——黑人种族也是人类种族；做出你的选择——这是直接创造文化与传统的承诺"。科布所指的是有着多少代传统的社区机构，这种组织力经受了对非裔的奴隶统治，仍在为正义而斗争（Freeman 2006: 44；Roberts 2000；Payne 1995；Shapiro et al. 1976）。在以能为社会带来有意义的变化而工作的前提下，如此突出的评价标准无疑会引起公众的辩论，也反映着不同的集体判断和深刻的意识形态分裂——但也归纳出民间审视"优秀"的标准。人们所讲述的彼此的故事，都包含着有意义的民间历史和分析价值（Lindahl 2010）。一个社区所保留和分享的人物和生活故事，是评判这些人（包括公共民俗工作者）的一个重要方式。由此，我们可以想到那些有着重视这种叙事传统的地方；想到通过一本书记录下的庆祝场面。

2005 年，弗里曼组织了一系列活动纪念沃思·郎（Worth Long）："一位不平凡的人"，民权运动积极分子，文化和布鲁斯音乐史学者，物质文化的阐释者，全国各地节庆的组织者（Freeman 2006: 5）。家人和朋友表达了对郎的敬意。沃思·郎常带着家人进行田野调查。他曾以阿肯色州的一位学生活动积极分子的身份，参与有关非裔美国人的自由斗争，参加静坐抵抗，在塞尔玛成为学生非暴力协调委员会（SNCC）的协调员。他在塞尔玛被打得头破血流，但不停止地坚持承认自己就是"沃思·郎先生"（Charles Bonner in Freeman 2006: 35）。正是这种精神激发了他的组织力，促使他从事民俗田野工作。这些对他来说，都是"倾听"和"让自己感到回到家"的工作，然后再努力去让田野中的人感到是与家人在一起，像他们尊重自己那样尊敬他们，并将此作为一个事业。他总是奔忙在路上，经常是在田野或是长途汽车上，很难被联系到。但是，你可以广而告之地说你在找他，而他，如伯尼斯·雷根（Bernice Johnson Reagon）所注意到的，"总是准备好在你需要他的时候出现"（Freeman 2006: 35）。他总是在他需要在的地方，并"与此案有关"（Freeman 2006: 5）。而别人则在澄清与此案的关系。

《名人录》列举了若干社区的名称作为对沃思·郎的表述。大家珍重他在这方面的艺术才能和人格。人们描述他有"艺术天才"（伟大的技艺和成就，踏实的研究）、"极有意义的关系"（他有很多艺术家朋友，为别人敞开追梦的大门）、"远见"（向我们展示民间艺术是自由运动中的一份重要调料，和选举权或代数能力同样重要 [Moses and Cobb 2001]），以及"对目标的严肃"（不愿将任何事搞糟糕）。大家的充满爱意的证言也是这项工作的基础，也确保这项工作的未来。这些正是需要珍重和坚信的"优秀"的表现符号。戴维斯、弗里曼和郎都以相似的言语描述所从事的伟大工作，这绝非偶然。

如果社区发展政策关注严肃的文化持续性问题，就要记录那些有公共利益的民间文化投入和行为的真正结果。从沃思·郎的生平中，我们可以发现构建核心社会机体、扩大表达自由的一种模式。这需要关注那些体现郎的工作价值的重要表现符号：一代非裔美国民俗工作者，国家黑人艺术节，密西西比民间生活项目，关注民权运动的"圆圈会被打破吗？"的问题，广播历史，电影，展览，密西西比布鲁斯音乐遗产节（美国第一个由非裔机构拥有和组织的重大音乐节），路易斯安那东南地区文化节，布鲁斯复兴，南卡莱罗那遗产日庆祝与黑人格拉文化保护，以及他对史密森美国民间生活节的影响，还有像贝丝·豪斯（Bess Lomax Hawes）与国家艺术基金会，朱莉·戴斯（Julie Dash）的《尘土的女儿》等等现象（Freeman 2006）。最终，社区庆祝的是自己的沃思·郎，并讲述他的真名和故事，这十分恰当地注释了从一个激进的民俗视野中所认识的"优秀"的内涵（Mills 2008: 20）。梳理口头传统，从中梳理出对有关人物的品格、名声和文化经历的各种说法，这些，通过重复，界定了民间的权力、权威和本真性概念，并填充出一幅完整的画面。例如，"他帮我开发了'我的嗓音'，使我懂得了运用它的重要性"（Crosby in Freeman 2006: 47）。

如此的社区评判标准，也可以成为评价其他公共民俗的有效方法。以 1967 年成立的"史密森民间文化和文化遗产中心"（CFCH）为例（见该中心的网站）。史密森尼民间生活节（Smithsonian Folklife Festival）可能是在美国公共民俗中被记录最多的事项。有六本书或文集和无数文章都是关于这个节日的，还有数十本节日手册，专著和录音，以及几十个州或地区的衍生的节日项目。数百名民俗学者先后参与过筹划节目，受到培训，或以某种方式得到训练并得到中心的酬劳。如何历史化和分析这些节日与一般的展示活动，特别是史密森尼民间生活节，这些问题已经成为不成比例的学术讨论话题（Bauman et al. 1992; Cantwell 1993; Price and Price 1994; Sommers 1994; Kurin 1997; Hasan-Rokem 2007; Diamond 2008）。批评者关注再现所产生的问题，报道的是想法与现实的差距，但是，他们的批评常常反映出分析的巨大差异和双重标准。例如，习惯性地坚持顺从民间体裁和草根声音；缺少对名额比例、时间深度和长期结果的注意；提供的背景材料不恰当或不完整；没能展示同情（表现出不信任、不良信念，或有限的参与）。

我从积极参与社会活动的非裔民俗学家的工作中所找出的事例，提供了一个不同以往的用来理解史密森尼民间文化和文化遗产中心的民间生活节的成果的框架。在此，我们看到一套评估有关公共利益民俗的"优秀"的方法：以实际所发生的来判断；依据那些在实际岗位注意到此工作的积极成果和受到影响的人；培养一种习惯；记录榜样性的工作的发展历程，同时，关心所涉及的社区的反馈。我们关注的是最高目的与长远目标在何地与如何才能实现，并得到恰当的评判（Mills 2008: 20）。就史密森尼民间文化和文化遗产中心而言，重要的和有启发的工作包括我在此所提到的非裔散居民项目，以及伯尼斯·雷根和其他人的有导向性的努力：这些工作关心的是阶级与能力（亦即职业民俗和劳工民俗、家庭民俗，以及老龄）问题；媒介与记录的开发与分配；（我在本节开始提到的有重要意义的）音乐与艺术的繁荣；个人的终身就业。从中，我们可以看到敞开的大门、向前的道路，也让我们回到沃思·郎的令人鼓舞的例子。为了未来的历史，我们完全可以评估我们的庆祝活动，以便看出我们在成为什么样的人。

开拓出有社区意义的"优秀"的多元形式，这是韦斯特曼所描述的那种没完成的革命。对此任务的关注让我们重新思考我们是在什么地方被普世主义遮蔽了双眼：是在自上而下的控制粉碎了社区的多种可能的选择之时。面对极端的不公正，某种"本真"是需要的，但不是那种被具体化或普世化的有问题的本真的概念——对后者的批评已经成为许多出版物的主题。我所描述的本真反映着民间的实用：它常常感到是一个被分裂、在内部被压抑的自我的对立面，"相信（你的）内心声音"的思想，"在最深层了解到你到底是谁，这与你想要走进的世界所提供的在本质上是一样的"（Reagon 1990: 2）。在此，本真，以及衡量质量的分类工具，被置于"独特的"、"派性的"和个人的背景下（Kirshenblatt and Kirshenblatt-Gimblett 2007；Spitzer 2007: 85；Welsch 2011）。本真的民间形式在实践与存在进程中保持着至关重要的分量，借此，我们开始理解在陪伴他人和面对严峻现实时，我们自己所具有的最佳的"优秀"品质（Kodish 2011）。

这是一项为社区尽责任的工作。通常，社区的概念是被松散地使用的。我这里所用的"社区"是指相互友爱、自我聚合在一起的群体：以共同的理想组织在一起的人们，致力于为某个有生机的和可持续的地方再次注入生机。利德（Reid）和泰勒（Taylor）将此视为生活的基本条件、生活可适性（liveability）的社会基础，以及健康的身体—空间合一的前提（2010: 10-12）。罗宾·凯利（Robin D. G. Kelley）和约翰森·利尔（Jonathan Lear）描述了自由之梦和爱的核心重要性，以及构建这样的社区的创造力的实际来源。有时人们也用"同一感"和"团结性"这些概念的。托尼·邦伯拉描述的是一种责任感："要不断排除任何伪装或任何存在于我和接纳我的社区之间的障碍"（Bambara 1996: 216）。

我们该如何以恰当的方式抓住、支持和保卫多元的本真？这一艰苦工作可能会产生一套有关可持续的身体—空间合一的有生机的理论，从中，多种艺性的优秀（特别是民间艺术）成为文化健康和社区生机的标志符号（Reid and Taylor 2010）；同时，也从中想象和构建出取得这些成就的过程和体系。（带着友爱关怀）支持从草根诞生和发展起来的多种形式的优秀，这在本质上是有着现实理由的创造性技艺（Lear 2006）。在此，我们不是艺术家或社会活动分子的崇拜者；我们是在挖掘艺术，构建其应得的公正地位，因为我们必须如此做（Welsch 2011）。

关注界线问题

可是，我们是谁？我们如何认识自己，称呼自己，这始终是个很难回答的问题。虽然美国的联邦机构为公共民俗领域的建设发挥了至关重要的作用，但是，这不是一项从上至下的工作：在草根层面的分散的活动是这个领域的特征。被分散的公共民俗工作者都处于边界——从多层意义上讲的边界。贝丝·豪斯与上面提到的很多人都有密切关系，她本人担心的是，也许民俗工作者有比帮助填写政府的表格更重要的事需要去做，尽管填表意味着能将急需的现金资助转送到资源缺乏的腹地地区（Hawes 2008: 139）。她的评论引起大家去关注文化普及与资源之间的差距——这种差距在一些关键地区变得很明显；关注公共民俗有时所处的"不舒服"的境地——显著的不平等；关注我们在其中的责任。这一切都构成了公共民俗工作的各个方面。

豪斯将公共民俗比喻为处于边界地带，那种人们彼此都认识的偏远小地方。她描述自己如何介于权力与阶级的两个范畴之间：与民间艺术家一起撸胳膊挽袖子；与政客一起开晚宴搞小聚会。她高度赞美田野工作是一种广泛联系不同背景的人的至关重要的技能（并欢呼找到了最完美的田野工作者，即后来接替她在国家人文基金会的岗位的丹·希伊 [Dan Sheehy]）（Hawes 2008: 105-106）。她指出了在表面繁乱无序的社会中的阶级划分问题，以及应对长期存在的进一步分裂人民（抵抗与同化，纯粹论与融合论）的不同策略。但是，这位曾经的

"年鉴歌手"也说，民俗工作者应该去有问题的地方工作：每个美国人所面临的两难问题——依附于一种精神支柱但内心又是分裂的，这也是区分公共民俗领域的界线（Hawes 2008: 118-119）。

其他人将公共民俗描述为桥梁工作、文化中介、协调工作、跨语境工作（transcontextualizing）（Kurin 1997: 18-25; Graves 2005: 149-150; Baron and Spitzer 2007: xvi-xviii, 4; Sheehy 2007: 220; Baron 2010）。有关恰当角色的讨论使自我与社区之间的差距问题令人迷惑（Shapiro et al. 1976; Reagon 1990: 2-3; Long 1991; Robinson 1991; Bambara 1996; Moses and Cobb 2001: 182）。很多人都注意到，公共民俗的大众化（peopling）标志着对社会障碍的跨越（Whisnant 1983）。许多美国公共民俗工作者（多数是白人，中产阶级，并在有限的历史里男性远多于女性）最初进入这个领域，是因为涉入到诸如民歌节等反文化（countercultural）运动（Cantwell 1993: 244-247）。坎特维尔称之为"民族模仿"（ethnomimesis）：在此，受情感引导，个人与职业的界线被打破；因爱和欲而发生人生的转变（Cantwell 1993: 294-300）。或者，人们发现自己投身于"一个有传统的社区，其传统就融于民众及其生活方式中。（我们）从生下来就知道这些传统，但是，像许多人一样，只是在离开它们时才发现其珍贵"（Lindahl 2010: 252; also Cannon 2000; McCarl 2000）。当我们处于常常以暴力和持久的不平等为界线的时代，公共民俗技能可以被视为谦逊但有力的抵制主流的工作方式（琳达·布洛德基[Linda Brodkey]如此描述激进的教育工作者的工作及其工作质量的平民化标志；Brodkey 1996: 30-51; McCarl 2000）。这是人类学的"拼接"和"制造混血儿"（métis-making）①：我们构建的连接各种不完整的资源的方法完全掌控在组成和管理这个社区的成员手中（Lear 2006）。

这就是劳工民俗（laborlore）。阿奇·格林也将这些处于边界的工作视为民俗核心问题中的核心。他视此问题的前提为：人类需要关注内部分裂——个体的和社会的。格林无疑跨越了（非本真的）界线（McCarl 2006a: 6-11）；我

---

① métis 的原意是指美洲原住民和欧洲移民的混血后裔。——译者

这一辈的公共民俗工作者也是如此。虽有不同训练背景，但我们都去过各种地方，与各种人交谈过。这是一种对熟悉的过去本能地关心的倾向。许多像我祖父和他的兄弟一样的犹太小贩和流浪者，他们是生活在边缘的穷人，或是打冰球度人生的好奇年轻人。我从这些细节中认出了我自己的历史和职业实践。这也要感谢克什布拉特-吉布利特（Kirshenblatt and Kirshenblatt-Gimblett 2007）对人生回顾的研究：精细地重新构建了犹太人如何过日子的画面，而不只是我们如何死亡（另见 Hufford et al. 1989）。更大的斗争与力量可能仍隐藏在背后，但这些都无疑为我们的工作指出了方向，将我们置于没有选择的边界，而如果我们走运，将会学会如何耕耘希望。

田野调查作为一种职业技能现在得到了应得的重视和欢迎。20世纪70年代中后期培训出的民俗学者面对的时代几乎没有学术界的职位，尽管那时开始出现仍在发展中的公共民俗领域的理想工作。我们中的很多人被派到田野做普查工作，承担的责任是发现和记录对民众有意义的事。可随后便出现了各种情况。这种跨越界线的有创造性的工作，尽管总是无法完成和不固定，但令人有种充实感，常常让人感到精神的升华（Hawes 2008: 106; Hawes 2007: 67-70）。

这种技能值得受到更多的重视。优秀的田野工作者（民俗学者和组织者）被视为是真正懂得如何听，如何融入，以及如何使不可能成为可能的人（Moses and Cobb 2001: xiv; Payne 1995: xiv, 236-264, 405）。但不仅仅如此。例如，在真正去听时，别人会有时间解释（部分）他们需要说的话；人们在大声讲出故事时会更好地听到自己；理论与实践的对话得到提炼；对话产生传播力；共享的故事也提供了选择并带来变化（也涉及以负责任和讲伦理的方式写出报告后所产生的力量）。田野工作表明：无论是长期的还是间歇的，只要是真实的（女权者早期就发现了这些维度）、有意义的东西终究会结出果实；耐心、勤奋和谦虚会得到尊严；真诚的关系会融入人生。它使新生的和有意义的东西得到重视。田野工作当然也是一个提取和还原的过程。但是，在此，我特别要突出的是那些重要的激进传统：在民间艺术与社会变革中携手工作的人们创造着永久的价值、转换力、力量和激进的希望（Lear 2006）。遵循伦理的记录在本质上是合作性的，固然也填充了我们在相互交叉时出现的缺口和缝隙。例如，任何合作的工作都有风险，各方都有自己的利益目标（Long 1991; Robinson 1991; Reagon 1990: 2-3; Moses and Cobb 2001: 182）。民俗被以真诚的爱心去实践时才是最佳状态，这时所关注的问题是我们如何生活在一起：这也许是我们最激进的梦想（Welsch 2011）。回味一下阿奇·格林的话：

> 我们必须触及文化多元主义的问题：在任何出现此问题的地方，在任何有此伤口的政治领域，在任何会有以认同，或种族，或地域，或职业而彼此抵触和冲突的地方。民俗学者需要考虑到那些没有工作技能的群体、封闭的纺织厂、鸡场里的火灾、犹太人和黑人的冲突、发生在印第安人保留地的有关核武器工厂的冲突。有人类紧张关系的任何一个地方都该是民俗学者需要关注的地方。那就是我们的目标。公共民俗必须转向这些领域。而这一转变只有在年轻一代的学院派民俗学者受到这些问题的挑战时才会出现。……通过触及文化多元主义、民族认同、乡土化、职业技能，以及民族性问题，我们才有可能进步。如果民俗学者不是这些问题的关注者，那他们就没什么工作要做了，其日常任务就变成制造垃圾。（Green 1993: 10）

> 我们并非是在捍卫一个内部分裂和充满紧张的社会——其问题不仅是在经济方面，也存在于那些没有文化工作者的非经济领域，如宗教、地域，以及性别。学院派民俗学者必须培养能面对下个世纪和后冷战时代（post-Cold War）的需要的学生。如果受训的民俗学者缺少从事游击战的技能、内驱力和创造力，那么，这些工作就会有别的人来承担。而这些"别的人"可能不是传统类型的，如人类学家、经济学家或社会学家。在美国人民的生活历史上，每当出现危机——奴隶制、征服土著人的开拓运动，或是大萧条——人们都会挺身而出应对挑战，无论他们被称为"废奴主义者"、"环保主义者"或是"新政主义者"……文化工作会这样继续吗？……当然，拥护者最终会出现。我们是否会成为这个进程中的一部

分，这正是最重大的问题。(Green 1993: 12)

如果这种受到鼓舞要参与的感觉驱使我们创作和参与艺术活动，那么就可以想象，这个领域的核心是关怀社区文化健康。有关公共利益的法律和医疗方面的奠基性工作，也显现出有关疾病、暴力和身心健康的文化维度问题（O'Connor 1994; Westerman 1994; Payne 1995; Briggs and Mantini-Briggs 2003; Goldstein 2004）。这些学者表明，信仰与价值观（包括我们自己的）是有启发性的：指导我们如何做事、言谈举止、宽慰彼此，以及寻求正义。人格的优秀——杰出而独特——由此而出现，并再构建其集体名誉。

讲述社会变化的故事记录了跨越阶级界线的关键运动。公共民俗领域以集体的方式，长期记录着讲述互访和第一次相见的故事；有关个人和家庭迁徙、皈依和转折变化的叙事；但通常缺少恰当的以道德为核心的语境材料（当然，也需要妥当的符合伦理的呼应）。在此，民俗在进行"现货交易"；民众发生改变的边缘和交叉路口与战胜暴君（不公正）的分裂的努力交汇到一起。我们现在知道，我们要做的是去填补其中更宽泛的背景（Danticat 2010: 1-20）。严肃地说，这项工作教会我们如何在焦虑的时代获得身心健康，如何共建力量（Bambara 1996: 235; Lear 2006）。

那些改变人生的叙事勾勒出一张斗争的地域图，也准确记录了那些民众开始对自己在集体中所处的地位有新意识的时刻。这些叙事可识别、可记忆，充满力量，体现出正在进行的事情的重要性。伯尼丝·雷根（Bernice Johnson Reagon）是一位社会活动家、音乐家、民俗学家、批评理论家，她讲述了一个有样板意义的改变人生的叙事故事。雷根获得今天这样的声音和力量——成为真正的自己，成为现在的她——起始于她在 1961 年在乔治亚的奥尔巴尼加入自由运动时。她讲述到她成长在一个非裔的有团契唱歌传统的群体中。在奥尔巴尼，在那个自由运动形成时期，人们会说，"伯尼丝，给我们唱个歌吧"。她便会唱道："在我的头上，我看到空中的麻烦……"，她环视着身边可爱的人们，都勇敢地在有危险的时刻站在她身边，为了自由挺身而出，和她一起唱着熟悉的歌。在那一刻,她意识到传统能给人们带来的是什么。她把"麻烦"一词换成了"自由"。这便是彻底改变她一生的时刻,同时也改变了她周围的人。合唱的声音,她自己的声音,听起来明显不一样。这些声音听起来不一样,是因为这些人通过勇敢的行动变得不同了。雷根的创造性政治行为改变了他们过去的行为模式。这释放了极大的力量,也同时对这个传统有了更深的拥有权。社会活动家们解释说,"历史证明,为自己的生活、自己的学业而承担责任便能够改变一个人"(Moses and Cobb 2001: 188)。雷根表明,民众能创造(并感到)力量,改变话语方式:改变说话、唱歌、历史和斗争的话语;有力量将我们变成我们自己想要变成的样子(Reagon 1991)。她引用索彻纳·杜鲁斯(Sojourner Truth)、哈赖特·塔伯曼(Harriet Tubman)和贝希·琼斯(Bessie Jones)的话写道,"我作为一个女性,从最好的榜样身上找到了我自己的生活,我歌唱的是那些作为战士的母亲,她们的生活使我懂得这个世界上还有另外一种生活方式"(Reagon 2001: 141)。

我认为这些故事值得被再次讲述(并以行为再现出来)。从中,人们相互倾听、共同行动的启迪力量具有革命性。通过缩小表象与现实、普世制度与自己之间的差距,使人民得到解放。在此,民间艺术是一种让公众珍重自己的生活经历、消灭阶层分裂,找到一种发挥自己力量的方法:"这的确是一系列来自我们自己和我们的社区对我们自己的挑战"(Moses and Cobb 2001: 125; Beck 1997: 124-125; Cantu in Peterson 1996: 26)。这个叙事故事触及公共民俗实践的核心:公共民俗能激发公众做什么,怎么去行动。"聚会"(Western Folklife Center website)和"互访"等概念,以低调的方式重现这种力量:拥抱集会,庆祝被放逐的人重回集体,将生活、工作和写作都超越我们自己。

历史与背景

公共民俗在美国是以一种鲜为人知的暗涌,随着社会变革运动及其社会结果而出现的（但要注意到，在我们的姐妹学科，如公共历史、应用和公共人类学，以及社区艺术等出版物的脚注和书目中，普遍缺失民俗与民俗学家 [Atlas and Korza 2005; Community Arts Network, Appalshop]）。尽管如此，民俗学科一直坚持为民主文化参与提供着有批评性的见识。自20世纪60年代起，民俗学明显已经从美国大学转移到公众生活之中。这也正是我在此要讨论的发展曲线。

那些（主要是内部相互之间的）论述这个学科在美国的实践和学科史的民俗学者把这个领域以不同名称做了划分：应用民俗、公共部门民俗、公共民俗、使用中的民俗（Green 2007; Collins 1980）。辩论和辩护不同名称的文章，反映了各自的知识谱系及其内部冲突：将学科领域的中心聚焦于那些有公开成果的工作；在19世纪末期的民族志中寻找先例；为协商的理解而辩护；或是为关注与民俗有关的社会冲击和社会问题而论证（Sweterlitsch 1971; Collins 1980; Feintuch 1988; Hufford 1994; Green 2001; Baron and Spitzer 2007; Baron 2008）。许多这些框架性论述代表着不同的为自身合理化与再构语境的策略——的确，这是在学术界之外需要继续使自身合法化的工作，但这样做也继续削弱了以上的努力。总体来说，相似的命运也同时降落在民俗这个概念上。我主张一个不同的定义和名称：记录行为，关注民俗在关键的节点上的解放性力量。

这里有一个背景需要考虑。我仍然不很了解20世纪50年代扑捉共产主义妖怪的可怕结果在美国民俗中的反映，但是读过普赖斯（Price 2004）和戴维斯（Davis 2010）提到的一些故事。那些故事是关于一些被"消声"的人类学家和民俗学家们，可他们从来没有在我们读研究生时跟我们说过。有关20世纪70年代和20世纪80年代时的美国民俗学学位点的情况，也几乎没有什么记述，而那时充满了"文化战争"——玛丽·普拉特（Mary Louise Pratt）将此描述为"两个历史进程的致命冲撞：一方面，'60年代的孩子'开始进入大学教师队伍；另一方面，罗纳德·里根进入白宫，伴随着渴望权力的教条的政治右翼"（Pratt 2001: 30）。再考虑一下口头传统。那个时代的特征是种族主义：杰瑞·戴维斯（Jerry Davis）回忆到，道尔逊（Richard Dorson）在加州大学伯克利分校民俗点的聚会上讲过一个种族主义的笑话，而他本人当时提出强烈反驳（Davis 1996: 117, 121-123）。性别主义：只有一个民俗学教师被判定有性侵行为——就我所知，但是，广为人知的是这种弊端普遍没有报告出来。还有某种阶级论：穷人（也就是某种俗民）变成下层阶级（尽管论述此问题的书籍或由劳动阶级出身的学者所写的书，直到20世纪90年代才开始提到此问题）。我们在读研究生时，许多人一开始都感到与外界隔离了，甚至是我们彼此之间。对贫困和穷人的概念模糊不清，因为大量的精力和时间都用于关注学科史上的问题和人群，而同时，普遍的学术兴趣转移到后现代主义，淹没了或只是选择性地关心劳工民俗和移民权力问题（McCarl 2000, 2006a, 2006b）。当时存在道尔逊关于冷战政治的反抗精神，他试图将一个边缘领域学科化，而又对公共民俗（和"左倾"的同行）怀有敌意。认为公共民俗玷污了学术的"圣洁"的想法成为有效工作的相当大的负担，并带有未经检验的阶级假设和双重标准：依顺同情心、实践、平民政治和诗学，以及社会利益。

在此提到这些家丑（职业民俗）是妥当的，因为这将我们的注意力不但引向一般的社会压迫结构，而且也指向我们许多同行参与的解放运动。在民俗学界，激进主义似乎是被封锁的。在20世纪70年代步入学术界，意味着你要把过去在家乡的身份留在家里。以细微或明显的方式，那些以某种他者的身份进入民俗学界的人——有色人、来自劳动阶级家庭的人、女性——继续感知到：职业身份要求放下最初的主观看法，将我们自己与自我分裂开来。这是一种有效的策略，将价值（和自知）消灭掉，造就内化的压迫，培养出对来自低层的实践报告的合法性的不信任。这样做在多大程度上阻碍了学科对不平等问题或参与社会问题的关注？这些分裂在多大程度上削弱了我们的能力，使我们无法平等对待那些作为研究对象、资源、同伴和良师益友而成为学科焦点的人？

随着有抵抗性的研究对象对某些正统思想方面的挑战，我们所处的条件在发生变化。帕特里夏·威廉姆斯（Patricia Williams）是位严肃的种族问题学者和律师。她写道，她认为自己既不是出色的人，也不是找麻烦的人；在挑战偏见时，她只是在那些这种看法几乎得不到体现的地方分享"女性的、有色人的和某种程度上是毫无力量的人的感知"。我们处于错置的地位，处于分裂中，但我们有责任和能力去将更广泛的看法展现出来。我们要时刻记得我们来自哪里，这样我们才能带领他人进入我们的对话和行动（Williams 1995: 93）。这些是我们从那些社会活动积极分子的民俗实践中学到的，这些人包括伯尼丝·雷根、杰瑞·戴维斯、沃思·郎等等。

贝丝·豪斯提醒我们，这既是失去的机会，也是个盲点：历史事件常常会重复。她回忆到那些以学科为基础进行各种项目的年代，如国家艺术基金会，"扩展艺术"和"民俗艺术"的项目，并注意到，每个项目都是关注那些从别处得不到资助的地方群体；一个是聚集于谁做的工作，另一个是关心他们做的是什么（Hawes 2008: 143-144）。将执行者与体裁分割的做法同时削弱了两个阵营。我们把谁作为同盟？我们追溯的是什么世系关系？为什么？受到许可和限定的形式有哪些？从什么地方能感受到历史在引导我们走向理想？压迫性社会结构在哪里？我们如何公正地将分散的力量联合起来？

激进的多元论者和反顺从政治为这些例子注入生命，它们突出地代表了阿奇·格林所坚持的立场，也是我所珍视的立场。为了进一步解说那些将民俗作为公共责任的人的出色工作，我借用玛丽·玛茨达（Mari Matsuda）和威廉姆斯（Patricia Williams）有关种族批评的研究；同样，为有色人辩护的律师们运用民俗和民众对自己的经历的说法来形成法律辩护和分析。进步的哲学家和人类学家在过去的30多年里做了大量工作，提供了政治参与的工具，形成了民族志的眼光，展示出勾勒新自由派所造成的灾难的技能（Lear 2006; Alvarez 2005; Scott 2009; Reid and Taylor 2010）。历史学家提供了过去的故事及其理智（Payne 1995; Tchen 2007），新闻记者也做了同样的工作（Klein 2007）。在这种广泛的地域论传统中，"乡下的知识分子"逐渐稳步地将公众的地方意识民主化（Leary 1998: AV-30, 33-110, 500-502; Noyes 2008: 39）。表演论（我们这一代很多人受到此理论的训练）值得从有用的工具角度而被注重，另外还有诸如巴特津（Bakhtin）、布拉格派理论、俄国形式论、符号学、结构主义、社会语言学，以及实用主义等角度（Hymes 1988; Baron and Spitzer 2007: viii-ix）。以此为行为参考，公共民俗学者的实践将所有这些技能推向一个新的方向。海姆斯（Dell Hymes）激进的公式被扩延到核心的社区艺术，从中，我们不仅能够记住、报告、重复或表演，还能重新再现、改造，以及再创新。一部能将此类不同的抵制国家的努力联系到一起，具有反思性，并涉及政治的（革命）历史将是很有用的。斯考特（James Scott）的有关东南亚山民的工作为这种努力提供了细节和理论（Scott 2009）。有关这方面，还需要做更多的工作，将民间艺术作为所考虑的问题的中心。

戴安娜·恩迪雅和迪尔德丽·毕比（Diana N'Diaye and Deirdre Bibby 1991）等人将此努力置于国际背景之下，关注非洲散居民劳工在世界的聚合，这些行为会继续为实践摸索出新模式，将在广泛多元的背景下的文化工作者的努力联系到一起。古斯塔沃·艾斯塔瓦和玛德姆·普拉卡什（Gustavo Esteva and Madlm Suri Prakash 1998）创造出"草根后现代主义"（grassroots postmodernism）一词，来描述人权的所有领域、环保中的正义、文化公正、土著人和非工业化人民的土地所有权问题。但在此，文化维度问题仍不为人所理解。格蕾丝·博格斯（Grace Lee Boggs）等人注意到，在这个思路下还存在一个不同的产生变化的理论，即，当地的行为通过无数的互联行动（interconnections）能改变更大的制度，而不是通过积累所带来的大众性或强迫性的制度变化。这些框架为那些分散的和以当地为工作中心的公共民俗工作者提供了更宽广的背景。这些可以被称为草根公共利益民俗或社区文化发展。

公共利益民俗的最佳状态是其工作于社区之时。不幸的是，那些过去用的词，如"公社的"和"集体的"，开始不为民俗研究所用。这些概念提供的是一个视角，用以理解持久的理想和目标的构成本质。集体创作所导致的是精心关注的、新出现的和不完整的人权和责任概念。我将此概述为激进的、有启迪意义的公众健康实践：是有关伦理与精神的事，是面对多元优秀和本真的事。

简·亚历山大（Jane Alexander）在写给贝齐·彼得森（Betsy Peterson）《有关美国的民间与传统艺术报告》的前言中，引用温德尔·贝里（Wendell Berry）

关于文化民主的描述时，以一个社区的舞蹈为例，写道："这些是从工作和爱中开始的。那些三代人都在社区工作过的人会知道，他们身体的每一次运动都使得他人的身体获得新生，无论是活着的还是逝去的，还有那些认识的和被爱的，被记住的或被爱过的"（1996：5）。当然，还有无数种方法可以去描述公众利益民俗工作；这些努力同样重要和鼓舞人心。这个观点将社区文化健康视为民俗的一个主要目标，也视为自由之梦和解放斗争的主要特征。它们所遵循的是：文化健康和生活核心民俗要求去抵抗建构国家（state-making）的机制；民间艺术长期记录和促进这些努力的各个方面。我注意到斯考特如此描述那些抵制国家的各种民众：他们中包括以人民的政治选择而形成的有色的和被隔离的社区（Scott 2009）。我所想象的公共利益民俗，正是如此将我们置于这样的广泛分散的社区成员之中，为开垦和净化文化的基地和土壤而工作。在此，民俗是一种持久的可更新的资源，一种构建群体的机制，是社区生活的必要（从中，文化多元性受到严肃对待）。最终，我们对彼此负责任。当然，还有大量的工作需要去做。

参考文献

Abrahams, Roger. (1970). "Creativity,Individuality and the Traditional Singer". In *Studies in the Literary Imagination* 3(1),pp.5-36.

Alliance for California Traditional Arts, www.actaonline.org(accessed October 16,2011).

Alvarez,Maribel.(2005). *There's Nothing Informal About It:Participatory Arts Within the Cultural Ecology of Silicon Valley*. San Jose,CA:Cultural Initiatives Silicon valley.

Appalshop, www.appalshop. org (accessed October 16,2011)

Asian Americans United, www.aaunited. org(accessed October 16,2011).

Atlas, Caron and Pam Korza(eds.). (2005). *Critical Perspectives:Writings on Art and Civil Dialogue*. Washington, D. C.:Americans for the Arts.

Bambara,Toni Cade.(1996).*Deep Sightings and Rescue Missions*.Toni Morrison(ed.). Preface by Tony Morrison. New York:Pantheon.

Baron, Robert. "Theorizing Public Folklore Practice: Documentation, Representation and Everyday Competencies". In *Journal of Folklore Research* 36 (2 / 3), 1999, pp. 185-201.

Baron, Robert. "American Public Folklore: History, Issues, Challenges". In *Indian Folklore Research Journal* 5 (8), 2008, pp. 65-86.

Baron, Robert. "Sins of Objectification? Agency, Mediation, and Community Cultural Self-Determination in Public Folklore and Cultural Tourism Programming". In *Journal of American Folklore* 123 (487), 2010, pp. 63-91.

Baron, Robert and Nicholas R. Spitzer, eds. *Public Folklore*. Washington, DC: Smithsonian Institution Press, 2007 [1992].

Bauman, Richard et al. *Reflections on the Folklore Festival: An Ethnography of Participant Experience*. Special Publications 2. Bloomington: Indiana University, Folklore Institute, 1992.

Beck, Jane. "Taking Stock". In *Journal of American Folklore* 110 (436), 1997, pp. 123-139.

Briggs, Charles and Clara Mantini-Briggs. *Stories in the Time of Cholera: Racial Profiling During a Medical Nightmare*. Berkeley: University of California Press, 2003.

Brodkey, Linda. *Writing Permitted in Designated Areas Only*. Minneapolis: University of Minnesota Press, 1996.

Camp, Charles. "Developing a State Folklore Program". In Richard M. Dorson, ed. *Handbook of American Folklore*. Bloomington: Indiana University Press, 1983, pp. 518-524.

Cannon, Hal. "Blue Shadows on Human Drama: The Western Songscape". In Polly Stewart, Steve Siporin, C. W. Sullivan III and Suzi Jones, eds. *Worldviews and the American West: The Life of Place Itself.* Logan: Utah State University Press, 2000, pp. 31-33.

Cantwell, Robert. *Ethnomimesis: Folklife and the Representation of Culture.* Chapel Hill: University of North Carolina Press, 1993.

Cantwell, Robert. "Foreword: In Good Spirits". In Archie Green, ed. *Torching the Fink Books and Other Essays on Vernacular Culture.* Chapel Hill: University of North Carolina Press, 2001, pp. vii-xxvii.

Cocke, Dudley. "Art in a Democracy". www.communityarts.net (accessed October 16, 2011).

Collins, Camilla, ed. *Folklore and the Public Sector.* Special issue, *Kentucky Folklore Record* 26 (1-2), pp. 2-83.

"Community Arts Network". http://wayback.archive-it.org/ 2077/ 20100906194747/ http://www.communityarts.net/ (accessed October 16, 2011).

Danticat, Edwidge. Create *Dangerously: The Immigrant Artist at World.* Princeton: Princeton University Press, 2010.

Davis, Gerald L. "Foreword: An Appreciation". In Roland Freeman. *The Arabbers of Baltimore.* Centreville, MD: Tidewater Publications, 1989, pp. vii-viii.

Davis, Gerald L. "'Somewhere over the Rainbow...': Judy Garland in Neverland". In *Journal of American Folklore* 109 (432), 1996, pp. 115-128.

Davis, Gerald L. "'So Correct for the Photograph': 'Fixing' the Ineffable, Ineluctable African American". In Robert Baron and Nicholas R. Spitzer, eds. *Public Folklore.* Washington, DC: Smithsonian Institution Press, 2007 [1992], pp. 105-118.

Davis, Susan G. "Ben Botkin's FBI File". In *Journal of American Folklore* 123 (487), 2010, pp. 3-30.

Diamond, Heather A. *American Aloha: Cultural Tourism and the Negotiation of*

Tradition. Honolulu: University of Hawai'i Press, 2008.

Esteva, Gustavo and Madhn Suri Prakash. *Grassroots Post-Modernism: Remaking the Soil of Cultures*. London and NY: Zed Books, 1998.

Feintuch, Burt, ed. *The Conservation of Culture: Folklorists and the Public Sector.* Lexington: University Press of Kentucky, 1988.

Freeman, Roland L. *The Arabbers of Baltimore*. Centreville, MD: Tidewater Publishers, 1989.

Freeman, Roland L. *A Tribute to Worth Long. Still on the Case: A Pioneer's Continuing Commitment*. Washington, DC: Smithsonian Center for Folklife and Cultural Heritage and the Group for Cultural Documentation, 2006.

Fund for Folk Culture. https://scholarworks.iu.edu/dspace/handle/ 2022/ 3850 (accessed October 16, 20ll).

Goldstein, Diane E. *Once Upon a Virus: AIDS Legends and Vernacular Risk Perception*. Logan: Utah State University Press, 2004.

Graves, James Bau. *Cultural Democracy: The Arts, Community and the Public Purpose*. Urbana: University of Illinois Press, 2005.

Green, Archie. "Conversations With: Archie Green". In David Shuldiner, ed. *Folklore in Use* 1, 1993, pp. 5-14.

Green, Archie. *Torching the Fink Books and Other Essays on Vernacular Culture*. Chapel Hill: University of North Carolina Press, 2001.

Green, Archie. "Public Folklore's Name: A Partisan's Notes". In Robert Baron and Nicholas R. Spitzer, eds. *Public Folklore*. Washington, DC: Smithsonian Institution Press, 2007 [1992], pp. 49-63.

Haring, Lee, ed. "Special Issue: Grand Theory". In *Journal of Folklore Research* 45 (1), 2008, pp. 1-105.

Hasan-Rokem, Galit. "Dialogue as Ethical Conduct: The Folk Festival That Was Not". In Bente Gullveig Alver, Tøve Ingebørg Fjell and Ørjar Øyen, eds. *Research*

Ethics in Studies of Culture and Social Life. FF Communications 292. Helsinki: Academia Scientarum Fennica, 2007, pp. 192-208.

Hawes, Bess Lomax. "Happy Birthday, Dear American Folklore Society: Reflections on the Work and Mission of Folklorists". In Robert Baron and Nicholas R Spitzer, eds. *Public Folklore*. Washington, DC: Smithsonian Institution Press, 2007 [1992], pp. 65-73.

Hawes, Bess Lomax. *Sing it Pretty: A Memoir*. Urbana: University of Illinois Press, 2008.

Hufford, Mary. *Conserving Culture: A New Discourse on Heritage*. Urbana: University of Illinois Press, 1994.

Hawes, Bess Lomax, Marjorie Hunt and Steven Zeitlin. *The Grand Generation: Memory, Mastery, Legacy*. Washington, DC: Smithsonian Institution Traveling Exhibition Service and Office of Folklife Programs, 1987.

Hymes, Dell. "Preservation of Indian Lore in Oregon". In Burt Feintuch, ed. *The Conservation of Culture: Folklorists and the Public Sector*. Lexington: University Press of Kentucky, 1988, pp. 264-268.

Ivey, Bill. *Arts, Inc. How Greed and Neglect Have Destroyed Our Cultural Rights*. Berkeley: University of California Press, 2008.

Jones, Michael Owen, ed. *Putting Folklore to Use*. Lexington: University Press of Kentucky, 1994.

Kelley, Robin D.G. *Freedom Dreams: The Black Radical Imagination*. Boston: Beacon Press, 2002.

Kirshenblatt, Mayer and Barbara Kirshenblatt Gimblett. *They Called Me Mayer July: Memories of Jelvish Life in Poland Before the Holocaust*. Berkeley: University of California Press / Judah L. Magnes Museum, 2007.

Klein, Naomi. *The Shock Doctrine: The Rise of Disaster Capitalism*. New York: Henry Holt, 2007.

Kodish, Debora. "Envisioning Folklore Activism". In *Journal of American Folklore* 124 (491), 2011, pp. 31-60.

Kurin, Richard. *Reflections of a Culture Broker: A View from the Smithsonian.* Washington: Smithsonian Institution Press, 1997.

Lear, Jonathan. *Radical Hope: Ethics in the Face of Cultural Devastation.* Cambridge: Harvard University Press, 2006.

Leary, James P., ed. *Wisconsin Folklore.* Madison: University of Wisconsin Press, 1998.

Lindahl, Carl. "Leonard Roberts, The Farmer-Lewis-Muncy Family, and the Magic Circle of the Mountain Marchen". In *Journal of American Folklore* 123 (489), 2010, pp. 251-275.

Long, Worth. "Cultural Organizing and Participatory Research". In Diana Baird N' Diaye and Deirdre L. Bibby, eds. *The Arts of Black Folklore.* New York: Schomburg Center for Research in Black Culture, 1991, pp. 28-35.

MacDowell, Marsha and LuAnne G. Kozma, ed. *Folk Arts in Education: A Resource Handbook I II.* East Lansing: Michigan State University, 2008.

www.folkartsineducation.org (accessed October 16, 2011).

Matsuda, Mari. *Where Is Your Body? And Other Essays on Race, Gender and the Laiv.* Boston: Beacon Press, 1996.

McCarl, Robert. "Visible Landscapes / Invisible People: Negotiating the Power of Representation in a Mining Community". In Polly Stewart, Steve Siporin, Sullivan III and Suzi Jones, eds. *Worldvielvs and the American West: The Life of Place Itself.* Logan: Utah State University Press, 2000, pp. 221-226.

McCarl, Robert. "Introduction". Special issue. In *Western Folklore* 65 (1-2), 2006a, pp. 5-11.

McCarl, Robert. "Foreword: Lessons of Work and Workers". In *Western Folklore* 65 (1-2), 2006b, pp. 13-29.

McDowell, John and Moira Smith, eds. *Advocacy Issues in Folklore*. Special issue. *Journal of Folklore Research* 41 (2 / 3), 2004, pp. 103-294.

Mills, Margaret. "What ('s) Theory?" In Lee Haring, ed. *Grand Theory*. Special issue. *Journal of Folklore Research* 45 (1), 2008, pp. 19-28.

Moses, Robert and Charles E. Cobb. *Radical Equations: Civil Rights from Mississippi to the Algebra Project*. Boston: Beacon Press, 2001.

Mulcahy, Joanne B. *Remedios: The Healing Life of EM Castellanoz*. San Antonio: Trinity University Press, 2010.

Narayan, Kirin. " 'Or in Other Words': Recasting Grand Theory". In Lee Haring, ed. *Grand Theory*. Special issue. *Journal of Folklore Research* 45 (1), 2008, pp. 83-90.

National Endowment for the Arts, www.nea.gov (accessed October 16, 2011).

See National Heritage Fellowships Twenty-Fifth Anniversary 1982-2007, http://www.nea.gov/honors/heritage/fellows/ (accessed October 16, 2011) and Lifetime Honors: NBA National Heritage Fellowships (1982-2010) http://www.nea.gov/honors/heritage/index.html (accessed October 16, 2011).

N' Diaye, Diana Baird and Deirdre L. Bibby, eds. The Arts of Black Folk. New York: Schomburg Center for Research in Black Culture, 1991.

Noyes, Dorothy. "Humble Theory". In Lee Haring, ed. *Grand Theory*. Special issue. *Journal of Folklore Research* 45 (1), 2008, pp. 37-43.

O' Connor, Bonnie Blair. *Healing Traditions: Alternative Medicine and the Health Professions*. Philadelphia: University of Pennsylvania Press, 1994.

Oring, Elliott. "Folklore and Advocacy". In John McDowell and Moira Smith, eds. *Advocacy Issues in Folklore*. Special issue. *Journal of Folklore Research* 41 (2 / 3), 2004, pp. 259-267.

Payne, Charles M. *I've Got the Light of Freedom: The Organizing Tradition and the Mississippi Freedom Struggle*. Berkeley: University of California Press, 1995.

Peterson, Elizabeth. *The Changing Faces of Tradition: A Report on the Folklore and Traditional Arts in the United States*. Research Division Report 38. Washington, DC: National Endowment for the Arts, 1996.

Philadelphia Folklore Project. www.folklore project.org (accessed October 16, 2011).

Pratt, Mary Louise. "I, Rigoberta Menchú and the 'Culture Wars' ". In Arturo Arias, ed. *The Rigoberta Menchú Controversy*. Minneapolis: University of Minnesota Press, 2001, pp. 29-48.

Price, David H. *Threatening Anthropology: McCarthyism and the FBI's Surveillance of Activist Anthropologists*. Durham, NC: Duke University Press, 2004.

Price, Richard and Sally Price. *On the Mall: Presenting Maroon Tradition-Bearers at the 1992 FAF*. Special Publications 4. Bloomington: Indiana University, Folklore Institute, 1994.

Reagon, Bernice Johnson. "Foreword: Nurturing Resistance". In Mark O' Brien and Craig Little, eds. *Reimagining America: The Arts of Social Change*. Philadelphia: New Society Publishers, 1990, pp. 1-8.

Reagon, Bernice Johnson. "Interview with Bernice Reagon". In Clayborne Carson et al., eds. *The Eyes on the Prize Civil Rights Reader*. New York: Penguin, 1991, pp. 143-145.

Reagon, Bernice Johnson. *If You Don't Go, Don't Hinder Me: The African American Sacred Song Tradition*. Lincoln: University of Nebraska Press (The Abraham Lincoln Lecture Series), 2001.

Reid, Herbert and Betsy Taylor. *Recovering the Commons: Democracy, Place, and Global Justice*. Urbana: University of Illinois Press, 2010.

Roberts, John. "African-American Folklore in a Discourse of Folkness". In Barbara L. Hampton, ed. *Through AfricanCentered Prisms*. Special issue. *New York Folklore* 18 (1-4), 2000, pp. 73-89.

Robinson, Beverly. "Mind-Builders Project". In Diana Baird N' Diaye and Deirdre L. Bibby, eds. *The Arts of Black Folk*. New York: Schomburg Center for Research in Black Culture, 1991, pp. 59-66.

Scott, James C. *The Art of Not Being Governed: An Anarchist History of Upland South Asia*. New Haven: Yale University Press. 2009.

Shapiro, Linn, Rosie Lee Hooks and Bernice Johnson Reagon, eds. *Black People and Their Culture: Selected Writings from the African Diaspora*. Washington, DC: Smithsonian Institution, 1976.

Sheehy, Dan. "A Few Notions about Philosophy and Strategy in Applied Ethnomusicology". In *Ethnomusicology* 36 (3), 1992, pp. 323-336.

Sheehy, Dan. "Crossover Dreams: The Folklorists and the Folk Arrival". In Robert Baron and Nicholas R. Spitzer, eds. *Public Folklore*. Washington, DC: Smithsonian Institution Press, 2007 [1992], pp. 217-229.

Shuldiner, David, ed. *Folklore in Use: Applications in the Real World*. Enfield Lock, UK: Hisarlik Press, 1993-1995.

Sipori, Steve. *American Folk Masters: The National Heritage Fellows*. New York: Harry N. Abram in association with Museum of International Folk Art. Smithsonian Center for Folklife and Cultural Heritage, 1992. www.folldife.si.edu (accessed October 16, 2011).

Smithsonian Folklife Festival. 1967-2010. Washington, DC: Smithsonian. Institution Center for Folklife and Cultural Heritage (Program books).

Sommers, Laurie Kay, ed. *Michigan on the Mall*. Special issue. *Folklore in Use: Applications in the Real World* 2 (2), 1994, pp. 153-279.

Spitzer, Nick. "Cultural Conversation: Metaphors and Methods in Public Folklore". In Robert Baron and Nicholas R. Spitzer, eds. *Public Folklore*. Washington, DC: Smithsonian Institution Press, 2007 [1992], pp. 77-103.

Stewart, Polly, Steve Siporiri, C. W. Sullivan Ill and Suzi Jones, eds. *Worldvie1Vs and the American West: The Life of Place Itself.* Logan: Utah State University Press, 2000.

Sweterlitsch, Dick, ed. *Papers on Applied Folklore. Folklore Forum. Bibliographic and Special Studies* 8. Bloomington: Indiana University, Folklore Institute, 1971.

Tchen, Jack (John Kuo Wei). "Thirty Years and Counting: A Context for Building a Shared Cross-Cultural Commons".In *Community Arts Network.* Essay prepared for symposium "Sustaining Voices from the Battlefield: Community Grounded Cultural Arts Organizations @ 30", a conference convened by the Caribbean Cultural Center / African Diaspora Institute at Tisch School of the Arts, New York University, June 8-9, 2007, http://www.communityarts.net/readingroom/archivefiles/2007/11/ 30_years_and_co.php (accessed October 16, 2011).

Wells, Patricia Atkinson, ed. *Working for and with the Folk: Public Folklore in the Twenty-First Century.* Special issue. *Journal of American Folklore* 119 (471), 2006, pp. 3-128.

Welsch, Roger. "Confessions of a Wannabe: When the Prime Directive Misfires". In *Journal of American Folklore* 124 (491), 2011, pp. 19-30.

Westerman, William. "Cultural Barriers to Justice in Greater Philadelphia: Background, Bias and the Law". In *Wording Papers of the Philadelphia Folklore Project* 9, 1994, pp. 1-65. http://www.folkloreproject.org/folkarts/resources/index.php (accessed October 16, 2011).

Westerman, William. "Wild Grasses and New Arks: Transformative Potential in Applied and Public Folklore". In *Journal of American Folklore* 119 (471), 2006, pp. 110-128.

美国公共民俗学对中国非物质文化遗产保护的启示

黄龙光

问题的提出

2008年笔者在北京中央民族大学有幸接待前来访学的美国《公共民俗学》主编罗伯特·巴龙（Robert Baron）与尼克·斯皮策（Nick Spitzer）教授，参与组织并聆听了两位美国公共民俗学家的精彩讲座。2010年笔者又译介了罗伯特·巴龙教授讲座的同题论文《美国公众民俗学：历史、问题和挑战》[1]。2010年5月，笔者诚邀尼克·斯皮策教授到玉溪师范学院、云南大学讲学，后共赴云南省峨山彝族自治县塔甸等彝村进行民俗考察。同年9月，笔者再邀罗伯特·巴龙教授到玉溪师范学院讲学，其后在云南民族大学云南省民族研究所讲学，并在人文学院进行了学术交流。因以上机缘，笔者对美国公共民俗学的理论、方法及其文化实践有了初步的了解和认识。2014年7—8月，笔者有幸亲临美国华盛顿市参加2014年史密森尼民俗生活节，并担当"中国：传统与生活的艺术"主题展演的双语解说人，通过此次参与美国公共民俗学的文化展演实践活动，对其理论、方法及文化实践有了更进一步的理解与亲身体验。作为应

---

[1] 征得作者同意，除已经发表的文献标题之外，本文将"公众民俗学"统一表述为"公共民俗学"。——编者

用性和适用性较强的美国公共民俗学理论及其文化实践，对当前中国民俗学的学科建设、非物质文化遗产保护等来说有何可借鉴之处，中美两国就非物质文化遗产保护可有何交流，这些均是引发笔者思考的问题。

自2004年中国政府正式加入联合国教科文组织《保护非物质文化遗产公约》以来，已10年有余了。一贯强调"经世致用"而带有应用倾向的中国民俗学，给予了作为一种文化实践和社会活动的非物质文化遗产保护工作超高的社会敏感和充分的学科热情。中国民俗学者们从一开始就对非物质文化遗产相关概念进行了学理阐释与反思。还有很多学者对非物质文化遗产保护及传承发出了政论性呼声。一些学者直接参与到各级非物质文化遗产项目的评审、认定工作中，当然也有学者一头扎入田野，进行非物质文化遗产的实际调查与相关研究。2011年，《中华人民共和国非物质文化遗产法》的出台和实施，标志着国家从法理层面上对非物质文化遗产给予保护。虽然该法的实际操作性并不是很强，但从此使得非物质文化遗产保护有法可依。

到目前为止，中国国内对美国公共民俗学理论和方法的介绍，还停留在对其作为美国民俗学一个分支的初步译介上，这方面有限的学术成果有：安德明研究员的《美国公众民俗学兴起、发展与实践》[1]，杨利慧教授的《美国公众民俗学的理论贡献与相关反思》[2]，迪姆·罗仪德（Tim Lioyd）著、饶琴等译的《史密森民间生活节：公众民俗学和非物质文化遗产的范例》[3]，比尔·艾伟（Bill Ivey）著、张举文译的《美国民俗学的三个分支》[4]，罗伯特·巴龙著、黄龙光译的《美国公众民俗学：历史、问题和挑战》[5]以及周星教授的《非物质文化遗产保护运动与中国民俗学——"公共民俗学"在中国的可能性与危险性》[6]等。纵

---

[1] 安德明：《美国公众民俗学的兴起、发展与实践》，《民间文化论坛》2004年第3期。
[2] 杨利慧：《美国公众民俗学的理论贡献与相关反思》，《广西民族学院学报》2004年第5期。
[3] 迪姆·罗仪德著，饶琴等译：《史密森民间生活节：公众民俗学与非物质文化遗产的范例》，《文化遗产》2008年第3期。
[4] 比尔·艾伟著，张举文译：《美国民俗学的三个分支》，《文化遗产》2008年第4期。
[5] 罗伯特·巴龙著，黄龙光译：《美国公众民俗学：历史、问题和挑战》，《文化遗产》2010年第1期。
[6] 周星：《非物质文化遗产保护运动与中国民俗学——"公共民俗学"在中国的可能性与危险性》，《思想战线》2012年第6期。

观以上几篇相关论文，其对美国公共民俗学的理论与方法只做了粗线条的译介，而只有周星教授的论文直接将其与非物质文化遗产保护相对接。在其论文中周星教授指出了公共民俗学在中国的可能性，同时也警示民俗学家过度参与非物质文化遗产保护运动而被行政同化的危险性。因此，走过了近60年的美国公共民俗学对于中国同行来说，依然是新的学科（分支）、学术理念、实践模式。对其进行深入解读并做批判性吸纳，不仅将有助于中国民俗学学科理论与方法的建设，而且它作为一种行之有效的公共文化展演实践模式。对当前中国非物质文化遗产的保护也具有一定的启示意义。

美国公共民俗学及其文化实践的启示

公共民俗学作为美国民俗学的一个分支，其自身早期没有严格的边界，也缺乏对学科理念及其文化实践可能蕴含的意识形态干扰、田野伦理、客体化等问题的自省和反思，仅是作为应用民俗学整体文化实践的一部分而存在和发展。最早在19世纪中期，"应用"民俗或民俗的"应用"，由负责记录美洲土著文化的联邦机构——美国民族事务局（BAE）首次系统地使用。其主要工作是搜集、整理内战之后行将消失的诸如物质文化、口头叙事以及信仰传统等作为美洲土著的印第安传统文化，其目的在于：一是通过全面地搜集和记录，为将来保留印第安文化，二是为了通过更好地理解印第安文化，从而实施更加有效的印第安人管理。显而易见，前者出于一种自然的学术目的，后者则带有应用民俗学天生的意识形态动机。

1888年，美国民俗学会（AFS）成立，罗杰·亚伯拉罕（Roger Abrahams）说学会奠基人对民俗的兴趣拥有一个公共的目的，即"由于受到民俗学家的热情关注而使传统社区及其生活方式变得有尊严，另外，还有一个意味着作为美国人可能要受到锻造的有益理念"。同时，他把美国公共民俗学的建立看作同时是学科专业的创建。① 随即，美国应用民俗学在约翰·罗马克思（John Lomax）、本杰明·波特肯（Benjamin A. Botkin）等著名民俗学家的带领下，通过指导田野调查的方法和技能，对全美范围的传统民俗文化做了搜集和记录。波特肯特别强调对民俗社会、文化语境及其作为"活的知识"如何运行的方式进行搜集。他强调要运用民族志的方法，尽量搜集那些"源自口头"的传统，"忠实记录下听到的一切"，包括被调查者提供的全部田野注释。② 就这样，早期从事应用民俗的学者们，在搜集和记录美国本土民俗的田野调查中不断成长起来。直到1950年，拉尔夫·毕尔斯第一次使用了"应用民俗学"这个术语，他说，"应用民俗学的使用，不论有意无意，都有点民族主义。但它最好的是，通过大众对少数族群价值的鉴赏支持了少数族群的自尊，通过民俗材料的广泛传播拓宽了对民俗遗产的鉴赏"③。波特肯随即给应用民俗学下了定义，亦即"对民俗超越自我的应用"，他认为"应用民俗学家"是与"纯民俗学家"不同的一类民俗学家。应用民俗学家站在民俗学学科之外，服务创造了民俗的民众。他写道，"作为一个应用民俗学者，我一直相信民俗研究属于民俗学者，但民俗自身却属于创造或享用它的民众"。④ 当时，人们对应用民俗学的态度，并不是一边倒的鼓吹和实践。20世纪50年代末到20世纪70年代，学院派民俗学家对应用民俗学提出了强烈的批评，其中尤以理查德·道尔森（Richard Dorson）为旗帜鲜明的斗士。尽管受到抵制和批评，作为第一个联邦民俗生活节，史密森尼民俗生活节于1967年由拉尔夫·雷斯勒（Ralph Rinzler）发起创始。虽然直到今天史密森尼民俗生活节独特的展演模式仍受争议，但美国当代很多著名的民俗学家都曾作为解说人参与史密森尼民俗生活节，并在公共民俗学的理念及实践方面受益颇多。作为一个应用民俗学的中心，美国民俗生活

---

① Roger Abrahams, "The Foundation of American Public Folklore", in Baron and Spitzer eds., *Public Folklore*, 2007a, pp. 258-259.
② 罗伯特·巴龙著，黄龙光译：《美国公众民俗学：历史、问题和挑战》，《文化遗产》2010年第1期。
③ Ralph L Beals, "The Editor's Page", *Journal of American Folklore*, 63(1950), p. 360.
④ Benjamin A Botkin, "Applied Folklore: Creating Understanding through Folklore", in *Southern Folklore Quarterly*, 17(1953), pp. 199-206.

中心在1976年得以成立。该中心随即积极组织了相关的田野调查和民俗展览，组织公共民俗学家和学院派民俗学家共同参与相关的学术会议。

事实上，直到20世纪80年代，大多数在大学以外进行文化实践的应用民俗学家们，才更愿意自己被称为"公共民俗学者"，这是公共民俗学分支意识明确的自我觉醒。公共民俗学，"指民俗传统在其源自的社区内外的新框架、语境下的表征和运用，通常，这种表征和运用通过传统承载者和民俗学家或其他文化专家的通力协作来完成"[1]。罗伯特·巴龙在其《公共民俗学》一书的前言中就阐明道："公共民俗学"，对于民俗传统在其社区内外的新框架、语境下的表征与运用来说，是一个贴切的综合性术语。正如任何社会实践一样，公众民俗实践也是社会建构观点的产物，它天生拥有意识形态的维度。但是，它绝不应将某一特定的意识形态观点强加在社区头上。他接着说，"民俗学家也认识到，在新语境下的公共展示中对民俗的'使用'，能引发民俗材料新的传播模式及功能。他们看到，通过充当新语境下民俗公共展示的代理人，他们可以对传统的复兴与持久性有所贡献。"[2]

综合起来，美国公共民俗学的主要内涵有：第一，纪录和传播传统民俗文化，运用早期留声机、书籍、磁带、光盘、音频、视频、纸质等多样化媒介，全方位地向社会、公众传播、教育传统民俗文化。这也是与学院派相同的解释性和教育性的民俗学基础工作。第二，更为重要的是，在博物馆、培训会以及文化旅游规划中，特别是在民俗生活节等新创设的语境下，对公众展示传统民俗，并在边缘传统民俗承载者与主流公众之间搭起文化对话和交流的桥梁，由此，一方面促进传统民俗文化的广泛传播和公众教育，同时，使传统民俗承载者通过亲身参与社区以外的公共民俗生活节，以重新评估其传统文化的价值，由此提高其文化自觉与自决意识。总体而言，美国公共民俗学所从事的并不是

---

[1] Robert Baron, Nicholas R. Spitzer, eds., *Public Folklore*, Washington, D.C.: Smithsonian Institute Press, 1992.

[2] Robert Baron, "The Professionalization of Folklore Studies", Robert Baron, Nicholas R. Spitzereds., *Public Folklore*, Washington, D.C.: Smithsonian Institute Press, 1992, p.1.

严格意义上的纯学术研究，而是一种具体地实践民俗学学术的文化应用工作。当然，大多数美国公共民俗学家，又都拥有学院教育的背景。

虽然美国公共民俗学早期融于应用民俗学及其文化实践之中，但20世纪80年代以后，公共民俗学者自觉地与应用民俗学划界，以此表明公共民俗学在民俗传统及其公共表征与应用中，不像应用民俗学那样代表社区发言，而是尽力让社区自己发言，公共民俗学家们毕生所从事的工作，就是要真正做到"还俗于民"，这也是其核心理念及其文化实践的最终指向。公共民俗学一直强调，在与社区成员一道表征、展示其民俗传统时，是一种平等合作，公共民俗学家所扮演的只是一个拥有民俗学专业知识，以及各级政府、媒体、项目、新观众等资源途径的文化经纪人角色，他不能也不应过多地干涉文化持有人、传统承载者的文化权益和文化地位。"通过强调对话与合作，公共民俗学家拒绝应用民俗学家对待社区'自上而下'的方法，认为民俗学家不应将某种特殊的意识形态议程强加于社区头上。"[1]也正因为如此，纯学院派批评应用民俗学家（公共民俗学家）不可能同时是一个文化鼓吹者，又是一个价值中立者；公共民俗学家组织各种展览、主持广播节目、办培训班、策展民俗生活节、规划文化旅游等文化实践活动，将贬低民俗学作为一门纯学科的价值和地位，同时，其自身亦不可避免地卷入某种意识形态中不能自拔。这显然是对公共民俗学及公共民俗学家可能在无意识中被沦为政治工具的一种警示。

公共民俗学受到的另外一个严厉的批评是，认为它通过将民俗传统及传统承载者当作一个物体进行展示和表征，是一个文化客体化的行为。对此，理查德·汉德勒（Handler Richard）将"无意识生活方式"和"客体化的传统"进行了对比，发现民俗学家们通过创造"被想象的真实"，事实上却使传统文化变成了一个物体的"客体化"的传统，从而导致了民间社会的终结。[2]对公共民俗学将传统文化客体化的指控，源于少数族群拟对自我的文化付诸自决的诉求，

---

[1] 罗伯特·巴龙著，黄龙光译：《美国公众民俗学：历史、问题和挑战》，《文化遗产》2010年第1期。
[2] Handler Richard, *Nationalism and the Politics of Culture in Quebec*. Madison: The University of Wisconsin Press, 1988, pp. 14, 55, 63.

是一种文化政治学的批判视角。在民俗传统在公共活动中被展示和表征的过程中，社区成员与民俗学家之间，在一定程度上，确实存在地位、权力的不对等，这种不对等使得如何选择展示内容、如何展示以及展示本身，都沦为了民俗学家的"一言堂"。但是，这种诘难完全忽视了公共民俗学家与社区成员一道通力协作，以自然、自我的方式展示和表征民俗传统的尝试，以及为此付出的艰辛和努力。公共民俗学视野下的各种文化实践，很多都是在与社区成员、传统承载者协商与合作的基础之上设计和组织实施的，通过其在各种特设的公共活动中的有效展示和表征，激发人们对传统文化及其价值的再次认识和重新评估，从而唤醒民众对自我文化传承、保护的持续力和生命力，使其远离濒危及断根的命运。这是当前中国非物质文化遗产保护中所迫切需要反思的，也是中国民俗学家参与各种社会、文化实践时需要反思和警醒的。

中国非物质文化遗产保护的现状及反思

中国非物质文化遗产保护历经 10 年有余，以中国民俗学等相关学科参与其中的视角来思考，有以下几方面值得总结：第一，"非遗"保护对非物质文化遗产保护的相关概念和方法，进行了理论性探讨和中国化阐释。尽管直到现在，一个完整而系统的非物质文化遗产学的理论体系远没有建构起来，但学界对物质与非物质、传统文化与遗产、原生态、本真性、整体保护、活态保护、生产性保护、适度开发、教育传承等核心理念及方法，有了较为一致的看法。第二，这一运动对中国庞大的非物质文化遗产项目进行了评审和认定，并在政策和经费上给予保护。截至目前，在文化部非物质文化遗产司的精心组织下，民俗学等相关学科的指导专家先后评审出四批共计 1370 个项目入选国家级非物质文化遗产名录，如果加上省、市、县三级地方非物质文化遗产名录，中国非物质文化遗产保护的总项目数以万计，同时认定了各级别的非物质文化遗产项目的代表性传承人，以及国家级非物质文化遗产项目生产性保护基地名录。第三,"非遗"保护运动参与策划、组织各类非物质文化遗产的展示等各种文化实践,并承担各级别的与非物质文化遗产保护相关的研究课题。与非物质文化遗产保护相关的学术研究的开展,同时也促进了对非物质文化遗产研究方向的研究生的培养以及文化遗产专业学术期刊的发展。

然而,非物质文化遗产保护是一项长期的文化工程与社会实践活动。21世纪自上而下紧急推动的中国非物质文化遗产保护运动走到今天,在如火如荼的非物质文化遗产保护在短期内取得令人瞩目的成绩的同时,对于作为非物质文化遗产保护智库的学界,以及各级非物质文化遗产保护主管及职能部门,已经到了需要冷静、认真思考非物质文化遗产保护中所存在的具体、细致问题的时刻了。而作为与非物质文化遗产及其保护有着最多交集的中国民俗学学科,近年来在与国外同行进行学术交流和学科对话的过程中,自然地引起了我们反思和检讨学科在非物质文化遗产保护中的"所为"与"所不为",未来还能在多大程度上对非物质文化遗产保护做出应有的贡献,以及"它山之石"如何能够"攻玉"等一系列紧迫的问题。

非物质文化遗产保护运动在中国的风起云涌,与当代中国社会在持续改革开放,特别是实行市场经济后取得骄人经济成就后重建民族精神的诉求息息相关。在当前中国非物质文化遗产的实际保护中,各级政府、学界(专家)、商业资本以及传承主体等各方,都在更加全球化、市场化以及城市化的国际国内复杂背景下,进行着复杂而微妙的互动与博弈。其中,"政府主管"是中国非物质文化遗产保护的传统与特殊性,即各级政府在非物质文化遗产保护相关政策的制定以及非物质文化遗产项目的识别、评审、认定、保护与传承资助中,进行通盘的管理和控制,无形中对参与非物质文化遗产保护的其他各方施加了强大的意识形态影响,包含对拥有遗产保护相关专业知识的专家和学者们的行政干扰。因此,在非物质文化遗产相关概念的界定、分类标准的制定、行政区划非物质文化遗产以及诸如民间信仰的非物质文化遗产项目认定等问题上,出现了学科界定分类与行政界定及分类标准意见相左的情况,结果是拥有强大政治影响力的行政力量显然拥有更多的话语权。在这种情况下,包括民俗学家在内的非物质文化遗产专家们如果不自省，则有被行政彻底同化的危险。对此，周星教授指出，"中国尚缺乏尊重学术独立性的社会氛围和共识，在行政体系尚没有习惯倾听学者主张的当下，学问的自由和独立性经常会被权力裹挟和同化，因此，参与运动的民俗学者独立的立场和基于学术研究而提出建言的勇气，显得尤其重要"[1]。如此对遗产的征用与对学者的御用，如果学者自身对此没有清醒的认识和坚强的信心，将使其在开展非物质文化遗产的学术研究及其相关文化实践中，难以保持价值中立的公正立场，长此以往，不仅将贬损民俗学学科的价值，而且也将直接危害非物质文化遗产的保护。

美国学院派民俗学家与公共民俗学家曾经相互指责，学院派认为公共民俗学家的学术理论水平有限、成果质量低下，容易陷入主观情绪变动且易被政治化，而公共民俗学家认为学院派在远离民间的大学里只顾自己所谓的纯粹学术研究和工作，不去真正关心民俗传统的传承者及社区成员的生活。

"学术乃天下公器"，中国民俗学一贯秉承"经世致用"的应用倾向，虽然在文化保护理念及实践中对"传统"、"原生态"以及"本真性"等问题的讨论，在内部事实上也产生了"激进"和"保守"这两种截然相反的观点，但从未正式、明显分流出"学院派"与"应用派"。从20世纪初的"歌谣运动"到"民族识别"到"三套集成"，再到21世纪初的"非物质文化遗产保护"运动，无不见民俗学者的身影，从这个意义上说，大多数的中国民俗学者是学院派，更是应用派。也正因为如此，中国民俗学界长期以来对自身参与各种社会、文化实践，比较缺乏应有的反思和及时的检讨，随之而来的，我们在学院研究和公众实践两方面都未能取得卓有成效的成绩。在中国民俗学的各种应用层面，从"到民间去"、"眼光向下的革命"到"三套集成"采录，到充当专家对非物质文化遗产项目的评审、认定，都有意无意地犯了拉大民俗学家与民间、社区在阶序、权力方面不平等的错误，在一定程度上滥用了专业知识及学术话语霸

---

[1] 周星：《非物质文化遗产保护运动与中国民俗学——"公共民俗学"在中国的可能性与危险性》，《思想战线》2012年第6期。

权。"作为评判者的专家委员会及构成这种委员会基础的诸多学者，成了当然的主体，而传统文化及其承载者，则成了被客体化的，有待官僚机构和学术评估、认可和命名的对象。"① 这里指出的诘难，是公共民俗学在文化展示中将传统民俗及其承载者客体化的问题。历史地看，对于客体化连同客观性、文化自决、协作对话，以及知识产权等相关问题，中国民俗学家们在组织实施一系列的社会、文化实践过程中，竟没有过哪怕不是学理的自我探讨和独立反思。同时，囿于学院派所一直强调的扎实而专业的基础性学术研究的不足，在非物质文化遗产保护的指导和咨询提供方面，在与历史学、管理学、社会学等相关学科相比时，则略显尴尬。

　　基于思考民俗传统如何应对当代社会发展问题的美国公共（应用）民俗学，在百多来年参与各种文化实践的过程中逐渐成长起来，更在与学院派民俗学家的持续论争中成熟起来。长时期对民俗传统的公共展示及实践，使得美国民俗学在博物馆展览、民俗生活节的组织等方面，积累了丰富的文化展演理念及经验；而与学院派的论争，则通过不断的检讨和反思，直接丰富和提升了美国民俗学的学科理论及方法。现在，美国民俗学会中有近一半的学者更愿意被称为"公共民俗学者"，同时很多出身学院而从事公共民俗实践的公共民俗学者则回到大学任教、研究，学院与应用这两派昔日论辩的对手，已相对平和地一起对包括非物质文化遗产在内的民俗传统进行全面的研究和教育。对公共民俗学的未来走向，罗伯特·巴龙指出，"公共民俗学的学术准备是，当学生在非学术环境中真正应用民俗学的学科知识时，应将理论和实践有效地结合起来。这样的训练，应该通过诸如展览、节日和纪录，电影、音频和视频产品，面向大众的评论和其他出版物，以及教育活动中的艺术等公共展示媒介，让学生为基于民族志的民俗表征创造做好准备。"②

---

① Robert Layton, Peter Stone, Julian Thomas eds., *Destruction and Conservation of Cultural Property*, London and New York: Routledge, 2001.
② Robert Baron, *The Professionalization of Folklore Studies*, in Robert Baron, Nicholas R. Spitzereds., *Public Folklore*, Washington, D.C.: Smithsonian Institute Press, 1992, p. 1.

中国民俗学如何汲取美国公共民俗学理论的健康养料,以避免我们在非物质文化遗产保护等公共文化实践中犯错误?如何借势中国非物质文化遗产保护工作,大力夯实和进一步发展中国民俗学的学科?一方面,要加强、加大中国民俗学本体研究的理论、方法建设。首先,我们要全面扎实推进作为民俗学学科基础的民俗本体研究,历史文献爬梳与田野调查齐头并进,为中国非物质文化遗产保护提供基础性、专业化的精致的民俗志报告,提升中国民俗学研究的整体质量。其次,在民俗本体研究过程中,提高自觉的学科理论反思与建构意识,及时加强与国外同行的学科对话和学术交流,推动中国民俗学学科的理论建设。另一方面,在非物质文化遗产保护等公共社会、文化的实践当中,在尽量避免自身被权力和资本客体化的同时,避免非物质文化遗产主体的客体化。民俗学者应谨慎、适当地把握好作为文化协调人的中立角色,与民间社会文化传承人通力协作,为促进民族传统文化的可持续良性传承、增进人民福祉而做出不懈的努力。

结语

美国公共民俗学的产生有其深刻的历史文化背景,中国民俗学界在非物质文化遗产保护等领域进行传统文化的公共展示、展演等文化实践中,当然需要考虑中国特有的历史、社会语境。中国以传统的农耕社会为主体,城市"非农"人群也是由历史上早期农民历经长时间的都市化养育而来,他们身上带有传统的文化血脉及历史记忆。现代城市移民则刚从二元对立的乡—城位序中的下层乡村涌入,他们中的大多数还未在现代都市完全扎根,其身上更明显带着具有浓浓乡土气息的传统民俗。只是他们在繁忙的都市生活适应中,不得已将其暂时忘却、悬置起来。在高度工业化、城市化的美国,公共民俗学组织传统承载者在社区之外对新观众进行跨文化的展演,而在中国语境下,这种公共文化展演只是一种相对的框设和界定,即在中国组织公共民俗活动更容易也更能被接受，因为边缘乡村人和主流城市人之间的文化边界不像其行政边界那样不可逾越。但是，对于想迫切加入工业发达的现代化国家行列的当代中国而言，不论都市还是乡村，人们都同样急切地以贬低、抛弃自我传统而欲早日拥抱、接纳外来的现代异文化，这可能就是未来中国公共民俗学及其文化实践需要面临、应对和解决的问题。

在不久的将来，我们乐意看到，中国民俗学家真正和民间社会成员一起，将那些源于民间的优秀传统文化，创造性地置于更大、更新的语境下，进行全方位的展演（performance）和表征（representation），使全社会每一分子能够欣赏并拥有这些传统文化的精粹，使他们认真地重新评估民族传统文化的价值和地位，借此从内而外、从外而内地主动传承和保护民族文化传统。这样做的最终目的是，在面临日益全球化、工业化及城镇化的今天，通过传统文化的公共展示与有效表征，激发民族传统文化的动力和活力，使传统文化成为现代生活的一部分，使现代性自然接纳、包融传统，从而提高我们的文化素养与生活质量，使我们真正成为文化上幸福的人。

公共民俗学的可能性*

〔日〕菅丰

民俗学是实践之学吗？

请允许我再次从柳田国男提起话题。柳田国男创设的学问，一直被认为是"经世济民"之学。它的目标是改良社会使之成为治世，拯救民众于苦难之中，即所谓"经世济民"。例如，专攻经济史的藤井隆至曾将柳田之学解读为社会政策学，并将其定位为通过深化发展农政学而成为经世济民之学①，主张不应该把柳田之学当作民俗学来阅读，而应当作"人间学"、进而当作经济学来阅读②。的确，在柳田国男提出乡土研究的草创时期，其著作中镶嵌有很多辉煌的名句，提示着经世济民的思想，诸如"学问救世"、"不以学问成就实用之我为耻"、"为何农民如此贫困"③ 等等。此前，其以农政学为基础的实学性著述，也有不少问世。藤井认为，柳田始终关心现实社会的意图是贯穿其学问的基轴，

---

* 本文由周星译自岩本通弥、菅丰、中村淳：『民俗学の可能性を拓く―「野の学問」とアカデミズム―』，青弓社，2012 年 11 月，第 83-140 页。
① 藤井隆至：『柳田国男経世済民の学―経済・倫理・教育―』，名古屋大学出版社，1995 年。
② 藤井隆至：『柳田国男「産業組合」と「遠野物語」のあいだ』（評伝・日本の経済思想），日本経済評論社，2008 年，第 202 页。
③ 柳田国男：『郷土生活の研究法』，刀江書院，1935 年。（本文引自『定本柳田国男集』第二十五卷，筑摩書房，1964 年，第 92-93 页）。

并将如此理解柳田之学的立场命名为"深化说"。

另一方面，也有人主张，柳田之学实现了从农政学向民俗学的过渡，其前后有很大变化，甚至完全变样，农政学和民俗学其实彼此无关。藤井将这种观点称为"无关说"[1]。主张无关的代表性人物岩本由辉也是经济史专业的学者。岩本认为柳田的农政学遭遇到"挫折"，他在民俗学之前曾立志于农政学，后因为挫折，其学问的方向有了很大改变。

的确，翻阅农政学者和农政官僚时期柳田国男的著作，大都是经济和农业问题，说他对现实社会的关注构成了其研究的核心，亦不为过。其中还伴随着政策建议型的重视实际性的视点和主张。他讨论的问题，例如，产业组合和农民的分配问题、旨在促使职业农民自立的中农养成政策、对征收小农租米政策的批评等，都是一些"现实之事"、"实际之事"。柳田在民俗学之前，就已从事过在当时堪称是先驱的前沿性探讨，但当时的学术界和官场是农本主义的小农保护理论占据统治地位，柳田的意见不被接受，于是，他被认为在"挫折"面前，放弃了农政学。[2]

民俗学研究者福田亚细男也赞同"无关说"。福田认为，柳田在1910年"整理《时代与农政》一书，就是要和奋斗了10年的农政学告别。柳田国男的农政学明显遭遇挫折，但这为他迈向民俗学提供了道路"[3]，同样把柳田转向民俗学理解为是始于农政学的"挫折"。

对于柳田之学和现实社会之关系的"深化说"和"无关说"，笔者认为，就柳田整体上体现出的学术经营而言，应该承认存在一些"深化"的部分，但他创立的民俗学本身却应被认为和农政学无关。完全没有必要将柳田巨大的学术经营和思想，全都使用"民俗学"这一狭窄的概念来涵括。

在当前，已不必费时再去讨论这两个观点相反的学说的对与错。探讨柳田

---

[1] 藤井隆至：『柳田国男「産業組合」と「遠野物語」のあいだ』（評伝・日本の経済思想）、第Ｖ頁。
[2] 岩本由輝：『論争する柳田国男―農政学から民俗学への視座―』、御茶の水書房、1985年、第5-30頁。
[3] 福田アジオ：『柳田国男の民俗学』、吉川弘文館、2007年、第23頁。

过去的学问和思想,对于理解"当今"的民俗学,几乎没有帮助。现在需要追问的重要问题是当前的民俗学是否具备关注现实社会的实践意识[1],或者民俗学是否具有和现实社会发生关联的方向。回答这样的问题并不难。截至目前,民俗学在较为引人注目的场景下,尤其是在学术界有一定地位的的大学和研究所等学院派研究者并没有强烈的实践意识,也没有积极地探索参与现实社会的方向。当然,民俗学界也有很多在当初打出"学问救世"的目标、诸如宫本常一那样的实践派民俗学研究者。在学校和博物馆等场所,在管理教育和文化的公共部门开展与社会密切相关的各种活动的人们,也有作为民俗学研究者而在学术界活跃的情形。但是,自从20世纪50年代末以来,伴随着民俗学的学院化,此类实践性的目标与活动受到轻视,甚或被熟视无睹。因此,截至目前,日本民俗学有关学问的实践性,或者以民俗学对现实社会问题的参与为对象的研究很不活泼,有关这些方面的实例研究和理论研究均没有多少积累。

有人认为,柳田民俗学"作为实践科学"是不彻底的。[2]但也有不少民俗学研究者认为,在民俗学的底层,作为学术精神的实践性不可或缺。例如,赤田光男[3]、真野俊和[4]、松崎宪三[5]等人,曾将实践性视为现代民俗学的具体课题进行过探讨。其中,赤田光男曾依托大冢民俗学会编《日本民俗事典》,按照

---

[1] 这里所说的实践主要是指在微观的现场,促使在相互认识的人们中间潜在的问题得以化解,或为他们追求的幸福而具体地打拼。从历史上看,南方熊楠反对神社合祀的运动、柳田国男的中农养成政策、宫本常一振兴离岛的建议等,无论成败如何,皆可视之为实践。宫本等人的实践可以说是位于本文讨论的实践的延长线上,但柳田的社会活动,其微观的现场性较为薄弱。当然,那样高瞻远瞩的政策性或具有社会性价值的建议,以及由此引起的社会文化运动的价值和动员能力不容有任何轻视;只要有可能实现,民俗学研究者就应该积极行动。考虑到当今民俗学研究者的政策提议、社会价值创造及其实现的能力和发言的影响力等,超越封闭世界内评论和批评的层次而能带来变化的行为,若想和柳田那样体现出同样的手法并非易事。

[2] 岩本由辉:「民俗学の限界」、鸟越皓之编:『民俗学を学ぶ人のために』、世界思想社、1989年、第84-85页。

[3] 赤田光男:「民俗学と实践」、鸟越皓之编:『民俗学を学ぶ人のために』、世界思想社、1989年。

[4] 真野俊和:「『ふるさと』と民俗学」、国立歴史民俗博物館编:『国立歴史民族博物館研究报告』第27号、1990年。

[5] 松崎宪三:『现代社会と民俗』、名著出版、1991年。

社会传承、经济传承、礼仪传承、信仰传承、艺能传承、言语传承等分类，对民俗学应予实践的课题进行了归纳。今后民俗学研究者在微观性现场进行实践之际，其作为索引很有利用价值。遗憾的是，此书虽然概括了民俗学应该从事的课题，却没有涉及具体的方法、目的、理念和理论，也没有看到具体的研究实例。

关于民俗学的实践问题，在1998年召开的日本民俗学会第50届年会的研讨会上，曾以"现代社会与民俗学的实践"为主题，其内容后来反映在《日本民俗学》第220号（1999）之中。发表者根据各自的实践经验所做的研究发表，显示出有关民俗学的实践较难解决的一些课题。首先是民俗学研究者的"立场"问题。例如，当时还是博物馆学艺员[①]的永松敦，强烈地意识到民俗学内部研究者的立场差异问题。他说："大学等教育机关和笔者作为隶属于教育委员会的博物馆学艺员之间，所承担的角色各有不同"，前者主要是对某一特定社会之民俗事象的传承状况及其变迁进行观察和记录，后者主要是进入民众（在椎叶村被叫做传承者）之中进行作业，与其说是旁观者，不如说完全被民俗社会卷入其中。[②] 这种看法先验性地设置了研究者的立场隔阂，从一开始就认为各自的活动内容具有固定性。本文提示的公共民俗学，是试图超越上述立场的隔阂，以相互的协作互动为目标。永松还提出："民俗因民众生活方式及共同体意识的变迁而发生变化，这应该由民众的意志来决定，研究者不宜介入其中"，对作为外人的研究者介入民俗传承持否定性意见。但另一方面，他又说"若就经济问题而言，笔者认为，关于利用民俗文化的经济活动，民俗学者应积极发言"。民俗学研究者当然应该遵从民众的取舍决定，但不应从一开始就对研究者介入民众做出决定的场合并给予某些影响之事予以否定。作为外人的研究者，考虑到传统承担者的决定，同时也就民俗的传承以负责任的态度发表

---

① 学艺员：在博物馆从事资料的搜集、保管、展示以及调查研究等业务的专门职员。大体上相当于我国博物馆的馆员。——译者
② 永松敦：「民俗伝承を活かした地域づくりと博物館」，『日本民俗学』第220号、1999年。

意见，进而有可能影响到民众的决定行为。更应该做的是通过对话带来的各种信息，能够为其有效的决定做出贡献。永松"承认"的对经济问题的"发言"，和对民俗传承之取舍决定的介入并没有任何不同。两者均是对当事人施加影响的介入行为，首先自觉到此种介入，慎重地推量介入可能带来的结果的状况等，并对结果承担责任的姿态，才是需要的。轻举妄动或轻佻浅薄的所谓实践，当然应该警惕和戒止。

这次研讨会呈现出民俗学的实践性课题面临的更为严重的困难，是民俗学研究者的"实践"究竟是指什么？汤川洋司对实践表示了颇为消极的见解。他说："说起'实践'，一般人的理解是一定要伴随着某些具体行动。我并不认为必须如此。我认为所谓学问的实践，就是关于现代社会所发生的现象和动态，有需求的话，研究者应该负责任地予以说明，为此需要事先做好准备。"[1] 汤川也和永松一样，对立场有固化的认识，并先验地认为实践对应于固化的立场差异，实践的手法也存在差异。汤川的消极性意见，对于学问之实践的认知极端狭隘。此种意见即便不说全部，其实也是日本大多数学院派民俗学研究者共同拥有的。对这种见解，应该批评说它反映了民俗学研究者对现实问题的逃避。只是"说明"，进而有所"准备"，一般难以称作实践。就常识而论，被汤川否定的"某些具体行动"，才是所谓的实践，只适用于民俗学的偏狭的实践教条，按理难被承认。

汤川对来自会场的反对意见，例如，"说记述就是实践，未免过于消极"，其回应是："所谓实践，或许是指在审议会上围绕水库建设的可否陈述意见，抑或倡导反对，举行示威活动等（中略），我以为此类'实践'已超出了学问的范围。"他对实践的理解，明显地与一般的社会认识有较大歧异，而多少有些特化。此种实践观陷入了在任何社会也不能通用的辩词之中。

为了汤川的名誉，此处应该追加几句。他对实践的消极意见，确实自有缘由。在他的研究对象熊本县五木村，人们因水库开发备受困扰。曾经持反对意

---

[1] 汤川洋司：「開発とムラ―川辺川ダムをめぐって―」、『日本民俗学』第220号、1999年。

见的居民后来因为社会形势的变化不得不表态赞成，情形颇为复杂。在当地内部，对水库建设的意见多种多样，不可能只是基于某种单纯的价值直接就去从事实践。在复杂情形下，难以简单做出价值判断，并进入实践的状况，我也深有同感。但即便身处不能展开实践的状态，也不宜因此就从一般的实践定义及其意义大幅度后退，缩小实践的定义以自我肯定，这明显是一种逃避。这种态度坦率地表露了一个民俗学研究者的无力、无奈，但即便如此，依然持续地直面困难的实践才是应有的姿态。姑且不论实际上是否介入实践，我们在场，就很难作为缺乏社会性的民俗学研究者或其他第三者而在场，实际上当地也不需要那样的第三者。在公共民俗学的研究内容里，提示了在此类不能随意进出之状况下实践的困难，包含了对轻易实践的警钟之意。

对民俗学的实践持消极态度的，例如，福田亚细男，对上述赤田光男、真野俊和、松崎宪三等人的主张和方向性抱有疑虑，认为有些活动说是实践性课题，但其动向其实就是在行政主导下，对（行政所为）予以肯定性地介绍。他进而思考民俗学该如何有所贡献。福田认为民俗学的作用"倒是应当站在当地居民一侧，对相关问题进行批判性地检讨"，他主张在政策批评方面，民俗学应该对社会作出实践性的贡献。[1]这是针对民俗学之政治性的批评，非常确当，但另一方面，深切意识到此种政治性或超越它，进而实践的可能性——正如美国公共民俗学的部分人标榜的那样——完全没有被考虑到。福田的见解是对"行政"即公共部门的活动持有警戒之心，这也是先验并否定性地看待其行为的时代——战后民主主义一代的固定观念。当然，公共部门的活动至今仍每每会有与当地居民的价值相背离，并搅乱其生活的情形，但考虑到现代地域社会人们的生活，公共部门的关涉不可或缺，同时它也是当地的人们所希望的。不应该从一开始就对公共部门的行为抱以白眼的偏见，而应该将其视为当地人生活中统治结构的行为主体之一，予以明确的定位，进而采取推动其中良好的协作互动关系，或在对抗中摸索确保中立的姿态。我们不应陷入全面肯定或全面

---

[1] 福田アジオ:「民俗学の動向とその問題点」,『日本民俗学』第 190 号、1992 年。

否定实践的单纯且"错误的二元论"的陷阱之中。

和上述对实践持慎重态度的意见相对应，近来也有人，例如山下裕作，主张民俗学应该积极地致力于实践。其研究[①]中涉及实践的地方，很多我也颇有共感。山下研究的并非民俗事象，而是在实践中寻求民俗学的本分，亦即把民俗学视为是通过对民俗事象的研究，致力于地方知识和共同意识的再生产，并由生活者自身解决身边各种问题的学问。这一点和公共民俗学的目标相类似。但山下的实践论和本文提示的公共民俗学之间，却在以下问题上有根本性的差异。

和本文提示的公共民俗学的实践论不同，山下的实践论虽然以实践为主要着眼点，却缺乏将他者和自己的实践予以相对化，抑或反思性的把握，进而反馈于自己的认识和行为这一适应性的实践原理。山下反复批评来自民俗主义的批评，却从一开始就将对于那些民俗主义批评暴露出来的结构性问题的理解排除在外了。如此的实践有一种危险，亦即陷入恰如美国民俗学曾经讨论过的客体化产生的弊端——对政策的背书拥护之中。反思的姿态是介入他者的生活及文化的研究者经常被要求具备的，缺乏此种姿态的幼稚的民俗学实践，比起消极地看待实践的民俗学更加危险。山下在展开自己的民俗学实践之前，构成其判断性见解的绪论，是基于当时他所从属的公共部门（农林水产省系统的研究人员）的立场和体验而建构的，其中虽然对渗透到公共部门的"官方学术"和"农学社系"的实践有所批评，却看不到有对曾经属于公共部门的自己的实践，诸如对立场的认识、对自己被无意识地制约着的规范性认知建构过程的反省等。

山下研究的问题还在于为了强化自己有关实践的主张而利用日本民俗学过去的一些权威。对柳田国男和官本常一等人的异质性实践的细节不加斟酌，将其和自己的实践论相联系，以借用其权威性。对早川孝太郎的"过度"评价不免有历史修正主义之嫌。在如此回归民俗学权威的同时，对海外有关实践的研

[①] 山下裕作：『実践の民俗学－現代日本の中山間地域問題と「農村伝承」－』，農山漁村文化協会、2008年。

究未做充分检验，便基于偏颇的先入为主和价值观予以排除和否定。山下断言"应该回归的立足点绝不应是从美国和德国民俗学输入的'应用民俗学'"，但他果真阅读过相关的论述吗？山下批判道：其对民俗的"应用"是将民俗作为资源予以物化、客体化；客体化了的民俗又被"行政"和"官方学术"所利用。他颇为单纯地得出论断：从事客体化的学问已经变成了不过是"把或许有用的资源从现场带走，作为客体予以加工的手段"而已。① 但理应构成其论断之依据的，却不见他有对美国和德国"应用民俗学"的任何先行研究。

山下所谓从德国"输入"的应用民俗学究竟是怎么回事，笔者孤陋寡闻，不得而知。至少美国的应用民俗学——通常认为目前尚未引进——远非山下用几行文字的论断就能归纳的那么单纯。美国的公共民俗学和应用民俗学对于客体化有非常多的讨论，也有很多积累。其对问题的困难性远比日本民俗学更加敏感。其应用民俗学现在已和狭义的公共民俗学分道扬镳，以便与人们一起就客体化展开各种各样的协作互动。对如此多样且厚重的状况无知地予以单纯化并藐视之，不得不说山下在学问上有欠诚实。

不言而喻，虽然精细粗疏有别，世界各地有不少民俗学的实践实际存在着值得学习和借鉴的方面，民俗学的实践绝非仅是日本才可考虑之事。若认真地考虑民俗学的实践，日本民俗学就不应处于自闭状态，而是有必要睁大眼睛巡视同时代在世界各地广泛展开的民俗学实践。其实，只要民俗学作为一门学问存在，就不仅是实践和公共民俗学，还应该在所有层面均向世界扩展视野。

下文将首先梳理学术显著介入公共领域、学术的实践性也得到积极讨论的美国人文社会科学的现状，进而解说其中公共民俗学这一民俗学的方向性；然后通过将美国民俗学与日本民俗学进行比较，以导引出今后日本公共民俗学的可能性，与此同时，还试图提示应该在日本孕育发展的公共民俗学的多面向概念图式。

---

① 山下裕作：『実践の民俗学－現代日本の中山間地域問題と「農村伝承」－』，農山漁村文化協会、2008 年、第 46 頁。

面向社会开放的学问：学术的公共性

20世纪90年代以降，社会上和各种学术领域均显著出现了对"公共性"[①]的关心。当前有关公共性的定义和具体内容，仍存在很多歧义，很难统一为一元性的理解，但可以断定，其发生与以"市民"为主体的市民社会理论所产生的状况密不可分。公共性曾被认为是由"公共＝官府"赋予其形式的，现在取而代之的则是市民的公共性的重要性得到确认。本文讨论的并非"公共性的学问"或"公共性的研究"，而是"学术的公共性"。

民俗学有可能与"市民"这一表述或由它概括的人们之间产生不协调。截至目前，民俗学涉及的人们主要是来概括"常民"或"地方的人们"的，其特征在于他们的主体认识和行为均带有来自过去的拘束性。在日本民俗学的关键词之一"传承"这一用语中，内含着从过去到现在的文化与价值的继承性，潜在着对于"当今"不是仅就"当今"来理解，而是把"当今"理解为与"过去"相联系的"当今"这一视角。"当今的过去拘束性"这一视角为日本民俗学的方法和对象赋予了特征。由此视角出发，被民俗学视为对象的人们，并非只是基于现代的价值和逻辑而生活，而是受到来自过去的价值和逻辑的影响和制约。

[①] 公共性这一用语在很多领域被反复讨论，至今仍给人以暧昧模糊的印象。政治思想学者斋藤纯一将公共性这一用语图式化，认为它有三层意思：（1）与国家有关的公共性（official），这层意义的公共性是指国家通过法律和政策针对国民所举办的活动。（2）不是与特定的人，而是与所有的人有关的公共性（common），这层意义的公共性，是指共同的利益及财产，应该达成的共同规范、共同关心的事务等。（3）对任何人都开放的公共性（open），这层意义的公共性是指不能拒绝任何人进入的空间和信息等。若理解了公共性的此类寓意，则追问"学术的公共性"的民俗学，亦即公共民俗学，也可以具有三个层次：与国家和地方行政等有关的，例如，公共部门的民俗学（public sector folklore）；与所有人有关的民俗学，例如，为促使民俗学进入公共场合，推动社会就各种事务展开对话，民俗学研究者致力于把各自相信的价值从微观层面予以提示的民俗学；对任何人开放的民俗学，例如，民俗学曾经追求（或被当作）的作为"在野的学问"这一目标。上述几方面时不时会有分裂或对立，但公共民俗学的方向是致力于超越分断以实现协作互动。参见斎藤純一：『公共性』、岩波書店、2000年、第8-10頁。

市民一般被认为是自觉到自己是社会的主权者，能够自律、自立，能动地、自发地、独立地参与公共性的形成的人们。如果假定存在着纯粹理念型的市民，就其行为和思考的原理而言，市民可被认为是从过去的拘束性获得解放的人们，但在现实中这样的人应该为数很少。可以认为市民和与民俗学打交道的人们之间，有着不同的社会观念。作为民俗学对象的社会，通常会用"共同体"一词来表述。这与市民所依托的公共性和公共领域（public sphere）之类的社会观念有很大差异。斋藤纯一以汉娜·阿伦特、尤根·哈贝马斯的讨论为基础，认为公共性在"同化／排除之机制不可或缺"这一点上和共同体形成了鲜明的对照[1]。

从"公共性"和"共同体"的对比来看，民俗学截至目前主要是将存在于非公共性领域里的文化——民俗——作为对象，将处于非公共性领域里的人们——非市民——作为对象的。民俗学视为对象的民俗等于历史地积累下来的共同体的价值和存在方式，并不具备公共性，甚至还有可能与近现代的公共性的观点有所抵触。截至目前，民俗学视为对象的人们未必都是市民，也有可能是和市民持有不同的价值和思考方式的人们。

从公共性和共同体的差异性观点出发，一方面，公共民俗学有可能与民俗，

---

[1] 根据斋藤纯一的归纳，公共性和共同体的差异主要有：(1) 与共同体制造锁闭的领域相对应，公共性是任何人均可进出的空间。（略）开放而不锁闭是公共性的条件。这个条件是通过将"外部"形象化而使"内部"形象化的共同体所欠缺的。(2) 公共性不像共同体那样是充斥着等值性价值的空间。共同体要求成员共同拥有无论是宗教的价值，抑或是道德的或文化的价值，亦即对于共同体的统合被认为具有本质性的价值。与此相对，公共性的条件是人们持有的价值相互之间是异质性的，公共性是在复数的价值和意见"之间"生成的空间，反之，在失去了"之间"的地方，公共性就不能成立。(3) 共同体以其成员内在地持有的情感理念（爱国心、同胞之爱、爱社精神等）作为统合媒介，公共性以人们对彼此之间存在的事情、发生的事件等的关心（interest）——interest 的语源为 inter-esse（在彼此之间）——为媒介。公共性的交流围绕着共同关心的事项展开。公共性不是由某种认同控制的空间，是以差异为条件的言说的空间。(4) 并非认同（同一性）空间的公共性，不谋求共同体那样的一元或排他性的归属感（belonging）。为公共献身、忠诚于公共之类的表述明显地存在语义矛盾。在公共性的空间里，人们可以多元地涉足（affiliation）复数的集团与组织。如果要使用认同这一用语，那么，该空间里的认同就是多义的，自己的认同并非是由某个唯一的集合认同所构成和定义。参阅齋藤純一：『公共性』，第5—6頁、岩波書店、2000年。

或者与存在的共同体以及生活于其中的人们发生对抗。这是对历史地积累下来的共同体的价值以及保持这些价值的人们否定性地看待的态度，同时也可以说是针对"内部"本身或使"内"、"外"形象化持批评性目光的立场。具体而言，是要找出在民俗之中存在的对社会带来弊害的压抑性因习，并试图促使它更改甚或消失。这是对于由民俗这一本质性的价值和规范所统合的不自由、不公正予以克服的姿态，同时也可以说是对于歧视和"事大主义"[①]等内部原理相对抗的逻辑。

另一方面，公共民俗学也有可能与否定民俗或存在的共同体及生活于其中的人们的公共性发生对抗。这是对于历史地积累下来的共同体的价值以及保持这些价值的人们予以肯定性地看待，甚或予以支持的姿态。同时，通过有意识地肯定、容忍"内"与"外"的形象化，或者策略性地予以利用的方式，可以说是朝向"外部"持批判性目光的立场。具体而言，是要从包含公共性的思想在内的外部价值中，找出可能会给实际的微观社会带来弊害的压抑性威权和加害者并与之对抗。这同时也是对于因近现代知识、全球化的知识等所谓普遍性价值和规范的介入和表象所导致的不自由、不公正予以克服的姿态，也可以说是与开发和公共政策等外部原理相对抗的逻辑。

前者是从公共性出发重新把握民俗的姿态，后者是从民俗出发重新把握公共性的姿态。两者之间的态势也有可能相互并置，但公共民俗学研究者的行动将成为带来正反两种结果的决定性因素。就是说，公共民俗学是从公共性的观点思考民俗及其承载者们的学问，但同时也可以说是从民俗及其承载者们的观点出发，重新追问已在现代社会中被过度和无批判地认可了其价值、因而具有巨大影响力的市民之公共性之类言说的学问。就此而论，在笔者提示的公共民俗学中，公共性的价值和市民的优越性并非不言自明，公共民俗学时不时需要从共同体一方出发，反驳或抵抗公共性言说及宣扬它的市民。

在现实中，并不存在市民/非市民这一明确的二元对峙、二元论，而是因

[①] 事大主义：没有自己的信念，只是迎合统治势力和风潮以图保全自身利益的态度和观点。——译者

意识到或信奉公共性的不同程度，其"市民性"的色彩有浓淡的不同而已，如此考虑才较为妥当。

公共性理论和市民社会理论席卷而来，不仅裹挟了政治学、经济学、法学等实学性的学术领域，还促使很多人文社会科学也予以积极对应。在各种学术领域，不仅对公共性展开学术性检讨，而且从学术的公共性这一观点出发的再检讨也正在深化之中。在一些学术领域，冠以"公共"的研究方向正在迅速增多，尤其在美国学术界，这一动向尤为明显。

例如，在历史学领域，美国和加拿大已经在提倡公共历史学（Public history）的研究方向，并在大学历史教育的课程和项目中积极采用这一称谓。这并非是研究公共性的学问，而是指历史学的公共性的状态，抑或考虑社会实践之历史学的方向。公共历史学的定义为："所谓公共历史学，是为一般社会公众见闻、阅读和解释的历史学。公共历史学家突出使用（不为以往的历史学所重视的）非传统的文献和发表形式，进而重构其学术问题，并在此过程中生产出特有的历史性实践，再进一步将其发展成为学院派历史学的方法。（略）公共历史学也是公众拥有的历史学。公共历史学通过突出显现学术的公共性脉络，为了让历史学家的研究成果能够传递到学术制度体系之外的一般公众而通过教育要求改变原有的姿态。"①

公共历史学的最大特征在于它强烈地指向于脱学院化以及历史学在现实社会中的应用，强烈地主张历史学在社会中的存在意义和有用性。以致力于学术专业（在大学任职的教员为首，包括接受其教育的学生）、博物馆的专业管理者和鉴定师、初等教育的老师、在文化行政等公共部门任职的人士，以及影像及媒体制作者、历史解说者（historical interpreter）、政策顾问（policy advisor）、咨询公司等，由对于历史学的应用特别感兴趣的人们承担。在应用当中，一般并不过问诸如政府、私营企业和大学内储主事者的不同立场，或者赢利、非赢利之类不同目标的差异。

---

① Public History Resource Center (http://www.piblichistory.org/what-is/definition.html#baltimore).

例如，学习历史学，在博物馆或文书馆等公共部门工作，活用其知识技能，从事与历史有关工作的人们的活动，就是公共历史学。广义地理解，为了将历史学的知识见解应用于公共政策，致力于搜集历史资料而分析并提供出来的活动，为了原住民的土地诉讼而搜集相关历史证据以获得对等价值，或作为诉讼对策而承包将企业信息作为"历史"予以积蓄的工作，进而提高收益等赢利性的历史调查员的活动等等，均包括在公共历史学之内。对于公共历史学的动向，必须理解它实际上包括历来被传统的学院派视为可疑、不予理会的职业和立场及他们的实践性行为。这可以说是对于缩进制度性的社会里，在自己人之间反复展开以封闭性为特征的讨论的"学术——大学等专业、职业性的学究世界"的批评。

将学问朝向公共开放的动向并未局限于历史学。美国的社会学不仅有追问公共性的研究，还提出了"为了什么的知识"、"为了谁的知识"等问题，并出现了致力于将学术向市民社会开放，或摸索脱专业化之方向性的公共社会学（Public sociology）的动向。公共社会学是由社会学家迈克尔·布若威（Michael Burawoy）等人提倡的，尝试建设"与市民对话的社会学"[①]，致力于学术的批判性的方向转换。布若威对公共社会学的定义为：

"促使就影响社会运势的问题群进行对话，社会学家从微观的视点出发，以落实自己支持的价值，由此致力于使社会学超越学院派而转向于公共场景的社会学。在这里，重要的是反映公共场景之多样性的公共社会学的多样性。"[②]

布若威从"为了什么的知识"这一视点出发，区分了被赋予价值的"工具性知识"（instrumental knowledge）和不被赋予价值的"反思性知识"（reflexive knowledge）；又从"为了谁的知识"这一视点出发，区分出面向"学术性听众"（academic audience）的知识和面向"学术体系外的听众"（extra-academic audience）

[①] Michael Burawoy, "For Public Sociology", *American Sociological Review*, 70, ASA Presidential Address, 2005, pp. 4-28.

[②] Michael Burawoy, et al. "Public Sociologies: A Symposium from Boston College", *Social Problems*, 51(1)(2004), p. 104.

的知识。进而由这两组对知识的分类而提出了"专业社会学"(Professional sociology)、"批评社会学"(Critical sociology)、"政策社会学"(Policy sociology)和"公共社会学"(Public sociology)四个社会学的新范畴。

专业社会学是技术性地处理知识,并提供给学术性听众。它探讨理论性和实证性的知识,通过客观与协调性地把握真实,其研究的正当性来源于科学的规范。此种类型的研究有责任对学术界的研究者同行予以说明,基于各自的专业兴趣而展开,时不时会呈现出自我参考、自我满足式的病态。

批评社会学虽然致力于知识的反思,但仍然是向学术性听众提供知识的社会学。它致力于探讨原理性的知识,规范性地把握真实,其研究基于道德规范而确保自己的合法性。这类研究有责任对批判性的知识分子予以说明,但因为是在小圈子里开展讨论,时不时会陷入独断的教条主义陷阱。

政策社会学是对知识做工具性处理,再将其向学术体系之外的听众提供的社会学。甚至是将浅近具体的知识予以整理,实际性地把握真实,其研究因为有用亦即有效性而确保了自身的合法性。这类研究有责任对委托人予以说明,其战略是应用于政策性介入,但时不时会有盲从委托人的卑屈。

布若威认为,公共社会学是将知识予以反思性把握,再向学术体系以外的听众提供。其研究是对话性地处理知识,其真实经由共识产生出来,其研究的合法性由其妥当性来担保。这类研究有责任对特定的市民予以说明,它采用公共性对话的手法,时不时会具有一时性流行那样的浮躁(faddishness)。公共社会学是朝向学术体系之外的人们提供服务,并对现实社会的问题有所对应,就此而论,它与政策社会学颇有相通之处,但在通过对话等手法使得价值和评价得以反思这一点上,则与之不同。[①]

社会学家土场学指出,布若威提倡公共社会学的背景是社会学和现代社会存在的双重危机。关于社会学,它原本就应是"市民社会的自我反省之学",

---

[①] Michael Burawoy, "For Public Sociology", *American Sociological Review*, 70, ASA Presidential Address, 2005, pp. 4-28.

但在环境问题和男女平权运动等新的社会运动兴起过程中，古典社会学遭到激进派社会学的批判，各种小模式的群雄割据导致去中心化日益深化。结果是激进派社会学也只是"停留在社会学内部的学术运动，几乎没对现实社会产生任何影响"[1]。就现实社会而言，自20世纪80年代以降，新保守主义和新自由主义抬头，"国家（政治体系）和市场（经济体系）对市民社会（生活世界）的殖民地化"[2]不断发展。公共社会学正是在此种危机感的基础上形成的。

如此将自己的研究活动作为公共性的存在向社会开放，或与社会相联系的方向性亦见于文化人类学。美国人类学家詹姆斯·皮克库模仿 publish or perish（写论文抑或消失）这一针对研究者的警句，不乏自嘲地提出 public or perish（公共性的抑或消失），他主张文化人类学应该超越学院派理论，以对社会作出贡献，强调能够提高社会存在感的公共人类学（Public anthropology）的重要性[3]。他的观点得到罗伯特·保劳夫斯基等人的进一步发展。保劳夫斯基对公共人类学的定义如下：

> 公共人类学如今已是有关超越自己曾经划定的专业领域界限的问题和听众的学问。它致力于与听众之间的广泛交流，聚焦于广泛的关注所开展的对话。虽然人类学家已经参与到当今许多重要的问题之中，诸如权利和健康、暴力、统治以及正义等，但其中很多均和专业领域外部的人们几乎没有关系（或正在失去关系），而只是使狭隘（或正在变得狭隘）的问题更加精致化。通过超越专业领域的方法，在试图对那些广泛且危机性的悬置事项提供对策的公共人类学中，人类学家可以理解他们能够做出的贡献是将当今那些难以解决的悖论予以缓和或重新定位。经由充满活力的

---

[1] 土場学：「公共性の社会学／社会学の公共性」、日本法社会学会編：『公共性の法社会学』、有斐閣、2008年。

[2] 土場学：「公共性の社会学／社会学の公共性」、日本法社会学会編：『公共性の法社会学』、有斐閣、2008年。

[3] James L. Peacock, "Anthropology and the Issues of Our Day," *Anthro Notes*, 20(1), *National Museum of Natural History*, 1998.

公共性的对话和人类学的洞察力，公共人类学有望重构为一个活跃的专业领域。[1]

根据这个定义，公共人类学是将作为专业学术的文化人类学的边际予以超越而向现实社会开放，通过与市民的对话，以应对当今社会问题的实践性学术方向。这一方向是从对文化人类学通常视为对象的课题与表述和一般社会相背离的批评中产生的。

此外，考古学中也有人提倡公共考古学（Public archaeology），探讨将调查与研究的现场向市民开放的方式，2006年在日本大阪召开的世界考古学会议（WAC）上，这甚至成为核心的探讨课题之一。地理学也不例外，在2005年美国地理学会上，亚历山大·马菲会长的主题讲演也强调了地理学在公共的讨论中所应发挥的作用[2]；而受社会学家布若威影响的英国地理学家丹堪·福拉，也开始提倡公共地理学（Public geography）[3]。

学问向社会开放，学问与社会相结合，这是现代人文社会科学的整体趋势。反观日本民俗学，如前所述，日本的大学和研究所里的大多数学术研究者，至今并不具备很强的实践意识，也没有努力参与现实社会的方向感。在柳田国男著作中偶尔可见构筑能够对应现实社会问题的民俗学的姿态和意向，但除了宫本常一等少数例外，后辈学人的此类姿态和意向几乎全都十分稀薄。在学术的公共性成为话题的美国，早自20世纪60年代起，在民俗学中就出现了对公共民俗学（Public folklore）的倡导。其当初主要意味着博物馆和文化行政机关等公共部门的民俗学实践，很难说它已实现了现在意义上"学术的公共性"。然

---

[1] Robert Borofsky, "Public Anthropology: Where To? What Next?," *Anthropology News*, 41(5), American Anthropological Association, 2000, p.9.
[2] Alexander B. Murphy, "Enhancing Geography's Role in Public Debate", *Annals of the Association of Amerioocan Geographers*, 96(1), AAG Presidential Address, 2005.
[3] Duncan Fuller, "Public Geographies: Taking Stock," *Progress in Human Geography*, 32(6), SAGE Publication, 2008.

而，其在随后的发展中，已经渗透到整个美国民俗学界并正在成为持续追问民俗学之公共性的研究。

美国的公共民俗学

关于美国公共民俗学的历史，拙文曾有详细论述[1]，在此不必重复，但考虑到这一研究方向尚未充分渗透于日本民俗学，故有必要在此对其定义、内容及讨论的相关概念等再次予以确认。

从不包括日本的世界范围看，民俗学是在20世纪六七十年代迎来了巨大的转换期。正是在当时，诞生了美国的公共民俗学（Public folklore）。进入20世纪80年代后，这个称谓在美国开始广泛使用[2]，并逐渐在数十年间，在美国民俗学界占据了很大的地位。和上述介绍的冠以"公共"之名的诸多学科相比较，它是与公共历史学相类似的存在。在《美国民俗学百科事典》中，对狭义的公共民俗学的解说如下：

"作为公共部门的民俗学（Public sector folklore）而为人所知的公共民俗学，是在学院学术（指大学等研究主体的世界——引者注）之外，应对民俗的展示和记录、复兴等方面的尝试。"[3]

公共民俗学的此种狭义解释，可被理解为相当于文化行政的公共部门所开展的民俗文化活动。若要更加具体地说明狭义的公共民俗学，则主要是指从属于艺术、文化或教育等大学以外的组织和机关，主要是从应用角度从事的民俗学属性的研究与活动。例如，自称公共民俗学的民俗学研究者中有很多人是在

---

[1] 菅豊：「現代アメリカ民俗学の現状と課題－公共民俗学（Public Folklore）を中心に」、『日本民俗学』第263号、2010年。
[2] Richard M. Dorson, "The State of Folkloristics from an American Per spective," *Journal of the Folklore Institute*, 19(2-3), Indiana University Press, 1982, p.97.
[3] Linda S. Watts, *Encycllopedia of American Folklore*, Facts On File, 2007, P.319.

艺术之类的文化审议会与涉及文化遗产的历史类协会、图书馆、博物馆、社区中心、中小学校等教育机关，以及非营利的民俗艺术和民俗文化组织等公共部门活跃着。他们或她们不仅在田野进行调查和记录，还从事诸如表演及民俗艺术的专业教育、展示、特卖会、音声记录、广播、电视节目、录像和书籍等公共项目，推出与教育相关的素材等活动。在这一点上，它和公共历史学颇为相似，甚至属性上也有相当一部分重合。

日本从很早起就有公共部门围绕民俗开展各种活动。但这些活动是否被学术界以及支撑学术界的"学会"等学术社会的体系完全地视之为研究对象，进而也认识到其乃是民俗学研究者重要的实践活动，则颇有疑问。在美国，至少现在，此类有关民俗文化的各种活动均是重要的研究对象，同时也被承认是民俗学研究者重要的实践性活动。

一般来说，在美国民俗学界，由于所属的机关和团体、社会立场、职业等属性的不同，各自承担的责任及任务、使命、目标等亦较为鲜明，因其属性而履行职责的意识也较为明显。这意味着基于所属机关和团体、社会立场、职业等区分，民俗学研究者的研究方向和对象、方法等也大体上分别被规定。简单地说，隶属于以大学为中心的学院，勤勉致力于专业教育和自我完成性的研究，这样的研究者被视为"学院派民俗学研究者"（academic folklorist）[①]，从属于博物馆和文化行政等公共部门的研究者被分类为"公共民俗学研究者"（public folklorist）。此外，没有职业所属的部门，但接受各种基金和资助，从事社会贡献活动的研究者，一般被称为"无所属的民俗学研究者"（independent folklorist）或"独立的民俗学研究者"（self-employed folklorist）。所有这些分类是明确意识到各自立场的差异性，以及基于各自不同立场所应完成的责任的

---

① "学院派民俗学研究者"（academic folklorist）这一表述，在日本似乎容易引起误解。学院派（academic，アカデミック）这一表述在日语中，具有"学问的、学术的、学究的、专业的"等多重含义，常被当作形容词使用。因此，在野的研究者和公共部门的研究者一旦涉及"学问的、学术的、学究的、专业的"研究，就被视为学院派研究者。就英语本来的意义来说，其与本文讨论的立场和职业等属性并非不可分离。アカデミック（academic）作为形容词，意味着大学教师、研究者及学识经验者，本文也以这个意义为前提使用它。

差异而得以成立的。认同于各自立场的研究者，具有因各自立场分别采取类似的观点和方法以及行为模式的倾向性，分别有着各自的可能性和局限性，也是从各自立场出发去行动和提出主张。其立场之间的隔阂没有被遮蔽。

反观日本民俗学，似乎对此种分类先天性地感到不适。笔者曾在日本民俗学的有关讨论中提出过和美国民俗学此种"分类"相类似的"分类"。2005年在东京大学召开的日本民俗学第57届年会的研讨会，以"在野的学问与学院派——追问民俗学的实践"为主题。这次研讨会由岩本通弥、中村淳和笔者策划进行，当时，讨论到研究者的分布和构成，曾参考美国民俗学的一般分类，同时斟酌历史发生的顺序，并且也只是为了方面而将日本民俗学研究者分类为"业余民俗学者"、"学院派民俗学者"、"公共民俗学者"和"应用民俗学者"。美国分类里一般没有"业余民俗学者"，考虑到日本民俗学的历史和现状，设置了这一分类。提出此种分类，正如会议指南说明的那样，"一是为了使没有意识或被遮蔽的民俗学参与者的多种多样的状况得到明确意识，二是为了明确不同主体的方法、目标和立场的异同"。并不是为了分类本身而分类，目的是通过此种形式促使民俗学当前被隐蔽的问题得以浮现出来。

对此种分类，当天会场的反应是赞否两论，但听起来似乎否定意见更多一点。其中不少是基于对学院派（academic，アカデミック）这一表述的误解而产生的不适感，但也有更明确的反对意见。会议讨论者佐藤健二批评说："看起来像是依据民俗学的历史，也好像提出了问题，实际上却是以国家和市民社会的对峙这一略显过时的民主主义理论的固化框架为前提，作为对社会学比较熟悉的我，第一印象是感到有些憋气。"姑且不论社会学是否已从"过时的民主主义理论"的束缚下逃离出来，使佐藤感到不适的原因可能在于岩本和笔者等组织者们在分类里注入了不同的意图，这使它成为一个混合物，研讨会也没能具体提示出民俗学的方法。其实，对于方法，笔者和岩本、中村也有很大的方向性分歧。

佐藤尖锐批评道：研讨会的讨论"欠缺对于截至目前的重要课题及策略性的重点，亦即持续讨论的'方法'的关注，遗漏了研究方法中'在野'的意义，既未能探讨柳田国男之学问的特征，也未能理解从乡土研究到当今民俗学这一学问的固有属性"[1]。我从一开始就没打算谈论"柳田国男之学问的特征"，也不认为从乡土研究到"当今"的民俗学有学问的固有属性被继承下来，更没想去理解那种固有属性。但考虑到促使发挥"在野"之意义的方法，它恰好与我设想的民俗学，亦即本文讨论的公共民俗学相同。我认为，保持"在野"的意义并建构研究方法，也就意味着要促使在第二次世界大战之后于学院某处角落得以安身，却遗忘了自己出身的"当今"民俗学的解体和重组。

未来之事难以预料，但提示"公共民俗学"这一方向，难免会被执着于原理主义、不能从日本这一国家框架脱身的部分日本的民俗学研究者微词有加地说成是贩卖美国民俗学或学术输入等，也有可能被指责为是对其他先行的"公共某某学"的贩卖和模仿。但公共民俗学借鉴现在活跃中的美国公共民俗学（Public folklore）的正反两方面，并将其汲取到曾经作为"在野"的学问而萌发的日本民俗学——现在其萌芽已经枯萎——之中，将会对"当今在野的学问"的萌芽——并非再生——做出很大贡献。当然，"当今的在野"不同于以前的在野，"当今在野的学问"也与以前在野的学问不同。正如佐藤所说"在主体和对象之间的媒介领域谋求'在野'的复权"，将有助于"新的'在野'的发现"。佐藤寄希望于"在各自的'乡土'，主体性地进行研究史的整理，唤醒已经埋没的方法和运动"，但这种"唤醒"对于"当今"的社会与民俗学又能带来怎样的新局面，很值得审视。和佐藤的方向不同，我一直以来持续摸索和为之打拼的是在各自的"田野"，主体性地和"实在的人们"打交道，通过切实接触，一起思考、一起感受新的方法和运动如何才能在眼下形成，并由此给"当今"的社会和民俗学带来新的格局。我认为这正是建构佐藤所说的"共有地"（共有的智慧）之作业的一环[2]。

---

[1] 佐藤健二：「方法としての民俗学／運動としての民俗学／構想力としての民俗学」，小池淳一编：『民俗学の構想力－歴博フォーラム』，せりか書房，2009年，第274-278页。

[2] 关于我本人和所打交道的人们一起从事的力所能及的实践与对话，以及方法和运动等，我将在今后的反思性自传体民族志（auto-ethnography）中予以具体提示。

由多种职业和具有不同立场的人们一起参与的日本民俗学的这一特征——考古学、历史学和文学等也颇为类似——在其学院化过程中被遮蔽起来了。例如，在与民俗学相关的学会或研究会上进行质疑讨论时，提问者一般要自报家门，习惯上都会说："我是某某县的某某"，把"县"作为修饰语置于个人姓名之前[1]。这在过去对日本全国的民俗事例进行比较尚较为重要的时代或许多少有用。这或许也可以说是为了使那些并不隶属于大学或研究所的人们，在面对大学里的学院派研究者时也不用踌躇，而创造出了可以平等发言的空间。但我们应该意识到，这种习惯有意无意地隐蔽了民俗学参与者的立场多样性，亦即日本民俗学的结构特点。20世纪50年代以降的日本民俗学，伴随着学院化的进展，确实形成了讨论空间的封闭性和学术体系内部的阶层性。将各种不同立场和属性隐蔽起来的策略，不能从根本上解决结构性问题，反倒容易使隐蔽的霸权得以延续。公共民俗学具有和此类学术或知识的霸权相对抗的性格，对此应该有所觉悟。

美国的公共民俗学曾经具有由公共部门的研究者、在学院之外展开的民俗学这一性格，但现在，这个属性特点在讲述公共民俗学时就未必妥当了。现代的公共民俗学，已经变成是超越了学院派和非学院派之属性和立场而展开的民俗学。它也不是仅仅由从属于文化审议会、历史协会、图书馆、博物馆、社区中心等公共部门的人们所单独承担了。如前所述，没有职业所属、接受公共基金和其他资助而从事社会贡献的"独立的民俗学研究者"的活动，也被包含在公共民俗学之内。当然，在大学的学术研究者中，也有很多人参与公共性的活动，他们的活动现在也被包含在广义的公共民俗学之内。根据2002年美国民

---

[1] 以信息学和历史知识学为专业的石川彻也等人，也对历史学的学会上类似的自我介绍感到不适。石川写道："为何不能明确发表者的'所属'？（略）翻阅历史杂志，学会、研究会的提问者，其'所属'决不会被明确。听说是因为涉足历史的人们从乡土史学家到大学教员，且不会因为所属而改变对历史的解释等。在权威横行的社会，这真是一件好事。但在学术的世界果真可以这样吗？如果说'因为是某大学的先生讲的，大概不会有错吧'，这当然非常危险。但表明'我是某大学的某某'，然后提问，同时也是表明对自己的提问和评论负责之意"。参阅石川徹也：「『歷史知識学の創成』研究に着手して思うこと」，日本歷史学会編：『日本歷史』第728号，吉川弘文館，2009年。在某种意义上，排除学术的权威性看起来似乎是保证了发言场景的平等性，但对立场的隐匿，实际却不过是对权威的敷衍。

俗学会的调查，美国民俗学会的会员中约 44% 的人认同自己为公共民俗学研究者。由于这个数据尚不包括在公共部门任职而没有加入美国民俗学会的民俗学研究者，或身为学院派民俗学研究者但和公共部门的一些项目有关联的人们在内，因此，可以推测，美国民俗学研究者有至少一半以上，以某种形式参与着公共性的活动。① 这种情形，已经和前述狭义的公共民俗学的定义不相符合了。

民俗学的此种"脱立场"的发展，为公共民俗学的定义带来很大变化。在讲述现在的美国公共民俗学时，最为适宜的定义，当为罗伯特·巴龙与尼古拉斯·R. 斯皮策所提示的如下的定义：

公共民俗学"通过使传统的承载者和民俗学研究者或有关文化的专家相互之间的协作互动，对社区内部或在超越社区而显现的新的轮廓和脉络中的民众传统予以表象和应用"②。

美国的公共民俗学是在公共性的场所和空间，通过多种多样的手法表现（representation）和应用（application）民众传统（folk traditions）。例如，以民众传统为题材的民俗生活节，从致力于应对国家规模、世界规模之课题的超大规模的史密森尼民俗生活节，到为其垫底的、各个地方的小规模的民俗生活节，在全美各地以各种不同规模频繁举行。活跃于其中的不仅有与文化行政有关的公共部门的人士，也有大学教员等专家、在野的独立民俗学研究者，学生和一般市民等志愿者、实习生也会参与进来。当然，拥有获得表象的文化的本地居民，作为"传统的承载者"（tradition bearers），也在其中担任核心角色。在此类节庆的形式之外，民众传统还以讲演会、实物展演会、展览会、学校教育、文化旅行等多种形式，向广大听众提供。这些活动并非只是提供文化信息，同时也作为受众理解民众传统的场景而发挥着功能。

被如此对待的民众传统，已经不是在以往被古典的民俗学研究者所认为的那样"在它原本该在的"社区内部，而是也朝向其外部的公共空间提供信息。

---

① Patricia A. Wells, "Public Folklore in the Twenty-Forst Century: New Challenges for the Discipline," *Journal of American Folklore*, 119(471), American Folklore Society, 2006, P. 7.

② Robert Baron and Nicholas R. Spitzer eds., *Public Folklore*, Smithsonian Institution Press, 1992, P. 1.

若采用日本民俗学式的表述，不是仅在"传承母体"内部，而是在其外部文脉当中得以重新定位和重置文脉（recontextualization）。其结果是民众传统的持续与活性化得以实现，同时也可以形成体验与学习他者保持的民众传统的场所。受过民俗学训练的人们作为"推动者"（facilitator），与社区成员和传统承载者相互协作互动（collaboration），汲取或支持（advocacy）他们的意见，以策划各种各样的方案和规划。"推进者"积极"介入"作为对象的社会与民众传统，有意识地尝试"文化的客体化"，进而与多种主体和部门相互连接，成为从事"文化中介"（cultural brokerage）工作的"文化中介者"（cultural brokers）。

这里必须注意，美国公共民俗学是积极且自觉地介入民众传统，有意识地致力于民众传统的脱本真化、脱文脉化。这是有意识地超越民众传统"真正的"传承空间，探索以人为主要着眼点的民众传统的应用与活用。就此而论，其与单纯的保护传统、保护文化遗产还是有所区别，对此有必要予以留心。通常对于文化的介入，经常容易遭到民俗主义的批评和民俗学的政治性之类的批评，美国公共民俗学是从以人为主体的福利这一观点出发，有意识地试图超越，这一点值得我们注意。

如此简洁利索的实践主义当然会遭到来自学院派的批评，其中最重要的是来自"文化的客体化"这一观点的批评。公共民俗学所蕴含的政治性，以及来自外部的他者表象问题，曾经是学院派民俗学和文化人类学绝好的批评对象。公共民俗学将文化及承载文化的人们予以客体化，从而在民俗学研究者及传统被表现的当地居民之间产生了权力的失衡。有批评指出，表象的力量在能够大规模地建构传统的民俗学研究者——亦即公共民俗学研究者的手中，结果是民俗学研究者可以限定甚至否定当地居民的主体性实践。[1]也有批评指出，在1992年的史密森尼民俗生活节上，在调查马龙人（Maroon，17—18世纪被从西印度群岛和圭亚那带来的黑人奴隶）传统承载者的研究当中，其调查本身潜在具有基于猎奇（exoticism）的再现他者问题，这和动物园、马戏团以及19世

---

[1] Richard Handler, *Nationalism and the Politics of Culture in Queber*, University of Wisconsin Press, 1988.

纪的博览会等的逻辑没有什么分别。① 进而还有人指出，民俗生活节不仅使文化客体化，甚至还将文化的承载者也客体化了。②

针对上述批评，公共民俗学研究者的反驳是这些批评无视传统承载者通过参与活动而获得了利益——社会性的角色与自豪。也有反论认为，公共民俗学研究者是把参与协作互动的社区的利益予以优先考虑的③。公共民俗学研究者所自觉的客体化确实不仅把文化，还把其承载者也卷入到各种活动之中，但这是以为了给各种各样的人们创造出利益为目的的，"客体化"这一用语绝非单纯的禁词（dirty word）或歧视用语（pejorative term），不应将它视为具有否定性意义的概念来使用。事实上，美国公共民俗学的活动目的不仅有将民俗本身作为文化遗产予以保护、保存那样静态的情形，也有致力于改善保持这些民俗的人们的状况、促进少数族群文化和多样性的族群集团的文化价值的再评价，以及提高传统承载者的地位，生产出一定的经济效益等较为能动性的一面。进一步，美国公共民俗学还不断扩展活动空间，开始涉足多种局面的公共领域，诸如对战争记忆的记录化、搜集和记录飓风灾难的体验谈以服务于灾后重建、尝试向受灾者提供搜集技能等训练项目等。④ 对于公共民俗学研究者而言，文化的

---

① Richard Price and Sally Price, "On the Mall: Presenting Maroon Tradition Bearers at the 1992 Festival of American Folklife", *Special Publications of the Folklore Institute*, no. 4, Indiana University Press, 1994.

② Barbara Kirshenblatt-Gimblett, "Objects of Ethnography", Ivan Karp and Steven D Lavine eds., *Exhibiting Cultures: The Poetics and Politics of Museum Display*, Smithsonian Institution Press, 1991. Barbara Kirshenblatt-Gimblett, *Destination Culture: Tourism, Meseums, and Heritage*, Berkeley, University of California Press, 1988.

③ Robert Baron, "Sins of Objectification?: Agency, Mediation, and Community Cultural Self-Determination in Public Folklore and Cultural Tourism Programming," *Journal of American Folklore*, 122(487), American Folklore Society, P.86.

④ 休斯敦大学的民俗学家卡尔·林达和独立民俗学家帕特·嘉斯帕进行了一个和当地公共部门合作开展的题为"在休斯敦：从飓风卡特里娜和瑞塔中活下来"（Surviving Katrina and Rita in Houston）的项目。这个搜集和记录对象的"体验谈"的项目，和历来美国民俗学的做法大体一致，这个项目不仅有民俗学研究者参与搜集和记录，还由灾民自己讲述，并向他人访谈和学习书写记录的方法等方面富有特点。通过这种尝试，由灾民自身出声反驳一般社会通过媒体而获得的偏颇讲述——例如，灾难发生时的犯罪等——这个项目进行了对灾民体验的整体性记述和提示。其内容通过广播、展示会和互联网而公开。参见 Surviving Katrina and Rita in Houston 的网页：http://www.katrinaandrita.org/proj-description.html（2011年5月5日访问）。

客体化归根结底是为了使人们幸福——至于幸福观，有必要再做检讨——这一目的，这是应予肯定的追求。

关于客体化的讨论并不仅限于美国公共民俗学之内，这无疑是涉及民俗学整体的重要论点。毫无疑问，它也有可能成为日本民俗学的重要论点。例如，自从20世纪90年代初以来，起源于德国民俗学的民俗主义这一观点为日本民俗学带来了一定的影响。民俗无论过去还是现在，都始终受到政治、经济、社会等多种格局的影响，要理解民俗当前所处状况，对于环绕其周边的外在状况的理解不可或缺。在民俗主义的研究当中，被商品化的民俗、被政治利用的民俗、因大众媒体而发生变迁的民俗等，均分别得到研究。例如，在现在的日本，有的研究揭露出来自外部的文化遗产行政的压力，促生出民俗的观光开发，但其发展逐渐脱离了地方，而与国家的政治利用结合在一起。[①] 此外，也有人从民俗主义的观点出发，尖锐地批评了文化政策对于民俗的政治利用，指出了相关的问题。[②]

正如此类民俗主义批评所揭示的那样，在文化保护这一客体化的背后，隐藏着观光主义和民族主义，指出这一点无疑非常重要。民俗学有可能参与这些过程，所以，必须对自己行为的政治性保持敏感。但在这些民俗主义的批评当中，对于没有觉察到因为政治等隐蔽的企图而使自己的文化被客体化了的那些人们，还有那些虽然觉察到、却主动积极参与客体化的当地居民，被认为实际进行客体化操作、位于公共部门之基层末梢的人们——例如，和当地居民不大能明确区分的市町村等自治体的相关人士等等，对于所有这些多种多样且又错综复杂的愿望、期待以及意图和主张等，总之，对其整体尚没能予以充分研讨。

这些批评尚未充分揭示出从事客体化的公共部门和当地居民的协作互动——时不时亦即共谋——之类现象的结构性问题。被强权客体化的弱

---

① 岩本通弥:「フォークロリズムと文化ナショナリズム－現在日本の文化政策と連続性の希求」,『日本民俗学』第236号、2003年。

② 岩本通弥:「『文化立国』論の憂鬱－民俗学の視点から」,神奈川大学評論編集専門委員会編:『神奈川大学評論』第42号、神奈川大学広報委員会、2002年。

者——传统承载者,这一印象有时是准确的,但仅此大概只是表述了现象的局部。无意之中被国家的意图裹挟进来的消极的承载者形象,将国家的意图在自己的行为脉络中予以重置的承载者形象,还有策略性地参与设计自己的客体化、以便获得利益的积极的承载者形象等等,应该看到在不同的参与者相互复杂重叠的画面当中,形成了难以简单论断客体化之是非的悖论。多种多样的主体、各种各样的意见,时不时会有上下纵式关系和横向对抗关系的格局,但另一方面,超越上述关系格局,持有不同意见的人们通过反反复复的对话,也有可能形成"多声部"(polyphony)的局面。围绕着公共民俗学的客体化讨论,将促使现场的复杂状况得以鲜明呈现,同时也推动民俗主义——它原本理应属于价值中立的概念——的批评以及整个民俗学研究的进一步迈向深化。

公共民俗学在现代日本的必要性

日本也和美国一样,以民俗学为专业的很多研究者是在博物馆、地方公共团体、教育机构等公共部门开展活动。可以将他们定位为狭义的公共民俗学研究者。他们无论在社会上,还是在学术界,都非常重要。但如前所述,这些公共部门的活动并没有被积极地纳入学术研究的对象范畴之中。当然,日本也存在有关文化遗产和无形文化遗产等的文化政策,以及由地域振兴所代表的将民俗作为文化资源予以应用的问题。这些眼下的重要课题,已经出现在现代民俗学的视野之中,这些问题也已经从民俗主义的分析视角得到了批评和检验。在民俗艺能和民具学等领域,公共部门的研究者社区得以形成,包括公共部门之民俗学的技术论等在内,已经生产出讨论的空间,这的确值得特别提及。但遗憾的是,由多种多样的民俗学研究者主体性地、有意识地、自觉和积极地去表现、应用和实践这一公共民俗学的观点来看,公共部门的活动目前尚未得到认真检讨。虽然在学院派民俗学和公共部门的民俗学之间就研究和活动有一定交流,但在意识到行为主体的属性和立场的基础上,有意识地超越它而得以交流和讨论的空间尚未充分地建设起来。

　　一方面，学院派民俗学研究者的绝大多数拥有和社会切割开来的纯学理志向，专心于对那些被从文化上切取下来而矮小化的民俗予以再解释，自闭于狭窄的讨论空间。另一方面，隶属于公共部门的研究者就其基于自身立场的活动，虽然在具有类似属性的人们的社区进行议论和检讨，但其讨论空间也和学院派差不多，具有封闭性。当然，公共部门的民俗学研究者也是"学会"这一学术社会体系的主要组成部分，在那里，对学院派狭窄的研究对象和问题兴趣以及与之相应的方法等有所提示，但公共部门的民俗学研究者对于提示自己受到职业和属性及立场等方面制约的日常性研究与活动，对于在自己业务中出现的独特的研究对象与方法，以及问题兴趣等的提示尚犹豫不定。我们应该认识到，现代民俗学是由具有多样性的属性和立场的研究者参与的，此种多样性导致产生出或有可能产生出各种各样的研究对象、问题兴趣以及手法。美国民俗学曾把学院派民俗学与公共部门的民俗学的分断状况批评为"错误的二元论"（mistaken dichotomy）[1]。日本民俗学也应该共有能够超越多种不同立场而就讨论和活动展开协作，时不时还能让不同论点相互论战的空间。

　　立场的分断不仅是"错误的二元论"，甚至还有"错误的多元论"，这是日本民俗学的一个大问题。以民俗为对象，参与相关研究及其客体化的，并非只有学院派研究者和公共部门的研究者。扩展望去，位于"学院以外的场所"（extra-academic venues）[2]的人们，往往也参与其中。公共民俗学应该超越"研究者"/"学院以外场所的人们"这一图式，向社会开放，进而摸索民俗学的方向性。这是让不以学问为职业的人们与职业性的研究者一起，通过民俗的研究、实践与应用，加深对地方的理解，强化与地域社会的联系或发现地域社会的问题，并努力使其得到化解的活动。

---

[1] Barbara Kirshen blatt-Gimblett, "Mistaken Dichotomies", *Journal of American Folklore*, 101(400), American Folklore Society, 1988.

[2] Richard Bauman and Patricia Sawin, "The Politics of Participation in Folklife Festival," in Ivan Karp and Steveb D Lavine eds., op.cit., p.289.

现代社会的人文与社会科学领域，学术知识不应被局限于学院之内。现代社会的一般人也可提高能力去思考问题，搜集、分析和传达信息，构成组织，甚至获得资助。专业知识的普遍化与大众化正在发展之中，作为专家的学院派研究者的立场正在被相对化或非特权化。如果把民俗学本身视为原本就是在学院之外"在野"的学问的话，这也许是自然而然的趋势。民俗学的草创时期，正值人文社会科学的学术研究尚未像今天这样被统合的时代，很多置身学院之外的人们通过考古学和乡土史、地方文学和艺术等，浑然一体地体现出各种各样的地方文化运动，他们考虑身边的各种问题，反思性地理解它们，同时传达出各种信息。其中也曾经有过地方的人们所拥有的"方法"。但这类方法的价值在学院派民俗学掌握霸权的过程中被割舍了。

然而，在现代社会，参与民俗的主体以及他们持有的问题兴趣更加广泛，人们主体性地亲自调查民俗的"市民调查"之类尝试已经出现，作为深入社会的民俗学的活动——时不时也会超越民俗学的范畴——而显示。代表性的例子，在此不妨介绍一下被认定为 NPO 法人的肉冢"自然与历史之会"的志愿者活动。

"自然与历史之会"致力于保护以茨城县土浦市肉冢大池为中心的约一百公顷的"里山"①地域，开展了形式多样的活动。作为保护里山活动的先驱，该组织的活动得到很高评价。现在，其会员有 600 多人，以新近入住筑波市、土浦市的新居民为主，也包括当地的老户人家，以及大学的专家、学生、企业和教育机构等，拥有多种属性的人们相互协作、开展活动。里山和湿地的割草作业，驱除池塘的外来物种，自称"田圃塾"、生产和出售无农药、无化肥的稻米（肉冢米），相关的经营制度，以肉冢一带的自然为主题的各种学习会等等，所有这些活动作为近数十年来在全国各地发生的保护环境的市民运动之一，因为是"市民"主体而广受关注。该会活动的特征是较早认识到地域文化的重要

---

① 里山：一般是指位于都市和大自然之间的林山。由于和村落或都市邻接，因此，多为人们所用，并存在着受到人类活动影响的生态体系。——译者

性，不仅保护当地的自然，还致力于保护当地的文化，从一开始就设计了活用地域文化的各种方策并一直坚持下来。

由于肉冢的"里山"有七成以上为私有地，因此，构成这一活动主体的新近搬来的都市居民并不具备出入"里山"的合法性。当初，对于本地人们（地主）而言，这些活动是来自外部价值的移植，也是有可能产生不快和纠葛的活动。在缓和了此类对峙关系的基础上，该会对自然和原本附着于人们身体的地域文化，亦即"传统文化"的理解和关照曾经具有非常重要的意义。

该会起始于1980年的自然观察会，以新近搬来的都市居民为主，人们开展了观察野鸟等活动。1987年发展成为定期举办的观察会，这成为后来该组织的母体。1989年，"自然与历史之会"正式起步，他们在筑波市民会议等场合努力宣传肉冢大池的重要性，并在筑波市民文化祭举办展示等活动。进而，举办每月一次的例会，出版会报《五斗蒔消息》，并开始记录当地居民的访谈。进入20世纪90年代后，在举办割草、水质调查、召开观察会等围绕自然的活动同时，也开始进行有关肉冢大池的历史、环境的访谈调查，还与土浦市政府等公共部门的有关部局交换信息和开展对话。后来，接受企业出资的环境保护财团等资助，向公共部门反复请愿，其保护自然的活动进一步活跃。1998年内部设立历史部会，进一步开展对肉冢一带自然和历史的访谈，搜集资料；1999年在日野汽车绿色基金资助下，出版了《访谈里山的生活——土浦市肉冢》一书①。

《访谈里山的生活——土浦市肉冢》全书146页，由以肉冢为生活空间的当地居民亲自讲述的内容为主体，有9篇不加修饰的记录。除了文字，还有对民具与生活技术、动植物等精致的手绘插图、照片、电脑制作画面等，作为"民俗志"的完成度很高。由当地居民亲自执笔的随笔、博物馆活动记录、年表、农产物统计、土地利用图、老房子布局图、民俗语汇集等也被收录其中，资料价值很高。2005年，在 PRO NATURA 基金和7-11便利店集团绿色基金资

---

① 宍塚の自然と歴史の会：『聞き書き里山の暮らし—土浦市宍塚』、1999年。

公共民俗学的可能性　839

助下，又出版了多达344页的《续访谈里山的生活——土浦市肉冢》①。该书除当地居民的访谈录，还有参与调查的会员按照不同主题完成的调查成果，内容涉及农业用水、里山、山谷湿地田与稻作、旱田与作物、衣食住、年中行事、动植物等民俗学的主题。

这本书完全可以和第二次世界大战之后由学院派民俗学编纂的所谓"民俗志"，以及由学院派民俗学研究者和公共部门的民俗学研究者一起调查并写作，进而由地方自治体出版的地方史和"民俗报告书"相媲美，甚至有些地方还有超越，其内容和构成颇为精致。该书作为环境教育的教材，被选为茨城县中学推荐图书，比起由学院派民俗学研究者参与、按照既定框架制作的"民俗志"、"民俗报告书"等，在社会上有更大的影响力。

那么，此种地域文化志的出版，专家是如何发挥作用的呢？参与本书写作的会员们曾经去向各种专家请教，其中也包括地方博物馆的学艺员和大学教师等与民俗学有关的人士，他们就访谈调查的技术和资料处理方法等，以提供建议的方式发挥了一定作用。②但另一方面，也有对此类市民活动不关心、不参与，甚或否定的情形。

"刚开始的时候，去向大学的老师请教，却被说'你们去调查后，田野就会被扰乱了'……于是，就只好一边自学，一边摸索着干"③。

"大学的老师"这种表述，潜在着与日本民俗学的立场之"错误的多元论"相同的问题，同时还表现出学院派具有的对于研究行为和研究对象的独占意识，即对于使当地居民及其生活被物象化、客体化的自己的行为没有反省，还无意识地认为客体化的权限只应在专业研究者手中。由此可以读取到非常不成熟且又顽固的学院派研究者的观点。但不承认学院之外的人们可以接近地域文化的狭隘而又幼稚的意识，已经被这些非专家的人们很好地超越了。一位属于该组

---

① 宍塚の自然と歴史の会：『続聞き書き里山の暮らし—土浦市宍塚』，2005年。
② 见其历史部会的网页：http://www.kasumigaura.net/ooike/hist/index.html（2011年5月5日访问）。
③ 根据讨论者鬼头秀一在第57届日本民俗学会公开研讨会上的发言。我本人也曾经从"自然与历史之会"的有关人士那里听到过类似的话。

织历史部会的会员，曾经参与过两部地域文化志的编纂工作，他对自己的询问和写作行为有如下表述：

"刚开始询问过去的事情时，感觉无处下手，可能是因为看起来理所当然的事，自己却浮现不出任何印象。话题若是自己也有过体验的领域，才有话可说。可即便是说到我最喜欢的捉泥鳅时，关于道具等，要多次提问，好不容易才能弄明白。因为没有经验，对于农业的实际情况，稍微询问一点，就有很多不懂的事情。在反复请教询问的过程中，以前模模糊糊的问题，突然就明白了，也感到很有兴趣了。慢慢地，想询问的问题也就增多了。现在，我明白了，在肉冢这个地方，讲述给我们的那些事情真是丰富啊。我本人到目前最大的收获，就是在这里，遇到了很多人品温厚的人们，了解到他们是怎样生活过来的，从他们讲述的细微处，我学习到人生观。我觉得，参加访谈活动，真的是很好啊。"①

从这位会员的话里可以觉察到，在学院之外的人们所认可的民俗的价值，以及访谈（调查和书写）行为的价值，与学院派民俗学研究者平时无意识地作为前提的价值之间有很大隔阂。历来学院派民俗学已经习惯性地搜集民俗事象的行为以及解释和记述等，对于学院之外的人们而言，未必具有特别的意义和重要性。

从这段讲述可知，"调查"行为本身也因行为者而被目的化了。就是说，通过"调查"这一行为，"近邻"及"地域"的他者，发现其保持的"文化"和"历史"，进而通过这类行为创造出新的人际关系，不仅是他者的理解——"邻人"的发现——，也有在地域之中对"自己"的再发现，可以理解这便是目的。比起对于民俗事象本身的追究来，新近搬迁而来的人们通过"调查"以前就住在这里的人们这一实践，增加了对他们的理解，同时也意味着和他们之间的关系得到强化。将这说成是公共民俗学的一个场景并不为过。在思考公共民

---

① 宍塚の自然と歴史の会：「聞き書き里山の暮らし—土浦市宍塚出版にあたって」，http://www.kasumigaura.net/ooike/press/kurashi1.html（2011 年 5 月 5 日访问）。

俗学的问题时，应该理解的是此类由学院之外的人们亲自调查和学习民俗，并活用民俗——将其客体化——，他们拥有独自的目的，也拥有为实现目的而具备的较高能力。

在该会现在从事自然农法实践的"田圃塾"，是将"传统文化"客体化，并应用于自己的环境保护运动。并没有停留在只是考虑自然生态体系的技术性对应。2011年，通过举行祝贺插秧完成日、赏月及红白年糕等与稻作有关的传统节日活动，把建设大人和孩子都开心的"田圃塾"列为努力目标。这是将稻作作为文化予以重新认识，并将其在地域文化中重置文脉的行为。进一步通过经营制度，它还被发展成为面向那些"即使不能直接体验宍冢的稻作，也想给予间接支援"①的外部市民，将稻作予以重新定位和再文脉化的文化。在"田圃塾"，民俗学的"生业"研究课题，亦即在稻田田埂上种植大豆的传统，也在当地居民的帮助下得到恢复。对其目的的定位如下：

"在'物'的里面有意义，充满着文化。我们适应宍冢的环境，守护着和生业智慧一起传承的种子。我们在田埂种植大豆，但我们不能成为主体。自然（native）之物被自然（native）的人们所守护，是原本就应该的。现在，当地在田埂栽培大豆的人越来越少，我们想成为从当地继承、再传递给当地之物的桥梁。"②

对于在田埂种植大豆，作为外部人士的新居民和传统承载者的立场有所不同，意识到这种差异而开展有意识地、意图性的民俗继承活动，新居民的积极介入是一种文化再现行为，同时也是与再现对象的协同作业。这种在田埂种植大豆的行为，并非笨拙且以复旧为指向的民俗学所试图对过去"生业"民俗的保护与继承，而是存活于当今且持续生息不止的民俗，在现代社会被重新定位并以新的价值而自觉地得到了继承。

观察这些活动事例，在现代社会由学院之外的人们进行的民俗的客体化及

---

① 宍塚の自然と歴史の会『五斗蒔だより』、2011年3月号。
② 宍塚の自然と歴史の会『五斗蒔だより』、2011年6月号。

实践行为，令人感到其实已经超越了至今仍在追求民俗的本源性价值的旧学院派民俗学和公共部门的民俗学。与现实社会有着显著关联，自由地调查与学习民俗，记述和应用民俗知识的技法和目标，正在由学院之外的人们孕育产生。对它或许没有必要称之为民俗学，可以说它是正在持续地发展成为使用民俗的跨领域的方法和创造学术知识的活动。它并不认为民俗先验性地具有本源价值，而是认为价值生成于人和民俗之间的关系之中，因此，它是从生活者的观点出发的民俗学。

结语——迈向公共民俗学的建构

公共民俗学并非民俗学的一个范畴。它是超越了琐碎分化的范畴而可以让所有的民俗学研究者均能够参与的民俗学的"方向性"。它也不是基于特定立场的民俗学，而是超越隐蔽性的立场分隔，知晓、学习、理解民俗的所有人们均可参与的民俗学。进而言之，公共民俗学也不是所有的民俗学研究者经常能体现出来的。它是以不逃避地正视现实的觉悟，深入到地域文化之中，并在发现了某些应该予以解决的问题时，才得以显现出来的方法。

其研究的参与和格局，实际具有多样性。本文提示的只是我所考虑的多种场景下有关公共民俗学的布局图式。有关公共民俗学的具体展开，现在我设想的主要有以下几种场景。

（一）关于他者 A 的实践对于他者 B 所带来影响的研究

推进文化商品化的企业和展开文化政策的公共部门、在调查的名目下单方面地采集民俗的民俗学研究者、持有近现代性价值而介入他者文化的市民、新居民等他者 A，他们的各种各样的行为与实践，对于原住民、当地居民、老住户、地方民众等他者 B 带来了各种各样的影响。对此应该予以检讨和研究。这类研究也包括由民俗主义批评等所代表的对于客体化的批判性研究在内。或许从中可以发现纠缠于全球政治与民族主义的文化政策，以及进入地域的市民和研究者自以为是的应用行为搅乱了地域社会这一负的侧面。或相反，也许还会发现上述来自外部的行为参与了地域社会的重构，促使地域社会出现活性化的发展，有助于地域居民的生活等正的侧面。在现代社会，来自地域之外的主体对地域文化的介入不可避免，对于此类介入本身不宜否定。重要的是，它是如何介入的，其介入带来的影响如何作用于地域社会，对此类问题很难简单地断定是或者非。

在这类研究中，看起来似乎影响较弱的正统派民俗学研究者的行为也会成为考察对象。无视社会及民俗的承载者，只是将民俗物象化之后予以吸取，然后写在笔下的行为，包括其伦理层面的问题在内，均会成为议论的对象。其对社会没有影响反倒有可能被视为问题。

（二）关于他者 A 的实践对于他者 A 自身所产生影响的研究。

这是美国民俗学研究者芭芭拉·克什布拉特—吉布利特在《错误的二元论》一文中提示的研究方向。她指出由于公共民俗学[①]的进展，民俗学作为一个教育专业得到强化，就业范围扩大了，在吸引学生方面获得了成功。但也潜在地存在着对于提供资助的政府等的主张不加批评地予以"拥护"的危险。但是，学院派民俗学远离这种拥护，能够提出批评性的言说。[②]她主张，公共部门的行为对参与此类行为的人们——公共民俗学研究者——自身带来的变化，应该通过民族志的途径予以研究，这是学院派民俗学能够发挥的重要作用。由文化政策代表的各种行为不仅对地域社会及在那里生活的人们产生作用，还反作用于行为的主体。对于反作用带来的主体者的反思性变化需要进行重新的研究。

[①] 芭芭拉·克什布拉特-吉布利特这篇论文实际使用了"应用民俗学"的表述，而不是"公共民俗学"。但她是将应用民俗学作为公共部门主体所承担的事务论证的，因此，可将其视为与公共民俗学同义。不过，现在两者多被明确地区分开来使用。

[②] Barbara Kirshenblatt-Gimblett, "Mistaken Dichotomies", *Journal of American Folklore*, 101(400), American Folklore Society, 1988.

（三）在现场被意识到的多种多样的实践

来自多种立场、围绕着民俗的实践得以展开。但这里并不包括从一开始就保持距离或放弃参与的他者的间接行为。当然它也具有实践意义，原本不应予以排除，但考虑到学院派民俗学研究者往往会说"远离现场写作论文或发言也是一种实践"，作为逃避与现场发生直接关联的借口，故暂且将其排斥在外似乎较好。这里说的"实践"，总之，是要对特定的地域和人们或对他们保持的民俗施加某种影响，是指直接、自觉和具体的介入行为。例如，公共部门的研究者面向小学生举办地域文化的学习会，就是一类典型。而学院之外的人们较典型的，是上文已经介绍的那类地域文化活动。学院派民俗学研究者也可通过与公共部门或学院之外的人们的协作互动，亲自进行主体性实践，但截至目前的日本民俗学，在学院化过程中，对此类场景之实践的重要性一直较为轻视。实际上，追溯日本民俗学的原点，却曾标榜过实践性，民俗学作为"田野的学问，在野的学问"，后来还曾被评价为"经世济民"之学。这类研究的场景不单是实践，它还是通过实践行为重新确认自己的民俗学方法的过程。

（四）对于实践的各种手法的研究

要进行实践，就有必要讨论实践的技术论问题。除了公共部门的民俗学，民俗学截至目前没有积极地讨论过在社会上什么样的实践有可能性，尤其是由于学院派民俗学研究者丧失了参与社会这一方向，因此，有关其技术的讨论也就几乎没有什么重要成果。

但放眼民俗学以外的广阔世界，在很多研究领域，已经在积极且有意识地"介入"地域社会或住在那里的人们，对其文化与民俗予以"表现"、"客体化"、"再文脉化"、"中介"以及"拥护"等。被解说成传统与民俗的文化，正在从解释和分析的素材转换成应用与活用的素材。民俗已经不再是民俗学特权性地能够独占的研究对象。在这种状况下，民俗学参与和策划应用场景的能力严重不足。民俗学应该从以其研究素材——有时应该成为拥护的对象——亦即传统和民俗为中心的文化中心主义脱离，在保持均衡的同时，逐渐地朝向以传统和民俗的承载者及其生活为中心的生活者中心主义转变。而且有必要更加真挚地思考为了传统与民俗承载者的"幸福"，应该如何去应用其传统与民俗的问题。

以此为目的的技术论，应该很好地参考率先介入社会及人们生活的其他学问的手法。在这一点上，公共民俗学不仅需要超越立场和属性的界限，还应超越学术内部不同研究领域之间的界限。应该不拘束于民俗学之内，开放视野，并由此汲取各种智慧。

公共民俗学有必要摸索和其他研究领域不同的实践路径。如前所述，各种领域的学院派研究者奔赴很多不同地域，以各自不同的手法从事着以民俗为对象的实践。但时不时会心浮气躁，出现定型化、规范化、清单化、泛用化、工具化，甚至其手法的适用本身也被目的化了等多种问题。就是说，实践走在前面的一些研究领域，有时候是打出了以传统和民俗承载者的幸福为实践之目标的招牌，实际却是将其作为自己研究活动的实验台而消费地域和民俗承载者。尽管它原本应是以公共学术的动态为指向，却可能工具性地形成学术内部知识的专门领域，或成为政策学术，甚至也有变质为御用学术的危险。对于此类情形，可以通过前述（一）"关于他者 A 的实践对于他者 B 所带来影响的研究"予以揭露和纠正。

为了不至于陷入上述那种自以为是的实践之中，公共民俗学必须在无休止的参与当中，探索不定型化、不规范化、不清单化、不泛用化、不工具化，进而其实践自身也不会被目的化的作业方法。假设我的思考不是幻想，民俗学应该比其他研究领域，更能够深入个别的地域和人们之中，深入他们孕育的地域文化之中，通过与人们的对话而将其内在的社会价值、经济价值和精神价值予以汲取。民俗学通过潜沉于地域，能够发现为其他研究领域忽视的或当地的人们也往往没有觉察的那些无法触及（intangible）、无法计量（uncountable）、无法置换（irreplaceable）的价值，并将其从交往的人们中间汲取出来，进而提示给外部的社会。同时也能够回馈式地提示给其内部社会。公共民俗学通过在实践中应用这些内在逻辑，还应该时不时地对抗那些不自觉地携带着规范性的外部逻辑并强加进来的应用实践。当然，公共民俗学自身也有将此类外在逻辑强加于人的危险。要克服这类问题，除了前述的（一）之外，下文所列（五）那样的研究也就不可或缺。

（五）有关自己的实践对于他者影响的研究

这是有关从事实践的民俗学研究者自身的行为给所介入的社会及人们带来了怎样的影响的研究。当然，这总是要以（三）"在现场被意识到的多种多样的实践"为前提。应该检讨在实践过程中，自己的行为是如何被社会及人们所接受、所评价。这是为了不使研究者陷入自以为是的实践中去。进一步，在某种状况下，对自己得以执行的实践手法予以监控和修正，并将其应用于下次的实践，此乃摸索适应性方法的研究。在实践的现场，介入者和实践现场的状况不无关系。介入程度越深，影响就越大，甚至可能失去第三者的立场。公共民俗学研究者对此类实践负有责任和道义，决不能妨碍当地人们的幸福。当然，所谓当地的人们，其实也拥有多种多样的立场、思考方式与价值观，不能将其视为铁板一块。在介入过程中，为了让交往的人们能够从中选择最佳的实践，必须经常使自己施加的影响相对化。若深入地域文化之中，则地域社会中的意见对立和价值观的歧异自然就会显露出来。这种状况会使实践变得更加困难，但如果在深思熟虑的基础上予以对应，它就会成为批评将这些对立和差异单纯化的实践的一种途径。

（六）有关自己的实践对于自己所产生影响的研究

尝试实践，并反复地去介入，对地域社会及人们施加影响之事，自然也会给介入者带来某些变化。如果是以观察者、调查者的名义做一名旁观者的话，通过尽快从田野撤退而能够将对自己的反馈性影响抑制在最小限度。负责任地继续实践的介入者，即便情非所愿，也会给自己的思考、价值观和方法带来变化。如果介入者是一位学院派民俗学研究者的话，自然就会遭遇到截至目前自己已经习惯了的民俗学的目的和研究方法、调查论、研究者的态度、与社会的关系等，均需要全面调整的局面。但是，无论多么深入地域，无论介入程度有多深，也无论怎样反复去介入，也无法和地域的人们完全一体化。只能是无限地接近：无论怎样接近，也不会达到完全一致。置身于不相一致和接近的双重状况下，学院派民俗学研究者将被促使对自己的举止和表象行为的手法及其意义等予以再次思考。以此类实践为媒介的自身的变化，将可以作为介入者自身将自己也客体化的自传体民族志（autoethnography）予以描述。这种方法其实是和民俗学的原点，亦即早被遗忘的"自我内省"的方法一脉相通的，但它们并不是一回事。公共民俗学是促生出对应于现代社会的民俗学之"转折点"的作业，同时也是对失却了当初志向的日本民俗学予以再次思考的作业。

实际上，公共民俗学的上述场景即便是在美国公共民俗学当中，也不是全都有充分的自觉，有很多尚未出现。就此而论，本文提示的公共民俗学，也和美国的公共民俗学不完全相同。在日本考虑新的公共民俗学时，积极汲取美国公共民俗学的积蓄，基于其论点展开视野更为开阔的重构，进而与日本曾经有所萌芽的"在野的学问"进行对照，也是一个必要的作业。公共民俗学现在尚未完成。

以上对公共民俗学的方法路径，进行了六种场景的归纳。在此，我想提出自己对公共民俗学的暂时性定义，作为本文的结束。这个定义将会在公共民俗学逐渐深化的过程中逐字逐句地得到检验，并因此而得到更正。

"公共民俗学是民俗学的一个方向。它致力于对异质性立场的理解和超越，促使多样性主体之间的协作互动，自觉到文化所有权和表象行为之权威性等困难问题的存在，进而取得表象的合法性，介入对象人们的社会及文化，为了他们的幸福而将其地域、地域文化甚至地域的人们客体化，并以某种形式参与对他们的支持。公共民俗学是对有关上述活动的自我和他者的实践及研究所进行的反思性和适应性的重构。"

非物质文化遗产保护运动和中国民俗学
——"公共民俗学"在中国的可能性与危险性*

周星

刚进入 21 世纪,一个中国公众并不熟悉的概念——"非物质文化遗产",突然由外而内、由上而下扩散开来,并迅速成为近年的"流行语"。作为改革开放的一环,中国以 2004 年迅速加盟联合国教科文组织主导的《保护非物质文化遗产公约》为契机,在政府主导下,媒体渲染、学者参与、公众关心,全社会都被动员起来,掀起了一场声势浩大的"非物质文化遗产保护运动"。由于非物质文化遗产这一概念的内涵和民俗学的研究对象有大面积重叠之处,故有为数众多的民俗学者主动或被动地卷入运动当中,以各种形式和国家的非物质文化遗产行政发生了密切的关联。民俗学者究竟是凭什么去参与非物质文化遗产行政的?这类参与对民俗学意味着什么?民俗学因此而能得到哪些好处?它又会失去些什么?目前,民俗学在中国社会中的位置、存在感及其学术实践的可能性等正日益成为一个焦点问题。[1]作为一门独立学术的中国民俗学,究竟该

---

* 本文原载《思想战线》2012 年第 6 期。

[1] 由乌丙安、吴效群两位教授主持的以"机遇还是挑战:非物质文化遗产保护与中国民俗学发展"为主题的专栏,曾在《河南社会科学》2009 年第 3 期发表了乌丙安、田兆元、陈金文、施爱东等四位民俗学者的论文。本文一定意义上也是对上述同行的呼应。

如何理解"公共民俗学"的理念和实践？中国民俗学是否会有被非物质文化遗产行政吞没的危险？本文不揣浅薄，拟就此类问题展开讨论。

"运动"何以兴起

非物质文化遗产保护运动在中国兴起的背景复杂而又深远，但归纳起来，主要有以下几方面值得深入讨论。

首先，改革开放政策持续推动中国的经济高速增长已长达 30 余年，由此带来了一系列重大的社会与文化变迁。例如，迅猛展开的都市化进程，截至 2011 年年底，中国都市化率已超过 51%，这意味着 30 多年来，中国约有 4 亿以上的人口由农民变身为市民。都市人口大规模增加和都市型生活方式的全国性普及互为表里，深刻地改变着中国社会及文化的基本格局。由官方意识形态引导的"主旋律"文化，以大中城市及多种现代媒体为依托的大众文化，以农村、农业和农民为依托的地域性民俗文化，当然还有少数民族文化及无数多的"亚文化"等，形成了多足鼎立、相互影响的局面。但市场经济的发展和过度的商业化使得以民俗文化为底流的传统文化受到严重冲击，由此激发的文化危机感和全社会迅速蔓延的"怀旧"乡愁（以古村镇的"再发现"为例）[①]，逐渐引发了对乡村传统生活方式和传统民俗价值的全面再评价。

其次，经济、政治和文化的全球化趋势及西方强势文化（以好莱坞大片、可口可乐、星巴克、圣诞节和情人节等为代表和象征）的涌入，触发了中国社会大众尤其是知识界的反弹乃至于某种程度的抵触。于是，出现了诸如把七夕浪漫化以对抗西式"情人节"，把春节神圣化（不妨以春节联欢晚会为例）来抵制圣诞节，以国产电影和国产动漫对峙好莱坞大片和日本动漫等多种尝试的新动向。一方面是伴随着经济增长、初步富足而来的国民文化自信心和自豪感

---

① 周星：《古村镇在当代中国社会的"再发现"》，《温州大学学报》2009 年第 5 期。

的复苏、扩大与提升，另一方面则是在面对全球化浪潮时，知识界和社会公众的文化焦虑感以及以文化"软实力"应对和介入全球化进程的期许。①

第三，长期以来的"文化革命"政策终于走到尽头，建设可对应于"和谐社会"之国民文化的现实需求，不断促使国家文化政策朝向保护传统文化的方向逐渐转型。清末以来，中国现代化进程屡遭挫折，以"五四运动"为起点，几代中国知识分子和政治精英，无论政治立场如何，大都倾向于激进的文化批判，大都倾向于把所谓"封建"的传统文化，包括民众、民间的民俗文化视为是现代化的绊脚石。长期内忧外患和积贫凋敝的社会现状，促成了中国公众在本文化认识上的悖论式感受：文化自尊心／优越感和文化自卑感／劣等感的相互交错。于是，西学凌驾于国学之上，"科学"必然战胜"迷信"，古典进化论等成为中国文化"落后"以及"落后就要挨打"的依据。被认为起源于"五四"新文化运动的中国民俗学也深受此类"文化观"影响，把民俗文化或传统文化区分为"精华"和"糟粕"的逻辑，多少就与此有关。

把文化视为"革命"对象的政策，在"文化大革命"期间的"破四旧"、"立四新"中达到登峰造极的地步。虽然中国自古就有"移风易俗"的说法，但它在社会主义意识形态主导下大规模政治运动中的实践，却带来了严重的破坏和伤害。例如，过"革命化"春节，要求剔除春节民俗中涉及祭祖的内容，极端的还有阻止人们相互拜年的情形，认为妨碍了农业生产等。②由于意识形态凌驾于文化之上，于是，文化有了"先进"与"落后"之分；由于存在"文化工具论"，所以，它主要被用来宣传造势或"搭台"供经济或政治"唱戏"。改革开放以来，"文化革命"政策逐渐难以为继，中国社会出现了全面复兴庙会等民间信仰和传统年节等各种民俗活动的热潮；与此同时，也出现了文化市场化的新动向，例如，由官方推动的文化体制改革，在以增强文化软实力为志向的

---

① 周星：《非物质文化遗产与中国的文化政策》，载周晓虹、谢曙光主编：《中国研究》第 10 期（2009 年秋季卷）。
② 马潇：《国家权力与春节习俗变迁——家庭实践视野下的口述记忆（1949—1989）》，载周星主编：《国家与民俗》，中国社会科学出版社 2011 年版，第 188—203 页。

同时，还以文化"产业化"为路径。显然，比起曾经以执政党的阶级斗争意识形态为依据的"文化革命"政策来说，以"文化民族主义"为基本内核的民族国家意识形态越来越具有了重要性，也更加合情合理，而建构国民文化的需求又要求将传统文化和地域性民俗文化均作为"资源"，于是，国家文化政策之朝向"文化保护"方向的大转型也就顺理成章了。

来自国际社会的新"文化观"

非物质文化遗产这一用语，不同于以往国内学术界和媒体惯常使用的其他诸如传统文化、民间文化、民俗文化、民族文化等任何用来描述文化的用语。它拗口、别扭而又有新鲜感，其"舶来"的属性和过程意味深长。中国政府通过译介非物质文化遗产这一概念以及引进国际社会以联合国教科文组织为中心形成的文化遗产保护机制，从而在中国社会内部迅速且相当成功地推动了新"文化观"的初步形成。

所谓"文化观"，简单而言，就是人们对文化的基本看法、认知和态度。伴随着非物质文化遗产保护运动而形成的新"文化观"，和以往中国政府的文化行政机关所理解的"文化"，以及除民俗学、文化人类学（民族学）等学术领域之外的中国知识界所津津乐道的"文化"有着明显的不同。它主要不是精英的，而是草根的；主要不是官方的，而是民间的；主要不是社会上层的，而是底层的；主要不是全国大一统（除春节等少数例外），而是地域性或族群性的；主要不是集中分布在城市，而是在广大农村和牧区；主要不是文字形态和书承方式的，而是口头形态和口耳相传或言传身教的；它既是艺术和审美的，更是实践的日常生活方式；它虽是无形和非物质的，但往往又依托于某种有形或物态的载体。[①] 在民俗学和文化人类学的专业领域之外，要就上述新"文化

---

① 周星：《民族民间文化艺术遗产保护与基层社区》，《民族艺术》2004 年第 2 期。

观"在中国社会达成广泛共识绝非易事。若以国家文化政策实现大转型为背景,在国内开展文化问题大讨论,结果很可能是造成更加尖锐的对立及永远没有共识的混战。但通过译介国际社会"通行"的文化概念或相关理念,达成共识的过程却顺畅很多。中国政府主动选择加盟"国际公约",从而不露痕迹、不动声色地校正了国内对文化问题的很多偏执或过激的理解,实现了对"文化"的重新定义。新的文化定义过程既是为了顺利实现国家文化政策的大转型,也是为了新的旨在提升文化软实力的国家战略,因此,必须得有国际社会"通用"的理念,采用为国际社会理解和听得懂的表述。

和 1985 年中国加入于 1972 年成立的《保护世界文化和自然遗产公约》相比较,中国于 2004 年 12 月批准此前于 2003 年 10 月在巴黎第 32 届教科文组织大会通过的《保护非物质文化遗产公约》,则要及时、迅速和没有半点犹豫。甚至在该公约于 2006 年 4 月正式生效前,中国便已成功地先后将昆曲(2001)、古琴(2003)、新疆木卡姆艺术和蒙古长调民歌(2005)等申报为"人类口头和非物质遗产代表作"。经由加盟相关国际公约,中国社会得以和国际社会共享对文化、文化遗产(含非物质文化遗产)、文化遗产的公共性、文化多样性、文化空间、文化景观,以及口头及民俗传统文化的重要性、文化的多种表现形式等等一系列相关概念和理念的理解。在这些理解中,世界文化遗产和世界非物质文化遗产乃是具有"普遍性价值"、可为全人类共享的,其历史的、科学的和艺术的价值均在事实上超越了长期占据中国文化及意识形态领域的"阶级文化观"。尽管很快出现了"观光地化"和过度开发等问题,但涉及文化遗产的许多观念和理念却日益在中国普及开来。国际社会的文化遗产保护机制中既有全人类共享之普遍价值的理念,又有以民族国家为单位操作申报制度对文化民族主义的包容,中国的非物质文化遗产保护运动颇为巧妙地在上述两者之间做到了从容自在、游刃有余。

按《保护非物质文化遗产公约》的定义,非物质文化遗产是"指被各社区、群体,有时是个人,视为其文化遗产组成部分的各种社会实践、观念表述、表现形式、知识、技能以及相关的工具、实物、手工艺品和文化场所。非物质文化遗产世代相传,在各社区和群体适应周围环境以及与自然和历史的互动中被不断再创造,为这些社区和群体提供认同感和持续感,从而增强了文化多样性和人类创造力。"它主要包括:口头传统和表现形式(包括作为非物质文化遗产媒介的语言);表演艺术;社会风俗、仪式、节庆活动;有关自然界和宇宙的知识和实践;传统手工艺等。坦率而言,此定义和中国民俗学长期以来对民俗、民俗文化、民间文化等的定义和文化人类学对文化的定义,并无根本不同。① 巴莫曲布嫫教授曾撰文详细介绍了联合国教科文组织多年来组织各国以民俗学者为主的专家展开讨论,经反复斟酌、激烈争辩及彼此妥协而最终采用此定义的漫长过程。② 与此同时,在它被引介到中国公共媒体和知识界时,也曾因翻译过程有意无意的本土化"误读"导致过许多歧义(如将1989年《保护传统文化和民俗建议案》中的"folklore"译为"民间创作")③。虽然非物质文化遗产概念的内涵,在民俗学和文化人类学看来并没有多少新意,但这两个学科居于中国社会科学及人文学科体系中的边缘性地位,它们并不拥有对国家文化政策施加影响的任何机制性路径,所以,借助联合国教科文组织及中国政府的文化行政权力而来的非物质文化遗产,便因"概念的陌生化特征"而体现出话语霸权④。此种不求诸内部机制改革,而是通过开放、国际化以及和世界接轨的方式,借助外力推动国内变革的尝试屡试不爽。继加入 WTO 推进经济体制改革,借助 WHO 应对"非典危机"之后,通过加入《保护非物质文化遗产公约》,把国际"通用"的文化概念和理念引入国内、引入政府的文化政策和文化行政,

---

① 从已公布的国家级非物质文化遗产代表作名录体现的"十大分类"(民间文学、民间音乐、民间舞蹈、传统戏剧、曲艺、杂技与竞技、民间美术、传统手工技艺、传统医药、民俗)来看,与钟敬文主编《民俗学概论》的目录对民俗学对象范畴的安排非常接近。参见钟敬文主编:《民俗学概论》,上海文艺出版社1998年版。
② 巴莫曲布嫫:《非物质文化遗产:从概念到实践》,《民族艺术》2008年第1期。
③ 安德明博士指出,把folklore译为"民间创作",可能是考虑到《保护传统文化和民俗建议案》中与知识产权有关联的涵义,但却失去了folklore作为民俗学专业术语而具有的"集体的"、"传承的"、"匿名的"等重要涵义。参见安德明:《非物质文化遗产保护:民俗学的两难选择》,《河南社会科学》2008年第1期。
④ 安德明:《非物质文化遗产保护:民俗学的两难选择》,《河南社会科学》2008年第1期。

的确是避免争议、推动国内文化体制变革和机制创新的聪明之举。

新"文化观"的逐渐确立在中国社会和知识界引起强烈反响，它使民俗学和文化人类学的"文化观"超出专业学术领域而为一般公众、媒体和文化行政所知晓，民俗学、文化人类学及近缘的艺术学等领域的学者们自然是乐观其成。政府文化政策的大转型，正有赖于新"文化观"的大普及。即便在当前的中国，依然存在文化的"先进"、"落后"之类意识形态评价，即便依然存在把文化视为宣传道具，视为教育人民的领域，视为可赚钱的产业之类的"文化观"，但同时，文化尤其是被认为值得保护的非物质文化遗产本身就有价值，其对于那些创造、拥有和传承着各种非物质文化遗产的草根民众自身具有的意义理应得到尊重。文化不等于意识形态，文化不再是革命和阶级斗争的阵地，而是和谐社会里人民共享的财富。新"文化观"内涵的理念基本上是国际社会的"常识"，在其指引下的中国文化战略和现代文化发展，可以和国际社会相互沟通，也容易被理解，有利于中国和平崛起之国际环境和氛围的营建，以及文化软实力的行使。伴随着非物质文化遗产保护运动而促成的新"文化观"的普及，可以说是中国社会一次新的"文化革命"，只是它和 20 世纪六七十年代的"文化大革命"是完全相反的方向。

"运动"的形态和民俗学者的介入

之所以把近 10 年来保护非物质文化遗产的种种动态称为一场运动，乃是因为：第一，它自上而下、行政主导、基于政治判断而展开，它要实现全国性规模，有明显的人为性；第二，它通过实现彻底的社会动员来推动，一切媒体和所有的行政及社会资源，以及所有社会阶层均被卷入其中；第三，它有短期内达成的明确目标，整个进程是急促、剧烈和粗糙的，一边试错，一边推进。通过运动方式，集中力量"办大事"或完成某项当前被认为有极端重要性的核心任务或中心工作，乃是中国中央集权型政府的基本行为模式。但这场运动和以往中国社会不定期发生的历次政治运动有很大不同。例如，采用国际社会的标准、参照国外经验，在国内没有经过争论，也没有必要制造"一小撮"敌人。此外，政府官员较强的学习能力和对民俗学者等知识分子的任用，以及有明确的制度建构目标等，都使它和以往颇为不同。对这个旨在建构新"文化观"和实现文化政策大转型，提升国家文化软实力的运动，民俗学者积极参与当然是以其学术担当履行社会责任的大好机遇。

最先介入运动的并非民俗学者，而是美术学者[①]，但民俗学者大面积介入后，确实是提供了有力的学理支撑。以往政府的文化行政有把学术界排除在外的倾向，在具有"以吏为师"传统的政治体系内，文化系统的官员们总认为自己比学者更聪明。此次非物质文化遗产行政的大变革却出现了空前需要民俗学等学术界人士介入的格局。这是因为新"文化观"及相关理念，极大超出了各级文化行政机关长期以来秉持的"常识"；且文化遗产保护国际机制的建构和形成，从一开始就是以多种学术专业的咨询、支持和支撑为依托的，像世界文化遗产的选定由国际古迹遗址理事会（ICOMOS）的专家们提供业务帮助，世界自然遗产的选定由世界自然保护联盟（IUCN）的科学家们提供专业咨询，世界非物质文化遗产保护机制的形成及名录确定等，更是以民俗学为主，由文化人类学（民族学）、艺术学、文化史等相关领域的学者们通过教科文组织的讨论和交流机制，提供了大量有力的学理依据。因此，把民俗学视为非物质文化遗产保护工作的学科基础并不过分。

运动的过程伴随着一定的制度建构和创新。如 2003 年出台的"国家级非物质文化遗产代表作申报评定暂行办法"和部际联席会议制度；2005 年设立的全国非物质文化遗产保护工作领导小组和专家委员会；2006 年在文化部组建非物质文化遗产司和在中国艺术研究院设立中国非物质文化遗产保护中心等。此外，还有陆续公布的国家级非物质文化遗产代表作名录和国家级非物质文化遗

[①] 施爱东：《学术运动对于常规科学的负面影响——兼谈民俗学家在非遗保护运动中的学术担当》，《河南社会科学》2009 年第 3 期。

产项目代表性传承人，以及从 2006 年起一年一度的"文化遗产日"。在上述诸多建树的部分环节就有民俗学者不同程度的介入。中国民俗学参与非物质文化遗产保护运动的方式和路径，主要有以下几种：

1. 接受中央和地方各级政府文化行政主管机关的聘请，参与由政府出面组建的各级"专家委员会"和"专家评审小组"，担任咨询或评审委员，并承担一定的负责性工作。例如，参与国家级和各地方的非物质文化遗产代表作名录及各级代表性传承人名单的确定，包括民俗文化遗产类申报项目的评估、审查、鉴别、调查、咨询、认定等提供专业意见。在有些地方，甚至还有具体到报告文本的编纂等情形。当然，也要为已经确定的名录和名单的相关保护举措提供咨询和建言或献策。截至目前，相继在 2006 年、2008 年公布的第一、第二批国家级非物质文化遗产代表作名录合计达 1028 项（包括第一批扩展项目 147 项）；2007 年、2008 年和 2009 年相继公布的第一、二、三批国家级非物质文化遗产项目代表性传承人合计 1488 位。此外，截至 2011 年年底，中国入选世界非物质文化遗产名录的项目总数达 36 项，成为入选最多的国家。在上述成就中，民俗学者的介入的确做出了贡献，无怪乎乌丙安教授在论及中国民俗学与非物质文化遗产保护运动的关系时，不无兴奋地用"一见如故"、"里程碑式的"等词句来形容[①]。

2. 在国家和各级地方政府组织的与非物质文化遗产保护有关的公共事业和公共事务中，以专家身份提供学术支持，或直接或间接地参与规划、组织实施。例如，在"文化遗产日"和其他节庆假日（春节、元宵节、庙会等），北京和各地分别在图书馆、博物馆、文化馆、城市广场等公共场所举办的有关展览、演出、学术讲座等活动中，都不难发现民俗学者的身影。像 2006 年国家博物馆举办的"全国非物质文化遗产保护工作成果展"、2007 年在成都举办的"国际非物质文化遗产节"、2009 年 2 月元宵节前后在北京展览馆举办的"中国非物质文化遗产传统技艺表演活动"等，无一例外。

---

① 乌丙安：《21 世纪的民俗学开端：与非物质文化遗产的结缘》，《河南社会科学》2009 年第 3 期。

3. 中国民俗学会、中国民间文艺家协会和各省市的地方民俗学会、地方民间文艺家协会的民俗学者还以多种方式承接国家或地方政府的委托，从事非物质文化遗产的实地调查和相关课题的学术研究，其中包括部分地方政府有意向将其申报为非物质文化遗产代表性项目的调查及研究活动。

4. 在大学或政府下属的研究机关，搭建以非物质文化遗产为对象、为主题的研究组织（例如，成立研究中心或组织学会等），通过发表学术论文，召开学术研讨会以及发行杂志和出版书籍等方式，一定程度上推进了中国非物质文化遗产的学术研究。

5. 在大学招收相关或相近专业的硕士和博士课程研究生，设置非物质文化遗产保护等专业方向，致力于为国家的文化遗产保护事业培养人才。此外，还通过举办各种培训班，为基层的非物质文化遗产保护工作提供帮助。

6. 在报纸、杂志、电视、广播和网络等多种形态的大众媒体上现身，向公众宣讲非物质文化遗产的价值和保护工作的意义，为促成有关社会共识和建构全民参与的氛围做出了贡献。

上述参与路径有的较为直接，有的较为间接。即便是间接性参与，仍不乏重要性，它们从不同层面回应了国家、社会和时代对民俗学的需求、希冀和期待。上述参与方式在某种意义上，都是中国民俗学中堪称具有"公共民俗学"属性的学术实践。

民俗学者通过参与非物质文化遗产保护运动以及通过参与非物质文化遗产行政的部分工作环节，也很容易发现自身的弱点。感受较深的可能是民俗学者所能提供的学问实力不够、研究水平不高、田野调查不足，基于第一手实地调查的实证性资料的研究成果较少。在已经认定的代表作项目或其传承人中，基于由民俗学者提供的严谨、翔实而又科学的田野调查报告而予以认定的情形寥寥无几。尤其是民俗学长期以来对民俗文化的传承人及传承机制研究较少，故在咨询工作中常感到捉襟见肘。同时在民俗学专业领域内部也出现了混乱，例如，"民俗"和"民间文学"、"民俗学"和"民间文艺学"之间的关系问题等。

中国民俗学过去多"以民间文艺取向为目标"[①]，对民间文学的执着导致课题意识较为狭隘，其对非物质文化遗产的宽泛性缺乏了解，也缺乏基础性研究。即便是少数较著名的民俗学者，除了他们较为熟悉的地域和个别项目之外，必须面临却又无知的领域和民俗事象为数众多。一方面，来自民俗学领域的实证性田野调查报告或相关资料及研究成果颇为稀薄、有限，另一方面却又不得不在很多场合硬着头皮充当专家。

此外，在如此短时间内，却有如此数量和规模的代表作项目及传承人被认定，难免出现质量问题。扩展版名录的存在恰恰证实了这一点，它至少部分地意味着参与其事的民俗学者对某些民俗事象的空间分布并非了如指掌。这方面固然有主导运动的文化官员们的责任，但既然参与其事，民俗学者也必须有心理准备为名录及传承人认定中存在的错误、遗漏和偏差等问题承担相应的责任。

民俗学的实践性与公共性

中国民俗学近年来的"热门"化趋势，的确得益于突然兴起的非物质文化遗产保护运动，但民俗学参与国家文化建设相关的工程或项目却非首次。民俗学是一门明显地具有实践性的学问，它从诞生伊始，就不是一门纯书斋式的学问。

中国民俗学诞生于 20 世纪 20 年代的北京大学，深受"五四"新文化运动的影响。民俗学从那时起就一直关注时政，并内在地存在着许多悖论，例如，浪漫主义情怀引导民俗学者"眼睛向下"，对把"民俗"视为旧时"遗留物"分外钟情，试图从民间文学追寻民族文化之根（本真性），但同时又受科学、进步等理念影响，常居高临下地要引导民众，以民族精神重建为己任。当代

[①] 田兆元：《关注非物质文化遗产保护背景下的民俗文化与民俗学学科的命运》，《河南社会科学》2009年第 3 期。

民俗学逐渐放弃了"遗留物"偏好，把民俗看作普通民众的日常生活文化，但民俗学在各国不同程度地都自诩"国学"，自诩是在从事民族国家的文化建设，因此和政府文化部门合作倒不如说是它的常态。中国20世纪50年代以后几乎所有的民间文艺活动[1]，民俗学都是积极参与、从不缺席。

20世纪50年代"以大跃进民歌为高潮的民间文艺运动"[2]，除较为广泛地搜集民间文艺资料之外，还积极参与了大跃进民歌创作和新文艺的建构，部分地为浮夸风推波助澜，强化了文艺的意识形态属性。八九十年代的"三套民间文学集成"(《中国民间故事集成》、《中国歌谣集成》、《中国谚语集成》)工程，后被进一步发展为民族民间文艺十套集成项目，大量口承的民间文化得到调查和整理记录，其贡献被誉为是建构了一座"文化长城"。从众多出版物看，其具有把口承文化以书承方式予以保存的性质，但也存在一些问题，例如，按照行政级别出版的民间文学县卷资料本（达3896种）、省卷本（达100余卷）等，其实越是基层的县卷本，其资料的学术价值越高。因行政区划而切割民间文学的自然流布，这个教训在此次运动中再次出现。参与国家发起和由各级政府主导的文化工程，既是民俗学的机会，也是它的爱好，而来自民俗学内部、基于纯粹发展学术的理念而展开的普查之类尝试则非常有限。

中国民间文艺家协会于2002年启动了"中国民间文化遗产抢救工程"。和早年民俗学的开创者们曾迅速、及时地把"歌谣"研究扩展到"风俗"和"方言"研究一样，后来的民俗学者（以钟敬文教授为代表）亦曾花大气力把"民间文学"逐渐扩张到"民俗学"。钟敬文主编的《民俗学概论》意味着这种扩展符合民俗学努力在中国社会表达自身的必要性。无独有偶，中国民间文艺家协会的经历也大致相仿，从民间文学研究到民间文艺，再到民间文化，

---

[1] 成立于1950年3月的中国民间文艺研究会系历次民间文艺运动的主力，它于1987年改称中国民间文艺家协会，其与中国民俗学会的关系微妙而又复杂。两者会员之间有一定程度重叠，但各自的学术认同分别是"民间文艺学"（含民间文学）和"民俗学"。考虑到"民间文学"和"民俗"在概念内涵上密切的关联性，此处暂以"民俗学者"统称之。

[2] 向云驹：《中国民间文艺60年的三大工程》，2009年9月，电子版打印本。

通过概念置换的方式扩展了自己的领域。这一类学科建构和概念内涵的扩张调整，均与社会实践性的指向密切相关。此后，该工程被纳入文化部于 2003 年启动的"中国民族民间文化遗产保护工程"，随后更为非物质文化遗产保护运动所淹没。

中国要在短期内建立起像样的非物质文化遗产保护机制，学术界尤其是来自民俗学的学术支撑不可或缺。中国民俗学从不隐讳本学科的实践性和应用性追求。绝大多数民俗学者都倾向于认为：民俗学肩负着国家文化建设的重任，民俗学或其学术共同体理应在国家文化发展战略中发挥重要作用，民俗学者有责任、有义务在非物质文化遗产保护运动中发挥学科的引导作用和学术影响。除以不同路径不同程度地介入非物质文化遗产行政，在很多层面提供了民俗学独到的咨询支持外，值得称道的还有中国民俗学会组织民俗学者在传统节日与国家法定假日的研究论证、国家节假日体系改革及制度安排等方面也做出了成绩，直接间接地影响到国家节假日制度的创新和相关文化政策的制订及实施。

民俗学参与非物质文化遗产保护运动并不令人意外，民俗学学科和一些民俗学者个人从中获得较多"好处"也理所当然。此前的中国民俗学虽然并不起眼，但依然是国家经营的学术事业之一，为数众多的民俗学者平日在大学或研究机关工作，参与政府主导的文化遗产行政、民间文艺工作及相关运动，显现出他们以各种方式被政府雇佣而成为"政府民俗学者"这一身份。关键是时代为民俗学提出了需求。因为是参与到国家文化政策和中国社会的"文化观"朝向正确方向实现转型和转换的事业中，可以说民俗学在一定程度上对国家和社会做出了贡献。鉴于民俗学关注的"民俗文化遗产"在国家文化建设中的重要性，民俗学自身也从当前的非物质文化遗产保护运动及以后转入日常状态的非物质文化遗产行政中受益良多。[①] 2012 年 6 月在法国巴黎召开的《保护非物质文化遗产公约》缔约国大会第四届会议上，中国民俗学会成为通过教科文组织认证的 156 个非政府组织咨询机构之一，从此也可向"保护非物质文化遗产政

[①] 王晓葵：《民俗学与现代社会》，上海文艺出版社 2011 年版，第 201—205 页。

府间委员会"提供咨询意见,便是一个很好的例子。中国政府向教科文组织非物质文化遗产评议会推荐的专家中有多位民俗学者,这固然是学者个人职业生涯的成就,同时也是中国扩大影响力于国际文化事务的举措。

　　曾经被社会学、文化人类学等专业轻视,并因缺乏理论性而边缘化、存在感薄弱的民俗学,经由介入非物质文化遗产保护运动而一夜之间跃为明星学科,其在现当代中国社会的重要性、知名度和影响力均有了戏剧性提升。民俗学的学科价值正在被全社会和知识界广泛认知;设立民俗学或相关专业的大学及设置民俗学或相关专业之硕士、博士课程的研究生院呈增加趋势,民俗学相关专业毕业生的就职也较为顺畅。民俗学在获得课题资助、出版补贴等方面也比以往有了更多的机会,学问的"物质"环境和条件得到较大改善。与此同时,民俗学者的学术研究也从非物质文化遗产保护运动的相关实践中获得不少启示,例如,至少部分民俗学者以前主要是对"地方性知识"或某个特定地域的民俗文化较为熟悉,现在因为介入非物质文化遗产保护运动而具有了超越地域的全国性乃至国际性的视野,因此,其学问的格局也会发生进化和提升。此外,民俗学和一同参与保护运动的近邻学科(文化人类学、艺术学、考古学、宗教学等)之间的深入交流成为可能,并因此获得相互刺激的机会。

　　非物质文化遗产保护牵涉的各种现实问题,还有来自现场、田野的实践,也会对民俗学形成良性刺激,促使在民俗学内部生发出新的课题意识。诸如"国家与民俗"、"本质主义和建构主义"、"民俗主义"、"公共民俗学"、"民间文化与公民社会"等等,近年来民俗学界相继引起广泛关注的话题都或多或少与之有关。民俗学的一些传统课题和老生常谈的概念,诸如"传承"、"本真性"等,也会在新的学术实践中引发深入的再探讨。更重要的是,民俗学通过介入非物质文化遗产保护运动之类的实践性和应用性研究,将为民俗学在中国成长为一门能够对国家文化政策、对非物质文化遗产行政、对现代中国社会里多种生活文化问题和事象展开基于学理的解释、揭示、评论和批评的学问。[①] 为

---

① 吴秀杰:《文化保护与文化批评——民俗学真的面临两难选择吗?》,《河南社会科学》2008 年第 2 期。

此，民俗学不仅要强调其实践性和应用性，还应进一步思考自身学问的公共性。

"公共民俗学"在中国的危险性

若把中国民俗学对非物质文化遗产保护运动的介入视为中国式"公共民俗学"的一种实践活动，上文已论述了此种"公共民俗学"在中国的可能性。但笔者在此还想特别提及它在中国可能面临的各种危险性。"公共民俗学"（Public Folklore，或译"公众民俗学"）本是20世纪70年代在美国兴起的主要依赖公共部门工作人员进行民俗调查，以及利用民俗开展各种公众性活动的一系列实践性行为（例如，博物馆的民俗陈列、创办民俗节日或组织社区节庆、在公共广播电台等媒体编制民俗音乐节目、在城市广场组织民俗舞蹈展演等），部分专业民俗学者的参与使之逐渐具备了一定的学术性，并在以美国民俗学会为主的民俗学界对学院派民俗学的纯学术研究提出了挑战。对于"公共民俗学"，当然首先应在美国民俗学的背景文脉下去理解，早先学院派民俗学者曾对"公共民俗学"者的实践活动不屑一顾，甚或斥之为"伪民俗"，但随着后者持久的努力和对其实践的学术性总结，其对美国民俗学理论和方法的积极贡献逐渐获得了承认和重新评价，"公共民俗学"遂发展成为美国民俗学的一个重要组成部分。[①] 当"公共民俗学"被介绍到中国时，语境和场景已有很大不同。由于中国民俗学内部向来就有强烈的"经世致用"之类重视应用性和实践性的倾向（日本民俗学也如此），"公共民俗学"的相关思路当然有助于丰富中国民俗学的应用性调查与研究，有助于促使中国民俗学反思自身的公共性。但在中国并不适宜在现行的原本就有高度应用属性的民俗学之外另行建构"公共民俗学"的专业方向，中国民俗学面临的现状与其说是缺乏应用和实践意识，学者们过

[①] 参见安德明:《美国公众民俗学的兴起、发展与实践》,《民间文化论坛》2004年第3期;杨利慧:《美国公众民俗学的理论贡献与相关反思》,《广西民族学院学报》2004年第5期。

度醉心于象牙塔里的学问，倒不如说正好相反，反倒是在坚持学术研究的自由、自主和独立性方面较为欠缺，在扎实的基础性田野调查和资料积累方面较为欠缺，纯学术的研究较为欠缺。

在此仍以中国民俗学参与非物质文化遗产保护运动时遭遇的各类问题为例，探讨在学术研究的自主、尊严和独立性尚难以得到真正尊重的社会里，学术和行政权力之间关系的危险性。虽然非物质文化遗产的相关概念、用语和分类多少曾经采纳或参考过民俗学及文化人类学的专业见解，但它归根到底是基于文化行政的方便而运作的"工作分类"，换言之，它有时必须兼顾学术之外更为复杂多样的情形，因此，很难和学术的用语、概念或分类完全一致。但它一经确立，便带有某种霸权，甚至具有强制性。这时，以多种方式介入文化遗产行政的民俗学者很容易被"同化"、被"说服"。例如，国家级非物质文化遗产代表作名录的"十大分类"，显然有悖民俗学的基本见解（将"民俗"和"民间文学"相区分等），"工作分类"与"学术分类"之间出现了冲突和无法整合之处。尽管有很多民俗学者参与其中，依然发生如此错乱，充分反映了民俗学者在和文化行政以及在和其他专业（例如，艺术学和艺术史）打交道时的无力感。再比如，非物质文化遗产这一"舶来"概念在本土化过程中发生了学术争论，但国务院的《通知》轻而易举地中断了相关的讨论，与其是说行政要求中断，不如说学者们自行放弃了讨论，于是非物质文化遗产便不仅进入媒体和公众话语，还进入民俗学内部，成为学术用语。还有所谓"有形"和"无形"、"物质"和"非物质"等，原本只是在文化遗产行政逐渐扩大保护范围过程中演变来的权宜概念，其在民俗学和文化人类学领域并不常用，它将生活文化的整体切割开来，将其直接用作学术用语有问题，学理不通，但最近却有一些民俗学者对"非物质文化遗产"概念做本质主义式的解读。文化行政操作层面有可能成立的概念与分类，在学术上却未必成立。中国是在文物系统之外另起炉灶，建构非物质文化遗产的行政保护机制，因此，眼下的论说多少存在强调"非物质"以区别物质文化遗产的倾向，同时，民俗学的"民间文学"情结，也容易导致为增强存在感或所谓学科利益而对"口承"、"非物质"过于强调，结果是文化遗产在中国被彻底人为分断为两个系统。还有一些民俗学者借助国际公约所说的"保护"，有意无意将其误读，结果是进一步强化了对民俗文化之所谓"本真性"、"原生态"的执着，背离了学术的方向。

　　非物质文化遗产保护运动明显地具有将民俗文化按照行政区划及其级别来区分等级的倾向。县级、省市级、国家级和世界级非物质文化遗产的序列，原本只是为了行政管理的便利，它一旦成为体制，便成为非物质文化遗产之重要性和价值的等级制结构体系，这完全是非学术的，有悖于文化平等理念。过度倾斜关照某些特殊的文化项目而忽视或无视其他一般的文化，则有悖于文化生态和文化多样性原则。参与其中的民俗学者有被此种文化等级制同化或吞没的危险。将文化按行政区划来分断整理的方式从一开始就是非学术的，却获得了民俗学等学术的合法性支持。此外，在炽烈的申报竞争中，国家之间会出现"文化遗产民族主义"，地域之间会出现"文化遗产地域主义"，置身其中的民俗学者该如何自处？如果发挥为民族主义或地域主义增幅的作用，则作为学者的独立性将可能遭到损失。民俗学者不应过度卷入将非物质文化遗产神圣化为"中华民族精神"或其象征之类文化民族主义言论，而应与之保持距离。基于民俗学的专业学术立场，民俗学者对非物质文化遗产之意义和价值的阐释，应着重强调其对所在地域或社区、对当地一般民众的生活、对传承它们的民众的人生和幸福所具有的意义，而不宜过度渲染或人为提升其"泛中华"的文化意义。各级政府有将非物质文化遗产的申报登录成功视为政绩和地方"名片"、"招牌"的倾向，接受过各种形式款待的民俗学者为之"背书"，甚至对当地申报项目过度评价的可能性并非不存在。

　　根据官方意识形态对非物质文化遗产进行价值判断的问题也值得深思。虽然在世界遗产的国际保护机制中也有"负遗产"一说，但在中国的实践中，申报并获得认定的几乎全都是在价值方面被认为正面性的。例如，由于有以"科学"对峙"迷信"的意识形态，"风水"就成为一个令官学皆感困扰的难题。将民俗文化分为"精华"和"糟粕"，或"优秀"与"一般"，只对所谓卓越、优秀、典型和有代表性的予以申报和保护，民俗学者对此种分别对待的文化行政倾向应保持一定的距离。目前对宗教信仰类是敬而远之或不得不迂回、变通，诸如把"石敢当信仰"改为"石敢当习俗"，然后予以登录，亦即民间信仰的"文化遗产化"问题，似乎某种民俗事像贴上非物质文化遗产的标签，就获得了合法性[①]。或者是将民间信仰中某些要素如舞蹈、音乐等解读为艺术，而艺术类项目较容易成为非物质文化遗产。

民俗学的参与，在某些环节就必须和"官本位"的行政体系打交道，对此应有清醒认知，尤其需要警惕自身拥有的"话语权"。民俗学者充当无论是族群的、地域的或某些项目的代言人，都潜在存在着某种危险性，对此应有反省的觉悟。应该检讨整个申报过程中基层社区和当地居民（文化的主体和传承者）"缺席"、"不在场"和没有发言权等问题。对过度开发、过度的商品化和博物馆化等倾向，以及以"保护"之名导致出现"破坏"的可能性，也应予以警惕。在非物质文化遗产保护运动中出现了复杂的权力和利益关系，尤其在非物质文化遗产资源化之后的利益分配，总是主体不在。陈志勤博士对浙江禹陵村的个案研究，提出的问题是消失了"民俗"的村落和得到了"遗产"的政府，的确引人深思。[②] 学者群体也可能成为利益攸关方，例如，群众性学术组织对各种"大师"的任命就反映了这一点，由于和国家认定形成双轨制，故导致了不必要的混乱[③]。

伴随着中国社会大众对非物质文化遗产和民俗文化之求知欲的明显高涨，以电视、网络等现代媒体为舞台，出现了民俗学者和"民俗专家"（或如施爱东所谓"准民俗学者"，或如陈金文所谓"突然冒出来的民俗学家"[④]）鱼龙混杂的状态。所谓"民俗专家"，一般是指对某些民俗事象如春节、端午节，或对某地风俗较为熟悉，自称专家却从未发表过任何附有学术性注释之论文的人士。

[①] 施爱东：《学术运动对于常规科学的负面影响——兼谈民俗学家在非遗保护运动中的学术担当》，《河南社会科学》2009 年第 3 期。
[②] 陈志勤：《论作为文化资源的非物质文化遗产的利用和管理——兼及日本的经验与探索》，中国民俗学网，2012 年 6 月 1 日。
[③] 周超：《中日非物质文化遗产传承人认定制度比较研究》，《民族艺术》2009 年第 2 期。
[④] 陈金文：《非遗保护与民俗学研究间的理想关系及实际状况》，《河南社会科学》2009 年第 3 期。

中国民俗学事实上一直存在着学者的身份认同问题，此前只有"学者"抑或"文人"的问题，现在则增加了究竟是"民俗学者"还是"非遗专家"，或许将来还会有"民俗学者"和"民俗专家"之异同的困扰。笔者对"民俗专家"并不反感，但认为如在中国民俗学的学术共同体之外另有一个"公共民俗学"，则"民俗专家"们自诩"公共民俗学者"的可能性就会很大。

结语：再延伸一点讨论

施爱东博士有关因参与非物质文化遗产保护运动而对民俗学带来负面影响的观点，笔者并不完全赞同，但对他指出的问题却有很多同感，他尖锐的批评对卷入运动的民俗学者是非常及时的提醒。的确，研究者人数有限的中国民俗学被彻底卷入一场规模巨大的社会文化运动，若没有自持、自重、自觉和自醒，被运动异化或吞没就并非危言耸听。

在中国，把学院派或纯学术的民俗学和"公共民俗学"（或"应用民俗学"）相并置，是较为困难而又危险的。在民俗学领域之外形成"公共民俗学"并不具有建设性。民俗学作为一门学问，它只应该是纯学术的，至于民俗学的实践性，它对现实的介入、参与和社会贡献，应基于切实的资料积累和严谨的田野调查，并在纯学术性研究的基础之上展开。以此为前提，我们可将其对非物质文化遗产保护运动的参与或其他类似的社会性学术实践定义为中国的"公共民俗学"，但它不能是在民俗学领域之外另一个单独的部门，而是基于民俗学原本就有的实践性和公共性。中国民俗学因参与这场运动而积累了一些堪称或类似于"公共民俗学"那样的经验及教训，对此不妨予以积极评价，并如施爱东博士那样及时予以批评，但无论如何它都应该是在民俗学专业性的延长线上才能被理解的。

民俗学、文化人类学、社会学都不缺乏实践性理念，中国的学问大多如此，学问的功用常被认为是其存续之合法性的最终依据。倒是学问的纯粹性、知识性、独立性，其满足求知欲和人类好奇心的价值不易在中国确立起来。在笔者看来，与其说应不应该参与运动，倒不如说是民俗学凭什么资本和能耐、以何种姿态、采取什么立场去参与的问题。在文人志向常压倒学者志向、文学志向常压倒学术志向的中国民俗学界，应以此为契机，更加努力提高纯学术的调查和研究的水准。中国尚缺乏尊重学术独立性的社会氛围和共识，在行政体系尚没有习惯倾听学者主张的当下，学问的自由和独立性经常会被权力裹挟与同化，因此，参与运动的民俗学者独立的立场和基于学术研究而提出建言的勇气，显得尤其重要。

"公共民俗学"之类的构想或主张，在学问的独立性得到基本尊重的社会里，通常不会产生多大问题。在当前的中国，若是民俗学者对相关危险能够充分警惕，则"公共民俗学"的社会实践及其价值、可能性就应得到尊重和提倡。"公共民俗学"既有可能与国家协作，也有可能与权力对峙，其健康发展需要各种意见均得以自由表述的社会生活空间的存在及不断扩大，国家的文化遗产行政、全社会和民俗学界需要共享一些基本的文化价值观。"公共民俗学"在中国的成长或者说中国民俗学旨在增进国民福祉和传承文化多样性的社会实践活动，有助于推动上述社会生活空间的生成和逐步扩大，但它也可能被权力同化、异化而失去学术的自主性和尊严感，甚或沦为糟糕的文化行政的帮闲。

菅丰教授提倡的适应"市民社会"之需求的"公共民俗学"[①]之所以可能，是因为能够掌握足够信息的"市民"大量涌现以及民俗学专业知识的大众化普及，因此，"市民调查"不仅可行，它还可望成为地域民众发现自我、创建新的人际关系和人生价值的方法；民俗学者和当地居民协同作业的田野调查作为一种"实践"，具有加深对调查地域之理解、有助于解决当地某些现实问题和完善文化政策的公共性。2011年6月1日，《中华人民共和国非物质文化遗产法》

[①] 笔者应邀参与了菅丰教授主持的"有关公共民俗学在现代市民社会中应用的研究（2013—2015）"课题，该课题的主导思路就是要推动适应市民社会之公共民俗学的形成与发展。

正式生效,为依法开展非物质文化遗产行政提供了依据[①],同时也为公民的参与及非物质文化遗产保护工作从运动状态转向日常工作状态提供了保障。中国民俗学今后以各种方式参与各级非物质文化遗产行政的可能性仍有很多空间,尽管中日国情不同、中日民俗学的现状和格局也各有风景,但东京大学菅丰教授提倡和市民协作开展共同研究的"公共民俗学"以及民俗学者参与各种社会实践的必要性等观点,依然值得我们参鉴。

---

① 周超:《中国文化遗产保护法制体系的形成与问题——以〈非物质文化遗产法〉为中心》,《青海社会科学》2012 年第 4 期。

"一国"的文化共享：
《中国年俗》的民俗国家化过程探究*

宋颖

春节，是中国最盛大的节日，2006年春节与清明、端午、中秋列入国家级非物质文化遗产保护项目。民俗纪录片《中国年俗》的素材大多是在中国境内80余个乡村所拍摄的习俗事象，取材于真实人物的现实生活。这部纪录片在中国中央电视台中文国际频道的黄金时间段播出，其收视率从播出之时的0.45一路升至0.59，发挥着文化引导、培育受众和对外宣传的作用。

经过媒体的处理和表现的春节习俗，正如总导演王海涛所说，"如果不提到乡村，我从来不会想到我们年俗的片子是乡村的拍摄，我们表现的现代范儿，从拍摄上或表现形态上来讲，也真是没有灰调的东西"[①]。这种现代取向，实际上凸显出民俗是当下的生活，是现实的日常细节。

那么，在这一表现过程中，习俗的传统如何转变为现代，乡村的土气如何转变为艺术，个人的生活方式和细节如何转变为民族的文化认同，节日的事象

---

* 纪录片《中国年俗》已于2014年1月28日至2月4日在中央电视台四套黄金时间播出，全球同步播映，光盘已于2014年5月发行。感谢《中国年俗》摄制组团队。本文是从民俗学角度分析《中国年俗》的系列论文之一。

① 2014年4月16日王海涛在纪录片《记住乡愁》策划会上谈及《中国年俗》表现传统村落及其文明的发言。

如何转变为国家的文化共享，这些转变是如何进行与完成的？在镜头艺术的加工、人物事件的择选和画面剪辑的展示中，经过电视化表达与民俗主义的创造和再现①，民间的习俗最终转化成一个国家所共享的文化事件，向外传播着中华民族传统文化，传递中国文化的人文精神，成为共有的文化符号。民俗借助媒体完成国家化的转换过程，以及民俗在转换过程中所发挥的重要作用等，这种过程及现象都值得深入分析和探究。

从祭祖到祭神：血缘、亲缘、地缘关系的建构与融合

在祭祖这种个人式寻根和家庭内进行的活动，媒体需要通过择选，将其表现在与此无关的受众面前，并经过转化使得发生在别处的习俗事象作为一种电视内容，能够与每个受众都产生关联，既能吸引观众的注意力，迎合他们的兴趣，满足收视率"指挥棒"的要求，又能完成国家喉舌的文化整合及宣传作用。这并非一蹴而就的，要仔细分析媒体择选的个案，寻找其内在关联，才能够找到这一转化过程。而这种关联可能有时并非有意为之，有些也是无意的选择，背后有文化思维和意识结构在发挥作用，直至串连成一个整体时才最终得以呈现。

在劳动之余和热闹之中的人们，有颇为重要的年节内容必须提前而郑重地进行，这就是祭祖和祭神。传统中国有"天人合一"的观念，祖先的崇拜与神灵并重。在追根溯源中，共同祖先和共同神灵将人们紧密地连接在一起。这种共同的感受和分享，需要经过符合逻辑、心理与情感等层面需求的建构，才能最终通过媒体画面来呈现和实现。

---

① 参见瑞吉纳·本迪克斯著，宋颖译：《民俗主义：一个概念的挑战》，载周星主编：《民俗学的历史、理论与方法》，商务印书馆2008年版，第859—881页。理查德·鲍曼著，宋颖译：《民俗的国家化与国际化——斯库克拉夫特"吉希-高森"个案》，载周星主编：《国家与民俗》，中国社会科学出版社2011年版，第244—260页。

纪录片先从普通家庭中的孝道讲起。"在新年的第一天,双膝着地,匍匐而拜,向祖先的神灵祈求长辈平安健康,这既是在表达感恩的心情,更是在呈现孝道的文化。对于老人们来讲,这个跪拜也是他们最在意、最欣慰的家庭礼数。"[①] 媒体选择和画面呈现的过程中,首先表现的,是一个家庭的祭祖仪式,这个家庭并不是核心家庭,而是选取具有共同姓氏的一个大家庭。拥有同一个姓氏,在某一个区域范围内,意味着具有共同的血缘来源,拥有共同的祖先。在心理认同上,较容易建立起成员相互之间的认同感。祭祖仪式是一个家庭历史和记忆保存的重要载体,且只有依靠自己的家庭才有保存的意愿和动力。因此,择选哪个家庭或家族必然是个问题。而这次媒体选择这个家庭,经过一定的考虑,选中家庭的规模比较大,支系众多,早已发展成家族,甚至有不少子孙经过世代繁衍和外出迁徙,已经在海外生根发展了。这样,在表现这个家庭的过程中,同时也涉及了对于家族历史的表现和海外游子的情感表现。在春节这个特殊时刻,这些海外的子孙大多会回乡祭祖寻根。基于这种多重考虑,在对于家庭的择取中,就把一个普通家庭和普通形式的祭祀祖先的活动,拓展至与地域有关的活动,尤其是加上海外游子回乡讲述,使得经过时间和空间的扩散与流布的过程,成了亲缘关系和地缘关系拓展的同步过程。这种择取,是从亲缘寻根的小视角,拓展至地缘寻根(故土)的第一步。

　　纪录片重视对于普遍性的诉说与表现。中国大地上的各式祭祖仪典,尽管家族有异,仪式有别,慎终追远的心情却是一脉相承的。媒体着重于表达的正是这种心情,试图以情感人,以情来提点细节。在南方沿海的大部分地区,祖上出现过杰出人物而且人丁兴旺、财力殷实的家族,往往建有本宗族的"家庙",祭祖活动定期集中举行。家族各支系的主要男性成员都要聚齐在场,很多海外游子也会不远万里回到故乡,祭祖仪式气氛庄严而隆重。如"(广东)江门林氏家族的祭祖有一套严格的程序,包括读祭文、焚祭文、上香叩拜、敬献祭品等"。媒体展现了这个家族祭祖的严格程序和制度,展现了祭祀过程的

---

① 参见《中国年俗》解说词,文中描写过年活动的引文,均为该片解说词,不另加注明。

民间讲究和禁忌，使得其真实可感。将家族内的海外支系回乡的过程加以表现，就不仅是局促的血缘关系，而具有了空间上开拓感的地缘意义。"对这些海外游子来说，家乡的点点滴滴都饱含着浓浓的亲情，因此春节回家，祭奠祖先、编修族谱、修缮祠堂，就是他们内心放不下的亲情与乡情。"

进一步建构时，媒体选取了另一个颇具有代表意义的家庭，孔子的家庭。孔子其人，人尽皆知，他是中国文化史和思想史上的先贤，并为世界所熟悉。孔子的仁本思想对于中国传统文化的发展具有奠基性的、不可替代的作用。中国文化在对外宣传中往往使用孔子作为文化符号，作为一个国家的思想文化渊源的象征。愿意声称是孔子后人的有五百万之众，如今已经散布在中国和海外一些国家。祭祖和祭孔对于这些后人而言，是同时发生的事件，这一事件很难仅仅看成是一个普通家庭的祭祖活动。因其祖先的典型性，这场发生在孔子后人家中的祭祖，是既有个人化、家庭感的，也有文化性、历史感的。对于电视机前的受众而言，他们似乎也很难把自己的教养和孔子的思想分隔开来。选择孔子这一文化名人，即使是没有血缘关系的电视受众，也会成为媒体展现过程中不由自主地参与并产生文化认同的一员。受众在没有血缘关系的祭祖和与自己似乎有文化联系的祭孔之间获得"相互抵牾的快感"[①]，这种经验是电视这种特殊的传播媒介所赋予的。孔子家族这个有代表性的祭祖活动，成了血缘关系附加文化联结认同的寻根祭祖活动。这就将祭祖的寻根意义复合化了，又拓展了一步。

拜孔子时的配乐是具有中国传统文化代表意义和象征意义的古筝名曲。孔家门上的"忠孝传家久／诗书继世长"，也是中国人在春节时普遍常用的对联句子。在民俗细节上，这一章节介绍了烧柏枝的意义、拦门棍的用途、瓶和镜的讲究，展示了具体的祭拜过程。由于孔子是中国人熟知的思想先贤，也是中国文化中具有代表性的文化名人，纪录片有意选择了这个看似普通却一点也不普

---

① 参见《理解大众文化》中对于矛盾与复杂性的探讨，作者提出了相互抵牾的受众需求。约翰·费斯克：《理解大众文化》，王晓珏、宋伟杰译，中央编译出版社2001年版，第129页。

通的家庭，即孔家的祭祖，从一家之祖先过渡到一国之先贤，来展现某种文化上的典型性，将个体家庭与国家文化传统黏合在一起。配合画面的解说词在简洁的描述祭拜仪式之后便上升至抒情式的关于孔子对于中国传统文化的意义和价值的表述：

> 夜半子时，孔家祭祖仪式正式开始，按照家规，男人们按辈分依次向祖先磕头。堂屋正中高悬着孔子画像，这是中国社会的万世师表，更是孔氏后人心中永远崇敬和感念的先圣，每一个孔家后代在向先圣叩头祭拜的时候，都全身心融入此刻庄严的氛围中，内心充满对祖先的无限感恩。

这是借助具体的仪式表现，而进行体验式的内心和情感的抒发，目的在于唤起受众对于祖先的共同感受，完成文化认同的情感基础。介绍完在家庭之内举行的祭孔仪式之后，从家庭与家族的亲缘、血缘关系拓展至地缘关系，纪录片用这样的叙述来过渡至黄帝陵的祭祀。"过年祭祖，对于世代生活在这片土地上的人们，已经不单纯是某种年俗，而更是一种对生命寻根溯源的无尽追求。"

这是进入到国家化过程最关键的一步，纪录片并没有就此抛开血缘关系，单纯来展现地缘关系，而是将已经完成的文化认同与没有完成的血缘认同，进一步糅合，最终实现同一性的建构。这里的再现，选取了对于现代的中国人来说，都非常熟悉的一个代表符号。这个人，很难说是一个人，他存在于神话之中，并经过了中国历史上漫长的神话历史化过程的建构和传播，看起来更像是一个文化符号、一个血缘符号、一个早已完成建构并被人们普遍接受的文化象征，他就是黄帝。"炎黄子孙"这个概念早在民族国家的思想兴起和现代国家建立之前，就已经实现了建构和普及。因此，媒体选取了这个神话中的祖先，完成最广泛的、想象的、血缘一统的建构，到此为止，血缘、地缘、文化渊源上的认同在电视画面上得以逐一推展的层层呈现，并最终实现了同一性。无论是哪里的受众，只要是黑眼睛黄皮肤的中国人，在"炎黄子孙"的概念下，都能够接受并认同电视所呈现的祭祖仪式，都不由得感到自己也是其中一分子，在分享这种概念和文化事件。与此同时，祖先也从实际的血缘根源拓展至神话中的形象和符号，在电视受众观看的过程中，春节祭祖，于不知不觉中变成了祭神；而且，不知不觉地从一个家庭的，拓展至一个地域的，而后经由神话故事的讲述及其外在物化呈现，建构为整个中国的，层次清晰。这种在历史建构过程中多次使用的象征符号，早已完成并持续讲述的"炎黄子孙"的根源认同，在文化流脉上显得自然而然，使得每个受众又无法否认祭祀的这个神，不是自己的祖，由此生成另一种层面上相互抵牾的观看快感。在这种符号传递的过程中，狭隘的个人化祭祖与血缘寻根，已经彻底建构为国家的行为和发自内心具有情感基础的文化认同了。

从具体的电视画面上来看，其呈现的是陕西黄帝陵的祭祀，用黄帝的神话故事来塑造一位"实现了华夏大地的统一"的文化始祖的形象，中华民族与炎黄子孙的概念表达就顺理成章了。"从秦汉开始，中国人就有了祭祀黄帝的活动，以此来祈求国泰民安，相传黄帝是原始社会的一位部落首领，5000多年前，他领军战胜了炎帝部落和蚩尤部落，首次实现了华夏大地的统一。"这个5000年的时间建构和故事扼要叙述，将血缘关系与地缘关系统一在一起。在中国文化中的关键词，炎黄与华夏，都是受众熟悉的内容。早在《史记·五帝本纪》中就描绘过对黄帝在文化上的认同和想象，并且是作为130篇文章的第一篇，《史记》打破了更古老的《尚书》对于尧帝作为文化开端的说法，独以黄帝为首，尽管史书的记载常常内含着执笔者对于史实的判断，而这部史书中的很多内容常被视为正史，从而被视为具有某种可信性和权威感的记录，而非"虚构"。[①]自《史记》之后，人们对于黄帝的认可和想象建构从未停止过。

在表现祭祀黄帝的仪式中，气氛庄严肃穆，解说词提到：黄帝在中国民众的心中，是曾经"教导人民播种五谷、制造衣服、创造文字、作历法，制音律，为中华民族点亮了文明之光"的，因此黄帝也被后人称为"人文初祖"，直到

[①] 参见《史记》卷一："黄帝者，少典之子，姓公孙，名曰轩辕。……诸侯咸尊轩辕为天子，代神农氏，是为黄帝。……太史公曰：学者多称五帝，尚矣。然尚书独载尧以来；而百家言黄帝，其文不雅驯，荐绅先生难言之。……余并论次，择其言尤雅者，故著为本纪书首。"

现在中国人也习惯把自己称作"炎黄子孙"。借助"中华民族"一词，行文至此，可以清晰地看出，这部纪录片的开局部分，就已经紧密围绕主题和主旨的宣传，把普通家庭的祭祖，上升到传统层面上具有文化共同想象的孔家祭祖，接而上升到国家层面更具有象征性的血缘共同想象的黄帝祭祀，从而奠定了全片的基调。基于国家文化宣传立场的媒体，将林氏家族的海外游子回乡，与这里的海外游子的归国回乡等同起来。"如今，每年正月初一，许多海内外炎黄子孙，都会从世界各地来到黄帝陵祭拜先祖"。

对于符号性的人物选择，除了像黄帝这样遥远血脉的象征，还有更接近宗教情怀的广受祭拜的神灵，即武圣关羽。关羽生活在中国文化史的三国时期，是正统文化精神的化身，身后屡次被封为帝君，成为民众普遍信仰的神灵[1]。在血缘、地缘关系的建构之后，画面添加入信仰的元素，在民众广为熟悉的具体历史人物身上，结合了抽象的文化精神内涵，更是起到直指人心、唤起最普遍认同的作用。相较神话意味浓郁的黄帝而言，关羽更加有血有肉有故事，更为具体真实，离电视机前的观众更近。而不可否认的是，作为武圣，他也是中国文化史和民间信仰习俗中一个类似于孔子的文化符号。如果说，孔子是思想的巨人，那么关羽就是这种思想的具体实践者和现实化身。如果说人人信仰崇拜的观世音菩萨是佛教舶来品而离中国式血统太远，那么关公信仰则是土生土长的、完成了血缘建构的、本土化的、具有英雄色彩的神灵信仰，真实反映了一个普通现实的人物如何成为万众膜拜的神灵的发展过程。因此，在关公崇拜与信仰中，综合了血缘与地缘、情感与信仰、文化和民族精神的多重认同，同时还具有宗教的情怀和色彩，是非常容易运用并唤起广泛共鸣的文化符号。

关帝是中国第二大民间信仰，香火仅次于观世音菩萨。早在隋朝时期，人们就开始为关帝建庙。千年之后，中国各地的关帝庙早已不计其

---

[1] 关公信仰的研究论文较多，信俗广泛，可参见刘志军：《对于关公信仰的人类学研究》，《民族研究》2003年第4期。

数,仅在台湾一地,关帝庙就有 500 多座,信众多达 800 万,即使是在海外,也有关帝庙的身影。在中国人的心中,关羽是"忠、义、信、勇"的化身,是亿万中国人的道德楷模,祭拜关帝不仅仅是一种信仰,更是中华传统文化的一个符号。……和普通的信众比起来,关氏后裔的祭祖显得更加隆重。对关氏后人来说,祭拜先祖关公不仅是祈求关帝保佑平安,消灾避祸,更是要所有族人恪守祖训,弘扬先祖忠、义、信、勇的精神。

经过上文的层层分析,这个过程是这样延展的:一个家庭祭祖,意味着紧密血缘关系的亲缘寻根;经过海外游子的回乡祭祖,拓宽至疏远血缘关系的地缘寻根;再借助一个有代表性的家庭,祭祖与祭孔结合,血缘寻根与文化寻根借助想象而结合;最后,通过神话性(如黄帝)或信仰性(如关帝)等具有神圣感的文化符号的择取,在黄帝陵这个有代表性的地域进行祭祖活动,将神话中的祖先加以展示,完成最广泛的血缘一统的建构,再进一步抽象经由关帝庙的神灵信仰实现神圣感泛化,血缘关系退居其次,更为抽象的文化渊源和价值追求被凸显出来,在更深的价值观和文化认同上将中国人紧密结合在一起,实现多重融合的身体上、情感上、心理上、文化意义上的综合寻根。

祭祖的民俗事象,表现出对祖先的追思与缅怀之情,类似于某种宗教情怀,融合了传统文化的精神内涵,中国的家族传统和文化传统从中得以延续,再经由神话化的符号象征,完成了国家化过程的建构,借助大众传媒得以推广,传递给每个电视机前的受众。"不止是以学术的形式,而且是以其流行的表现形式,在电视上,在电影院,通过传统工业。……电影和电视都迎合和鼓励对过去的迷恋。……对历史在国家形成过程中的重要性的认识。"[①] 由此可以进入下一节关于个人、家庭与国家的讨论。

---

① 参见凯瑟琳·霍尔:《视而不见:帝国的记忆》,载帕特里夏·法拉、卡拉琳·帕特森编,户晓辉译:《记忆》,华夏出版社 2011 年版,第 22—23 页。

从家庭团圆到民族团结：家国同构

在《三重想象》[①]一文中，笔者提出了以家庭为核心的两个维度的建构，即"家庭—母亲—孩子"和"家庭—乡土（社区）—国家"，在第一层建构中，家庭内部将分散的个人情感体验和个人化的诉说，组合为一个小团体的共同经历和生活方式，在第二层建构中，以家庭为出发点，逐渐把小团体与地缘上的故乡和人际关系的社会逐层黏着、附和，拓展至体制权力上和文化认同上的"想象"共同体，即大家庭式的国家（民族）。这样就完成了从个人的童年、家庭所属的故乡到社会层面的国家共同体的跨越和融合，而春节则是表达这种体验和归属感的时间点、喷发口和综合体。

在春节这个表达出口上，个人化的诉说、家庭内部成员的团圆，可将个人经历和个人所择选的生活趋向、所承载的生活文化，紧密地与民族国家的集体记忆和文化记忆[②]相结合，从而使得习俗不仅是个人的生活内容。在媒体画面呈现中，选取了邻里互助的劳动场景，将以家庭为核心无法完成的劳动，从具体需求出发，把家庭与地缘上的家乡连接起来。邻居是地缘上具体可见的其他家庭，多个家庭连缀起来，表现出乡土社会生活的场景。

如浙江龙泉打黄粿、吉林延边朝鲜族打年糕、苏州用直做糯米年糕等，在中国各地广泛存在着年前食物准备的集体劳动场景中的邻里互助活动：

> 下樟村郑锡龙：我们每家每户都要做 200 多斤的，农民很辛苦的，一年到头做起来，正月里自己吃，有时候招待客人，每家每户都这样。解

[①] 参见笔者《童年、故乡和春节：民俗纪录片〈中国年俗〉的"三重想象"》。
[②] 参见扬·阿斯曼著，甄飞译，陈玲玲校：《文化记忆》，载阿斯特丽特·埃尔、冯亚琳主编：《文化记忆理论读本》，北京大学出版社 2012 年版，第 8—9 页。

说：按照当地的传统，谁家要做黄粿，全村的人都会过来帮忙。

春和村朱英玉：我们朝鲜族来说，平时不做，就是过年的时候，就一年一次做打糕，以前我们小时候，很少难得的米，你家两碗，我家一碗，这样合起来做，都是为了团结，互相帮助。

甪直村韩雪花等：过年的时候，一个人忙不过来，就帮帮忙，就在一起。两三个人忙不过来，来不及了。我们每年都这样，就是五六个人凑在一起，高高兴兴就是过年了。

在艰苦生活下特殊时刻所进行的集体化协助，常是人们苦中作乐的时刻，在贫困生活中感受到群体温情的纽带联结，从而形成能够超越时间的重要记忆。"在传统中，通过共享的集体信念和情感，过去决定着现在。"① 可以说，这种记忆，延至现代，往往成为某些民俗事象为群体所传承和共有的情感基础。劳动场面就是形成这种记忆的场景之一。

除了劳动外，媒体还选取了红火热闹的活动。春节期间，中国各地有很多欢庆场景和娱乐活动，像锣鼓、舞狮、舞龙、游神、秧歌、灯会、看戏等都属于这类有集体意味的活动。② 个人的参与，必须借助集体的力量，才能实现这类规模较大的活动场面。当然同时，这种集体化的娱乐活动，也必须由多个个人或家庭参与，才能得以完成。通过群体在乡间的游走，将有经济联系与人际往来的社区或乡土社会连接起来，每个家庭在这样的参与和分享中，均获得了归属感，分享了集体的力量。在地缘上，也从隔壁或周边邻居扩大至活动所涉及的更广的区域范围，突破了关系较好、来往较多等人际关系上的具体限制，社区的边界变得更为模糊而宽泛，这就为进一步升华至体制权力上、情感想象上、文化认同上的共同体国家做了铺垫。公共活动的渲染，

---

① 参见安东尼·吉登斯著，周红云译：《失控的世界》，江西人民出版社2001年版，第44页。
② 参见马潇：《国家权力与春节习俗变迁——家庭实践视野下的口述记忆（1949—1989）》，载周星主编：《国家与民俗》，中国社会科学出版社2011年版，第188—189页。

把一个家庭内部的团圆延展至集体化的社会行为和文化行为。这种集体的传承和记忆,渗透着国家和民族的概念,无论是从空间上,还是时间上,都可以成为"想象的共同体"建构的良好基石。而春节,恰恰是这个空间与实践所呈现的结合点。

正如埃米尔·迪尔凯姆所认为的,"当家族和共同体分享他们的记忆时,他们就更紧密地团结在一起。他们通过共同回忆创造了一种凝聚感。……集体记忆是社会力量的一个源泉。……这些集体共享的记忆大概绝非客观的和事实性的……通过分享记忆而不是把记忆私有化,共同体能够找到一种方式来讲述有关他们的事实。……共同分享记忆创造神话而非精确的历史的倾向"[1]。

借助具体人物之口的动情诉说,表达了这些个人记忆和集体记忆,纪录片也因此充满了强烈的感情色彩,具有了最能感动人的事例细节。在媒体选取的这些片段中,由个人所承载的生活文化恰恰是在国家媒体的镜头下,趋向于"一国"名义的表述,从具体的中国人抽象出整体的中国人,从具体的家庭生活、行为细节抽象出整体的中国春节现状。展现的内容,实际上是从本节开端所指出的两层建构、两个维度(主要是第二个维度上)进行的拓展,实现了从个人到家庭、社区(集体/群体)、国家(民族)的扩大与连接;那些有名有姓的个人情感和经历,使得这类表达确实显得更加真实可信,更容易被电视观众接受和认可,从而唤起某种抽象的整体认知和彼此连接。这些地方性的娱乐活动事件,具备典型化和代表性的一定基础,大多是经过像非物质文化遗产保护这种文化工作的塑造,从而成为国家共有的文化内容。春节将一场家庭的盛宴与国家民众的狂欢并置在一起。国家变成了扩大了的家庭,个人所组成的小家庭成了大国家中的每个分子;同时,个人所组成的小家庭在这种扩大中,也演变为(可以视为)个人所组成的大国家,家庭所承载的团圆内涵,也升华为国家(民族)所呼吁的团结。在家国同构的这一过程中,从个人记忆到集体记

---

[1] 参见理查德·森尼特:《干扰记忆》,载帕特里夏·法拉、卡拉琳·帕特森编,户晓辉译:《记忆》,华夏出版社2011年版,第4页。

忆，从社会记忆到文化记忆，这种延展与扩大借助了媒体画面和人物叙事而完成。而纪录片《中国年俗》从启动至拍摄，到实现全球同步播出的媒体定位和立场，依靠着国家和政府的人财物力等支撑，发挥着国家喉舌的文化宣传作用。这样背景下所表达的春节习俗，也从个人化的、民间化的生活实践，转变为某种意义上的国家文化形象的代言。

家国同构，不仅限于对个人的定义及其所属关系的拓展；在这种拓展的过程中，个人生活也同时完成了与公共领域和公共生活的连接。春节有大量个人参加的集体生活的公共活动，其中，从社会身份来看，个人作为普通人，作为一个小小的民，获得了社会身份、文化身份及其他标识，在这种与公共领域连接的过程中，实现了个人的价值和意义，在现实生活层面和社会存在层面上，超越了个人，融入群体，表现出某种整体的力量。内在指向的个人生活，同时也上升为向外开放的公共生活，而为某种更大的整体所有。同时，正是这种公共领域中的公共生活，才有能力把一个普通的具体的人的生活内容和细节，提升为具有普遍性和代表性的"俗"，或可称为文化生活。其主体不再是具体的个人，而是想象的共同体，为国家民族的民众所共享。这样，一个地方的过节方式才可能为国家民族所共同拥有。可以说，这种过程是与春节之所以成为国家级非物质文化遗产保护项目的逻辑立足点相互吻合的。不完成这种跨越和超越，就不能把个人化的生活内容演变并上升为国家所有的遗产项目。

在春节这个遗产项目中，国家强有力地提供了某种新的想象空间，把个人化的生活细节提升为整个民族和权力国家的文化行为和公共生活，并加以整合，以国家为一个单位，向其他国家进行传播和展示。个人在呈现私人所有的回忆和细节时，同时借助媒体画面和解说，把这些内容变成故事的素材。这些情感和内容，统一重塑为某种国家形象的代表物，超越了个人诉说和掌控，演变为承载共同体的历史传统和文化内涵的项目，从而具有丰富的文化内涵和审美价值。民俗，在这种意义上，可以视为对于生活细节的审美，甚至获得某种超越性，成为一种对于国家民众普遍的生活方式的想象。

媒体对民俗细节的审美关注

"时间的持久性并不是定义传统的关键特征,也不是定义越来越与传统混合在一起的风俗习惯的主要要素。构成传统的与众不同的特征是仪式和重复。"[①]建构传统,如果无法从仪式上入手,那么重复也是一种有效的途径。生活中日复一日出现的细节,即便不具备仪式感,也因某种程度上的重复出现,而成为令人关注的生活内容;即便不能世代相传,也因某种区域内的广为传播,而具有某种类似于"俗"的惯习色彩。其中一些生活内容,因为重复出现,逐渐累积出民众的审美倾向,而媒体视角,非常有益于关注和表达这种审美,甚至通过艺术化的加工,使得民间审美在构图、光影等方面更具有可视性。

如果说,祭祖侧重于仪式的展示,那么市场经济和交易活动,就是重复的展现。媒体展示时,不是为了表现春节习俗,而是在偏离自己的文化主导和文化宣传的主张下,为了收视率,为了"好看"而增加了一些"有趣的"段落。这些是媒体必须要呈现的段落,从民俗事象中选取那些着重于视觉感受的,而且还是春节必须进行的事件,它们具有民俗色彩或者是民俗事象,但是表现的主要目的不外是在收视率的引导下,迎合视觉审美而增加一些生活场景。

为了符合电视艺术的效果,文化内涵和价值取向在这些章节的表现中略有下降,突出的是民俗的审美。这些场景基本上有这样几种取向和目的,一个是增加现代生活气息,主要是市场经济活动,一个是增加画面美感,一个是增加情境趣味性,这三种考虑,都是为了满足电视机前受众的兴趣和吸引注意力,都是基于电视艺术手段的表达而侧重于对民俗生活细节上的审美关注。

对于花市买花,在表现时就进行了历史维度的构建,先通过故事或民众之口提出它传承了很长时间,把一种经济活动,附加以时间上的延展和价值,从而

[①] 参见安东尼·吉登斯著,周红云译:《失控的世界》,江西人民出版社2001年版,第38—39页。

在瞬间展示和传播的过程中，从受众的观赏体验上看，能够唤起某种历史感和传承感，尤其是在与其他习俗相列时，格外凸显出画面的美感，满足视觉的需求。

　　由于气候寒冷，北方人过春节，大多是用春联、年画来装点春意，南方人则是到花街看花、买花，把绿色的春天迎进家门。解说：在中国南方，很多地方都有逛花市的习俗。尤其是广州，早在唐朝的时候就有花市出现，到了明清时期，已经初具规模。现在，每到年前的时候，这个被称为荔湾花市的地方花铺数里，人潮涌动。在当地人看来，盛开的鲜花象征着花开富贵，而挂满果实的金橘，则代表着吉祥如意。

　　广州市民刘活：我们广州每家每户都是要摆上这个花，金橘是必不可少的。

　　广州市民罗若瑜：金橘除了过年来观赏之外，就是增加一个节日的气氛，第二，到元宵之后很多家里年花都要撤了，我们就会将橘子摘下来做腌制品，当零食吃，除了当零食吃之外，家里面的人就说还可以化痰止咳，就有这样一个作用。第三就是在摘完橘子之后，橘子树就当作一个盆景这样摆放。

　　这段广州花市的描述，提到了"明清时期"来加强历史感的印象，又使用了谐音象征的符号，用金橘寓意吉祥如意来增强民俗感，再借助具体人物的细节化诉说，增加了真实感。这样，就把一段基于市场经济活动和个人生活内容的细节情境，融入整个中国春节习俗的组成部分之中。在电视画面的瞬间消逝的过程中，受众会关注繁花似锦的美好画面。他们不需要更深的思考便可以感受到画面要传递的信息。因此，花市场景成为轻松愉悦的内容，增强了受众体验的美好感觉，使得民俗主题显得不那么严肃和生硬，而是充满了生活的现实气氛，巧妙地把春节习俗的整体叙述，提炼出生动繁荣的场面，顺应并烘托节日的气氛。

　　与此相类似的漳州水仙花市则增添了更进一步的渲染。由简入繁的元素增添，也较为符合民俗事象的建构与积累。随着时间的累积和规模的扩大，以及民众的认可和接受，美好的生活细节和民众审美体验，也成为某种约定俗成的文化现象。水仙花市从开头便以民众之口冠上传统之名，紧接着，讲述了一个500年的故事，将水仙花与漳州人的情感相连，形成"喜好即民俗、吉祥即民俗"的气氛。这种追求美好与兴旺的情感基石，其实只是民俗事象的审美表达，但是纪录片的这一片段，借助画面的力量，将水仙花开的寓意生动地传递出来，把春节民俗事象中的吉祥符号阐释得淋漓尽致。

（"水仙花 清香的年味"）

  漳州市市民翁锡波：我们这边都有这个传统，每一年春节到了，每一家都要摆上水仙花，如果没有水仙花，就好像还没到过年的感觉。

  水仙花要在节前买，以等待在新春时节开花，开花的水仙蓬勃向上、自有生机。作为中国最大的水仙花主产地，这里的人们过年时，家家户户都要摆上几盆水仙花。芬芳、高洁的水仙花点缀着漳州人过年的心情。据记载，500多年前的明朝年间，在外做官的漳州人张光惠，告老还乡，回家的路上看见山溪边有一种清丽的奇花，爱不释手，带回家乡栽种。

集市是一类经济民俗。对于市场经济、交易买卖等的画面呈现，其立场和出发点是国家化的，它一方面是国家关注GDP增长的一种物化表现，而另一方面又与人民群众的日常生活息息相关。比起上述两个片段，另有个片段更为明显地表达了这种立场和倾向，如中越边贸口岸的水果交易，意图表现的是国家贸易和市场经济。这个集市剪辑在民众自发形成的集市（山东李村大集）之后。两者之间，表面上看是同一形式的扩大化展现，但仔细思考，两者的性质其实不太一样。边贸的集市着眼于国家立场的经济诉求，而不仅仅是民众生活内容和一般的民俗事象，在这样的集市中，国家的边界格外明确。因此，在这种呈现中，实际上是在划"边界"。"边界"是一个有意义的概念。这种边界，既可能是国家的边界，文化的边界，人群的边界，也可能是民俗与生活之间的边界。在这个广西边界上的集市展示中，在国家的边界明晰的同时，春节的习俗和文化事象却跨越了这种政治的疆界，呈现出生活文化相互依存、相互交流、相互融合的"共有"之态。在这种较为纯粹的市场交易中，通过穿插民间说法和民众知识来体现并增强民间性，使其与其他段落相互呼应，借助具体的寓意和观念的阐释，弱化了市场交易的气氛，凸显出经济活动当中的文化意味。

（"赶大集 跨越边境的忙年"）

（广西凭祥）中越边境最大的边贸口岸，每天都会有几百辆装满水果的越南货车进入中国。越南的水果卖到了中国，而中国的年货也会卖到越南，在中越年货一条街，腊月里会格外热闹。越南和中国一样，是使用农历的国家，春节也是越南最大最热闹的传统节日，越南人一般是从农历十二月中旬开始办年货，准备过年。和中国人过年的习俗十分相似，他们过春节时，也会在家里贴对联，贴福字，吃年糕，放鞭炮。由于中国的年货市场，种类丰富，物品齐全，很多生活在边境的越南人，会在春节前到中国来采购年货。

除了最受欢迎的服装和糖果之外，由于受到中国年俗文化的影响，越南人也对富有美好寓意的物品很感兴趣。代表"顺顺利利"的梨和象征"团团圆圆"的橙子，以及寓意平安的苹果等，都是他们选购的重点。

越南居民阿梅：苹果就是平安的意思。有绿色和红色的，绿色就是希望，红色就是运气好嘛。

同样的习俗、相同的喜好，中国传统的春节已经跨越了国界，成为中越两国人民的共同节日。

这一段落中，以某些代表性的文化符号的吉祥寓意，表现出春节习俗中经济活动与现实生活的密切关系。那些隐含在观念中的民间看法和传统意识，在经济现象中同样能够显现出来。尤其是在中国边境的边界线上，怎样看待中国年的边界，怎样看待习俗与经济活动的边界，意味深长。民俗学者也较为重视以民族国家为边界的基础上所建构的民俗生活。民族国家的民俗生活，有时为国家的建立梳理并建构了历史源流，有时为国民的认同感寻找并提供了事实材料[1]，像春节习俗这样的生活事象，往往是国家的文化政策与民众的文化实践互动的结果。

中国人在春节渲染的"普天同庆"，源自对于"天下大同"的向往，这曾经是仁本思想所追求的最高价值。这种以"家"为范本的"国"与"天下"观念，从当下的现实生活方式和民众行为实践中来看，以春节习俗为观照点，从小小的自我个人，一层一层外推至国家、天下，即使在国家的边界上，也是自然形成共有某种文化的现象，从而跨越了某些边界。

边界的划分及其跨越值得进一步关注，正如吉登斯所言，"至少在某些方面，现代社会（民族国家）有着被明确限定了的边界。但是所有这些社会都被一些纽带和联系交织在一起，这些纽带和联系贯穿于国家的社会政治体系和'民族'的文化秩序之中。实际上没有一个前现代社会像现代民族国家这样，有如此明确的界域"[2]。

从国家立场的媒体表现上看，对于边界上的民俗活动及其他活动的择选，固然有政治、经济、文化等多方面的复合要求，还无法回避媒体立场的一些技术指标要求，如花朵与水果的市场交易，大多倾向于美丽画面的剪辑和宏大规模场景的传递。这类活动，是春节中必然发生而且常常还迥异于常的热闹，尽管有时交易的行为本身没有太多的传统寓意，不像春联、年画那么时代久远，说法众多，既有文化内涵，又有民众基础，而是出于美化家居生活环境或满足日常生活需求的实用功能。这种行为，一面跨越在民俗活动中，因为它是民众自发形成的经济形式，但另一方面，这类活动当中的审美体验和审美感受被媒体择选出来，并着重加以表现，节日期间有不少活动和行为也离不开美化现实生活的需求。在民俗当中，这类活动突出了民众的热爱生活，表现并歌颂

---

[1] 前者如《卡勒瓦拉》之于芬兰，后者则像《格林童话》之于德国。
[2] 参见安东尼·吉登斯著，田禾译：《现代性的后果》，译林出版社2011年版，第12页。

现实生活的美好，宣传国泰民安的幸福，切合的是社会主义核心价值观，指向的是当下。

在这种表现中，就是借助重复活动，来建构起历史感，使得活动的意义有所依托，在与其他历史传统、民间信仰等段落相衔接时，也保持了一定程度上的协调，而不显得那么突兀。

纪录片《中国年俗》在选景时，也考虑到收视率的影响，选择了东北的雪乡表现"童话般的雪景"，映衬中国春节发生在冬天，提供一个冰天雪地的典型场景。在杀年猪的春节筹备事件前增加了一个小段落，用"傻狍子"来获取受众的愉悦感。随着时代的发展，国际社会的呼吁促使各国的野生动物保护法规日臻完善，猎狍子在中国也基本消失了。在画面中出现的傻狍子及相关镜头，只单纯表现野生动物的存在状态，也几乎没有任何文化活动和现实生活的附加内容。因此，在价值观的取向和落脚点上，传递的是对于野生动物保护的认知，是当下生活中人与动物相处的状态，至多能为观众增添一些生活流逝与时代变迁之感，与春节习俗的主题和气氛不完全叠合。这种镜头可以出现在诸如《动物世界》等其他纪录片中，这种自然呈现当然并非完全以文化宣传为导向，而只是在纪录片的节奏上增加趣味性而已。

（"杀年猪 热气腾腾的忙年"）

张安明告诉我们，在过去的狩猎时代里，东北的猎人们进山打狍子，几乎不用费力去追它们。当猎人停下来的时候，它们就会停下来，傻傻地看着来人，仿佛还弄不清楚眼前发生了什么事情，就被猎人捕获。所以，傻狍子！傻狍子！这个名号就这么被叫了下来。

当摄像机拍摄狍子时，它果然一动不动盯着看，一副呆呆傻傻的样子。

在张安明的记忆里，过去一进入腊月，村里的人们就会上山围猎。跟着猎人们进山，是他和小伙伴们腊月里最兴奋期待的事情。由于狍子傻呆呆的，猎人总能活捉它。

雪乡村民张安明：瞅着你，它也不跑，回过神来，回过神来再跑，跑没多远，它又回过头来瞅瞅你，看什么东西追着它。

上述几种表现段落，侧重于对民俗细节审美体验的画面选择与再现，如水果交易、花卉市场、卖萌的狍子等，一方面有为了迎合收视率而增加的生活内容，另一方面，也是着眼于表现生活中现实的美感。民众的审美取向，正是借着水果花卉的寓意得以传达和强调，但是并没有停止于此，而是拓展至国家的经济贸易活动、国家的政策等方向。尽管民俗为国家提供了根本保障，但是在民俗国家化的过程中，有时国家的边界并不完全是民俗的边界。春节的习俗事象跨越边界而存在的表现，显现的是文化自身的力量和内在观念的混同。此类表现，恰恰能够引起我们思考春节民俗的边界与民族文化的边界。

结语

好的纪录片能够再造甚至创造生活，在展现有差异的生活细节和表象的同时，建构起某种共有和共享的民族文化认同，对于民众生活的本质尝试进行再现和思考。《中国年俗》这部纪录片的表述，完全可以视为是国家媒体立场的表现之道。纪录片的解说中核心价值明确，学者访谈表现出话语权威，而民众的个人生活则充满了细节上的再造和创新，在媒体表述中对于民俗的解释进行了新的权力重组，而媒体的视角和表达具有全能全知的特点，起着文化宣传和主流价值的引导作用。春节的片段，展示了国家媒体对于传统文化的恢复和振兴的信心，在对传统的寻找中重新树立起国家的形象，即全民的幸福、自由、亲如一家的温馨和以团圆为核心的国家（民族）大团结。

在这种文化表述的过程中，个人习惯、个人记忆、个人情感、个人体验，经过媒体的择取、表现和传播，借助社区集体的活动，文化符号的使用，传统的散布，民族情感的呼唤，国家文化认同，民俗在其中成为某种黏合剂，将传统和现实连接起来，将信仰和感受连接起来，甚至能将一些普通重复的日常经济生活内所包含的民俗审美内涵显现出来，成为民族国家（甚至跨越其边界）共有的文化事象。

如果说传统和信仰，还是民俗表现中引人关注的内涵，那么涉及民众经济活动的内容，已经是媒体的视角和创造在发挥作用。这部分的内容借助某些民俗符号获得文化意义而融汇在春节习俗当中，而媒体将这些内容与民俗事象创造性地连缀成某种春节画面，不仅使传统的习俗事象获得新的活力，而且使新的事物具有旧的内涵，获得某种程度的认同。这种杂糅，正是民俗主义大行其道的便利之处。正是民俗主义的创造和糅合，对新事物加以改造和创新，使得春节习俗成为民众和媒体共同创造的文化生活，有意或无意地成为在民族与国家的名义下所进行的文化实践。

民俗学者往往会参与到建构的过程中，这项工作意义重大而责任同样重大，如何确保知识的准确性、建构的合理性和逻辑性的正确，是摆在民俗学者面前无法回避的问题，而且这种问题在建构的路上还会一而再，再而三地出现。

"把文化与实践、与行动者联合起来分析……问题有时候出在看与思想的方式"[1]。如何将学术研究的成果与大众的生活常识结合起来，使得大众能够通俗易懂地了解和享受到学术研究的最新成果，确保知识具有被受众认可和理解的可能性。由于某些民俗知识是来自民众生活的内容，如何使得其中的学术思考再次回到现实生活中去，是个难题。民俗学者致力于扩大民俗对于生活、文化甚至国家实力的解释力和支撑度，但又不能经由学术而将原本活泼的现象变得深奥难懂或故弄玄虚。在建构的过程中，民俗的内涵、意义、在社会生活中的功用、在日常行为中的价值和表现、在国家文化中的地位等因素，都需要从电视观众的立场和视角重新排列组合，进行新的思考和阐释，以适应新的表现手法和受众的需求。在这一过程中，民俗文化将转变为大众文化，实现民俗的国家化过程。其中，民俗学者任重而道远。

---

[1] 高丙中：《作为一个过渡礼仪的两个庆典——对元旦与春节关系的表述》，《中国人民大学学报》2007年第1期。

吉登斯指出，"传统总是群体、社区或者集体所具有的特征。个体可能遵循传统和习俗，但传统并不像习惯一样成为个体行为的特征"①。在对于传统的重新再现中，持有国家立场的电视媒体的择选和组合，不仅完成了超越个人经验和体验的关于童年、故乡与春节的"三重想象"，并且更往前走了一步，体现出对传统文化的建构。中华民族的建构，在"一国"的名义之下，表现出中国式家国同构的世界观和文化追求，民俗在这一过程之中，实现了超越个人与地方的国家化过程，成为大众所共享的文化内容，唤起大众所共有的某种文化经验，构建并展现了发生在春节的某种具备同时性与公共性、具有文化共同感的文化实践。

---

① 参见安东尼·吉登斯著，周红云译：《失控的世界》，江西人民出版社 2001 年版，第 38—39 页。

第六单元

追问现代社会的日常生活

现代日常生活的诞生
——以1962年度厚生白皮书为中心 *

〔日〕岩本通弥

引言——问题之所在

本文以现代民俗学的立场，主要从都市生活变化的角度对"高度经济成长期"做一些汇总，目的是要把握与当今我们的生活方式息息相关的所谓"日常"的形成过程。

在新近开放的历史民俗学博物馆的现代展示厅中，有一个重点展示，亦即在第六展室的一角，陈列着对1962年开始入住的东京都北区赤羽台团地[①]（如图1所示）日常生活的再现展示。本文也兼对这个展示的设置缘由做一个扼要的说明。高度经济成长时期都市生活的变化，我们每个人都各自经历过，都是一些"被熟知的不言而喻的"内容。要如何利用民俗学的方法来展现这些内容？对于那些让人们觉得"说起来确实如此"的诸多事象，我们不是把它们

---

* 本文由施尧译自日本国立歴史民俗博物館编：『高速経済成長と生活革命』，吉川弘文館，2010年7月，第20-40頁。

① 团地：日本有计划地集中建设的住宅区，相当于中国城市里的高层小区、新村。——译者

作为激发怀旧情绪的工具和装置①, 而是要观察与当今生活紧密联系的普通人的"日常"生活是如何形成的。② 让大众对于这些不言而喻的事物重新认识和定位,便是本文（以及这个展示）的主要着眼点。

图1　赤羽台团地③

现代生活的日常化过程和分析视角

首先，在这里简单介绍一下现代民俗学。20世纪70年代之后，以德国为中心，民俗学（Volkskunde）被定义为一门"分析由客体以及主体表现出的文化价值的转移、其成因以及具体过程"的科学④，民俗学的内容发生了巨大的变化。这里所说的客体和主体指的是：文化的价值观既以物或规范的形式"客观

---

① 岩本通弥:「都市憧憬とフォークロリズム — 総説」,新谷尚纪、岩本通弥编『都市の暮らしの民俗学①』吉川弘文館、2006年。金子淳:「博物館の『危機』と歴史展示 — 懐かしい系／ロマン系展示から見る歴史博物館の課題」,『歴史学研究』838号, 2008年。
② 以德国为首的欧洲民俗学，在1980年以后将研究对象和课题确定为普通人的"日常（Alltag）"。
③ 航空拍摄，UR都市机构顾客交流室提供。
④ 1970年召开的德国民俗学会法尔肯斯坦年会上通过的定义。Wolfgang Brückner(Hg.), *Falkensteiner Protokolle*, Frankfrurt am Main, 1971, S. 303.

地表现出来",又以态度或见解的形式,通过"讲述"(narrative)等方式"主观地表现出来"。民俗学把对这两者的辨析作为研究手段,目的是要对价值(知识以及信息、价值观)的"传达"过程作深入的梳理和分析。由此,民俗学区分客观的历史(Geschichte)和主观的历史(Historie),与此同时,追问两者之间的关系也成为充分发挥民俗学特长的独特的研究方法。

例如,高度经济成长期开始于昭和三十年代(1955—1965),伴随着昭和三十代的热潮而广泛流传和人们相信的"家庭"观,一般而言,究竟是怎样的呢?

近年来,凄惨残忍的杀子弑亲或虐待儿童的案件在增加,似乎"家庭的崩溃"已经到了极致。经常可以听到人们说"以前可没有这么残忍的父母"。昭和三十年代以前日本的普通家庭的印象,是全家人围绕在矮餐桌边,其乐融融地吃饭,可是这些(日本有着悠久历史的"传统"),却因高度经济成长而崩溃了。这成为人们广泛的说法和印象。

然而,这样的说法或印象是极其主观的,据统计,实际上无论是杀子还是弑亲,在昭和三十年代达到顶峰后便呈现急剧下降的趋势,也就是说这些认识和客观事实存在着很大的差距。[1] 在现代民俗学中,我们不应如昭和三十年代的热潮一样,对过去进行怀旧式的美化,而是要通过精确地追踪调查我们生活的变化(客观的历史),反过来考察这些主观的历史认识(比如身体感受到的不安等)是如何被述说得具有现实感的。对这个权威化(言论化)的过程以及意义赋予的变化,我们可以采用与对故事、传说等的"生成分析"相同的手法而提取出来。

基于这个观点,我们发现事实上"厚生白皮书"[2] 也可以成为研究的对象。

---

[1] 岩本通弥:「家族といのち—家族内殺人をめぐるフォークロア」、新谷尚纪、岩本通弥编『都市の暮らしの民俗学③』、吉川弘文馆、2006年。岩本通弥:「都市化に伴う家族の変容」、沢山美果子、岩上真珠、立山德子、赤川学、岩本通弥:『家族はどこへ行く』、青弓社、2007年。
[2] 厚生白皮书:厚生省发布的报告书。2001年日本政府中央省厅再编,把厚生省与劳动省合并为厚生劳动省。日本的医疗、劳动政策、社会保险、公积金、旧陆军省和海军省残留的行政都由厚生劳动省负责。——译者

所谓"白皮书",是基于统计的现状分析,对国家和各省厅[①]的政策方针(施政的依据)进行言论化的文件。它如何把握和认识现实,预想要设立什么样的指标等,分析这些问题,便可以看出政策的权威化的过程。但这往往和客观的历史是存在偏差的。对一般老百姓的"生活"进行描述的"白皮书",除了厚生省的"厚生白皮书",还有经济企划厅的"国民生活白皮书"。通过对比这两份材料,便能够在一定程度上实际地把握我们生活情况的变化,与此同时,各省厅的主张(施政倾向)也将因此浮出水面。

比较各个年度"厚生白皮书"(以下简称"白皮书")卷首"总论"的内容,可以看出其论点(当时的政策性课题)大致可以分为如下四个时期:昭和三十三年(1958)以前,白皮书的中心课题都是贫困问题。昭和三十四年至四十六年(1957—1971)期间,主题转变为伴随着高度经济成长,由人口构造的变动引发的诸问题(主要是福利保险和健康问题)。进入昭和四十七年至六十三年(1972—1988),则是高龄化引发的社会保障问题(以养老金问题为主)。最后在平成元年至二十年(1989—2008),随着泡沫经济的破灭,针对少子化问题的对策则成为焦点(真正的富裕、家庭、儿童、抚养、医疗、地方等成为关键词)。

本文将重点关注 1962 年版。这一年的白皮书在总论中高度评价"人口资质的提高",其基本构成是在"日本仍然是一个发展中国家"的现状认识的基础之上,预测因急速的都市化进程可能引发的人口构造的变化,并对未来进行展望。这里面呈现了很多延用至今的政策(比如国民养老金等)在具体成形时期的状况,现在回过头来看也颇具深意。[②] 在东京迎接奥林匹克运动会之际,东京或是都市居民生活的面貌发生了巨大的变化,通过分析白皮书,可以认为 1962 年便是这个时代的转折点。基于这个判断,从民俗学的角度将"生活"作

[①] 省厅:日本政府的行政机关,相当于中国的"部"和"局"。——译者
[②] 1962 年版白皮书中还有一些很有意思的内容,如 rehabilitation("康复")、recreation("消遣")、"都市贫民街"等用语首次出现或作为项目被列出。rehabilitation 含有让有障碍的劳动力重回劳动前线的意思,以前被称为余暇和娱乐的 recreation,也被赋予劳动中心主义式的意义。另外,"都市贫民街"是在迎接奥林匹克运动会之际,欲将尚未开发的地域一扫而光的概念。有关这些还待日后深入分析。

为观察的立足点，便有了上文提到的有关赤羽台团地的再现展示。

高度经济成长期的家庭变动——少子化问题的政治性

对于都市居民的家庭生活的核心变化，我们可以从另一个侧面切入，那就是当今正成为社会问题的少子化现象，常见的是类似图2的表述。这里所说的"出生率"指的是"总和生育率"，是把15岁到49岁的女性按照年龄区别将其生育率相加得到的结果，它表示的是假设一个妇女在整个育龄期都按照某一年的年龄区别生育率生育，她所生育孩子的总数。于是，就给人一种错觉和不安，似乎按此情况继续下去，日本人就将要灭绝了。

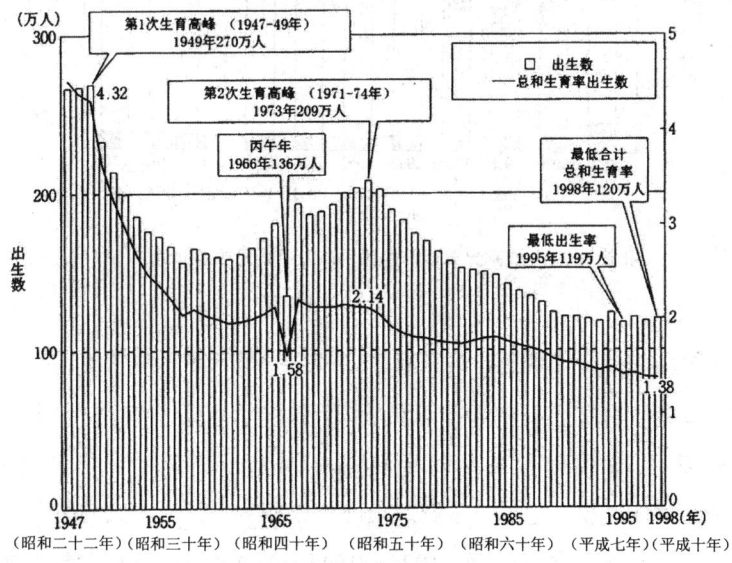

图2 出生数以及合计生育率的演变[①]

另一方面，图3显示了出生年次别的平均兄弟姐妹数的比例。从其演变来

---

① 资料来源：厚生省大臣官房统计情报部"人口动态统计"。出处：平成十二年版《厚生白皮书》。

看，昭和十至十四年（1935—1939）出生的一代为 4.59 人，是最高峰值。昭和四十年（1965）以后出生的有两个兄弟姐妹的人超过了半数。持续 15—19 年婚期的夫妇的生育数（最终生育数），在昭和四十七年（1972）之后仅有从 2.1 到 2.2 的变动，可见婚后夫妇的生育行为没有太大的变化，正如社会学者用"二子革命"来命名这个现象①，现在生两个孩子已经成为一种标准性的行为（惯例化）。

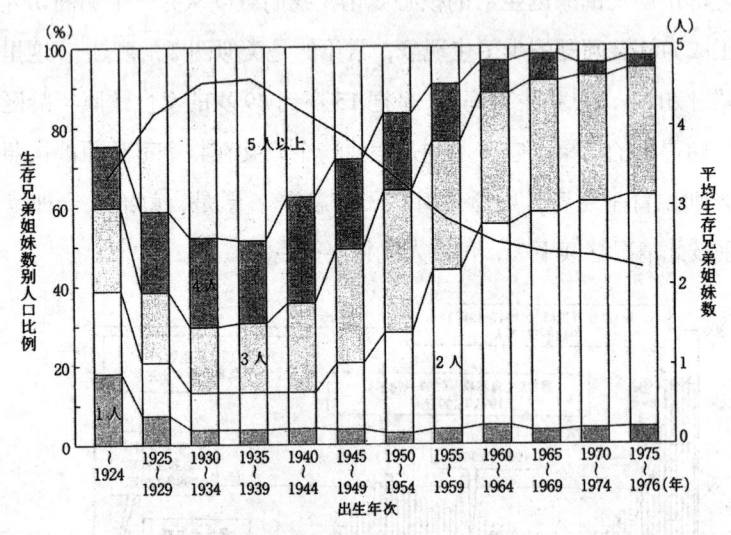

图3 出生年次别兄弟姐妹的比例以及平均兄弟姐妹数②

图 2 显示出的少子化现象，其主要原因被认为是未婚和晚婚的影响。我们民俗学者或社会人类学者更为关注的是，图 3 所示的大正十三年（1924）以前的兄弟姐妹数。生存的兄弟姐妹数是 1 人、2 人、3 人的比较多，总计 3 人及以下的占到了六成，孩子数量及家庭成员的构成和今天没有太大的区别。相比之下，大正十四年至昭和二十年（1925—1945）的 4 人或 5 人以上兄弟姐妹的

---

① 落合惠美子：『21 世纪家族へ（第 3 版）』，有斐閣，2004 年，第 56 页。
② 资料来源：厚生省人口问题研究所"第 3 次户籍动态调查"（1994），出处：平成八年版《厚生白皮书》。

比例反而显得异常之高。实际上，这是因为在 1927 年，政府成立了其咨询机构——粮食问题调查会，以此为契机展开了有关人口统管政策的讨论，人口政策也开始转变为增长政策。特别是从昭和四十五年（1940）起，面向综合实力战，打出了"产儿报国"、"多生孩子多繁衍"的口号，可见时代的影响很大，这可以说是那个时期特有的现象。①

因此，图 2 所展现出的总和生育率的骤减倾向，其中一个很大的原因是这一代人中生五人以上的多产夫妇的减少。然而图 2 并没有标出战前的数据，便可看出其问题性。图 4 则是包含之前数据的人口出生率（CBR）和总和生育率（TFR）的长期演变图。由此可见图 2 的绘制起点是日本有史以来出生率极高的特殊的一代，即稠密的一代的生育高峰（战争结束后，出生率激增是世界性的一般规律），如此制图，也难怪不了解统计方法和实情的一般民众会产生之前所说的那种错觉和不安了。

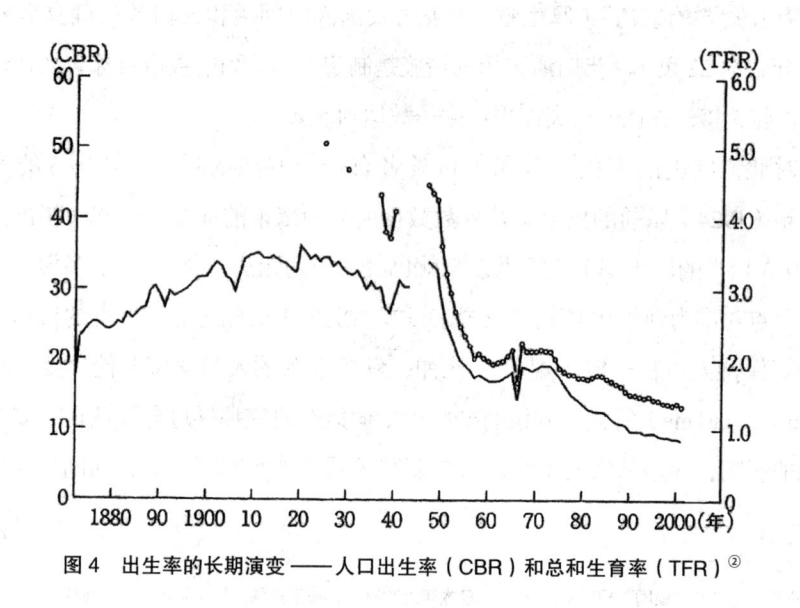

图 4 出生率的长期演变——人口出生率（CBR）和总和生育率（TFR）②

---

① 有关这些内容，参见荻野美穗：『「家族計画」への道』，岩波書店、2008 年。
② 资料来源：内阁统计局《日本帝国统计年鉴（1873—1890）》，厚生省大臣官房统计情报部"人口动态统计（1900—）"，出处：落合惠美子『21 世紀家族へ』第 3 版、2004 年。

如图4所示，受到"富国强兵"的人口增强政策影响，出生率在开国[①]后有所增加，但在第一次世界大战之后，随着产儿调整运动的展开，转为减少的倾向。人口粮食问题调查会是昭和二年（1927）由田中义一内阁设置的，此前在大正九年（1920）年首次实施的人口普查中，查明了殖民地等外地人口和其增加率，由此从抑制政策转向了增加政策。昭和五年（1930）该调查会的汇报书中曾提出"有关人口统管的诸对策"，当时起草这份汇报书的经济学家永井亨提出的"人口统管A方案"中如此说道："必须要向国民宣导，所谓一家两子的习惯，只会导致人口稀少、民族衰退的命运"（《人口粮食问题调查会人口部汇报说明》1930年，第40页）。特别是以"多生孩子多繁衍"为口号的人口增加政策，乃是以昭和十五年（1940）公布的《国民优性法》和其后由内阁会议通过的《人口政策确立纲要》为基础的。后者的"宗旨"是："建设东亚共荣圈"时，"我国人口的急剧并永续地增加""可以确保在东亚的指导地位……这是万分紧要的事情"（厚生省人口局《我国人口问题和人口政策确立纲要》，1941年，第22页）。当时所采用的措施是制定了一系列的数值目标，如让适婚年龄提前3年，并让一对夫妇平均生子数达到5人等。

对此，欧美的人类学者和人口学者有一个共通的看法，如图3的大正十三年（1924）以前的兄弟姐妹人数数据所展现出来的那样，日本的粗出生率（1000人相当的出生率）从近世以来就已经"低到无法想象"。[②]很多学者将研究的焦点对准为何相比其他农业国家日本的出生率如此之低，近世的日本又何以能够保持人口在一定的规模。比如，剑桥学派的人类学家艾伦·麦克法兰（Alan Macfarlane）等人，并没有一味地如同既有研究那样过分强调扼杀婴儿或堕胎的影响，而是从家庭层面的人口调整体系（受胎间隔、哺乳期间、卫生状

[①] "开国"是指和"锁国"相对应的状态。日本明治政府正式决定开国，是在明治二年（1869），由此告别了幕府时代的"锁国"状态。——译者

[②] Irene B. Taeuber：『日本の人口』、每日新聞社人口問題調査会、1964年、第36頁。Thomas C. Smith, Nakahara: *Family farming and Population in a Japanese village*, 1717-1830, Stanford, 1977, pp.39-40。S. B. Hunley, K. Yamamura：『前工業化期日本の経済と人口』、ミネルヴァ書房、1982年、第189頁。

况等以及人们对此的意识）进行分析和考察。[1] 甚至可以说，在欧美学者看来，少子化社会才是符合日本文化的体系。[2]

事实上，国家在白皮书中开始使用"总和生育率"（TFR）这个考虑了年龄构成差异（也就是人口金字塔）并适用于国际比较的数值，乃是最近才有的事情。它最早出现在昭和四十九年（1974）版中，其频繁地出现则是在平成元年（1989）之后。在此之前说到出生率，一般指的是人口出生率（CBR）。图2出自平成四年（1992）版，但实际上，在平成四年版里还有图5这样的展望将来的图。从这张图示可以直观地看出，即便是对现今政府热议的少子化对策不做任何应对，总和生育率这个数值也会按照人口学的规律演变，其结果绝不是一味地下降直到变成零。那些煽起公众不安的言论，不过是文化国家主义的"消亡言论"[3] 而已。

在日本，社会开始正视少子化问题约始于平成二年（1990），当年的总和生育率跌至比前一个丙午年[4] 昭和四十一年（1966）的1.58还低，也就是所谓的"1.57震惊"，同时这里面媒体的大肆宣传也起到推波助澜的作用。正是从这一年的白皮书开始，把低出生率与以养老金制度为主的高龄人抚养的负担增加问题相联系在了一起。此前的白皮书，对于少子化不一定都是负面评价。事实上，战后不久，尽力普及家庭计划（避孕法）的也是厚生省，直到1980年对此都是与世界性的人口爆发相联系予以说明的（尽管在这之前，就已经指出将

---

[1] Alan Macfarlane：『イギリスと日本―マルサスの罠から近代の飛躍』、船曳建夫監訳、新曜社、2001年。
[2] 柳田国男在13岁的时候离开故乡播磨，移居到茨城县的布川，他对近邻人家的"ツワイ・キンダー・システム（二儿制）"感到非常惊讶。他在德满寺地藏堂的绘马上写下了恐惧的话语，或许自己也会被掐死，这个轶事很有名，参见「故郷七十年」、『定本柳田国男集』别卷3、第20-21页。从强调直系性的东日本的家族体系来看，二儿制是非常合理的，请参考岩本通弥：「民俗学からみた新生殖技術とオヤコ―「家」族と血縁重視という言説をめぐって」、比较家族史学会监修、大田素子、森谦二编：『＜いのち＞と家族―生殖技術と家族 I』、早稻田大学出版部、2006年。
[3] 山下晋司：『バリ―観光人類学のレッスン』、東京大学出版会、1999年。
[4] 丙午年：源于中国历法和阴阳学，在日本民间流传着丙午年出生的女性是克夫星的俗信。所以一般每逢丙午年出生率很低。——译者

来的劳动力不足问题),可以看出在当时,反而是少子化才被认为是比较理想的情况。有关这点的一个典型例子是昭和四十八年(1973)版中对儿童补贴一项的记述,在第二次生子高峰,伴随着生第三子而接受补助的人数增加曾经被视为是问题。当今对于少子化的议题设定,能明显地接受到其中造作的成分,其根底与战争时期将出生率减少的倾向看成是"导致日本民族凋落、衰老的心腹大患"[1]的担心相同,可以认为这里面隐藏着民族主义(自民族中心主义)的思考方式,详细的分析有待日后进一步深入。此外,随着高度经济成长期进入尾声,低成长导致的社会保障的困境也是其中的一个原因。不管怎样,可以说这是一个"创造出来的权威话语"。

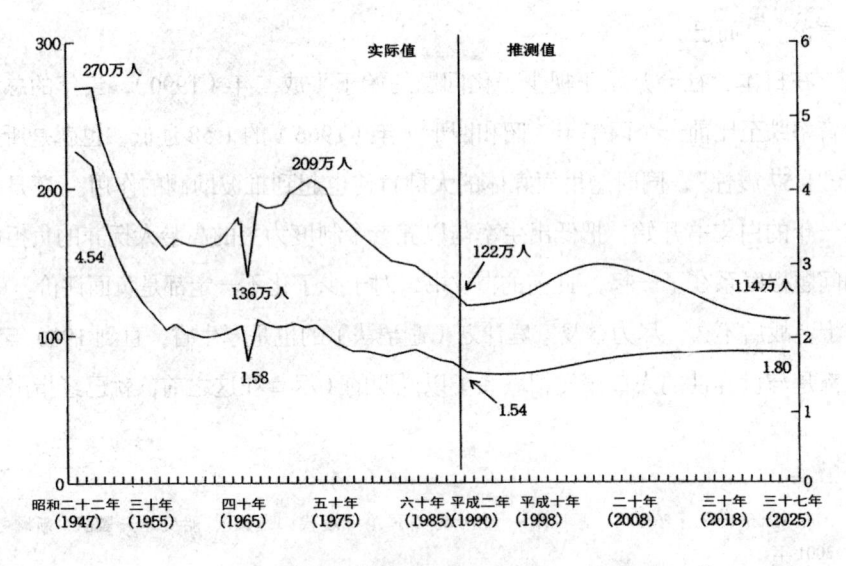

图5 出生数与总和生育率的演变以及未来推测(中位推测)[2]

---

[1] 石田博英、高野善一郎:『結婚新体制』、青磁社、1941年、第7页。
[2] 资料来源:实际值依据厚生省大臣官房统计情报部"人口动态统计",推测值依据厚生省人口问题研究所日本将来预计人口(平成四年九月推测),出处:平成四年版《厚生白皮书》。

高度经济成长和家庭的"容器"
——模式化集合住宅的生活方式

图 3 的本意只是标示生存兄弟姐妹的数量，但事实上，它还反映出了从多产多死型，到多产少死型，向少产少死型方向转变的过程。与此同时，从这张图上，还可以发现高度经济成长期人口向大都市的移动现象，也是大正十四年至昭和二十年（1925—1945）的多产少死型生育下产生的农村剩余人口所引起的现象。

在高度经济成长期之前，即便日本的总人口有所增加，但如图 6 所示，明治末年以后，其农业人口就基本维持在一定的数值上。随着机械化和化学肥料、农药的普及，战后日本农业向着省力化、兼业化的方向发展。农村剩余人口从战前的进驻殖民地，变为大量涌向大都市。随着现代化、工业化的进程，无论在哪个国家，都市人口都在增加，但是与其他国家相比，日本在高度经济成长期的增长曲线尤其陡峭。和在工业革命之后缓缓变化的欧美国家不同，日本期望急剧地对产业结构进行转变。高度经济成长期以前的家庭规模（平均同居人员），如图 7 所示几乎是保持一定的。进入高度经济成长期之后它急速地减少，很大一部分原因是人口向大都市集中以后导致的都市劳动家庭的增加。因此，论述家庭的时候，不应该只是平面地把握，而应该把集中涌向大都市并集团性就职的一代人的特殊性（都市人口、农村人口比例的结构大转换）考虑在内[1]，进行立体地、多层次的把握。

---

[1] 加藤和俊：『集団就職の時代——高度成長のにない手たち』，青木书店、1997 年。

图 6　产业别就业者数的演变 [1]

图 7　都市化进程与平均每户人数的演变 [2]

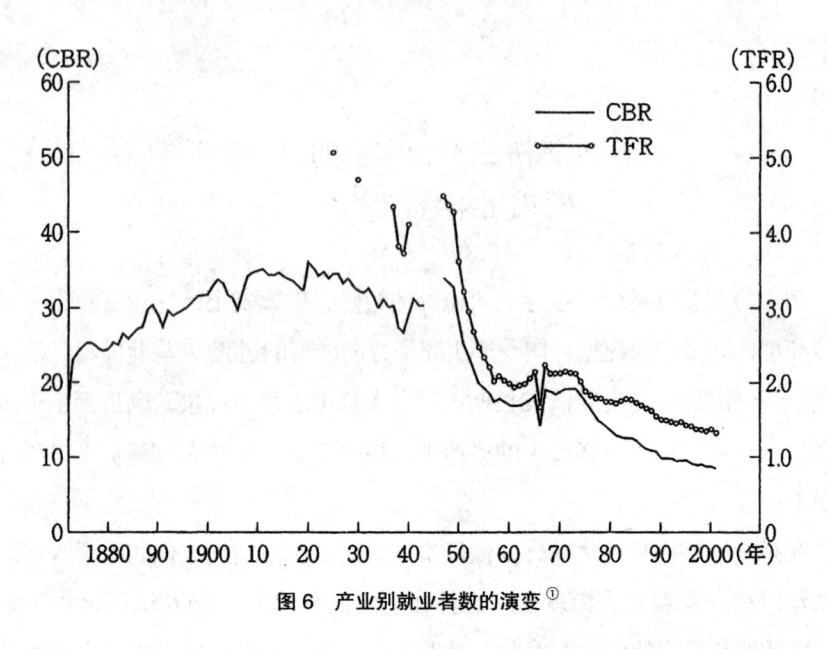

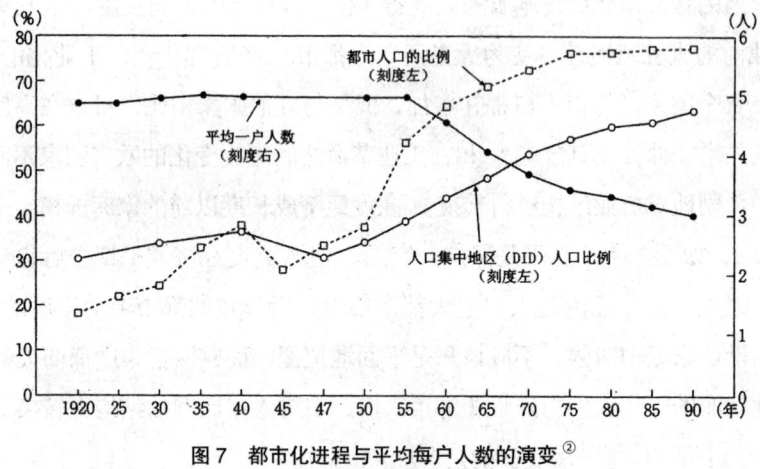

[1] 备注：1920 年以后的总数（最右的数值），包括不能分类的产业。出处：1920 年以后依据《人口普查》，1910 年度依据大川《劳动力〈长期经济统计 2〉》推测。

[2] 备注：1. 总务厅《日本帝国统计年鉴》，同《人口普查》，DID 人口比例的 1920—1955 年根据大友笃《日本都市人口分布论》而制作。2. 都市部人口比例的 1945—1947 年、DID 人口比例的 1960—1965 年不包括冲绳岛。出处：平成七年版《国民生活白皮书》。

作为接纳这种新型都市移居者的"容器",昭和三十年(1955)成立的日本住宅公团(现在的 UR 都市再生机构)等建设了许多大型公团——公营的住宅团地。尽管 20 世纪 70 年代以后,民间开发商的公寓建设也有所进展,然而日本住宅公团在东京二十三区内最早大规模开发的团地便是位于北区的赤羽台团地,它从昭和三十四年(1959)开始建设,到 1962 年开始入住。包括面向单身的 1DK 户型到面向家庭的 4DK 户型①,共有 3373 户,被称为"巨型团地"。②在其广大的用地面积内,除了有三所中小学校、公园等共同空间,还设有团地内的商店街。这些充实的生活设施,在昭和三十年(1955),作为走在时代最前列的集合团地,受到广泛的关注。现代日本人的住居方式,不断地往高层的集合住宅方向发展,其住户数也不断增加,如今东京都内已经有超过七成的人居住在集合住宅之内。③实际上,当今住独门独院的人已然成了少数,而我们对于这点却毫不知情。

战后,日本的住宅不足问题曾经很严重。战争结束时,由于战祸引起的房屋烧毁和从外地涌入的难民,总共有 420 万户的住宅不足缺口。到 1955 年的"住宅情况调查"显示约有 270 万户,昭和三十三年(1958)也仍有 216 万户,缺口问题并没有得太大的改善。即便到了昭和三十五年(1960),据推算,大中城市仍有约 185 万户的住宅不足。劳动世代的 39% 是住房贫困世代。很多月收入较高的人,也还是全家人生活在租来的一间房间内,属于住宅贫困户。④在国民收入倍增计划当中,主张从昭和三十六年(1961)到昭和四十五年(1970)之间,有必要建设 1000 万户的住宅。在这种背景之下,1955 年 7 月,鸠山一郎内

---

① 1DK 是指适合单身者居住的一室一厅的单元房,3DK 是指适合家庭居住的三室一厅(含独立厨房)的单元房。——译者
② 有关赤羽台团地的调查报告,参见『団地ライフ─「桐ヶ丘」「赤羽台」団地の住まいと住まい方』、北区飛鳥山博物館、2003 年。日本女子大学大学院家政学研究科住居学専攻篠原聡子研究室編:『赤羽台団地 1960—2007』、2007 年。岩本通弥、松前もゆる、門田岳久編:『団地暮らしの人類学─赤羽台団地』、東京大学人類学教室、2010 年。
③ 平成二年国民生活白皮书以及统计局:『平成二十年住宅・土地統計調査のはなし』。
④ 平成二年国民生活白皮书以及统计局:『平成二十年住宅・土地統計調査のはなし』。

阁打出建设 42 万户住宅的口号，由此建立起来的正是日本住宅公团[1]。

战后日本推行的住宅政策，由日本住宅公团采用 2DK、3DK 这种"nDK式"的户型，是使家庭规模和房间布局相一致的住宅供给手法（n 是指夫妇和 n-1 个孩子所构成的家庭）。[2] 这里设定的是年轻的劳动家庭（工薪家庭），这种"容器"也渐渐规定了家庭的样式。没有婆媳之间的纠葛，在仅由夫妇和未婚子女构成的核心家庭中展开的新的生活方式成为了一种标准，并且这种生活及理念，也波及了地方的生活。随着大众媒体文化传播的介入，作为可以满足核心家庭经营私生活所必要的最低条件的住宅，这种不用顾虑他人或亲戚，仅由夫妇和未婚子女组成的可以维持私密空间的家庭，以及这种家庭理念、家庭规范开始向全国渗透。以前电视上的家庭剧，如《七个孙子》、《现在 11 人》（都是 1964 年的作品），描绘大家族（大规模的同居人员）的比较多。相比起来，现在的电视剧，尽管也有像是《世间都是鬼》这样的例外，和过去的差别还是显而易见的。[3] 战后废除了"家"制度，民法在家庭法中所展示的家庭理念和理想，可以说随着集合住宅的展开终于得以实现。

近年单间户型的急速增多，直接反映出独自生活的单身户的激增。但是另一方面，核心家庭率几乎保持在一定的数值上（学术上的核心家庭是指夫妇和未婚子女构成的家庭形态），值得注意的是，"战后日本核心家庭化了"这种说法，是一种包含着理念的通俗用法（通俗用法的"核心家庭化"在学术上指每户人家的小规模化）。确实三代同堂的家庭形态（扩大家庭）正在减少，但在平成七年（2005）的人口普查中显示仍有超过 2300 万人过着这种生活，比独自生活的 1450 万人要高得多。三代同堂的家庭，在欧美，特别是盎格鲁-撒克逊系统的国家里早就看不到了，如果不考虑文化的这种限制性，对于生活实态和

---

[1] 生活科学調査会編：『団地のすべて』，医歯薬出版，1963 年。

[2] 布野修司：「nDK の誕生—近代日本の都市住宅事情」，新谷尚紀、岩本通弥編：『都市の暮らしの民俗学③』，吉川弘文館，2006 年。

[3] 家庭成员小规模化，使家庭的构成变得简单，家庭内的杀人也会减少。从被害人、加害人的关系性这一层面来看，由非家庭成员引发的杀人件数在昭和三十年代达到顶峰以后便开始锐减，从而显得家庭内杀人的比例在增加，所以，才会产生家庭内杀人在增加之类的言论（主观的历史）。

家庭特征的把握便会出现偏差。与法律或理念不同，认为和年老的父母同居是理所当然的家庭意识（文化的限制性）至今仍然根深蒂固。现实情况是，在这个社会过渡期中，人们在作为意识的三代同堂和作为实态的单身居住之间，以及在直系家庭的理念和核心家庭的实态之间，进行着自我选择、自我演出。

和日本团地相似的公营高层集合住宅，在世界各地都有。但是，这种类似的有限空间是如何呈现的，此外，居住在这里面的人们进行着怎样的生活实践，都因文化不同而具有很大的差异。[①] 例如，自动洗衣机在日本住宅内多放置于浴室的脱衣间，而韩国没有相当于脱衣间的空间，故多放于阳台或者被称为多用途间的小房间里，但在以德国为代表的欧洲，却是多将洗衣机嵌套在厨房的系统厨具之中。[②] 因此，这次展出的对日本人来说是常见而又理所当然的小区生活，也希望观众能够怀着这种异文化比较的视角去进行观察。

日常化的生活方式——实现清洁卫生的生活

以解决都市劳动者的住宅难问题为主要目的的公团住宅，在建设之初就计划配备标准的室内浴室，以便人们忙完了一天的工作回到家后，可以舒舒服服地在能伸展四肢的浴室洗浴。并且，当时普及率还仅有都市人口的4%多的抽水马桶，也在公团住宅中作为标准配备了。其设计理念中还设置了可将就寝场所和饮食场所分离的DK间，这来源于人们觉得吃饭、睡觉兼用"不卫生"的想法。此外，从不锈钢水槽、厨房换气扇、卫生洗脸台（盥洗组合），直到窗框，日本住宅公团都以同样的考量标准规划和实施了开发，并通过规格化和量产化成功地实现了低成本控制，后来这些设计也在一般的民间住宅中普及开

[①] Daniel Miller, "Appropriation of the State on the Council Estate", *Man*, 23(1988). Arjun Appadurai ed., *The Social Life of Things: Commodities in Cultural Perspective*. Cambridge, 1987.

[②] 森明子:「洗濯機以前と以降―ドイツの洗濯と清潔」,近藤雅樹編:『日常品の二〇世紀』,ドメス出版、2003年、第266-268頁。

来。① 就这样，清洁卫生的生活便成为日常，被日本人所共有，并理所当然地融入身体的一部分里。

据登载在1962年版白皮书的图8所显示的关于粪尿处理的状况可知，当年使用非水洗厕所的人口仍然占到八成，粪尿多是返给农村或是投入海洋。具有完备的水洗厕所和浴室的住宅团地，体现了人们一心向往的"清洁卫生"的生活环境。日本的自来水普及是从昭和三十年（1955）起，当时都市普及率不足60%，农村不足9%，下水道的普及则是更以后的事情了，可见日本的卫生状况曾经非常糟糕。另外，在当时全国各地的岛屿地区，很多地方每人每天用水量是三升（约合5.4公升）②，从水井中打水便成为妇女沉重的体力劳动负担③。与此相对，公团住宅最初使用的水洗厕所冲洗一次用水量为13公升，也就是说，冲一次便够当时岛屿地区的两个人一天的生活用水了（现在东京都每人每天的生活用水量为240公升）。

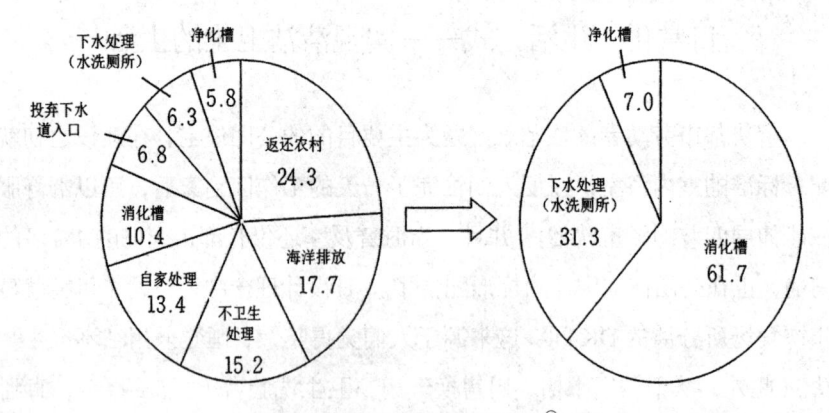

图8 粪尿处理的现状和目标④

① 『公団住宅仕上材料の変遷—内外装材・住宅部品の変遷と保全技術について』、住宅・都市整備公団建築技術試験場、1997年。
② 宮本常一：『日本の離島第1集（宮本常一著作集4）』、未来社、1969年。「付録6 島の水道状況」。
③ 岩本通弥：「家族・親族」、『佐渡相川の歴史・民俗編2』、相川町、1986年。
④ 出处：1962年版《厚生白皮书》。

都市型生活方式和水、电、煤气的稳定而大量供给是密不可分的，由此，大都市的生活基础设施也得到了迅速的修建和完善。农村地区在昭和三十二年（1957）施行了《自来水法》以后，各地铺设了简易的自来水管道。因上下自来水管道的铺设以及卫生环境的迅速改善，霍乱、赤痢和伤寒这样的感染症以及胃肠炎这类消化道疾病所导致的死亡人数骤减，疾病结构发生了质的改变。① 当然，这个结构的转变，除了卫生环境的改善，与医疗技术的长足进步也不无关系，由此，总体而言，因病去世的年轻人大大减少，伴随着高龄化社会的进展，高龄人的死亡比例则相对增加，由此带来了死亡病因的变化。

1920年之前，日本因霍乱死亡的人数曾经一度达到千人的规模。即便在第二次世界大战之后，因无法控制赤痢或伤寒的流行，特别是在人口大量集中且乱开发现象严重的都市地区尤为严重，到20世纪50年代前期，赤痢的死亡人数再次超过了一万人，这成为都市问题之一。这些疾病主要是由于粪尿处理的不卫生导致的，而随着上下水管道的建设和完善以及水洗化比例的提高，公共卫生得到彻底落实，患这些疾病的人数也急剧地减少。此后，癌症（恶性肿瘤）、心血管疾病、脑血管病等的死因排到了前面。另外，从死亡人数的各年龄层的比例来看，在昭和十三年（1938）之前，0岁到4岁死亡的乳幼儿占到总死亡人数的三分之一，到20世纪50年代仍占到二成以上。一般认为，都道府县的上水道普及率和乳儿死亡率密切相关，随着水洗化和净化槽的普及，乳儿死亡率激减，这个数据的降低延长了日本人的平均寿命。可以说，日本成为世界最长寿的社会的最大原因，乃是因为实现了这种"清洁卫生的生活"。

在以前的日本住宅中，人们通常将会产生烟臭味的厨台摆放在与室外空气相通的角落。DK间则让主妇成为家庭生活的主角，不但如此，家庭成员的生活方式也发生了变革。电器的引入打着"创造余暇"的口号，大肆宣传可以减

---

① 前田裕子：『水洗トイレの産業史—20世紀日本の見えざるイノベーション』，名古屋大学出版会，2008年。另外，围绕这一时期的水道铺设，人们的文化反应，详细可参考重信幸彦：「水と黴菌—都市伝説という方法に向けて」，佐藤健二編：『都市の解読力』，勁草書房、1996年9月。

轻女性的家务负担，然而事实上，家庭妇女们在家务上所花费的时间却有增无减。①以"加强食品卫生"为目的而引入的电冰箱，不仅减少了食物中毒之类的疾病，同时也刺激了家庭用冷冻食品的开发。随着冰箱的大型化、多功能化发展，以前只能在外面的餐馆吃得到的美味，如今也可以在自家餐桌上品尝得到，家庭菜的形态发生了很大的变化。全职主妇不得不每天亲手做菜，并且需要时时准备大量不同的菜品。洗衣机的引入，也增加了家庭洗衣的频度，每天为丈夫和孩子准备好白衬衫和内衣，成为全职主妇的日常任务。这样，家庭的家电化也导致了性别分工的强化，在促进了职业女性进入社会的同时，也让全职主妇专心于家务和育儿，加深了两极分化。

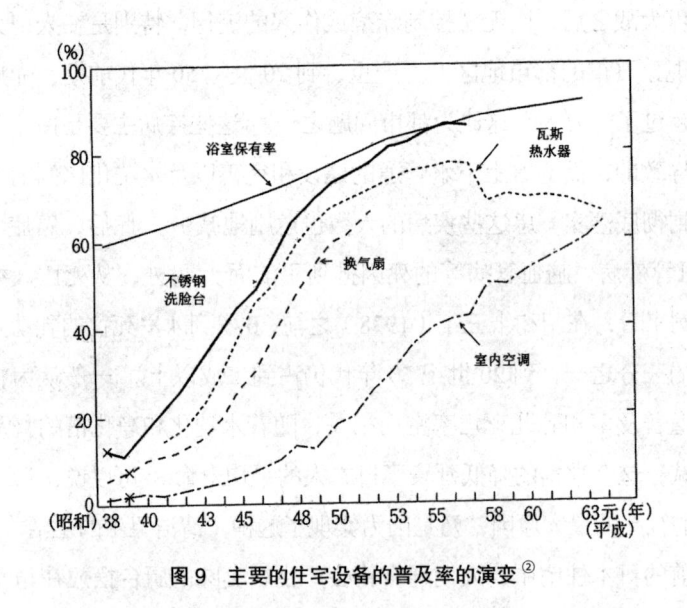

图9　主要的住宅设备的普及率的演变②

在有关日常化的事象中，有一个人们很容易忽略的细节，那就是公团住宅

---

① NHK放送出版協会編：『図説日本人の生活時間1990』、日本放送出版協会、1992年。
② 备注：1. 根据总务厅"住宅统计调查"，经济企划厅"消费和储蓄的动向"及"消费动向调查"制作。2. ×记号以前是人口五万人以上的都市户，×记号以后是全部住户的数值。3. 室内空调只包括1947年以前的室内冷气扇。出处：平成二年版《国民生活白皮书》。

采用降低成本的铝制窗框所带来的生活方式的改变。铝制窗框并不是进口技术，而是从以前的日本家庭住宅就已经使用的双槽拉门中研发出来的。以前的日本房屋，风会从窗缝里灌进来，随着密闭性良好的铝制窗框的普及，冬季的屋内变身成了温暖的房间。在室内还要穿一层又一层的衣服，裹着厚厚的和式棉袍的景象，恐怕已经被人们忘得一干二净了。窗框的引入，再加上冷气扇（房间空调）的进一步普及，使得日本人已经不怎么打开窗户了[1]；与此同时，如扫地出门、跪着抹地板等打扫卫生的方式也发生了改变。

图 10　当时标准配置的客厅餐桌[2]

同样，和椅子相比，当时尚比较昂贵的客厅餐桌，也由于日本住宅公团的标准配备而一时间变得廉价，需求量大量上升[3]，进而全面地进入了日本人的生活当中。由此，坐在椅子上吃饭的方式也普及开来，如今这已经成为日本人生活中理所当然的事情。然而，在从前，无论是用箱膳还是矮脚餐桌，坐在地板上吃饭才是日本的饮食习惯。以前，不管是用炭炉和灶来做饭，或是洗衣时，

---

[1] 渡辺光雄：『窓を開けなくなった日本人—住まい方の変化六〇年』、農山漁村文化協会、2008 年。
[2] UR 都市机构都市住宅技术研究所集合住宅历史馆提供。
[3] UR 技术、成本管理室设备计划团队：『時代との新たなる対話をもとめて——UR 都市機構の住宅設備の変遷と技術開発』、独立行政法人都市再生機構、1993 年。

都是端坐在地板上或采用蹲着的姿势。现在，如同洋式厕所所代表的站立或坐在椅子上的姿势，正融入我们的身体，影响我们的行为举止，成为我们日常的一部分。

如此这般，我们的生活每天都在发生着变化。每一件理所当然的事或周遭琐碎的事物，都有其历史（意义或功能的变化）。为了更好地改善我们的生活，不应该停滞在"我知道，这是理所当然的"地步而放弃思考，必须对它们抱有兴趣，重新看待。[1]可以说这也正是民俗学存在的意义和基本理念。

---

[1] 柳田國男：「民間伝承論」、『柳田國男全集』28 卷、筑摩書房、1990 年、328 頁。

追问"理所当然"
——北京市高层集合住宅的生活及生活世界的变迁[*]

王杰文

> 熟悉的未必熟知
> ——黑格尔

所谓"高层集合住宅（High Collective House）",指的是"在特定的土地上有规划地集合建造的、积层式立体构成的、含有复数家庭共同使用公共空间的多层、高层住宅。相对于独立式住宅，集合住宅的特征是立体积层构成、单元式组合、集约型排列、高容积率，其普及是工业化和城市化发展的结果"[①]。

从建筑学的角度来说，在理论层面上，"高层集合住宅"的生活世界，至少应该包括住宅本身的"住宅设计"与对住宅本身所处自然与人文环境的"社区规划"两个方面。在"住宅设计"层面上，又大致可以划分为"支持体部分"与"可分体部分"。在"社区规划"层面上，则要考虑"自然环境（日照、通风、绿地、水资源、噪音）"、"社会环境（道路交通、环节清运、管线布置）"

---

[*] 本文原载『日常と文化』第1号，2015年，第166-176页。本文所从事的调查工作，受到东京大学岩本通弥先生的资助；调查问题格的提出得到日本爱知大学周星先生的指导，在此一并致谢。
[①] 胡惠琴：《集合住宅的理论探索》，《建筑学报》2004年第10期。

与"人文环境（娱乐休闲、体育锻炼、文化教育）"等多个层面的因素。建筑设计与规划具有统一性、标准性，居住的主体被作为抽象的"人"来予以处理。

然而，从民众日常生活研究（新民俗学）的角度来说，在实践的层面上，特定社会群体的居住模式与生活方式，总是携带着其历史的、政治的与文化的印迹，体现着特定时代的风俗习惯、消费观念与生活风格。在"高层集合住宅"的生活世界里，一方面，住宅设计与社区规划会"模塑"人们的居住模式与生活方式，建构该群体"自然而然"的生活方式，使这种居住模式及其塑造的身心事实成为他们的"惯习"；另一方面，基于人类与生俱来的反思性与创造性的能力，特定群体的成员天然地会借助于传承而来的文化传统，不断地去"创造"新的生活方式，突破既有生活模式的规约，"表演"某种"新生活"的可能性。在这个意义上，"约束"与"创新"始终同时存在于日常生活之中。

21世纪以来，随着现代科技文明成果的普遍传播，全球化速度加快了。今天，在全球任何地方，任何群体都有更多的机会、更便捷的手段来获得与享用现代科技文明的新成就。特定社会群体的居住模式的"变迁"也加快了速度。人们在继承自身传统居住文化的同时，正在吸纳大量的现代科技文明的成果，并借鉴了来自异文化的居住文化的因素。在这一（后）现代的、全球化的时代，特定社会群体的居住模式同时呈现出"同质化"与"差异化"两种相互矛盾的趋势，整体上表现出前所未有的多样性与可能性。

城市居住文化的"内爆"为城市居民创造多样的生活、多元的价值提供了选择的可能。这同样符合国际社会所确立的"人类居住平等与人类居住区可持续发展"[①]的清晰目标。然而，由于不同的社会群体所继承与认同的历史文化资源存在差异，他们所面临的政治与经济限制也截然不同，所以，其居住模式的选择与创造当然不得不考虑历史与现实的局限性。既然特定社会群体所认同的

[①] 参见：1996年6月联合国《人居宣言Ⅱ》。原文为："人人享有适当的住房和日益城市化进程中人类住区的可持续发展。"

文化传统会以有形或无形的方式延续进现代居住模式之中，而且会自然而然地塑造其居住模式；那么，从历史的角度理解这些"文化传统"，理解由它所塑造的特定群体的心理模式与行为模式，理解这些心理模式与行为模式被"建构"的本质，是对于全社会居住文化的一种"启蒙"。

为此目的，本文以（中国）北京市高层集合住宅为调查对象，试图从历史发展的角度，考察居住空间的社会与文化属性，尤其是考察国家政策、文化传统的规约性与社区居民的个体创造性之间的互动过程。

北京市"高层集合住宅"的发展

北京市"高层集合住宅"的发展历史，受国家政治意识形态的影响十分显著，从中华人民共和国成立到 20 世纪 80 年代，整个中国普通百姓的住宅生活标准都十分低下，仅仅维持在"住得下"的低水准线上。在北京市，现代意义上的"高层集合住宅"出现于 20 世纪 80 年代中后期，普遍作为半商品房、商品房出售则出现于"北京亚运会（1990 年）"成功举办之后。概括起来看，"北京高层集合住宅"发展的历史大体上可以分为下述三个阶段：

第一个阶段：从 1949 年中华人民共和国建立至 1978 年，可称之为北京市"睡眠型住宅发展阶段"。这一时期，整个中国经历了从建国初期的经济恢复时期、"一五"计划实行时期、"大跃进"与"人民公社"时期和"文化大革命"时期。在近三十年时间里，全国政治运动屡次打断了国家经济生活的正常发展，国家在意识形态层面宣传"先生产，后生活"的口号，实行"低工资、低消费"的政策。在整个国民经济中，住房投资十分有限。这三十年里，居民住宅一直都是国家福利制度下的"分配性产品"，国家根据不同的对象群体制订了不同的住房标准，然后由国家统筹分配。当时，"居住区的各种基础设施与公用设施规模小、数量少、水平低，仅能满足城市功能与市民生活的最低标准。"① 当时虽然还没有出现现代意义上的"高层集合住宅",但普通"集合住宅"却早已存在。

北京市集合住宅类型与模式（1949—1978）				
时段	国家住房政策导向	集合住宅建筑设计	集合住宅居住区规划	存在的问题
1949—1957（国民经济恢复与"一五"计划时期）	高积累、低消费；先生产、后生活；分配制、住得下	福利分房：苏联模式与标准	各企事业单位分散建设：工作单位既是经济单位，又是生活单位 单一行列式布局 棋盘式布局	标准过低，衡量标准为居住面积系数；公共厨房、共用卫生间、无厅、无储物间。居室拥挤闭塞，个人私密性差。住宅功能类型模糊不清
1958—1965（"大跃进"与人民公社时期）	降低造价、节约成本	合理分户、分室，发展小面积住宅	各企事业单位分散建设	质量低、标准低、设施不全
1966—1976（"文化大革命"时期）	节约就是革命，不顾一切降低标准	小方厅出现	各企事业单位分散建设	人均居住面积下降到最低点：约为 $3.6m^2$

从整体上来看，第一阶段的"集合住宅"主要被定义为"睡眠的空间"，人均居住面积采取了最低标准，一切现代意义上"人"的"基本权利"（隐私权、生存权、发展权等）都没有获得应有的重视，比如，数辈人无论男女老幼挤在一间房间里生活，卧室同时承担着起居室、储藏室、餐厅、会客室、工作室等一切功能，此外，多户家庭分享同一套间的现象也十分普遍。同样基于"节约空间"的逻辑，厨房与卫生间则集中设置在楼道的某个位置上。由于第一阶段的"集合住宅"（俗院"大院"）是生产单位附带设施，所以，邻居之间同时还是同事，相互之间的联系十分密切。

第二个阶段：从 1978 年改革开放至 1990 年，北京市开始提出兴建"高层

---

① 熊燕：《中国城市集合住宅类型学研究（1949—2008）——以北京市集合住宅类型为例》，华中科技大学博士学位论文，第 1 页。

集合住宅"的理念，1985 年以后，北京市"高层集合住宅"才开始出现增长的势头。这一时期可称之为"起居型住宅发展阶段"。由于社会主义市场经济取代计划经济的政策已经初见成效，北京市房地产市场开始萌发出勃勃生机。国家在鼓励个体勤劳致富的同时，也通过财政的与管理的机制刺激居民消费，中国城市居民与消费水平与住房水平大幅度提升。半商品化以及商品化集合住宅开始全面发展。然而，由于北京是中国党政军首脑机关所在地，社会上层人士聚焦其中，房屋隶属关系更加复杂，既得利益集团的势力也更加强大，因此，北京住房制度改革也相对要缓慢一些。直到 1992 年，《北京市住房制度改革实施方案》才出台。

北京市集合住宅类型与模式（1978—1990）				
时段	国家住房政策导向	集合住宅建筑设计	集合住宅居住区规划	存在的问题
1978—1980（改革开放政策的确定）	以经济建设为中心，城市建设与国民经济各部门按比例协调发展	半商品房体制：独门独户；住宅面积扩大	分散建设	高标准住宅大量修建，造成了巨大的浪费
1980—1990（改革开放初期）	城市住房制度改革	住得下、分得开、住得稳、标准化（构件层面与设计层面）	政府监管下房地产市场集中统建、综合开发	家电使用的方便与住宅空间使用的方便之间的矛盾

20 世纪中后期，中国现代化家用电器（电视机、电冰箱、电风扇、洗衣机、空调等）也开始大量涌现，这些家用电器的出现要求扩展住宅的使用面积，增加住宅的辅助面积。"高层集合住宅"的建筑设计因此做出了相应的调整，一方面考虑了当时已经出现的家用电器的使用方便，预留了相应的空间；另一方面也兼顾了住宅整体空间布局的合理性，住宅内部空间的功能专门化、多元化（休息、聚会、娱乐、学习、工作、待客等），并结合当时中国家庭开始呈现的小型化的趋势，对住宅套型的设计进行了合理的变革。但是，这些变革的仍然主动停留在"理念"的层面，并没有大规模付诸实践。

第三个阶段：1990 年以来，可称之为"小康型住宅发展阶段"。国家出台了"小康居住标准"①，坚持"以人为本"，以满足居住的方便、舒适与和谐为根据②。中国居民住宅商品化进程持续发展，配备有相应服务设施与不同功能的住宅区进一步完善并形成相应的等级，城市居民可以根据自己的购买能力与需求自由地选择不同类型、等级的住宅。住宅区类型成为社会区隔的重要维度。一座座现代意义上的"高层集合住宅"在北京拔地而起。

普通民众头脑中所谓现代意义上的"高层集合住宅"的观念正是在这个时期形成的（附录一），其中，如雨后春笋般出现的现代房地产公司、无所不在的大众传媒、相对宽松的国家住房政策等共同塑造了现代民众"理所当然"的"住宅"观念，即（1）所谓"住宅"，基本上指的是"高层集合住宅"；（2）每套住宅都有明确的界限（比如"房产证"上所出具的具体的面积数），独门独户③；（3）住宅内部起码包括了独立的卧室、厨房、餐厅、卫生间、起居室、储藏室等基本空间；（4）住宅整体上可以划分为"支持体部分"与"可分体部分"，居民可以自由决定可分体部分的类型、标准、规格、布置方式等；（5）住宅设计与社区建设配套，社区环境建设包括了光、声、热、气候、给水、采暖、通风、交通、绿地、购物、休闲娱乐、泊车等诸多方面。

至少在住宅设计的层面上，"高层集合住宅"内部的各个空间的功能被予以相对具体化的考虑；相互之间的关系也有所调整，比如，公用空间一般被设置在近门处，卧室则内移，厨房与卫生间设置在公用与私密空间之间；住宅设计整体上朝着"公私分离、食寝分离、居寝分离、洁污分离"的方向发展。这种内含在"高层集合住宅"设计理念中的"文明规范"渐渐地成为普通民众习以

---

① 要达到小康居住标准，住宅需要满足五个基本要求，即良好的居住性、舒适性、安全性、耐久性和经济性。居住性包括住宅热性能、空气质量、声学环境、光环境等；舒适性包括住宅的平面功能、设备配置、厨卫设计、视觉效果、面积等；安全性包括结构安全、防火、防盗、防滑等日常事故方面的内容；耐久性包括结构布局与住宅制品的耐久性、防水、防蚀等；经济性主要是指建立全寿命费用的分析与评估。相关介绍可参见熊燕：《中国城市集合住宅类型学研究（1949—2008）——以北京市集合住宅类型为例》，华中科技大学博士学位论文，第67—68页。
② 《2000年小康型城乡住宅科技产业工程城市示范小区规划设计导则》，《住宅科技》1997年第3期。
③ 晚至1987年，中国政府才制定了《住宅建筑设计规范》，其中规定"住宅应该按套型设计，每套必须是独门独户，并应设有卧室、厨房、卫生间及贮藏间"。

为常的"居住文化"的一部分。

此外，随着北京居民贫富差距的进一步加大，房地产市场为满足富有的中高级居民而建筑的中高档"高层集合住宅"的室内空间进一步细致化、完善化，除了上述主要空间之外，这些高档住宅还配备有客卧、儿童房、书房、健身房、仆人房、衣帽间等，这些空间又朝着更加精致、舒适、便捷的方向发展。其配套的社区自然、社会与人文环境也更加舒适与便捷。

<table>
<tr><td colspan="5">北京市城乡结合部集合住宅类型与模式（1985—2010）</td></tr>
<tr><td>时段</td><td>国家住房政策导向</td><td>集合住宅建筑设计</td><td>集合住宅居住区规划</td><td>存在的问题</td></tr>
<tr><td>1990—1997</td><td>住宅商品化政策的进一步确立，
国家确定发展高层集合住宅的道路</td><td>以户为单位灵活划分空间，
板式、塔式、井字形、蝶型</td><td>富有人情味的生活场所，
整体的、配套型的社区理念</td><td>高层集合住宅（高于50%）与传统建筑的矛盾</td></tr>
<tr><td>1997—2010</td><td>国家出台"小康型城乡住宅居住标准"：
高层集合住宅增量型发展
经济适用房（1998）与廉租房（2001）、两限商品房（2007）政策。
安居工程。
科技化、智能化、集约化。
发展中小套型保障型住宅。
人人都有适当的住宅</td><td>仅限制住宅最小面积，保障基本生活水平。
住宅类型进一步多元化。
有针对性的房地产开发项目。
住宅科技的大发展</td><td>多元化的、多品位的住宅类型与社区理念</td><td>一方面，兴建豪华别墅、闲置空房、囤积土地；另一方面，大量人口蜗居、房价飙升、环境恶化。
过度开发
社会不公</td></tr>
</table>

但是，在居民住宅商品化之后，北京（乃至整个中国）城乡住宅也出现了某些问题，比如大量住宅的套型面积过大、大量住宅被囤积、全国范围房价的飙升、中低收入阶层无力购买住宅、社会不公（参见附录二、三）等现象，面对这些问题，中国政府正在下大力气完善住房保障体系[①]。

总之，在北京市住房建设发展史上，标准意义上的"高层集合住宅"是晚

---

① 北京分层次住宅供应体系包括三个层次：一是对没有购房支付能力的低收入家庭实行廉租房制度；二是对有一定支付能力的低收入住房困难家庭，实行配售经济适用房政策；三是针对中等收入以下家庭的租住需求提供两限商品住房。

近二十多年（1990—2014）以来出现的新型居住现象。20世纪80年代末至90年代初建筑的"高层集合住宅"采用了标准化的建筑模式，住宅功能与居住环境的标准偏低，面对现代科技产品的迅猛发展，其设计理念显得严重滞后；90年代晚期以来，北京房地产开发商才开始真正借鉴国际先进的建筑理念[①]，建筑了一批更加宜居的、人性化的"高层集合住宅"。在解决居民基本的生理需求，满足居民多样化、舒适化、智能化的需求方面呈现出跨越式大发展。

因此，北京市"高层集合住宅"的生活世界是在社会与经济发展的过程中不断地形成与建构着的。从历时的角度来看，所谓什么是"高层集合住宅"并不存在"理所当然"的、一贯如此的定义；从社会分层的角度来看（尤其是从阶层与年龄），"高层集合住宅"内的生活与生活世界也并不完全相同。因此，"新民俗学"适当地参考"社会基础"[②]的维度来研究"日常生活的理所当然性"是十分必要的。

北京市"高层集合住宅"内的生活方式

如上所述，在北京市"高层集合住宅"较短的发展历史中，由于中国政治经济体制改革的影响，"高层集合住宅"本身表现为不同的类型，比如福利房、半商品房（经济适用房、廉租房、两限房、回迁房等）、完全商品房。这些住宅类型不仅与国家在不同年代、出于不同目标而颁布的不同的住宅政策相关，而且连带性地与居住群体的身份、社区环境、生活方式相关。目前，北京市"高层集合住宅"的现有类型与北京市政府1994年颁布的"三改四建"的房改

---

① 1980年，北京市开始组建第一家房地产综合建设开发公司，到2006年，在北京注册的房地产公司已经有2958家。房地产开发投资和销售保持高速增长态势：1991—1995年完成投资额568.4亿，1996—2000年完成投资额1979.5亿，2001—2005年完成投资额5974.0亿。转引自齐心：《北京住房制度改革：历程、成就与反思》，《北京规划建设》2008年第9期。

② Dorothy Noyes, "The Social Base of Folklore", *A Companion to Folklore*, Regina F. Bendix and Galit Hasan-Rokem eds., Blackwell Publishing Ltd, 2012, pp.13-39.

政策密切相关，其基本内容是：

把住房建设投资由国家、单位统包的体制改变为国家、单位、个人三者合理负担的体制；把各单位建设、分配、维修、管理住房的体制改变为社会化、专业化运行的体制；把住房实物福利分配的方式改变为以按劳分配为主的货币工资分配方式；建立以中低收入家庭为对象、具有社会保障性质的经济适用住房供应体系和以高收入家庭为对象的商品房供应体系；建立住房公积金制度；发展住房金融和住房保险，建立政策性和商品性并存的住房信贷体系；建立规范化的房地产交易市场和发展社会化的房屋维修、管理市场。[1]

换言之，在北京市"高层集合住宅"中，最早的居住者可能是通过获得"福利房"的方式入住的，20世纪90年代前后的居住者则可能是通过获得"半商品房"的方式入住的，而21世纪以来的居住者则可能是以购买"完全商品房"的方式入住的。不同类型的"高层集合住宅"中居住着不同社会身份的群体，比如，现在居住在"福利房"中的社会群体，大部分是年届七十岁的退休职工，他们的收入水平比较低，他们所居住的"高层集合住宅"的建筑年代比较早，其设计理念与社区环境比较落后；而居住在的"半商品房"中的社会群体则大部分是刚刚走上职场的在职员工，他们具有比较稳定的收入，虽然积蓄比较少，但生活品位比较现代化，对于住宅的现代化设施要求较高；而居住在"商品房"中的群体可能是将要退休的员工或者是颇有积蓄的中产阶级，他们一般具有比较高的消费能力与生活水准。当然，居住在上述不同类型的"高层集合住宅"中的社会群体，一般具有互不相同的"理所当然"的生活方式。

进入"高层集合住宅"从事居民"日常生活"的调查，对于现代民俗学而言是一项具有挑战性的任务，一方面，在较短的时间内，要想获得大都市居民的信任，并允许进入其住宅进行访谈与调查，是一件十分困难的事情。而且，在多数情况下，即使某些居民允许民俗学者进入其住宅进行调查，民俗学者所

---

[1] 1994年12月，《北京市人民政府贯彻国务院关于深化城镇住房制度改革决定的通知》。

能看到的内容也是居民们想要他们看到的，并不完全是他们真实的"日常生活"。另一方面，现代民俗学以大都市"高层集合住宅"中居民的生活世界为研究对象，在其问题意识与研究方法两个层面上，都还处于探索与尝试阶段，需要在经验性的观察和访谈中提炼概念与分析性工具，这无疑加大了工作的难度。

在北京市"高层集合住宅"中，大量"福利房"与"半商品房"分布在北京市五环路以外所谓"城乡结合部"的地带。这些"高层集合住宅"大部分建于 20 世纪 90 年代，其中大部分居民是"回迁户"（就是"高层集合住宅"所占土地上原有的农民），还有一部分是国家企事业单位的退休员工。他们大部分于 20 世纪 90 年代中后期入住，这些"高层集合住宅"大部分是"塔楼"，少部分是低层"板楼"。这些"高层集合住宅"群同属某一社区集中管理。

本文中涉及的 30 户住宅，分别属于北京市朝阳区高碑店乡、三间房乡与豆各庄乡的 5 个小区，其中 19 户居民属于回迁户，11 户居民属于国家企事业单位退休员工。他们基本上都属于其所属社区的积极分子，是基于对他们社区的工作人员（她们是本文作者的学生与朋友）的信任，才允许作者去调查与访谈的（附录四）。

"高层集合住宅"中居民生活世界的陈设与布置既构成了其"日常生活世界"的环境，同时也就是其"日常生活世界"本身。如上所述，"高层集合住宅"的日常生活世界包括两个层面，"住宅设计"与"社区规划"，这些物理设施在很大程度上是"给定的"，居民自由选择的权利极小，这是福利房与半商品房区别于商品房的第一个重要的特点。比如，20 世纪 90 年代中期，北京市朝阳区东五环以外建筑的塔式"高层集合住宅"，基本上都是 18 层以上两梯或者三梯的高楼，每层 8 到 12 户住宅不等，大部分住宅都是两室一厅的格局，附带着厨房、卫生间。塔式"高层集合住宅"的优点是集约了大量的空间，可以容纳更多的住户，但是，其缺点也非常明显，因为有四分之三的住宅在采光方面存在严重的缺陷。此外，每一户住宅内部都被标准化地统一设计与建筑，并没有明晰地区分住宅的"支持体部分"与"可分体部分"，导致住宅"可分体部分"相对比较少，留给住户自由设计住宅空间的余地相对比较小。这些都是现成的、给定的，也被居民们"理所当然地"接受了。然而，"现成的、给定的"空间并不是固定不变的，居民们也有相当的自由来艺术地设计自己的生活[①]，面对僵硬的、统一的建筑设计，居民的"能动性"主要体现在如下一些方面：

房屋装修

尽管居民们接受了统一的住宅格局，但是，基于个别家庭的特殊情况，他们会在既有格局内部进行分区，比如，几乎所有住户都会在住宅相对比较少的"可分体部分"进行某种重新设计：有的会把一室隔断为两室；有的会在起居厅区分出一个小间；有的会在房屋不规则的角落里设计一个储物间等。然而，所有这些修改房屋格局的行为，基本上都是出于实用的目的。这里所谓"实用的目的"指的是在房屋内部功能区中进一步区分功能区的意图。由于大部分住宅只包括有卧室、起居室、厨房、厕所四种大的功能区，这对于许多居民来说，它们并不能够完全满足舒适便捷的现代化日常生活的要求，对于他们来说，没有餐厅、储物间、衣帽间的住宅是十分逼仄的，于是，许多居民会在既有的功能区再开辟出一些特定的功能区。但是，对于另一部分居民来说，实质性的隔断可能并不现实，但是，分区又是切实需要的，他们折中的方法是在观念上把同一功能区细分，比如，他们仅仅在起居厅的某个角落里进餐，在另一个角落里堆放杂物，这样一来，尽管实际上并不存在不同的空间，但是，在居民观念的层面上，仍然存在着不同的功能区。

---

① 法国当代著名思想家米歇尔·德·塞托（Michel de Certeau）也认为，民众运用实践的艺术、巧妙的计谋和抵制的策略来创造日常生活。借助于抵制的策略，他们改变万物及法则，以自己的方式将空间和使用重新占为己有。花招与捷径、施展计谋的方式、猎人的诀窍、变幻不定、叙述和新词、数以千计的发明实践向有能力发现它们的人们证明了寻常人并非盲目顺从，并非消极被动；相反，他们在使用既定产品的过程中，在野外的自由中实现了分离。野外的自由，每个人通过它尽可能地去感受社会的秩序和万物的力量。参见米歇尔·德·塞托著，方琳琳、黄春柳译：《日常生活实践1：实践的艺术》，南京大学出版社 2009 年版，第 31—48 页。

此外，住宅基础设施（水、电、煤气线路）的改造也是中国住宅装修工程中的重要项目，住宅设计与建筑的时代未能清楚地预测时代发展与进步的速度，许多基础设施无法满足居民的现实需要，比如：当时的住宅未曾设计网络接口，有线电视线路铺设也十分不合理，许多住户只能铺设明线；塔式"高层集合住宅"一般设计为集体供暖，但是，由于总体设备设置不合理，造成许多居民住宅冬季温度不达标，住户自行改动暖气的行为十分普遍。当然，近些年来修建的高层集合住宅已经把这部分内容作为住宅的"可分体部分"，完全交由住户自行设计了。

20 世纪 90 年代入住的北京市"高层集合住宅"一般都经过简单的装修，起居室、卧室的地板大多是 60cm^2 方格瓷砖，厨房与卫生间则是 20 cm 乘 40 cm 的长方形瓷砖贴面，但是，也有住户重新铺设了木质地板与不同质地和风格的贴面砖，更换了住宅原有的门窗，重新粉刷了墙面，并尽可能地把裸露在外在的管道用大理石或者木材包裹起来，力求呈现出"焕然一新"的面貌，中国人所谓"新房"，一切都尽可能是"新的"。

房屋装饰

房屋装饰部分是居民自由意志的集中体现，从经验观察的角度看，北京市"高层集合住宅"中房屋装饰部分大致可以区分出如下几个部分的内容：

1. **家具布置**

乔迁"新居"并不仅仅意味着住宅本身要"新"，最好连家具也是新的。为新房量身定作新家具是北京市"高层集合住宅"居民的习惯，许多居民的家具与住宅"同岁"，他们很难从自己的住宅中找到一件比住宅本身更古老的家具出来。旧家具之所以被抛弃，最主要的原因有三点：第一是不符合"高层集合住宅"的空间尺寸；第二是不符合现代住宅的风格；第三是不实用。例外的情况并非不存在。从旧宅子里带来的小矮凳、女主人结婚时作为嫁妆的旧箱子仍然被它们的主人保留下来。

时尚的做法是根据住宅的格局定制全新的家具，居民们会根据个人的爱好与财力选择特定色彩与质地的家具，与住宅的地板、面墙相结合来考虑，并最终搭配出颇具个体家庭风格的家具布置风格来。大体上来说，北京市"高层集合住宅"的卧室普遍搭配着双（单）人床、整体衣柜与床头柜；厨房几乎全部都是整体橱柜；客厅里都摆放"L"形沙发与茶几，对面总是挂式或者立式液晶平板电视机；餐桌也是客厅里一定会摆放的家具。

追逐新潮的、现代化的家具是一种时尚，但是，追求仿古的家具则不仅是一种更高的时尚，而且代表着一种特殊的品位与身份。许多户主会为自己家里新近购得的一件仿古的家具或者工艺品而十分得意。由此可以推断，受调查的住户们并不是纯粹不喜欢"旧家具"，而是这些"旧家具"本身不值得保存。

厨房的布置是高层住宅中最重要的内容之一。

2. 家电布置

基本上每户家庭的电视机都摆放在客厅里，看电视使得一家人有机会在晚餐后共同坐在一起交流沟通；然而，近些年来，部分家庭还在卧室里安装了电视机，许多人开始习惯躺在床上看电视节目，家庭成员也可以同时收看不同频道而互不影响；但是，目前，由于电脑与手机的普及，收看电视节目主要成为中老年人日常生活的例行内容，年轻人则主要通过使用电脑与手机获得信息与娱乐。而电脑（尤其是平板电脑）普及开来以后，由于住宅本身并没有设计专门的工作空间，所以，许多家庭的卧室或者客厅同时安放了电视机与电脑，卧室或者客厅临时性地兼备了休息、娱乐、工作、待客等多种功能。

"高层集合住宅"中使用洗衣机与电冰箱也十分普遍。但是，洗衣机与电冰箱被安置的位置却不尽相同。被调查的大部分住宅中并没有设计专门的安置洗衣机与电冰箱的空间，所以，一部分住户把洗衣机安置在厨房，但更多的住户把洗衣机安置在卫生间；一部分住户把电冰箱安置在厨房，另一部分住户把电冰箱安置在客厅。

近些年来，上述家电本身更新换代的速度令人惊叹，其功能与设置朝着精细化、便捷化、大众化的方向迈进。但是，相对而言，被调查的"高层集合住宅"中的居民们全部更换过他们的电视机（并不是因为使用寿命的原因），却几乎没有人更换过他们的洗衣机与电冰箱。究其原因，一方面，电视机悬挂在客厅里，是户主的"脸面"，一台大型的超薄型液晶电视机是为家庭增光的家具；另一方面，电视机提供的视听娱乐享受对于户主的日常生活更为重要。相反，许多户主家的洗衣机十分陈旧，甚至仅仅作为一种摆设，许多户主甚至宁愿手洗也不愿意开动洗衣机，一方面，是怕麻烦、怕浪费水电，另一方面，是更信任手洗的效果。除非是大件衣物，否则，他们的洗衣机是终年不用的。电冰箱的陈旧也是十分明显，户主们显然并不在意其陈旧与否，在他们看来，只要它能制冷，一切运转良好就万事大吉了。

除了这些主要家用电器之外，近些年来，电磁炉、微波炉、电暖气、电饭煲、饮水机、加湿器、空气清洁器等各种大大小小的家用电器也出现在了普通的家庭当中，但是，如此众多的电器都没有恰当的位置来放置，所以，几乎所有家庭都只能根据自己空间条件与个人习惯随意地放置这些家电了。必须强调的是，对于本项调查中"高层集合住宅"中的住户来说，上述这些家电与其说是一件件承担着实用功能的家用电器，不如说更像是一件件具有装饰功能的家具。它们的存在主要是告诉户主自己"拥有"这些东西，而不是"需要"这些东西，或者更准确地说，即使他们的确需要这些东西，但事实上，他们几乎从来都不使用这些东西。

一个有趣的现象是，几乎每个家庭都拥有空调，同时也拥有电风扇，但是，即使在三伏天里，许多家庭的空调上仍然罩着严严实实的空调罩，户主只是使用电风扇而从来不使用空调机，因为许多中老年人都不习惯或者无法忍受空调的凉风。空调对于许多家庭来说，并不具有实用的功能，只是一种"摆设"。

3. 家庭摆设

除了家具与家电之外，更能集中体现户主生活方式与生活品位的细节在于"家庭摆设"。本文所谓"家庭摆设"，是指悬挂与附着在住宅内壁、家具家电上面的小摆设。许多户主刻意地留出空间来展示这些"摆设",它们是户主个人身份认同的重要线索,比如,某些户主在客厅或者卧室里专门打了壁橱,里面搁置着从各种渠道搜集来的酒水瓶、神像、机器侠、武侠书籍、个人奖杯、主题工艺品、成对的核桃等等,这是户主(尤其是男主人)在日常生活中投入情感最多的对象空间,在某种意义上,也是一户家庭中最"神圣的"空间。与这种专门辟出空间展示男主人个人认同相对应的是,住宅的墙壁似乎是专为女主人预留的,她们喜欢把自己绣制的"十字绣""布艺画"等悬挂在客厅、卧室的墙壁上,喜欢把自己的结婚照、全家福、孩子的照片等悬挂或者安置在房屋的任何一个她认为合适的地方。如果家里有幼小的孩子,那么,整个房间里任何一处他(她)们可以够得着的地方,都有粘贴的贴纸与胡写乱画的涂鸦。

当然,家庭摆设中也不乏体现户主"精神信仰"的内容:所有家庭都会在年节期间张贴春联;个别家庭里还预留了神圣的空间,奉祀"关公"、"财神"、"弥勒"、"白门大仙"甚至"毛泽东";个别家庭还在一年当中的某个特定时间里,在住宅的某个特定位置敬奉祖先亡灵;还有个别家庭信奉"风水"观念,在家具布置与陈设方面有所讲究;还有个别家庭相信道教符咒一派,在墙面上张贴符咒;甚至还有个别家庭从网络上购买神秘用具,个体化地创造自己的"神秘信仰"符号。然而,高层集合住宅内容的信仰符号显得支离破碎,只是现实的日常生活行为的零星点缀。

在所有家庭中的另一个重要的摆设是"钟表",多个钟表被摆放在住宅的不同空间里,钟表时间对于家庭人员的日常生活管理的重要性可见一斑,现代性的时间技术与管理技术如此深入地渗透进了普通民众的日常生活,在"效率""守时"的等现代观念的控制下,现代性的机械钟表时间严格地控制着城市居民的日常生活节奏。

4. 其他物件

中国人的家居生活喜欢"囤积",不舍得轻易丢弃任何曾经使用过旧物件。

这样的说法似乎与前文中的表述自相矛盾，但事实并非如此。

在乔迁新居的时候，中国人总是力求"全新"，"全新"象征着"新气象"，是一种对新气象、新兆头的祈盼，正好比中国人在春节期间"除旧布新"时的心态一样，具有一种巫术般的心理祈求的意味。但是，在日常生活中，中国人喜欢"囤积"，长年累月，旧物件越积越多，有限的住宅空间里远远不能容纳这许多东西，它们就会从它们本应该被收纳的容器中"溢出来"，渗透在住宅内每一个功能空间里。这直接导致一个结果，即"住宅内部空间使用功能的混杂"，那原本属于收纳室（事实上，这些住宅根本就没有设计收纳室）的功能，就必须由客厅、卧室、阳台来承担了，于是，我们发现，几乎每一个住宅的阳台上都堆满了杂物——这里有女主人缺少照看的花卉、孩子早已不用的玩具、男主人经常找不到的工具，全家人过季的衣服与鞋子等等一切被废弃的家用物品。另外，许多居民的冰箱里总是放满了冷冻已久的食品，他们的衣柜里总是存放着永远不会再穿的旧衣服。"囤积"的习惯非常普遍。

女主人成为住宅设计不合理与"囤积"习俗的替罪羊。如果她把这些废弃的家用物品处理掉的话，她会被指责为"不善持家"，因为"居家过日子，保不齐什么时候就用得着这些个零碎，到时候上哪里找去？"所以，善于持家，勤俭过日子的女主人应该把所有这些物件都保存下来，以备将来的不时之需；但是，如果这些久已被废弃的物件被保存太多，房间里像个垃圾场，那么，她会被指责为"邋遢懒惰"或者不爱干净，如果有亲朋好友到访，看到家里不干净、不整洁，对于男主人而言是"十分丢脸的事"，自然会降低他在社会上的地位与威信。这种把住宅面貌与女主人的"妇德"联系起来的做法显然十分荒谬，但是，在居民的日常生活话语中却十分流行。

5. 家庭宠物

受调查的住户中豢养宠物的行为比较普遍，尽管住宅本身并没有为宠物预留专门的空间。猫、狗与鸟（鸽子、八哥、鹦鹉等）三种宠物比较多。宠物不仅给户主带来了乐趣，也影响了他们的日常生活。户主总会给他们的宠物起一个"小名",他们会在一天中的某个固定的时间带着宠物出门"遛弯儿",宠物在某种意义上安排了户主的日常作息时间。狗儿每天都需要大小便,清晨起床,为了配合狗儿的生活习惯,许多户主穿着睡衣在小区里遛狗,叫狗儿"小名"的声音此起彼伏,成为北京高层小区里的一道风景。宠物狗的主人们甚至还因为宠物之间的交流发展出交流的可能性。但是,大多数宠物的主人并没有良好的公德,小区管理者也严重失职,这导致许多小区内外宠物狗的大小便随处可见,一个细节是,小区里停放的汽车经常被宠物狗尿湿。在北京养宠物鸟是颇有传统的,养鸟本身是一门很专门的学问,"提笼遛鸟"成为"老北京人"的一种身份标签。在北京的各个小区与公园里,提着鸟笼的"老北京人"们经常围在一起交流着养鸟的经验,他们通过这种方式交往并形成某种社会圈子。

养猫更多的是限制在家庭内部,主要是户主个人日常生活的部分;但是鸽子就大不相同了,某些住户在自己家的阳台上豢养一大群鸽子,严重地影响了左邻右舍的生活,尽管观赏带着鸽哨的鸽子掠过空际是一件令人赏心悦目的事。

社区生活

走出个体居民的住宅,每一层的楼道、每一幢楼房、楼房间的通道、社区小广场以及社区内外的大大小小的商店等都构成了居民日常生活世界的社区环境。社区环境是全体居民日常生活的公共空间,理论上讲,任何居民都有权利参与社区公共事务,但是,事实恰恰相反,社区生活中几乎看不到居民的身影,受调查的居民几乎完全没有积极主动地参与社区生活建设的观念与行动。因为多数居民认为,凡是"公共"的就与自身无关,个体理所当然应该退避三舍。

第一,受调查的"高层集合住宅"中的居民的"邻居"观念淡薄。对于自己邻居的个人信息几乎一无所知的居民十分普遍。如上所述,尽管这些"高层集合住宅"中每一层都集中了8户至10户居民,但是,这些邻居互相之间并不熟悉,相互交往的机会几乎完全不存在。例外的情况是,曾经作为同一单位的职工或者同一村落的村民，入住高层公寓之前他们相互认识，但是，在经过比较长的时间之后，高层集合公寓本身足以疏远他们之前的亲密关系。

　　第二，普通居民与社区物业管理公司之间的矛盾由来已久。理论上讲，物业管理公司是受业主委员会聘请来管理社区公共事业的企业，但是，如上所述，由于普通居民缺乏参与公共事业的观念与常识，社区物业管理公司往往会成为"奴大欺主"，反过来成为社区日常生活的"管理者"——它可以自行决定社区生活的许多事务，比如增减停车位、私建临时建筑、招揽小商小贩以牟取非法收入；对于社区环境卫生清洁、噪音处理、公共设施的维修则消极对待。所以，在受调查的社区，张贴在楼内墙壁上的小广告到处都是；楼道大门口的垃圾长期被堆放着无人清洁；小区内各种不明身份的人四处游走；居民车辆无序地停放在公共通道上，引发的纠纷十分常见。这些现象已经成为居民们"见怪不怪"的"日常"。

　　第三，普通居民与社区服务中心之间的关系若即若离。尽管社区服务中心属于城镇居民的自治组织，且其中的工作人员基本为社区居民选举产生，但其工作往往与政府有所关联，部分社区工作人员由政府发放生活补贴，所以尽管它不属于事业单位，但它是由政府出资购买的社会服务。理论上来说，"服务"是社区服务中心的责任，是协助社区居民克服个人和社会问题，促进人际关系，改善生活环境、解决生活矛盾的机构。但是，其日常工作更多的是服务于政府需要，比如：承担政府委托的社会事务等方面的管理和服务项目，如卫生体育、教育科普、计划生育等工作；负责政府委托的社区服务项目招投标的相关工作；开展便民利民、文化娱乐等服务；提供政务信息、便民服务信息等咨询服务；开展社区居民的自助互助服务等。从受调查的社区来看，积极参与社区服务中心组织的活动的人员大多是中老年人，参与最多的是文化娱乐活动。中青年人与社区服务中心之间几乎毫无关联可言。

　　第四，在社区与社区之间的公共场所（比如商店、大街、广场、马路、人行道等），市民的"公共意识"更加淡薄。一个突出的例子是，北京市在入夜之后与大清早，大妈们集体在公共场所跳"广场舞"，轰响的音乐与嘈杂声严重地影响了"高层集合住宅"中居民们（尤其是上班与上学的人们）的日常生活；但是，一个可以看到的现实是，这种嘈杂的环境也正在成为居民们日常生活的一部分，大家正在理所当然地接受着这一被发明的现实。

总之，近二十多年来，随着中国经济的快速增长以及高科技产品的迅速普及，北京市"高层集合住宅"中居民的生活世界已经发生了并正在发生着重要的变化。专就本文中考察的对象而言，作为福利房与半商品房的"高层集合住宅"，其时代的、政治的局限深深地塑造了其中居民日常生活世界的基本框架。但是，在日常生活中，作为个体的居民都会在科技时代、全球化语境的浸润下，基于现实的条件，把继承自过去的文化，向着预设的美好未来发展，把来自其他自然与社会空间的文化产品、来自其他社会阶层的文化传统与产品拿来，为我所用，建构自己的身份认同。

超越"日常生活的启蒙"

康拉德·科斯特林认为，"如果民俗学是关注迄今未被质疑的、想当然的领域的学科，那么，我们就播下了自我解构的种子。换句话说，民俗学应该是审视理所当然的学科（Volkskunde is the discipline that brings the taken-for-granted into view）"[1]。科斯特林准确地评价说，民俗学彻底地改变了那些被想当然的事情的特征——它不再被看作是理所当然的了。它不再是它曾经所是了。这正是"生活"与"民俗"的区别。

科斯特林对于"民俗学"的定义，正是岩本通弥先生所谓"现代民俗学"的立场。正如岩本先生所介绍的那样，这一现代性的学科定位肇始于"法尔肯

---

[1] Konrad Köstlin, "On the Brink of the Next Century: the Necessary Invention of the Present", *Journal of Folklore Research*, Vol. 36, No. 2/3, 1999, pp. 289-298.

施泰因宣言"（Falkenstein Formula）①，该"宣言"只有两句话：

"民俗学分析主观与客观形式中文化价值的传承（包括其成因及其附带的过程）。目的是帮助解决社会文化的问题。"②

这就是赫尔曼·鲍辛格所谓"日常生活的启蒙"，按照鲍辛格及其学派的阐释，所谓"启蒙"，就是持续地对"传统"进行批评性的追问，力图以此教会广大民众反思性地对待那些表面上的、理所当然的物品和常规。在日常生活中，这些物品与常规从来不会引人注意，至少是从来不会引发思考的。伯恩哈特·彻费恩评论说："这种建立在演讲和许多出版物基础上的启蒙工作，目的在于给更广大的听众和读者介绍社会与文化，让他们具有对社会和文化进行反思的能力。可以说，这是启蒙性的日常生活知识。"③

受到德国民俗学影响的岩本先生，也从日本民俗学的传统中重新界定了现代民俗学的任务，他说："如此，我们的生活每天都在发生着变化。每一件理所当然的事或周遭琐碎的事物，都有其历史（意义或功能的变化）。为了更好地改善我们的生活，不应该停滞于'我知道，这是理所当然的'而放弃思考，必须对它们抱有兴趣，重新看待。可以说这也正是民俗学存在的意义和基本理念。"④

当然，鲍辛格的"启蒙"不是去灌输，不是轻视民众的一知半解，而是细致地分析与审视那些为人们所熟悉的日常现象背后的不为人所熟知的事

---

① 1970年，在德国一个名不见经传的小山村，由少数民俗学家（主要是来自图宾根大学路德维希－乌兰德－研究所[Ludwig-Uhland-Institut]）出席并最终达成了一个具有某种共识性的"宣言"。岩本先生把该宣言翻译为："分析由客体以及主体表现出的文化价值的转移、其成因以及具体过程。"并解释说，"这里所说的客体和主体指的是：文化的价值观既以物或规范的形式'客观地表现出来'，又以态度或见解的形式，通过'讲述（narrate）'等主观地表现出来。"参见岩本通弥：《现代日常生活的诞生——以1962年度厚生白皮书为中心》一文。岩本先生主张通过精致地追踪调查"客观的历史，反过来考察主观的历史是如何被述说的具有现实感的"。
② James Dow and Hannjost Lixfeld, trans and eds., *German Volkskunde: A Decade of Theoretical Confrontation, Debate, and Reorientation(1967-1977)*, Bloomington: Indiana University Press, 1986, p.2.
③ 赫尔曼·鲍辛格：《日常生活的启蒙者》，吴秀杰译，广西师范大学出版社2014年版，第68页。
④ 岩本通弥：《现代日常生活的诞生——以1962年度厚生白皮书为中心》。岩本先生从柳田国男的《民间传承论》一书中找到了与德国现代民俗学主张相类似的依据。

实①，教会民众自觉地反思自身的日常生活。岩本先生显然也持有类似的立场，但是，德国民俗学"在鲍辛格之后的两代学者身上，对仅止于启蒙日常生活这种倾向的焦虑与不满，对宏大社会进程如欧洲一体化、全球化的关注努力、对有解释力的理论、概念的追寻等，从中我们可以看出民俗学与时俱进的步伐"。②

的确，战后德国民俗学，尤其是图宾根的"经验文化研究所"一直都在跟随时代与社会变迁的脉搏，不间断地进行自我发明与自我革新。仅就"日常生活研究"来说，在整个人文社会科学领域，至少还有如下一些学术路径：亨利·列斐伏尔对于"日常生活的批判"；阿格妮丝·赫勒对于"日常生活的哲学分析"；达达主义者、超现实主义者、格奥尔格·齐美尔、瓦尔特·本雅明乃至情境主义国际的居伊·德波、鲁尔·瓦纳格姆从事的"日常生活的革命"的研究；米歇尔·德·塞托从事的"日常生活的实践"的研究；诺伯特·艾利亚斯的有关"日常生活的批评"；美学家有关"日常生活的审美化"研究③；等等。在全球化时代，民俗学如何置身于上述学术语境之中做出自身的独特贡献？④民俗学家需要对"启蒙"的立场作出进一步的反思吗？能够在"启蒙"的态度之外，理解其他国家的民俗学者所持有的其他态度吗？

---

① 正如伯恩德·尤尔根·瓦内肯所评论的那样，鲍辛格之所以可以选择作为"日常生活的启蒙者"与德国战后的经济、政治、社会与文化环境有关。笔者以为，正是在这一点上，鲍辛格折中主义的、四平八稳的研究风格的适用性受到了限制。

② 赫尔曼·鲍辛格：《日常生活的启蒙者》，吴秀杰译，广西师范大学出版社2014年版，第7页。

③ 参见本·海默尔：《日常生活与文化理论导论》，王志宏译，商务印书馆2008年版。Michael E. Gardiner, *Critiques of Everyday Life*, Routledge: London and New York, 2000.

④ 在鲍辛格的自述中，他承认自己对哈罗德·加芬克尔的"常人方法论"、阿格尼丝·赫勒与亨利·列斐伏尔的"日常生活理论"、诺伯特·艾利亚斯的"日常生活批评理论"都有所了解。参见〔德〕赫尔曼·鲍辛格：《日常生活的启蒙者》，吴秀杰译，广西师范大学出版社2014年版，第101页。另见：Hermann Bausinger, "Media, technology and daily life", *Media, Culture and Society*, No. 6, 1984, pp. 343-351. 此外，图宾根经验文化研究与伯明翰当代文化研究中心所从事的工作之间存在平行之处，对于这一点，鲍辛格本人十分清楚，而且，他对于现象学、法兰克福学派的社会学都十分熟悉。参见〔德〕赫尔曼·鲍辛格：《日常生活的启蒙者》，吴秀杰译，广西师范大学出版社2014年版，第178页。

余论

本文在调查北京市高层集合住宅的生活世界与生活风格的过程中,仅仅关注了住宅内外日常生活的"静态画面",而且仅仅是户主希望我们看到的画面,这包括了住宅本身的装修与装饰和社区生活的一般过程,这样的介绍完全没有顾及居民具体的"实践"行为。尽管"住宅设计"与"社区规划"本身既是日常生活的表演的环境,同时又是日常生活本身在"表演",但是,本文并没有通过具体材料去介绍居民是如何表演日常生活的。然而"实践"的视角显然是理解都市居民日常生活方式的非常重要的维度。① 比如,我们仅仅知道高层住宅中的家具、家电是如何陈设的,却无法了解它们是如何被使用的。许多家庭都有多功能全自动洗衣机,但是,我们却无法具体地了解他们是如何具体操作那些按钮的。可事实上,许多户主明确说,他们只会按一种程序的按钮,许多功能键从未被使用过;有线电视虽然提供了众多菜单供用户选择,但是,许多户主根本不知道这些服务。我们甚至不知道户主到底是如何用餐的,事实上,许多户主并不在餐桌边用餐,而是在茶机边上用餐的。显然,"日常"恰恰更多地体现在这些实践活动中。

此外,所谓"后现代社会"的一个核心特征是高度的"自反性(self-reflexivity)",即高度的自我反思的能力。由于大众媒介的无孔不入以及高科技产品的普遍性渗透,加上全球性移动的便捷性与加速化,后现代社会中普通民众都可以轻易获得多元的参照性标准来反思自我的日常生活②。比如,对于中国"80后"的年轻人来说,他们深受社会精英、房地产开发商以及大众媒体的引

---

① 有关"实践、历史、文化与权力"如何从20世纪70年代成为国际性学术思潮中的关键词,可参见: Sherry B. Ortner, *Anthropology and Social Theory:Culture, Power, and the Acting Subject*, Duke University Press,Durham and London, 2006.pp.1-18.

② Andy Bennett, *Culture and Everyday Life*, SAGE Publications, 2005, pp.1-9.

导，他们深知什么是"理想的住宅"，他们对于"高层集合住宅"理所当然地应该包括的内容具有先在的概念。因此，现代民俗学所定义的"理所当然"渐渐变成一个模糊不清的概念，由于现代社会群体异质化的趋势越来越明显，即使在同一个家庭里，所谓"理所当然"就成为一个问题，实际上，对于父亲是"理所当然"的事情，对于儿子可能就是"稀奇古怪的"，反之亦然。毫不夸张地讲，未来的趋势可能是这样的：一个社区就是一个国际性的村落，将没有任何事物是理所当然的。既然普遍的"理所当然"并不存在，那么，现代民俗学似乎更应该去理解特定个体或者群体的特定的生活方式建构与互动的模式，换言之，现代民俗学不能忽视日常生活的"社会基础"以及基于这一"社会基础"之上日常生活的"表演"的本质。

而且，既然现代都市民众的"日常生活"是不断地被建构起来的，那么，是否存在着一个"应然的"、"理想型的"生活世界呢？现代民俗学家仅仅是从历史的角度精确地追问"日常"形成的过程吗？显然不应该仅仅如此，也不可能仅仅如此。因此，如果必然有一个"应然的"、"理想型的"生活世界，那么，"实然的"生活世界一定是充满了这样或者那样的问题；于是，对于日常生活的"革命"与"批判（评）"就应该具有合理性与合法性。比如，中国居民在处理家庭垃圾方面十分随意，几乎没有科学地分类处理垃圾的意识。在家庭生活产生的各种垃圾中，餐余垃圾数量最多。许多家庭的厨房里只有一个垃圾桶，生活中产生的所有垃圾都被不加区别地置于一处，然后送进小区里不加区分的垃圾桶当中。尽管许多新型小区已经有区分不同类型的垃圾回收桶，但是，许多居民仍然一仍旧贯，不加区分地处理垃圾。对于中国现代民俗学家来说，显然，仅仅追问这种日常行为的"理所当然"就显得不太合适。相反，日本是全球范围内最精于垃圾分类的国家，了解并介绍日本民众的日常生活习惯就成为中国现代民俗学家参与"批判与改革"（作为普通民众的一员，而非站在民众之外的精英立场之上）中国都市民众日常生活的任务。当然，日常生活的"批判"应该建立在对于日常生活的"深度描写"与跨文化比较研究的基础之上。

我们甚至需要反思理性主义的学术话语是否适合于研究"日常生活",尤其是对于日常生活的"感受"而言,理性也许恰恰无法触及,正如布朗肖所写到的,"如果我们试图借助于知识来探求它,我们就不得不错失它,我们仍然对它所从属的那个领域一无所知"[①]。换言之,现代民俗学也许需要思考这样一个问题,即对于日常生活的理解,传统的研究思路与表征方式也许并非最佳选择。因为日常生活是"流动"的,任何试图固化它、片断化、抽象化地处理它的努力都会对它造成歪曲。如果只是简单地从日常的连续性中抽绎出若干元素,那么,这种处理就会改变日常生活中最有特性的地方:它的奔流不息的本性。在反思并超越学科固有的表征策略的同时,积极地探索新的理解与呈现日常生活的可能性手段成为现代民俗学的重要任务之一,借鉴国际"日常生活研究"的历史与经验,一种"超现实主义的民俗学"应该成为现代民俗学的可能性路径。正如戏剧学家布莱希特所说的那样,"出现了新的问题,就需要新的方法,现实在改变,为了表现它,表现模式必须随之发生变化"。

[①] 本·海默尔:《日常生活与文化理论导论》,王志宏译,商务印书馆 2008 年版,第 38 页。

附录一：城市示范小区住宅设计建议标准

表1 城市示范小区住宅设计建议标准

项目		类别	一	二	三	四
套型面积系列标准（㎡）		使用面积	42~48	53~60	64~71	75~90
		建筑面积	55~65	70~80	85~95	100~120
功能空间使用面积标准（㎡）		起居厅		18~25		
		主卧室		12~16		
		双人次卧室		12~14		
		单人卧室		8~10		
		厨房		不小于6		
		餐厅		不小于8		
		卫生间		4~6（双卫可适当增加）		
		门厅		2~3		
		贮藏		2~4（吊柜不计入）		
		工作室		6~8		
设施配置标准	厨房	Ⅰ型	灶台、调理台、洗池台、吊柜、冰箱位、排油烟机（操作面延长线≤2700mm）			
		Ⅱ型	灶台、调理台、洗池台、搁置台吊柜、冰箱位、排油烟机（操作面延长线≤3000mm）			
	卫生间	Ⅰ型	沐浴、洗面盘、坐便器、镜（箱）、洗衣机位、自然换气（风道）			
		Ⅱ型	浴盘（1.5m）和沐浴器、洗面化妆台、化妆镜、洗衣机位、坐便器（1~2个）、机械换气（风道）			
设施标准	电气设施		用电量 80~200kWh/月 负荷 1560~1000W（大套可增至6000W） 电表 5(20)A~10(40)A			
		电源插座	大居室 2~3组 小居室 2组 厨房 3组 卫生间 3组			
		电视插口	起居、主卧各一个			
		电话	1~2台			
		空调线	设专用线			
	给水设施		用水量200~300升/人·日 热水器或热水管道系统			
	采暖通风		散热器、空调（窗外预留位置）			
室内环境质量标准	光环境	采光	≥1%（室外全天空光照度与室内距窗1米高天然光照度比）			
		照明	起居厅及一般活动区 30~70LX 卧室、书写阅读 150~300LX 床头阅读 75~150LX 餐厅、厨房 50~100LX 卫生间 20~50LX 楼梯间 15~30LX			
	声环境	空气隔音	分户墙、楼板≥40~50dB			
		撞击隔音	楼板≤75~65dB			
	热环境（按不同气候区区别）	冬季	采暖区 16~21℃ 非采暖区 12~21℃			
		夏季	<28℃			
	卫生环境	日照（按不同地区区别）	大寒日2小时~冬至日1小时			

转引自：《2000年小康型城乡住宅科技产业工程城市示范小区规划设计导则》，《住宅科技》1997年第3期，第25页。

附录二：2000—2005 年北京市人均住房建筑面积变动情况

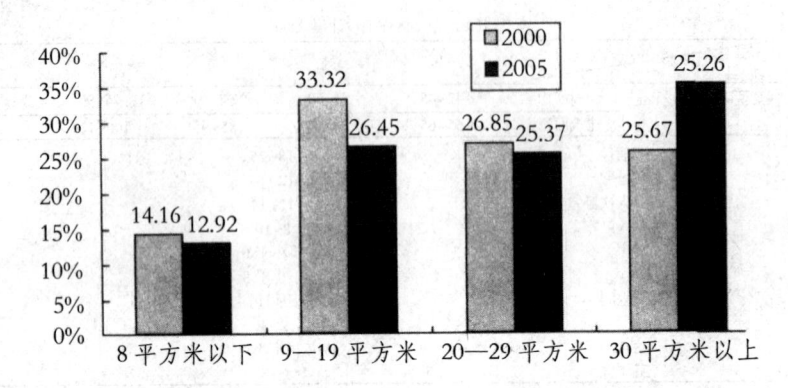

面积区间	2000	2005
8平方米以下	14.16%	12.92%
9—19平方米	33.32%	26.45%
20—29平方米	26.85%	25.37%
30平方米以上	25.67%	35.26%

数据来源：2005 年 1% 人口抽样调查

附录三：2000—2005 年北京市按户主职业划分的人均建筑面积（单位：平方米）

职业别	2000	2005	提高额度
国家机关、党群组织、企业、事业单位负责人	25.18	31.59	6.41
专业技术人员	24.00	29.21	5.21
办事人员和有关人员	22.77	27.25	4.48
商业、服务人员	17.55	20.25	2.70
农、林、牧、渔、水利业生产人员	23.75	26.93	3.18
生产、运输设备操作人员及有关人员	20.12	21.91	1.79
不便分类的其他从业人员	22.36	26.10	3.74

数据来源：2005 年 1% 人口抽样调查

附录四：北京市高层集合住宅家居生活调查

户址	
户主个人信息	
户主家庭结构	
搬迁史	
住户所在小区的公共空间和公共事务	
房屋布局	
家电布置	
家具布置	
房间装饰	
神圣物品	
基础设施	
对外通道	
风水观念	
家庭宠物	
声音与通风	
垃圾与杂物	
信箱、报箱与牛奶箱	
家用健身器材	
防火防盗装置	
交通工具	

生活革命、乡愁与中国民俗学

周星

20 世纪 80 年代至 21 世纪的前十多年间，中国的社会、经济及文化均发生了结构性巨变，导致普通民众的日常生活也发生了急剧的变革，某种意义上可以说日常生活发生了革命，亦即"现代都市型生活方式"在中国大面积地确立和普及，从而为一直以来始终是以乡村的传统与民俗作为对象的民俗学提出了全新的课题。本文拟在揭示当代中国社会已经和正在发生的极其深刻的生活革命的基础之上，指出当下弥漫全国的乡愁情绪正是由不可逆转的生活革命所引发，进而对中国知识界过度礼赞传统、耽溺乡愁，以及在抢救、保护和传承等话语表象之中将乡愁审美化的趋势进行一些必要的批评，以促请民俗学界同仁明确自身更为重要的学术使命与可能性，亦即直面现代中国社会的日常生活及其变革的历程，记录和研究无数普通的生活者是如何建构各自全新的现代日常生活并在其中获得人生意义的。笔者认为，中国的现代民俗学应该超越朝向过去的乡愁，对当下正在发生并已成为现代中国社会之基本事实的生活革命予以高度关注。

生活革命在中国：持续的现在进行时

近一个多世纪以来，中国社会、文化的持续变迁以及中国人生活方式多彩的变化，始终是中国诸多社会及人文学科关注的大课题，其中最常见的描述或解说便是"转型"说。转型理论的基本要义是认为中国社会及文化变迁有一个既定方向，亦即从封建到文明、从封闭到开放、从集权专制到民主共和、从农耕社会到工业信息社会、从计划经济到市场经济、从传统到现代化等等。该理论形象易懂，似乎无所不能地被用来解释几乎所有变化，却又令人感到意犹未尽或解释乏力。导致如此状况的原因可能是中国社会及文化太过庞大和复杂，其演变进程也是漫长曲折、反反复复且岔路丛生，转型似乎总也不能完成。如果将问题意识单纯化并局限于日常生活，关于普通百姓如何"过日子"，笔者认为可以采用"生活革命"这一概念来归纳改革开放以来，因经济持续高速增长和大规模的都市化等所引发的百姓日常生活的全面改善，以及都市型生活方式在全国的普及过程。

在汉语文献中，"生活革命"一词主要是一个媒体广告用语，它一般是指因为某种技术的发明、制度的创新或商品的推出而为生活者、消费者带来生活上极大的便利。例如，有人把 21 世纪初汽车在中国作为代步工具的普及视为新的生活革命的开始，考虑到中国作为曾经的自行车王国，如今汽车保有量的大幅度攀升的确堪称一场革命[1]；有人从公共卫生和健康医学角度讨论生活方式的改革，希望推进民众生活习惯方面的行为革命以及"膳食革命"和"厕所革命"[2]；有的学者从国际贸易的大格局，把中国加入WTO之后获得的经济实惠解说为推动了中国民众生活的革命[3]；也有学者把基于经济的发展所导致的生活观念的转型理解为生活革命的一部分[4]。还有人把某些新的消费动向扩大解释为中国人的生活革命，例如，某些人士主张回归自然、重过种花喝茶的生活，并说这是一场生活的革命[5]。更有人指出，新近发明的"保洁机器人"有可能引发家

---

[1] 杨东晓、李梓：《消极运动时代的积极生活方式》，《新世纪周刊》2007 年第 20 期。
[2] 王陇德：《中国人需要一场生活方式革命》（一）、（二），《中老年保健》2008 年第 7—8 期。
[3] 刘重：《生活的革命WTO：中国百姓"入世"后的日子》，百花文艺出版社 2000 年版。
[4] 刘朝：《追求生活新概念——20 年人们观念变迁扫描》，《决策与信息》1999 年第 2 期。
[5] 《生活革命》，《三联生活周刊》，生活·读书·新知三联书店（香港）有限公司，2012 年 1 月。

居生活的革命。有的作者强调初步富足之后日常生活审美化的趋势，把当今中国的生活革命定义为"日常生活的审美化以及审美活动日常生活化"①。有的作者从科学技术革命来解释生活方式的变迁，指认是科技革命导致了生活主体、生活资料、生活时间、生活空间等均发生变革，促使自然经济状态下的生活方式向现代生活方式演化②，例如，说 IT 技术引发革命，使全世界变成地球村，使人们对社会的认知方式和交流方式等很多方面均产生革命性飞跃。上述表述各有其理，均反映了中国知识界对日新月异的变化试图从各自不同的教育背景或学科专业立场出发所做的归纳。

在此，笔者将"生活革命"视为民俗学的一个专业用语，并把它溯源至日本民俗学的相关研究。需要指出的是日本民俗学虽有"生活革命"这一概念，但它同时也在媒体广告中广泛应用。在日本民俗学中，生活革命主要是指第二次世界大战之后，伴随着经济高速增长期（1955—1975）和全国规模的都市化、现代化而发生的日常生活整体的革命性变化。日本民俗学者一般认为，经济高速增长和都市化促成了彻底的日常生活革命，他们较多采用"今昔比较法"，通过对生活革命之前和之后的状况进行比较，对民众的生活文化进行细致、系统的观察与分析，这同时也被认为是重视"传承论"和"变迁论"的日本民俗学比较擅长的基本方法。在经济高速增长期以前较为传统性的日常生活里不曾存在的各种导致生活便利化的商品，诸如以 20 世纪 50 年代的"三种神器"③（黑白电视机、洗衣机、电冰箱）和 20 世纪 60 年代的"新三种神器"（彩电、空调、轿车）为代表的一系列家用电器和新型、耐用的生活必需品的迅速普及，曾在生活革命的相关研究中尤其受到重视，民俗学者透过它们意识到日常生活的急速演变，也深切感受到民俗文化传承所发生的断裂以及民众生活意

---

① 陶东风：《日常生活审美化与新文化媒介人的兴起》，《文艺争鸣》2003 年第 6 期。
② 岳伟：《科学技术革命与社会生活方式变革》，《贵州民族学院学报》2006 年第 3 期。
③ "三种神器"是用历史上历代天皇视为传世珍宝的"三种神器"（铜镜、勾玉、剑）作为比喻，日本当代广告媒体用来渲染新商品之重要性的用语。后陆续又有 21 世纪初年的数码"三种神器"（数码相机、DVD、薄型电视机）。2003 年 1 月，小泉纯一郎首相在施政演说中把洗碗机、薄型电视机和具有摄影功能的手机命名为"新三种神器"，作为自己想要推广的时代新商品。

识的巨大革新。除了对新近诞生并逐渐成为现实的新岁时习俗、新人生仪礼和新的娱乐、艺能等积极予以关注外，日本民俗学还必须同时面对"消失"的民俗、"变异"的民俗，以及它们与"新生"的民俗之间复杂的相互关系。

日本民俗学研究生活革命，积累了许多重要的成果，诸如生活革命与都市化的关系，团地社区（小区）与生活革命的关系[1]，都市化和故乡意识的变化[2]，衣食住行、婚丧嫁娶、生老病死等在日常生活的革命过程中发生的诸多变化，以及农村生活的变迁与开发[3]，都市居民的田园憧憬[4]等等。也有不少学者致力于对生活革命之前的那些传统生活方式的追忆、缅怀乃至于复原。除对全国规模的生活变迁通史予以关注外，日本民俗学还注意到生活革命这一过程中的地域差异和阶层差异等问题，试图对生活革命予以动态性的把握。通过研究生活革命，研究者也提出了一些重要的理论观点。例如，新谷尚纪提出近现代日本民俗传承的"三波并行展开论"[5]，认为"传统"（如农渔业生计中的人力和畜力，婚丧仪式的家族办理和互助等）、"创生"（如机械，婚丧仪式的庄严化与商品化）和"大众化"（如机械的普及，大众文化等）在近现代的日本是并行展开、相辅相成的，所以，民俗学观察到的现实极其复杂。文部省重点课题"关于高度经济增长和生活革命的民俗志追踪研究"（2013—2015，负责人：关泽），不断追问高速经济增长意味着什么，并从多学科交错的视野，重新审视农村人口向都市的大量流入、都市化导致山村大面积消失、大众消费社会的出

---

[1] 岩本通弥、篠原聡子、金子淳、前田裕子、宮内貴久：『基幹研究「高度経済成長と生活変化」ワークショップ 3「団地暮らしの誕生と生活革命」報告・討論記録集』、国立歴史民俗博物館、第 197 集、2009 年。
[2] 真野俊和：「『ふるさと』と民俗学」、『国立歴史民俗博物館研究報告 第 27 集—共同研究「日本民族学方法論の研究」—』、国立歴史民俗博物館、1990 年、第 303-328 頁。
[3] 好本照子：「変貌する農村生活の実態をみる」（進む農村の生活革命・特集）、『農業と経済』35(9)、富民協会、1969 年。
[4] 富田祥之亮：「むらの生活革命―暮らしの都市化」、新谷尚紀、岩本通弥編：『都市の暮らしの民俗学①―都市とふるさと―』、吉川弘文館、2006 年。
[5] 新谷尚紀：「儀礼の近代―総説」、『都市の暮らしの民俗学③―都市の生活リズム―』、吉川弘文館、2006 年。

现、衣食住行等生活方式日新月异的变化，以及生活用具电器化、汽车的普及等多种基本的变迁进程①，其结论认为除了经济的高速增长，促使日常生活朝向都市型生活发生变化的根本动力，还有水力和电力的稳定供应。日本国立历史民俗博物馆的陈列，对战后的高度经济增长与生活革命等主题也予以高度重视，可视化地反映了生活革命的研究成果。不过，在日本，生活革命这一用语有时也用于指称其他时代急剧变迁的文化现象，例如，针对战前大正时期（1912—1926）的东京，也有所谓"中流生活革命"之类的表述②。此外，今和次郎的"考现学"亦曾致力于研究日常生活的当下③，在生活革命的现场进行彻底的观察与描绘，他因此而在"服装论"、"居住论"等方面均取得了曾引起广泛关注的成果。

　　本文采借生活革命的概念，除保留其基本含义外，还想补充指出，首先，在中国，生活革命的指向是都市型生活方式的确立和普及，构成其根本内核的是除了卧室和客厅，还配备有厨房、卫生间（抽水马桶）、浴室（浴缸或淋浴）以及上下水、煤气和电源等系统的单元楼房日益成为最大多数人们日常起居的生活空间。岩本通弥在《现代日常生活的诞生》一文中，从现代民俗学的立场出发，借助官方的统计资料，对日本现代社会之日常生活的形成过程进行了考察，他把高层集合住宅密集的团地（小区）、仅由夫妇和未婚子女构成的核心家庭以及清洁卫生的室内生活视为现代日常的基本要点，认为此种都市型生活方式的普及与水、电、煤气的稳定大量供给密不可分。④岳永逸认为，以抽水马桶、单元房为基本表征的都市生活方式，眼下已是绝大多数中国人都在实践或

---

① 国立歴史民俗博物館編：『高度経済成長と生活革命—民俗学と経済史学との対話から—』，吉川弘文館、2010 年 6 月。
② 松田久一：『日本の消費社会の起源と構造—江戸・明治・大正の酒造産業を中心に—』第 4 章、「消費社会の誕生と酒類産業—大正期東京の『中流生活革命』とは何か」，『月刊酒文化』1998 年 6 月号。宇都宮美術館：『近代デザインに見る生活革命：大正デモクラシーから大阪万博まで』，2000 年 1 月。
③ 参见『今和次郎と考現学：暮らしの今をとらえた目と手』，河出書房新社，2013 年 1 月。
④ 岩本通弥：「現代日常生活の誕生—昭和三十七年度厚生白書を中心に—」，日本国立歴史民俗博物館編：『高速経済成長と生活革命』，吉川弘文館、2010 年 7 月、第 20-40 頁。

向往，并不遗余力、背井离乡要去追逐的生活方式。[1] 笔者认同上述见解，认为中国已经和正在发生的生活革命和当年日本的情形具有一定的相似性，所以，日本民俗学对生活革命的研究成果很多可以为中国民俗学所借鉴。要维持上述那样的现代日常生活，必须有完善和稳定的基础设施和公共系统的存续，这也正是近三十年来中国社会的都市化进程所致力于大规模建设的。以单元楼房的日常起居为基础的都市型生活方式已在中国大面积地普及开来，目前仍处于现在进行时，仍在持续的延展之中。

其次，生活革命在当前的中国要远比当年在日本的进程来得更为复杂、不均衡和曲折。它具体地还可以分解为温饱问题的初步解决[2]，补丁衣服彻底退出日常生活和穿着的时装化，厨房革命（以煤气或电力为能源，上下水系统，冰箱、微波炉、电饭煲等厨房用电器的逐渐普及，餐厨用具精美化），厕所革命[3]（配备抽水马桶和沐浴设施），电视、洗衣机、吸尘器等家用电器的日益普及，以及伴随着电话、手机、网络的普及而日新月异的信息通讯革命，交通革命（村村通、高速公路、高速铁路等）和初步进入汽车社会（包括乡村的摩托车和微型农用车）等等很多彼此关联而又相对独立的层面。越来越多的普通民众的日常生活，因为上述诸多层面的革命性发展而被彻底改变。德国民俗学者鲍辛格所说的"科学技术世界"，其实就是由科学技术支撑的生活用品一般化了的"生活世界"，它们构成了理所当然的生活环境[4]。尽管由于中国社会的复杂性，生活革命的进程和所达到的程度并不均衡，存在着明显的地域性和社群性等各种属性的差距，但生活革命的总体方向和基本趋势却基本上一致。近年媒体大肆炒作的中国游客在日本抢购电饭煲和马桶盖的"新闻"，其实就是中国波澜壮阔的生活革命浪潮中几朵小的浪花而已，只是因为它溢出国境才成了新闻。

---

[1] 岳永逸、张海龙（访谈）：《都市中国的乡愁与乡音》，《兰州晨报》2015 年 2 月 28 日。
[2] 中国现仍有为数不少的贫困人口存在，这凸现了中国式生活革命的非均衡性。
[3] 此处所谓"厕所革命"，仅指以抽水马桶为基本形态的室内卫生间的普及，尚难以涵盖"公厕"在内。
[4] 岩本通弥：《"理所当然"与"生活疑问"与"日常"》，宗晓莲译，《日常と文化特集日中韩·高層集合住宅の暮らし方とその生活世界》2015 年第 1 期、日常与文化研究会、2015 年 3 月。

即便是在较为偏远的乡村，由于政府强力推进的"村村通"工程和全国规模的新农村建设等，也促使其与距离最近的大中小都市或小城镇的联系千丝万缕并日趋便利化，这意味着包括衣食住行等在内的都市型生活方式，在各地农村也都取得了程度不等的进展，生活革命在广大农村也是正在展开的现实。农村以各种方式被程度不等地卷入了都市化的浪潮，例如，进城打工者回乡盖房，大都模仿构成都市型生活方式之基础的单元楼房，并尽可能地设置燃气灶台、抽水马桶和淋浴等，这其实就是一种"在地城镇化"。当然，另一方面，人去楼空、村落的空心化和农村过疏化也正在成为一个普遍的现象。

最后，伴随着上述各层面的革命进程，事实上有无数多的实用性技术的引进、开发与革新，以及能源革命、全球化和网络世界的膨胀等等因素，正在日甚一日地促使中国现代社会的日常生活呈现出令人目眩的"加速度"的变化。除了层出不穷的新科技、新产品日新月异地令日常生活更加方便、快捷与洁净之外，伴随着电脑在家庭和职场的普及和手机人手一部的普及，各种全新的生活习惯、消费行为，以及人际相处、交流与沟通的技能或方式等，正因此持续地发生着前所未有的革命性变化。迅速膨胀的互联网提供了全新的媒体生活环境，"淘宝控"能将一切居家所需的生活用品在网络上搞定，"无所不能"的网购、网聊、网恋、网读等正在成为很多居民日常生活的一部分。[1]在某种意义上可以说，中国目前正在发生由新的电子商务模式 O2O 和 C2B[2] 以及"电商下乡"等引发的线上购物与线下生活更为紧密结合的生活革命。这意味着生活革命在中国，一直是持续不断的"现在进行时"。不言而喻，这其中还包括很多观念、理念、信念以及表述的语言和行为方式的变革。

对于上述生活革命，有部分中国民俗学者并未熟视无睹，但他们主要采取了社会转型及文化变迁之类的描述。关注在中国社会转型过程中民俗文化的变迁，可以说是中国民俗学者的一个基本共识，但由于长期以来，民俗学主要是

---

[1] 杨靖如：《淘宝引发"生活革命"》，《深圳特区报》2014 年 6 月 6 日。
[2] O2O 模式即 online to offline，是将线下商务与互联网结合，使互联网成为线下交易的前台。C2B 模式亦即 customer to business，指由网络消费者的个性化需求引起企业的定制化商机。

把日常生活中的特定事实与现象作为民俗或民俗事象来认识和把握的,反倒无法处理类似上述那样整体性的革命过程。截至目前,中国民俗学几乎还没有对经由生活革命所形成的现代日常生活有任何深刻的研究。早期或曰传统的民俗学热衷于把当代社会中某些特殊的事象作为过去时代传承下来的遗留物,后来则把民俗事象的变迁过程也视为重要课题,由于先入为主的问题意识或执着于特定的事象,故在田野调查的现场往往可以感受到民俗的"变异"或生活的变迁,却很容易对那些"非民俗"现象(例如电视、电饭煲、塑料用品之类的存在与应用)无动于衷、熟视无睹地予以排除。

民俗学通常主要是从具体的民俗文化事象入手讨论变迁的。也有学者指出,民俗的变迁既表现为具象外显的形态变化,也表现为抽象潜在的结构调整,可以从主体的空间流动、民俗事象的更新和生活需要的增长等方面去认识。[①] 还有学者关注到都市化带来的文化变迁,从都市化的角度分析民俗及其传承形式与途径的变迁,指出都市化意味着一种新的生活方式,首先就表现为衣食住行等日常生活的变迁,认为民俗学应该研究在大众媒体和消费文化影响之下的都市民俗,而都市民俗眼下正在朝向大众文化的方向发展,在都市生活中,"民俗"已经成为时尚和消费的对象,等等。[②] 应该说这些见解均非常重要并值得借鉴。之所以仍有必要采借生活革命这一概念,是因为它可以指出现代日常生活的整体性诞生,这个过程如此急速地发生,故得以区别于一般性的变迁、发展或演化。

需要澄清的是,本文所谓的生活革命,总体上还是属于现代化、都市化进程中的日常生活方式的革命,它以物质的极大丰盈为基本内涵,就此而论,其与一些发达国家在已经实现了现代化和普及了现代日常生活模式之后,因为环境意识高涨、应对可持续发展的需求,以及追求节约、低碳,实现物质与精神

[①] 陶思炎:《论当代民俗生活的变迁》,《东南大学学报》2002 年第 3 期。
[②] 徐赣丽:《城市化、民俗变迁与民俗学的"空间转向"》,《城市社会与文化研究论文集》,第 78—93 页,2015 年打印稿。徐赣丽:《当代民俗传承途径的变迁及相关问题》,《民俗研究》2015 年第 3 期。

均衡的新生活方式，亦即所谓"绿色革命"[①]有着较大的不同。在目前的中国，后一种具有后现代属性的生活方式变革尚未真正发生，基本上也不具有发生的条件。如果说它不无意义，也只是在局部的人群中主要是作为一种理念尚处于传播当中。此外，这里所说的生活革命也与现代哲学家阿格妮丝·赫勒和列斐伏尔等人理论中的"日常生活革命"有所不同。匈牙利学者赫勒的理论，忽视日常的物质性基础，她描述的日常生活是并非彻底自觉且依赖于重复性的惯例，其主张的"日常生活革命"是要抑制过度的重复性实践或思维，经由日常生活主体自觉性的培养，实现日常生活的理念和方式上的人道化，进而实现好的社会建构。[②]法国学者列斐伏尔虽然重视日常生活领域的基础性地位，但将其视为一个已经被异化了的领域，也因此，其"日常生活革命"是指通过对资本主义社会的现代日常生活的批判，指出其已被生产和消费的资本主义全面异化，再由此设想一种日常生活的革命，进而实现人和社会的全面发展。[③]在某种意义上，此类哲学意义上的"日常生活革命"恰好是对本文所谓的以物质从贫困到充盈为特点的生活革命的批判，但在中国，目前谈论这种批判性的意义虽不无必要，其对眼下的现实却也不会产生太大的影响，尤其是和民俗学的立场及视野关系不大。

乡愁弥漫中国

伴随着急速和大面积的都市化、现代化和剧烈的生活革命，乡愁作为一种礼赞传统、缅怀旧日往事的情绪，大约自20世纪90年代以来，开始迅速地弥漫于中国的几乎所有角落，成为90年代以来中国社会文化最显著的时代特征之

[①] 诸大建:《从环境革命时代到生活方式变革》,《世界环境》2001年第1期。グレッグ・ホーン:『あなたが地球を救う:グリーン・ライフ革命』(安引宏訳)、集英社、2008年6月。
[②] 参阅阿格妮丝·赫勒:《日常生活》,衣俊卿译,重庆出版社2010年版。
[③] 参阅吴宁:《日常生活批判——列斐伏尔哲学思想研究》,人民出版社2007年版。

一。 全社会怀旧思潮和乡愁情绪的蔓延,与不可逆转的都市化及生活革命正日益成为眼下的现实有着直接的关系,这些乡愁不仅是个人情绪与趣味的表达,更是渗透于当前社会生活及大众文化中的集体趋好。①

"乡愁"(nostalgia;homesick,亦称怀旧感或怀乡病②)一词,通常是指身在他乡异国而怀念故乡祖国的情感,同时也被用来指称对过往的旧物陈事缅怀或感念的情绪;很多时候,它还被用来特指身处现代都市生活的人们对业已逝去的乡村生活的伤感回忆,这种回忆往往伴随着痛苦和或多或少的浪漫愁绪。作为古今中外最具普世性的人类情感,涉及乡愁与怀旧的描述及表象在各国文学艺术中均屡见不鲜。中国的文学艺术自古以来也以表现乡愁见长,乡愁不仅丰富了文艺的蕴涵,提升了作品的品格,也成为文艺创作的基本母题。但它除了作为文艺批评的关键词之一频繁出现,还很少被中国的人文社会科学认真地研究。

乡愁如今主要用为褒义,但其缘起却曾被视为一种病态。该词最早由瑞士军医约翰内斯·霍芬(Johannes Hofer,1669—1752)于1688年新创,他将希腊语的返乡(nostos)和伤心(algos)合成一个新词,特指伴随着返乡愿望难以实现的恐惧和焦虑而伤心、伤感甚至痛苦的情绪。他曾搜集了不少这类心病的案例予以研究,试图从生理学、病理学去解释。18—19世纪的前线士兵被认为多有此类症状(想家、哭泣、焦虑、失望、忧郁、厌食、失眠、情绪变化无常、原因不明的消瘦、心律不齐等),尤其在战况不利时较为明显,这在军事上被认为是应予排除的负面情绪。19世纪,乡愁的概念在欧洲各国传播并成为临床医学研究的对象,后来则逐渐把它视为精神抑郁或消沉的一种表现。20世纪前期,乡愁概念逐渐"去医学化"并开始流行,被理解为一种与损失、不幸和沮丧相关且盼望回归的心理;到20世纪后期,乡愁的内涵被定义为对回归旧时的渴望或对昨天的向往,但过往的旧时是被理想化和浪漫化了的。现在人们

---

① 王德胜:《流行"怀旧"》,《中国青年研究》1998年第2期。
② 参阅赵静蓉:《怀旧:永恒的文化乡愁》,商务印书馆2009年版。

谈论乡愁没有早期那种消极或病态含义，反倒具有了美感、超（穿）越、情感寄托、感动、满足、理想主义和流行时尚等多种褒义的内涵。

无论如何定义乡愁，它都是因为时间和空间的错位、隔绝而引起的情绪性反应。"时过境迁"是乡愁生成的基本机制。或关山阻隔（空间），或往日难追（时间），乡愁是对无可挽回、不可逆转、无法亲近之时空阻断的人和事的眷恋、遗憾之情。置身于都市的人们对于乡村，生活于现代社会的人们对前现代甚或古代，异国他乡的游子对于家乡故国，实现了富足小康的人们对于以前那种艰苦朴素的生活，以及步入人生成熟阶段的中老年对于自己的童年所持有的情愫等，便是乡愁最典型的几种表现形态。无论乡愁有多么丰富的内涵和多么特异的表现形态，它都有两个共同点：一是没有实现回归的现实可能性，二是多根据现在的需求而对缅怀和念想的对象予以理想化的想象。乡愁可以是个人的情绪，如游子对故乡、故土的怀恋，对于返乡的痛苦渴念；也可能以"集体记忆"的形式表现出来，如近些年以互联网为媒体而风行的"80后"晒童年现象[1]。在很多情形下，乡愁不必依赖当事人的亲身体验，仅根据第二、三手信息，经由联想、想象和互相渲染，便可从他者的表象中获得类似感受。乡愁对过往旧事的理想化同时也是一种审美过程。这种理想化和美化既有可能在合理、适度的范围之内，也有可能走火入魔、失却理性。

乡愁对旧时人事或故乡他者的美化和理想化，往往潜含着对现实当下的失望、不安、不满、不快、没有归宿等感受，以及对当前不确定性的焦虑。乡愁总是伴随着当代或时下的某种缺憾、缺失、空落感或所谓"断零体验"[2]，它尤其在激荡、剧变和快速流动的时代与社会中高发、频发。在中国，乡愁时不时蕴含着对于急速推进的都市化和生活革命的逆反情绪，或对于现代化进程的某些抵触。乡愁可能暗含批评意味，基于乡愁而对现实的文学描述，往往是萧

---

[1] 朱峰、杨卫华、刘爽、刘伟：《集体记忆情景下"80后"晒童年现象的社会学思考》，《山西青年管理干部学院学报》2008年第4期。

[2] 王一川：《断零体验、乡愁与现代中国的身份认同》，《甘肃社会科学》2002年第1期。

条、阴冷、丑陋、疏离、贫瘠、灰色、无望、无意义等。① 乡愁经常导向对旧时过往的正面评价。乡愁美化过去，把过去视为失落的和谐，暗示着从复杂的现实逃避或重回朦胧记忆中熟悉而单纯的过去。乡愁经由情绪化渲染而对旧时的想象，总是幻想的、浪漫的、比现在更加英雄主义、更有魅力。此种回到过去的冲动是后现代的特征之一。②

乡愁需要物化的载体作为情绪寄托的对象，例如，通过一些过去的人工制品作为标志物或象征的符号才比较容易得到表象。乡愁追寻回到美好旧时的虚幻感觉，并需要一些遗留物（旧物、古董、民俗文物、老字号、旧品牌、个人纪念品等）来营造令人伤感、满足或愉悦的特定氛围。也因此，乡愁总是被商业化，并成为当代社会的重要补偿，成为装饰或点缀当下日常生活的路径之一。当一些旧的器物被用来点缀当下的生活时，除了它们可能承载的乡愁情感之外，还能酝酿出某种特定的氛围；乡愁消费对象的符号化，主要就是用于营造消费者追求的此类氛围。

1996年末，山东画报出版社创刊了《老照片》杂志，获得空前成功，掀起了堪称是"老照片热"的怀旧现象③。《老照片》以"一种美好的情感"引发很多效仿，这股热潮直至21世纪初才逐渐回落，但其实也只是从纸质媒体转向了网络媒介。大约同时，老房子、老街道、老城市、老家具、老字号、老新闻、老古董、旧器物、古村镇等等，举凡陈旧之物或带有过往时代遗痕的事物全都开始走俏，乡愁和怀旧作为一种风潮开始席卷整个社会。位于北京市东三环的潘家园旧货市场，自20世纪90年代以来，从早期一些民间自发的易货地摊，逐渐演变成全国最大的旧货市场、收藏品市场、仿古工艺品集散地，并影响到全国各地民间旧货和收藏品的汇集和流通，成就了一个巨大的产业。乡愁

---

① 张英进：《映像中国——当代中国电影的批评重构及跨国想象》，胡静译，生活·读书·新知三联书店2008年版，第329—330、321页。
② 贝拉·迪克斯：《被展示的文化——当代"可参观性"的生产》，冯悦译，北京大学出版社2012年版，第136页。
③ 巫鸿：《"老照片热"与当代艺术：精英与流行文化的协商》，《作品与展场——巫鸿论中国当代艺术》，岭南美术出版社2005年版。

和怀旧趣味不仅表现为古董热和旧货市场的勃兴，还表现为怀旧餐厅、怀旧旅馆、怀旧建筑、怀旧电影、怀旧歌曲、怀旧出版物、怀旧专卖店里各种各样的怀旧商品，以乡愁为主题或基调的小说、诗歌、美术，更进一步，还有"农家乐"、"红色旅游"、民俗旅游和"古村镇自助游"等等，大都在相同的时代潮流中得到大肆渲染，甚或成为消费文化的时尚和新兴中产阶层的集体嗜好。世纪交替之际，中国社会的乡愁氛围更加浓郁，它毫不掩饰地反映在无数出版物中，对于那些已经和正在消失的物品、器用、职业、词语、艺术、游戏、服饰和民俗[1]，人们表达出如游子怀乡般迷离的乡愁。

继多次认定"历史文化名城"之后，2003 年 11 月，首批中国历史文化名镇（村），经由建设部和国家文物局认定，确认了山西省灵石县静升镇和北京市门头沟区斋堂镇爨底下村等 20 个历史文化名镇名村；2015 年 11 月又公布了第二批，有河北省蔚县暖泉镇和门头沟区斋堂镇灵水村等 58 个历史文化名镇名村入选。这些名镇名村固然有其作为"文物"遗产的历史价值、风貌特色以及原状保存程度等方面的标准[2]，其与民间文化领域或知识界的美学标准有一定的差异，但政府的姿态的确带动了以传统村落为载体，追寻"美丽乡愁"的社会性热潮。古村镇在当代中国的"再发现"，并不只是基于政府文化遗产管理部门对其文物价值的认定，同时也是乡愁使然。[3]冯骥才把"传统村落"视为"中华民族美丽乡愁"的归宿或寄托[4]，他在为图文并茂的画册《守望古村落》所写的"代序"里感慨，看到太多"非常优美和诗意的古村落，已经断壁残垣，风雨飘落"，而新农村建设和城镇化正在加深这一进程。鳞次栉比的"水泥森林"唤醒了人们对古村落的重新认识，而保护和"前往古村，就是前往我们曾经的家园，前往我们曾经的生活，我们

---

[1] 齐东野、鲁贤文：《远去的乡情——正在消失的民俗》，中华工商联合出版社 2003 年版。
[2] 方明、薛玉峰、熊燕编著：《历史文化村镇继承与发展指南》，中国社会出版社 2006 年版，第 32—35 页。
[3] 周星：《古村镇在当代中国社会的"再发现"》，《温州大学学报》2009 年第 5 期。
[4] 周润健：《冯骥才：传统村落是中华民族的美丽乡愁》，《中国艺术报》2014 年 1 月 17 日。

永远依恋的自然、世代仰慕的历史文化"①。这些不满现实的乡愁感受，某种意义上为当代中国知识界所共享。最近，正在热播的中央电视台中文国际频道百集大型纪录片《记住乡愁》，则是新的又一轮对乡愁的渲染。这部由中宣部、住房和城乡建设部、国家新闻出版广电总局、国家文物局联合支持的大型系列纪录片，以弘扬中华优秀传统文化为宗旨，以乡愁为情感基础，以生活化的故事为依托，据说选取了100多个传统村落进行拍摄，现已引起了颇为广泛的关注与共鸣。

乡愁不仅促生了诸多的怀旧产品乃至于产业和市场，还成为推动当下社会的一种重要的动力。乡愁并不完全是被动的情绪，它也可能是积极的选择。乡愁通过选择性地对旧时印象的建构，能够在现实生活中催生新的仪式、产生新的认同。就此而言，乡愁也是一种文化实践。21世纪初以来全国范围内兴起的非物质文化遗产保护运动，无论有多么复杂和重要的国内外政治及时代背景，到处弥漫的乡愁和怀旧情怀都构成其不容忽视的推动因素。因为有形和无形的文化遗产，归根到底，均属于"求助于过去的现代文化生产模式"，也是当代社会人们热衷于追寻"归宿"的表象，文化遗产的生产同时包含着挽救过去和将其表现为"可参观的体验"。②

完全不用怀疑当代中国的现代化进程、都市化和生活革命之与上述怀旧情绪和乡愁审美之间的因果关系。此种相关并不只见于中国，日本在实现都市化过程中，也曾经历过公众的心理和文化从"都市憧憬"向"归去来情绪"的变化③。事实上，中国的都市化进程始终伴随着"记住乡愁"的呼吁，由于与都市型生活方式相伴生的传统乡土社会的解体，以及人际关系的疏离，乡愁甚至成为批判现代性的工具。20世纪90年代正是中国的都市化进程和生活革命取

---

① 罗阳主编:《守望古村落》，中国文联出版社2012年版，第25、121页。
② 贝拉·迪克斯:《被展示的文化——当代"可参观性"的生产》，冯悦译，北京大学出版社2012年版，第124页。
③ 岩本通弥:「都市憧憬とフォークロリズム」，新谷尚纪、岩本通弥编:『都市の暮らしの民俗学①』，吉川弘文馆、2006年10月、第1-34頁。

得决定性、实质性进展的年代，1995 年中国的都市化率为 29.04%，到 2008 年便达到 45.68%，2013 年达到 53.7%，2014 年则为 55%，这意味着亿万农民就是在近些年才刚刚变身为市民，他们和回不去的家乡之间自然会有藕断丝连的情感纠葛。不仅如此，很多乡民都愿意把孩子送到城里读书，全国范围内出席了明显的教育城镇化现象，现在，全国义务教育阶段在校生的都市化率和全国义务阶段学校的都市化率（学校设在城市地区的比例），已分别达到 83% 和 66%。[1] 据专家推算，未来 20 年，中国农村人口还将减少三分之一以上，还有大约 3 亿人将实现都市化的生活。都市数量不断增加，都市面积日趋扩大，房地产多年持续高速发展，越来越多的农村居民可以通过购买商品房而直接获得都市型的生活方式。不久前刚刚进城、成为市民并住进高层楼房里的人们，对于都市生活的不安、不适和对于家乡的留恋、回望和怀想自不待言；就连那些出身中小城市，后来在大都市里追梦、打拼或生活的人们，对故土的乡愁也是分外浓烈，这一点在电影导演贾樟柯的作品里已有颇为到位的描述[2]，其中不仅突显了对现代都市生活的质疑，还有对小城镇慢节奏生活的留恋。

即便是在国际化的大都市上海，怀旧与乡愁也与新的城市开发密不可分。20 世纪 90 年代的浦东开发和大规模的内城街区改造，促成了各种以怀旧为卖点的商业营销场所如雨后春笋般涌现，较有代表性的有新天地、衡山路酒吧街、百乐门、苏州河沿岸创意产业区等等，均是借助乡愁、怀旧和集体记忆所想象的"老上海"风情规划的。[3] 事实上，政府重建上海大都市形象的策略之一，便是有意识地对"老上海"文化资源进行开发，于是，便出现了一方面大肆拆除老朽的石库门民居建筑，另一方面又不断推出以石库门为风情元素、为外貌风格的新建筑群，并对其进行拼接、混搭、置换等多种民俗主义手法的改造。曾经作为普通市民生活空间的石库门里弄区，摇身一变成为现代中产阶层的消费

---

[1] 盛梦露、汪苏：《八成农村孩子进城上学 学者忧乡村学校边缘化》，财新网，2015 年 12 月 1 日。
[2] 孟君：《"小城之子"的乡愁书写——当代中国小城镇电影的一种空间叙事》，《文艺研究》2013 年第 11 期。
[3] 朱晶、旷新年：《九十年代的"上海怀旧"》，《读书》2010 年第 4 期。

场所，但其中弥漫着的乡愁所指向的对象，却是对"老上海"的虚幻印象。

近些年来，几乎在国内所有的大中城市，均有对老街区的大规模开发或重建，诸如北京的琉璃厂、天津的古文化街、广州的西关、成都的锦里、重庆的瓷器口、苏州的山塘和平江老街、西安的回民风情街等等，虽然各个城市对其历史街区和传统建筑的开发、保护与重建各有说辞，也各有特点，但它们无一例外均以市民对乡愁怀旧的消费为卖点。无论都市郊外的古村古镇，还是市内的"老街"，均是慰藉市民乡愁的设施。这其中，上海或许比在中国其他任何城市都更为明显和突出的是，伴随着高速经济成长而形成的中产阶层或准中产阶层，正是以乡愁和怀旧的消费来彰显自身的品位和品味。

当下的中国正在强力推进"新型城镇化"，除了乡村空间和乡村人口的迅速城镇化，接着还有"人的城镇化"，包括人们的衣着、举止、言行，以及观念和思维模式的城镇化。① 这新一轮的都市化进程如此迅猛，必将和已经引发很多担忧和不安。新型城镇化的核心已被确认为人的城镇化②，也因此，2013年12月中央城镇化工作会议明确提出要"让城市融入大自然，让居民望得见山，看得见水，记得住乡愁"，这意味着新型城镇化之"新"在于以人为本，必须对人居环境和传统文化有更多的关照。于是，感性的乡愁用语成为新型城镇化的基本理念③，不少专家开始从新城镇的规划设计如何保护传统文化以满足居民的乡愁，或者如何在新城镇建设中保留"乡愁符号"等方面予以探讨。④不久前，在山东大学召开的"乡愁中国与新型城镇化建设论坛"上，有学者提出新型城镇化之所以强调"人的城镇化"，乃是对此前"物的城镇化"的拨乱反正，这意味着该进程同时应是中国人重构心灵故乡和精神家园的过程。也正

---

① 岳永逸：《城镇化的乡愁》，《民间文化论坛》2015年第2期。
② 张帅：《"乡愁中国"的问题意识与文化自觉——乡愁中国与新型城镇化建设论坛述评》，《民俗研究》2014年第2期。
③ 杨智勇、曾贤杰：《新型城镇化进程中传统乡村文化的保护、传承与创新——基于"乡愁"理念的视角》，《中国文化产业评论》2014年第2期。
④ 李枝秀：《新型城镇化建设中"乡愁符号"的保护与传承》，《江西社会科学》2014年第9期；刘沛林：《新型城镇化建设中"留住乡愁"的理论与实践探索》，《地理研究》2015年第7期。

是为了响应中央城镇化工作工作会议的精神，中国民间文艺家协会联合住房建设部等部门于 2014 年 6 月，在北京启动了"留住乡愁——中国传统村落立档调查"的大型项目，并同时正式地开通了中国传统村落网。[1]

"家乡民俗学"与乡愁

乡愁之风也吹到了学术界，推动和程度不等地影响到相关的学术研究。例如，学术界对消费者怀旧消费行为的研究，近些年取得了长足进步。[2] 乡愁与怀旧被认定为消费者的一种心理倾向，与情绪及情感的需求密切相关，台湾学者蔡明达、许立群提出了一种测量怀旧乡愁情绪的量表，认为人们对"地方老街"的印象中包含了温暖、精美、感触、休闲和历史感等五种情怀[3]，但量表中没有涉及负面情绪，这可能是因为被调查对象在回答问卷的设问时倾向于过滤了自身的负面情绪，如失落感等。中国知识精英大都意识到乡愁与现代化进程相互纠结，是人们对现代生活的一种"反拨"，因此，也大都赞成用乡愁的理念来校正都市化进程带来的一些弊端。邹广文指出，在现代性的逻辑风靡世界，生活日益标准化、理性化的大背景下，乡愁是对已经逝去的文化岁月、生活方式的追忆、留恋和缅怀。文化乡愁是指一种具有人文意味、历史情怀的文化象征，它传达的是一种文化认同与归属，故具有凝聚人心的作用；通过乡愁，我们可以找回自己的"身份"。[4]

社会学比较关注乡愁的社会性背景以及怀旧对当事人或相关群体的社会文化身份，亦即认同建构的意义。贺雪峰主编的《回乡记：我们所看到的乡土

---

[1] 安德明、祝鹏城等：《记住乡愁守望家园——2014 年中国民间文艺发展报告（摘编）》，《中国艺术报》2015 年 6 月 8 日。

[2] 张莹、孙明贵：《消费者怀旧的理论基础、研究现状与展望》，《财经问题研究》2011 年第 2 期。

[3] 蔡明达、许立群：《构建怀旧情绪量表之研究——以地方老街为例》，台湾《行销评论》2007 年第 2 期。

[4] 邹广文：《乡愁的文化表达》，《光明日报》2014 年 2 月 13 日。

中国》一书①，作者均具有社会学教育背景，均在乡村出生成长而在城市求学生活，他们在家乡之外有不少农村的田野调查经历，再次回到家乡，研究迅猛变迁的中国农村。该书记录和呈现了一个充满焦虑和乡愁的乡土中国，作者们对家乡当下的各种问题和难以令人满意的现状深感遗憾，提出很多质疑，同时，也都对自己幼少年时期的乡村生活予以正面评价。这些以理性的学术研究为己任的人们，在其批评和内省中却难免有复杂的情绪、情感，他们某种程度上也都属于乡愁或怀旧的"患者"，因为远离家乡和由家乡的巨变所导致的焦虑与失落，从一个独特侧面反映了当代中国都市和农村某些局部的现实。②他们一时难以适应剧烈变迁带来的眩晕，虽说是返乡调查，事实上只能是作为旁观者，因为那是再也回不去的"乡土社会"，早已不再是记忆所印证的存在。

中国民俗学者也对乡愁有所反应。既有民俗学者的著述被以"乡愁"来评论的③，也有民俗学者把"乡愁"作为解释中国民俗的关键词，例如，说"年与家"是13亿人的乡愁④等等。曲金良在评论新时代的"寻根小说"时指出，对于已经习惯了的民俗文化流失，对于昨天产生的无法排解的"怀恋"、"回溯"的情感，促成了当代文学的"民俗化"倾向。⑤笔者在解释户县农民画时也曾指出，"即便是当年那些具有很强意识形态属性的作品及其描述的场景，今天也已经成为'怀旧'的对象：农民画里的集体主义精神、奋斗的热情、社会主义情怀、乡村氛围和简朴的生活气息，经由朴素笔触和鲜艳色彩的描绘（或复制），成为人们对特定时代'记忆'的载体和后现代'乡愁'的寄托。"⑥

但是，和社会学等其他学科相比较，民俗学是更多地得益于，当然也在一定意义上受困于乡愁的弥漫。不可逆转的生活革命和都市化带来的大面积乡愁

---

① 贺雪峰主编：《回乡记：我们所看到的乡土中国》，东方出版社2014年版。
② 雪堂：《挥之不去的怀乡病》，《新京报》2014年7月19日。
③ 吴琪：《两代人的乡愁——评〈忧郁的民俗学〉》，《民俗研究》2015年第6期。
④ 刘晓峰：《十三亿人的乡愁》，中国民俗学网，2015年12月2日。
⑤ 曲金良：《中国民俗文化论》，青岛海洋大学出版社1995年版，第67—69页。
⑥ 周星：《从政治宣传画到旅游商品——户县农民画：一种艺术"传统"的创造与再生产》，《民俗研究》2011年第4期。

和怀旧氛围，对中国民俗学而言，首先是难得的机遇。一向备受冷落的小学科，一夜之间成为显学，因为当代弥漫着乡愁的中国社会对过往"民俗"及相关知识（例如民俗文物、民俗艺术、民俗文化遗产、民俗旅游等等）产生了颇为广阔的市场性需求，这极大扩充了民俗学在现代中国社会的用武之地。诸如民俗文化的观光化，各级政府发掘民俗文化或民俗艺术资源以重建地域认同的渴求，全国范围的非物质文化遗产保护运动等等，都无一例外地浸润着乡愁并为民俗学提供了绝好的机遇。这一切并非偶然，民俗学也乐在其中，因为民俗学从它诞生的第一天起，就天然地和乡愁有着难分难解的关联性。

以英国为例，民俗学的起源曾经受到"古物学"的一些影响，当时的人们对那些"古物"的嗜好，其实和今日中国的怀旧与乡愁对老器物、旧家具、古董品以及民俗文物等的迷恋并无二致。19世纪中后期的英国，也是由于近代化导致乡村生活变迁，不少传统习俗逐渐成为正在消失的遗迹，从而引起人们研究的兴趣，并试图在它们彻底消失前予以记录，这便是汤姆斯首创"民俗学"这一用语的背景。他指出，民俗学的对象是那些民间古旧习俗和民众的相关知识，他亦曾感慨有多少令人惊奇而又深感趣味的古俗已经湮灭，就是说，民俗学从一开始就执着于遗留物，并热衷于丧失性叙事。

在德国，民俗学的早期发展也是由于近代化导致乡土民俗文化的流失，人们对那些即将消失的传统怀有一种浪漫主义的情怀和憧憬，这导致民俗学成为当时民族主义思想和情感的一部分重要源泉。19世纪后期的德国浪漫主义醉心于乡村，知识分子崇尚乡间的生活与文化，试图从中体会田园诗歌一般的境地，其乡愁明显具有审美化倾向。事实上，这在德语国家是具有共同性的价值追求，基于民族主义理想而对乡村文化传统予以浪漫主义的理解和想象，可被看作一种向国家所宣称的乡村根基的回归。①

在日本，自明治维新以来直至高速经济增长时期，传统文化的流失和未来

---

① 弗雷德里克·巴特等：《人类学的四大传统——英国、德国、法国和美国的人类学》，高丙中等主编，商务印书馆2008年版，第90—91页。

命运始终是日本知识精英焦虑的问题，民俗学在其中扮演了非常重要的角色：或者是必须及时启动抢救行动的危机感及使命感，或者是感慨曾经有过这种美好生活之类的乡愁，通过对"乡土"的理想化描述，表达日本社会尤其是地域社会理应存在的状态。事实上，日本大量地方史志中的民俗编或民俗志，往往就带有过于强调"故乡"或"乡土"传统之美好的倾向。[①]

中国民俗学之与浪漫主义和乡愁的关系也几乎不用特别论证。《歌谣》周刊的发起人和早期参与者们大都怀有把家乡浪漫化、审美化的情怀；他们对家乡特别关注，后来被安德明归纳为中国民俗学的一个特征，亦即"家乡民俗学"[②]。但谈及家乡，民俗学者们自然就难免有绵长的乡愁。[③]刘宗迪指出，民俗学者其实有两种态度：一是在讨论"民俗"时，似乎自己不在其中，而是其观察者、记录者、研究者、欣赏者或批评者，与自己的生活无关；二是当说到"过去"的风俗时，却似乎就是自己曾经的生活，或虽然消失了却仍旧让人怀念、牵挂，仍然活在我们身体和心灵的记忆中的事。[④]岳永逸认为，中国的乡土民俗学关注乡土日常生活，试图在认知民众情感世界和生活世界的基础上，开启民智，改造民众，移风易俗，从而强国强种，它有着浓厚的乡愁，或表现为对乡土的改造，或是频频回首的浪漫的怀旧。[⑤]曾经在家乡或乡村民俗（歌谣）中追寻文学（诗歌）创作之源和民族文化之根的早期的中国民俗学，至今依然没有改变礼赞传统和回首过去的趋向，眼下在非物质文化遗产中寻找和认证"民族的根基与灵魂"[⑥]，亦无非是此种特点的当代延伸。

---

① 真野俊和：「『ふるさと』と民俗学」、『国立歴史民俗博物館研究報告第 27 集―共同研究「日本民族学方法論の研究」―』、国立歴史民俗博物館、1990 年 3 月、第 303-328 頁。
② 安德明：《家乡——中国现代民俗学的一个起点和支点》，《民族艺术》2004 年第 2 期。
③ 例如，周作人对家乡儿歌长达数十年的执着。参见周星：《生活 / 平民 / 文学：从周作人的民俗学谈起》，『日常と文化』第 1 号、2015 年 3 月、第 125-138 頁。
④ 刘宗迪：《古典的草根》，生活·读书·新知三联书店 2010 年版。
⑤ 岳永逸、张海龙（访谈）：《都市中国的乡愁与乡音》，《兰州晨报》2015 年 2 月 28 日。参见岳永逸：《都市中国的乡土音声：民俗、曲艺与心性》，中国人民大学出版社 2015 年版。
⑥ 刘魁立：《非物质文化遗产及其保护的整体性原则》，邢莉主编：《民族民间文化研究与保护》，世界图书出版公司 2010 年版，第 1—15 页。

上述国家的民俗学均程度不等地有或曾经有过突出的丧失性话语表述，受惠且纠结于特定时代的乡愁，其民俗学的正当性和重要性恰恰来自它宣称能够应对传统文化失落的局面。所谓丧失性叙事，主要就是对已经、正在或即将失去的传统大声疾呼，表示惋惜和焦虑，认为伴随着现代化进程所失去的将是国家或民族的精神之根，因此，急需抢救、保护和传承等。① 显然，丧失性叙事表象，总是饱蘸着怀旧心态和乡愁情绪，不加掩饰地怀恋"过去"的美好时光，宣示要重建传统道德、重归和谐家园。

在包括民俗学、人类学在内的中国知识界，目前仍然是丧失性叙事框架占据着主流。以传统村落的抢救性保护这一话题为例，据说 2000 年中国的自然村总数为 363 万个，2010 年则减少至 271 万个；因此，有关方面在 2012 年启动了传统村落的全面调查，并开始进行"中国传统村落名录"的专家审定与甄选工作，这被说成是一项"关乎国人本源性家园命运"的任务。此种丧失性话语所要宣示的是传统村落的消亡趋势锐不可当，被指出的原因主要就是都市化和工业化，新一代农民越来越多地选择"较为优越"的都市型生活方式。但如果没有了传统村落，不久前刚刚列出清单的国家文化财富（非物质文化遗产）将皮之不存，毛将焉附。② 或说在全国依旧保存的具有与自然相融合的村落规划、代表性民居、经典建筑的古村落已由 2005 年的 5000 个，锐减到 2014 年的 2000 个。③ 极端地甚至还有"村落终结"之类的描述。④ 应该说，这一类表述或许并非耸人听闻，它所揭示的过程也是真实存在或正在发生着的，当执着地追求本真性的民俗学宣告某一种文化形式已经失传或濒临消亡而使得"真作"的数量变得稀缺，自然也就能够促动人们进一步去追寻那些尚未被发现、属于原

---

① 刘正爱：《谁的文化，谁的认同？——非物质文化遗产保护运动中的认知困境与理性回归》，《民俗研究》2013 年第 1 期。
② 冯骥才：《传统村落的困境与出路——兼谈传统村落是另一类文化遗产》，《民间文化论坛》2013 年第 1 期。
③ 肖正华：《"记得住乡愁"是一种警醒》，《中国建设报》2014 年 1 月 8 日。
④ 田毅鹏、韩丹：《城市化与"村落终结"》，《吉林大学社会科学学报》2011 年第 2 期。

汁原味的民俗。[1]但问题或许在于它的价值取向有时是向后看的。

伴随着诸多乡愁的丧失性叙事，其实是和经不起推敲的文化纯粹性以及本质主义的民俗观互为表里。把乡土社会描述为和谐的、道德的、诗意般栖居的，把传统文化描述为优美的、纯粹的、正宗的、富于本质性的精神价值，是丧失性叙事的基本表述，然而，文化的可变迁性、文化的流动性及越境性，还有文化所曾经受到过的那些外来的影响等，则被有意无意地忽视、忽略了。伴随着乡愁的丧失性叙事，内含着一些"原生态"、"本真性"或"原汁原味"之类的价值判断。在这样的民俗学里，看不到对乡民们何以要迫切地努力进入都市型生活方式的渴望的兴趣与同情心，甚或没有起码的理解及尊重。民俗学者和人类学者自身生活在日新月异地变化着的世界，却把莫名的乡愁寄托于故乡或异域，试图让那些"土著"或"民俗"之"民"永远停在美好的过去，希望他们永远保持那种"淳朴"。可见，在这样的民俗学里存在着深刻的悖论。

家乡对于民俗学者而言，是一个充满乡愁且永远没有终结的话题，不仅如此，民俗学者还较多地倾向于在家乡和民间、乡土、民族、祖国等概念之间自如过渡。由于中国向来有"家国同构"的思想传统，因此，即便没有任何论证，上述过渡也是为中国知识界和公众所默契般地接纳的。这似乎也是民俗学者秉持家国情怀、自命不凡地要为所有中国人建构民族精神"家园"的理据。其实，这种情形也并非中国民俗学所独有。鲍辛格认为，德国人对家乡的感情源于身处一个日益广阔和漂泊的世界而对安全感的渴求；对家乡的怀旧其实是人们不舍那些被遗忘和被改变之物，其中新与旧的矛盾非常明显。[2]他指出，"民俗学不能忘记这种意识明确的'家乡运动'之上的那些日常关系结构。然而，如今对家乡的要求和宣称，其强度和频度如此之大，甚至把感伤的追寻努

---

[1] 瑞吉娜·本迪克丝：《民俗学与本真性》，李扬译，《民俗学刊》第五辑，澳门出版社2003年版，第81—94页。
[2] 奥维·洛夫格伦、乔纳森·弗雷克曼：《美好生活——中产阶级的生活史》，赵丙祥、罗杨等译，北京大学出版社2011年版，第50—51页。

力变成了民俗学考察的重要对象。"[1] 民俗学者的乡愁意识应该是和他们的家乡观直接相通的,然而,"关于家乡的想象及其外在的框架条件一直在变化。首先是解构,因为这个概念被意识形态色彩所覆盖,经常会陷入伤感悲情的视角。之后有了新的定义:家乡成了可以打造的作品,对一些活跃的群组来说,这样的概念让他们获得切实行动的可能,而此前他们是不要和这个概念打交道的。最近以来又有了一个核心题目:家乡与全球化,家乡有了新的地位,家乡在与世界范围内的界域开放与均等进程的反差中脱颖而出。"[2]

在日本民俗学中,"故乡"也是一个重要的概念[3],为数众多的民俗学者的实践和应用,往往就与故乡有关。例如,在山形县的米泽,当地的中学自1975年以来,每年举办的"文化节"上都设计有"了解故乡"的活动环节,当地的民俗学者积极参与这个活动,组织长辈们给孩子们讲述乡土的文化,经多年积累形成了多部民俗志。这些民俗志与来自外地的调查者所撰写的民俗志最大的不同在于它们是由本地人撰写的乡土志,目的则在于更进一步地了解故乡。[4] 而此处的"故乡"可以很自然地引申到"乡土",所谓"乡土之爱"便是日本版爱国主义的基本内涵[5]。郭海红指出,20世纪后半期在日本数次兴起的柳田国男"热"以及社会对民俗学的推崇,其实就与日本公众追求乡愁与乡土记忆的集体意识有关[6]。眼下,在日本很多乡村的观光资源开发当中,人们对地域民俗的片面赞美,目的正是为了建构"美丽日本",以便为日

---

[1] 赫尔曼·鲍辛格:《技术世界中的民间文化》,户晓辉译,广西师范大学出版社2014年版,第125—126页。
[2] 赫尔曼·鲍辛格等:《日常生活的启蒙者》,吴秀杰译,广西师范大学出版社2014年版,第171页。
[3] 日语有关"家乡"(実家、古里、故里)、"故乡"(故郷、故里)、"乡土"(郷土)的表述有多个单词。本文在基本相同的意义上使用"家乡"和"故乡",倾向于在讨论中国民俗学时使用"家乡",讨论日本民俗学时使用"故乡"。
[4] 佐野贤治:《地域社会与民俗学——"乡土研究"与综合性学习的接点》,何彬译,《民间文化论坛》2005年第2期。
[5] 参见岩本通弥:《以"民俗"为研究对象即为民俗学吗——为什么民俗学疏离了"近代"》,宫岛琴美译,《文化遗产》2008年第2期。
[6] 郭海红:《日本城市化进程中乡愁的能动性研究》,《山东大学学报》(哲学社会科学版)2015年第3期。

本人提供"心灵的故乡。"[1]

《民间文化论坛》杂志 2005 年第 4 期推出了"家乡民俗学"专辑，吕微、刘锡诚、祝秀丽、安德明分别撰文，集中讨论了中国民俗学的原点——家乡。刘锡诚提供了一个早期民俗学家乡研究的典型案例；安德明和祝秀丽则分别结合各自的家乡田野经验，反思了家乡研究者既作为局内人、又作为研究者的双重身份可能带来的伦理及方法等方面的困扰；吕微把家乡民俗学视为民俗学的纯粹发生形式，从发生学角度予以分析。[2] 有关家乡民俗的考察和研究，被认为是贯穿于中国民俗学发展过程的一个重要的、具有连贯性的学术传统，对其加以反思，当然堪称是中国民俗学的一种学术自觉[3]。但所有上述讨论与反思，却都没有涉及或是下意识地回避了乡愁。

当然，也有少数民俗学者对自身学问中的乡愁有所觉悟。岳永逸曾经说："我的凝视是忧郁的，我的民俗和民俗学是感伤的"，作为出身山乡而进城求学工作的民俗学者，他自然会对土地、母亲有着深深的眷恋。[4] 他认识到民俗学是一门向后看也必然充满怀旧和伤感的学问，并且会自然而然地与民族主义、浪漫主义纠缠一处；但它也是从下往上看，天然有着批判性、反思性，甚至不合时宜的学问，因此，也很容易被边缘化。在他看来，民俗学这门学问要求从业者必须从民众的情感、逻辑出发来理解他们的生活文化，为弱势群体鼓与呼，从而反省自己，以谋求整个社会的进步，而不应只是"将自己园丁化，将民众花果蔬菜化"[5]。如此对乡愁的觉悟难能可贵，因为民俗学者需要时刻警惕乡愁对学术理性的干扰。看来，在沉迷于乡愁和丧失性叙事的民俗学者与积极进取要迈进都市新生活的乡民们之间，存在着认知和情感的双重鸿沟；既然民俗学

---

[1] 岩本通弥编：『ふるさと資源化と民俗学』，吉川弘文館、2007 年 2 月。
[2] 吕微、刘锡诚、祝秀丽、安德明：《家乡民俗学：从学术实践到理论反思》，《民间文化论坛》2005 年第 4 期。
[3] 安德明、廖明君：《走向自觉的家乡民俗学》，《民族艺术》2005 年第 4 期。
[4] 岳永逸：《忧郁的民俗学》，自序，浙江大学出版社 2014 年版，第 2 页。
[5] 岳永逸：《忧郁的民俗学》，浙江大学出版社 2014 年版，第 101、16 页。

者自诩是要从民众的感情与逻辑出发去理解他们,那么,首先理解他们何以要如此热衷地迈向都市型生活方式,就是一个绕不开的前提。

超克乡愁:中国现代民俗学的课题

对于民俗学、民间文学和民间文化研究等学术领域而言,通过揭示其与乡愁的深刻关联,将有助于它们各自的学术自觉。由于对过往旧时的回忆、对历史的缅怀以及对家乡的眷恋,几乎是随着每一代人的成长而自然被设定,由于乡愁和怀旧某种程度上涉及人们的自我认同以及对幸福感的追寻,因此,它其实就是人们永无止境地建构、想象和追寻自我文化身份的路径[1]。在这个意义上,只要乡愁存在,民俗学就有可能维系某种形式的存在。如果我们把纠结、纠葛于乡愁和怀旧的情绪,总是朝后看的民俗学视为传统民俗学的话,现代民俗学则需要超越和克服乡愁的情愫,以朝向当下的姿态,亦即以现代社会的日常生活世界、以当代民众"全部的生活方式"为研究对象。在当前的中国,当然也就必须关注生活革命的过程及其后果,包括都市型生活方式的全部内涵无疑都应该属于现代民俗学的研究范围。若不能超克乡愁,民俗学就难以蜕变成为现代民俗学,在笔者看来,乡愁应该成为民俗学之学术自觉的对象,民俗学应将乡愁视为研究的对象,而不是沉溺其中。现代民俗学需要把乡愁相对化、客体化,与之保持清晰、适当的距离。

首先需要做的就是研究乡愁,且不让它干扰到学术研究。研究乡愁是超越它的必由之路。事实上,也有一些民俗学者清醒地意识到民俗学需要和乡愁做明确切割,佐野贤治就曾指出:民俗学如无明确的目的和意识,就容易被理解为是留恋过去或容易陷入怀旧情绪。现在民俗学止步不前的原因之一,就是民

---

[1] 张英进:《影像中国——当代中国电影的批评重构及跨国想象》,胡静译,生活·读书·新知三联书店 2008 年版,第 323 页。

俗学者缺乏顺应时代的观念①。

20年前，日本民俗学会机关刊物《日本民俗学》第206号曾出版特辑，主题即为"追问'故乡'"，它也是第47届日本民俗学会年会的主题。在其中，田中宣一指出，战后的社会巨变和经济高速增长导致出现"举家离村"现象，但都市生活因为地域连带的稀薄和人际关系疏离所产生的不安，又需要心灵的依托之处，然而，故乡已回不去了。他认为，民俗学追问故乡，也就是在追问现代社会。故乡虽是只有离乡者才可生产、想象的产物，但使人感到怀念、亲切的对象，也可使未曾离乡者因时间流逝亦能产生怀想故乡的感觉。故乡的构成要素，除了土地的景观、家族之爱，或多或少还有被美化了的自己的过去。②仓石忠彦指出，现代日本出现了故乡的丧失，人们对具体地方的故乡想象越来越少、越来越弱。通过研究，他认为故乡观具有个人化，如离乡者和未曾离乡者对故乡的看法就不同。都市里的两类人，外来离乡者比起都市本地人来自然会有乡愁，他们中很多人其实是爱慕少年时代的故乡。③坪井洋文认为，故乡是作为市民世界的"他界"而设置的，因而才能成为憧憬的对象。④

真野俊和认为，在战后日本的高速经济增长期，人们的生活经历了大规模且急速的结构性巨变，这同时也是传统民俗和地域社会的崩坏过程，为应对乡村的过疏化，往往就在"故乡"的名义之下，来想象地域社会所理应存在的那种美好状态。与此同时，都市生活者也自然产生了对于"故乡"或"乡土"的乡愁或望乡之类的情感，日本现代社会在盂兰盆节期间的返乡"民族大移动"，便可被视为是乡愁的表现。⑤

---

① 佐野贤治：《现代化与民俗学》，载张紫晨选编：《民俗调查与研究》，河北人民出版社1988年版，第543—555页。
② 田中宣一：「故郷および故郷観の変容」、『日本民俗学』第206号、1996年5月、第2—12页。
③ 仓石忠彦：「都市生活者の故郷観」、『日本民俗学』第206号、1996年5月、第12—24页。
④ 坪井洋文：「民俗的世界観」、『日本民俗学』第206号、1996年5月。
⑤ 真野俊和：「『ふるさと』と民俗学」、『国立歴史民俗博物館研究報告第27集－共同研究「日本民族学方法論の研究」－』、国立歴史民俗博物館、1990年3月、第303—328页。真野俊和：《"乡土与民俗学"》，西村真志叶译，王晓葵、何彬编：《现代日本民俗学的理论与方法》，学苑出版社2010年版，第214—238页。

安井真奈美归纳了日本民俗学中"故乡"研究的分析视角及其成果。她指出，故乡是周期性反复被提及的主题，它是在城乡关系之中被创造出来，再经由媒体扩展开来的近代的产物。在文献表述中，既有"直接"的故乡，也有"相关"的故乡；既有作为"实体"的故乡，也有心里"想象"的故乡；当存在空间距离时多用"故乡"，在地者则多用"乡土"。空间阻隔加时间因素，和过去相联想，以及与现实的距离便可构成观念性、幻想性的场所亦即故乡。对于同一个地方，当地居民的困扰和离乡者美化的故乡表述往往有极大不同。她认为，20世纪80年代以来，民俗学者访问的地方基本上均被指定为"过疏地区"（人口稀少），当它们被媒体和行政作为"故乡"而再次发现时，民俗学者在当地就不得不卷入行政主导的故乡再创运动，于是，就将故乡作为"新民俗"来尝试扩展民俗学的领域。① 但作者批评说，民俗学的故乡研究与民俗学以乡愁视线认定对象并创造出来的"民俗"相呼应，将过去某一时点、把自己理想或想象的"过去"在现时下予以固定化。乡愁视线屡屡见于对故乡的分析，是因为"故乡"比"民俗"更能唤起怀旧的记忆。

日本民俗学关于故乡的基本分析，第一是追问各个时代人们有关故乡的意识及故乡观，进而使各自时代的"世态"得以浮现。这方面，例如对流行歌曲中的故乡观和文学表象中的故乡观的相关研究。其次，是故乡与社会性别的关系。流行歌曲里的故乡和母亲更加密切相关，多为儿子离乡的乡愁表现；但对于母亲而言，故乡则为娘家，这意味着男女的故乡观不尽相同。第三是关于漂泊者、旅行者和移民的故乡观，人们在移动中想象和创造故乡，即便故乡消失了，还有同乡会或县人会等。② 此外，矢野敬一的研究则表明，乡愁也因不同的时代背景而有不同属性，或者是对日本人的"心灵故乡"的乡愁，或者是对某个特定时期，例如经济高速增长期以前生活的乡愁。③

---

① 安井真奈美：「『ふるさと』研究の分析視角」，『日本民俗学』第209号、1997年3月、第66-88頁。
② 安井真奈美：「『ふるさと』研究の分析視角」，『日本民俗学』第209号、1997年3月、第66-88頁。
③ 矢野敬一：「ノスタルジー・フォークロリズム・ナショナリズム―写真家・童画家・熊谷元一の作品の受容をめぐって―」，『日本民俗学』第236号、2003年11月、第147-154頁。

雷·卡舒曼对于北爱尔兰一个社区的实证研究表明，批评性的乡愁也具有正面的意义。乡愁推动了人们通过收集、保存和展示旧时的痕迹而记录过去一百年间令人惊异的变迁，并予以批评性的评价。在伦理的意义上，它有助于引导朝向更好未来的行动。①作者证明乡愁这一类感受并非只停留于想象的领域，还具有扩展到行动和实践领域的力量，因此，不能只把乡愁视为仅热衷于旧时的人、事、物而完全无助于面向未来，其实它也具有推动现实实践的动力。铃木正崇认为，战后的日本把"乡土"概念用于促使特定商品的名牌化，有助于土特产品或民间工艺品的形成以及正月或盂兰盆节的重构等，于是，在带有乡愁的同时，"乡土"也成为一种新的表象。②日本一些地方"社区营造"的理念和实践，其实就是把由乡愁情结带来的居民对"家园"的集体记忆以及对"故乡"的美好想象，具体地落实在新社区的建设当中。③时至今日的日本，无论都市中的地域社会（街区）的形成与开发，还是偏远地域的故乡创造（竹下登内阁于1989年设立了"故乡创生事业"的国家项目），一般都会大打"故乡"品牌。20世纪80年代以来各地以"故乡"为名进行的村落振兴和街区复兴运动，包括地名保存、街区景观保存运动等，均得到了民俗学的积极评价。④也有学者认为民俗学应该介入其中，但民俗学的参与有助于故乡印象的建构和强化，伴随着故乡被创造出来，也就有新的"民俗"应运而生。甚至当乡愁失去对象时，对于乡愁的乡愁亦可能成为故乡创造运动的动力，因为人们从"故乡"这一表象中不仅能够发现经济价值，还能够找到心灵的慰藉。

鉴于中国民俗学对家乡和乡愁问题的研究才刚刚开始，有关反思尚待进一步深入，笔者认为，我们或许可以从日本民俗学先行一步的相关研究中得到一

---

① レイ・キャッシュマン:「北アイルランドにおける批判的ノスタルジアと物質文化」（渡部圭一訳），『日本民俗学』第273号、2013年2月、第17-54頁。
② 铃木正崇:《日本民俗学的现状与课题》，赵晖译，载王晓葵、何彬编:《现代日本民俗学的理论与方法》，学苑出版社2010年版，第1—20页。
③ 参见西村幸夫:《再造魅力故乡——日本传统街区重生故事》，王惠君译，清华大学出版社2007年版。
④ 赤田光男:「民俗学と実践」、鳥越皓之編:『民俗学を学ぶ人のために』、世界思想社、1989年。

些启发。郭海红注意到日本民俗学对乡愁能动性进行的一些研究，她指出，在实现都市化过程中，民俗学者柳田国男的"城乡连续体"认知论促成了民众追寻"心灵"故乡的观念；而在处理都市化与保护传统文化的关系上，乡愁构成了一条重要的线索，并对文化记忆的传承、文化生态的维护，以及新兴社区的建设等很多方面，均发挥了隐性却又能动的作用，也因此，乡愁可以是面向未来的正力量。① 中国目前正在推动中的新型城镇化把满足居民的乡愁作为基本理念，可以说与当年日本的经验异曲而同工。

《民间文化论坛》2015 年第 2 期以"乡愁"为主题的"前沿话题"，可被视为中国民俗学试图把乡愁客体化，进而通过超越乡愁迈向新的学术自觉的重要动态；它也是中国民俗学不久前对"家乡民俗学"进行反思的进一步深化。在承认民俗学曾经受到现代性怀旧乡愁的影响的前提下，安德明指出，讨论乡愁符合民俗学的题中应有之义，也有助于民俗学积极参与当前社会文化的重要话题；但对乡愁问题的关注并不是为了怀旧，而是为了在快速现代化的当今，让民俗学在传统和现代之间更好地发挥桥梁的作用。② 在《对象化的乡愁：中国传统民俗志中的'家乡'观念与表达策略》一文中，安德明认为，中国历代民俗志作品中有一些如《荆楚岁时记》那样基于乡愁的"家乡民俗志"，它们是离乡者根据过去对家乡生活的参与、体验和观察而回忆写就的，故在客观、冷静的描写中隐藏着浓厚的乡愁以及对故园美好生活的理想化；其看似克制、沉着的文字反而衬托出更加深沉的家国之思。③ 岳永逸的文章对中国当下伴随着城镇化而生的弊端进行了尖锐的批评，指出以人为本的村镇化，不应只是乡村的城镇化，还应包含城镇的乡土化。④ 张勃认为，传统村落不只具有生活空间的价值，是文明存在的方式，它同时还是现代乡愁的

---

① 郭海红：《日本城市化进程中乡愁的能动性研究》，《山东大学学报》（哲学社会科学版）2015 年第 3 期。
② 安德明：《"前沿话题·乡愁的民俗学解读"主持人语》，《民间文化论坛》2015 年第 2 期。
③ 安德明：《对象化的乡愁：中国传统民俗志中的"家乡"观念与表达策略》，《民间文化论坛》2015 年第 2 期。
④ 岳永逸：《城镇化的乡愁》，《民间文化论坛》2015 年第 2 期。

"消解地"和城市人的"精神家园",也因此,传统村落的保护、修复和提升将有助于"缓释"人们的乡愁。① 上述研究在把乡愁视为民俗学的对象予以解读的意义上,已是很大的进步。此外,耿波注意到中国社会的"乡愁传统",他倾向于认为中国人的乡愁体验有一定独特性,并具体指出此种乡愁体验实质上是离乡者在外获取了安身资本,从新的社会身份回望自己与家乡的"距离",既无可奈何地承认这种"距离",又因在外成功而对"距离"产生了艺术性的赏玩;至于那些在外没能安身立命的漂泊者,其与家乡的"距离"也就只有"乡悲"而无"乡愁"。② 此种理解强调了乡愁的艺术审美属性,却过于窄化了乡愁的定义。

笔者之所以强调民俗学应该超越和克服乡愁,是因为乡愁和怀旧所追求的往往并非事实意义上的真实。上海那个主打怀旧,用旧月份牌和老照片、老器物装点的酒吧"1931",却陈列着国营上海桅灯厂1969年生产的马灯,这个例子提醒民俗学者,人们的乡愁并不拘泥也不在乎事实或真相,往往只是要消费自己的想象或经由一些符号酝酿的某种氛围。混搭、拼接、剪贴等民俗主义的手法构成了以乡愁和怀旧为基调的文化产业的基本套路③;由于时过境迁这一乡愁的基本机制,旧时的民俗当然要被切割于先前的语境或文脉,再依据当下的需要和感受而在新的文脉或逻辑中将其重新安置,给予新的解释,使之获得新的功能和意义。显然,所有这些只能被理解为当代社会的事实,而不应被视为是过往的民俗真实。

研究了乡愁,把它客体化、对象化,就不难发现乡愁总是现代社会中日常生活的一个现实的部分④,它同时也是现代社会的人们将其日常生活审美化的方式。乡土的文化符号、民俗文物或民俗艺术的片段等,经常被用来帮助实现民

---

① 张勃:《传统村落与乡愁的缓释——关于当前保护传统村落正当性和方法的思考》,《民间文化论坛》2015年第2期。
② 耿波:《中国社会的乡愁传统与现实问题》,《中国文化报》2014年2月18日。
③ 关于乡愁与民俗主义的关系,请参见岩本通弥:「都市憧憬とフォークロリズム」、新谷尚紀、岩本通弥编:『都市の暮らしの民俗学①』、吉川弘文館、2006年10月、第1-34頁。
④ 赵静蓉:《通向一种文化诗学——对怀旧之审美品质的再思考》,《文艺研究》2009年第5期。

俗（从过往或当前的生活文化中抽取出来的特定事项）的审美化。此类民俗文化在现代社会中经常被用来酝酿非日常的感觉①，乡愁便是其中最常见的一种。正如刘铁梁指出的那样，现代人无论多么现代也都是拥有"乡土情结"的人②，研究现代社会的民俗学自然明白此种乡土情结其实具有现代性。乡愁怀旧或乡土情结不是对现实客体（过去、家乡或传统等）原封不动的复制或反映，它依据的想象建立在现实中需要补偿的那些日常生活的基础之上，最常见的情形是赞赏过往或乡土社会的道德、质朴与和谐，乃是因为现代社会里这些品质的稀缺。不言而喻，乡愁是情绪化的，有时温情脉脉，有时又夹杂着痛苦、失落与焦虑，往往会出现情绪压过理性的建构，出现以记忆和想象替代事实的情形。不久前，引起广泛关注的王磊光"博士春节返乡手记"，或许就是情绪影响到是非判断的例子③，民俗学对此类陷阱自当警惕。

  通过对民俗学之与乡愁的关系进行反思，民俗学的一些最为基本、核心的理念和方法也将得到再次检验。例如，遗留物、传统与遗产的理念，抢救和保护民俗的理念，本真性与本质主义的理念，口头传承的理念，口述史和采风的方法等等。传统民俗学突出地强调民俗的口头特征，非常注重口述史的方法和口承文艺之类传统的研究，但此类回忆性口述史存在着明显的真实性困扰，民俗学不应对其过度评价或过度期许。与此同时，民俗学的记忆论作为方法也值得警惕，因为记忆无论如何是经过了筛选和美化的。通过采风所产生的文本，如何才能避免变异为知识分子的审美化改写，也很值得掂酌。民俗学者对于自身深陷乡愁情结而又固执于本真性的自相矛盾窘境，应该有清醒的认知和反思；丧失性叙事中对乡愁建构的默许和本质主义的民俗观也难免有自相矛盾的尴尬。正如本迪克丝曾经指出的，对本真性的执着与渴望渗透于民俗学史，但这种追求基本上是一项情感和道德的事业。"长久以来，民俗学被当成寻求本

---

① 河野真：《现代社会与民俗学》，周星译，《民俗研究》2003 年第 2 期。
② 刘铁梁：《现代人的乡土情结——在"传统与文艺——2008 北京文艺论坛"上的发言》，新浪读书（http://book.sina.com.cn），2008 年 12 月 19 日。
③ 魏策策：《评博士返乡日记：别因乡愁不讲是非》，《中国社会科学报》2015 年 3 月 9 日。

真性的载体,满足了逃避现代化的渴望。理想的民俗学界被当成摆脱了文明邪恶的纯洁之地,是任何非现代的隐语。"① 民俗学把乡村、乡土和家乡等置于和乡愁密不可分的情感联系之中,同时致力于在上述那些概念的名义之下开展的各种振兴活动,然而,美丽的乡愁和被认为具有本质性价值的珍稀传统能够融为一体的所谓乡村、乡土或家乡,不过是民俗学者头脑中的一种"乌托邦"而已。

把乡愁和故乡观等视为民俗学的研究对象,意味着将其在现代社会的文脉中予以解释,因此,这类研究不是朝向过去,而是朝向当下,故是现代民俗学的重要课题。在中国,传统民俗学若要脱胎换骨而成为现代民俗学,此一课题难以绕过。中国民俗学的导师钟敬文曾经意识到"现代社会中的活世态",乡愁和故乡观正是这类"活世态"之一。随着中国现代化进程的加速、都市化和生活革命的持续进展,中国民俗学也面临着全新的机遇:是继续沉溺于乡愁、固执于那些既定的传统民俗事象,还是彻底转型、把生活革命和现代社会的日常生活视为正当的研究对象?自称研究普通民众的日常生活,研究人们的生活方式的民俗学,是时候该正面关注当下的现代日常和生活革命,亦即都市型生活方式了。都市化和生活革命所导致形成的现代日常生活,当然不会因为民俗学没有关注它或认为它不是"民俗"而不存在,而失去意义,反倒是民俗学自诩的朝向当下、关注现实生活的期许,如果忽视了生活革命及其后果,将很容易落空。

当前,有一些中国民俗学者已经开始在认真地思考现代民俗学的基本问题。高丙中提倡中国民俗学在 21 世纪应该成为公民日常生活的文化科学。② 黄永林和韩成艳主张,中国民俗学应该从追溯历史、重构原型、关注传统,从对孤立事象的研究,转向关注当下,开展面向"生活世界"的研究;从注重口头传统,

---

① 瑞吉娜·本迪克丝:《民俗学与本真性》,李扬译,《民俗学刊》第五辑,澳门出版社 2003 年版,第 81—94 页。
② 高丙中:《中国民俗学的新时代:开创公民日常生活的文化科学》,《民俗研究》2015 年第 1 期。

转向注重现代传媒，立足于当今文化和民俗生活所处的时代背景，致力于阐释和服务于当今社会。① 刘铁梁指出，当前的都市化进程要求民俗学改变过去那种总是寻找和保护传统民俗的习惯，根据当下现实生活的变化提出新的研究课题。② 岳永逸批评了守旧的乡土民俗学视角，以及对记录当下的淡漠意识。他指出，当今如果还是固守乡土，愁肠百结地寻求过去的、本真的民俗，难免如盲人摸象，仍旧是频频回首的守旧的民俗学。以北京为例，诚如岳永逸批评的那样，关于北京民俗的书籍绝大多数都在谈论基本上已经消失的"老北京"，而对当下北京市民的日常生活完全没有感觉。他本人致力的"都市民俗学"是要直面正在发生巨变的社会现实，关注眼前身边的民俗，在对都市新旧参差的民俗现实予以关注的同时，也关注当代中国各个角落的都市化特征。③ 岳永逸认为，在乡土中国，即便城市也都有"乡土味"，但在现代中国，即便是乡村也都有"都市味"；都市化使得都市已不再是"城乡二元结构"中的"都市"，同样，乡村也不再是过去的乡村。眼下的中国城乡都有浓厚的"城市性"，二者之间有很多"同质性"。这种观点超越了历来把都市和乡村截然对峙的观念，与笔者归纳的生活革命，亦即都市型生活方式在全国的大面积普及的观点在很多地方不谋而合。基于上述理念，岳永逸主张的新一代"都市民俗学"，其视野必须既有都市又包括农村，其实就是要用一种都市化的视野关怀流动不居的城乡民俗生活。④

如此看来，中国民俗学的现代转型并非只是把研究对象从乡村转向都市那么简单，而是要关注城乡民众最为基本的现代日常生活。的确，民俗学长期以来所设定的对象，亦即民俗之"民"主要生活在乡村，现在和今后将越来越多地居住在都市（或都市化了的乡村），城乡居民越来越多地共享着都市型生活

---

① 黄永林、韩成艳：《民俗学的当代性建构》，《华中师范大学学报》（人文社会科学版）2011 年第 2 期。
② 刘铁梁：《城市化过程中的民俗学田野作业》，《文化遗产》2013 年第 4 期。
③ 岳永逸、张海龙（访谈）：《都市中国的乡愁与乡音》，《兰州晨报》2015 年 2 月 28 日。
④ 柏琳、岳永逸：《人的价值始终是都市民俗学的核心》，《新京报》2015 年 4 月 25 日。柏琳、岳永逸：《对话：时代变迁，民俗变脸》，《新京报》2015 年 4 月 25 日。

方式，包括"大众文化、交通、技术、媒体、休闲时间等所有这些现代现象，现在都是城市生存方式的一部分"①。因此，比起只是选择都市社会中某些更具有传统色彩的民俗文化现象来研究，更重要的则是对城乡居民，对生活者、消费者、市民或公民的人生与日常进行民俗学的研究。

---

① 沃尔夫冈·卡舒巴：《民俗学在今天应该意味着什么？——欧洲经验与视角》，彭牧译，《民俗研究》2011年第2期。

再问民俗学"生活世界"概念的理所当然*

户晓辉

本次东京会议的议题是"再问'理所当然':中日韩高层集体公寓变迁中的生活方式与生活世界",我想再问民俗学者们理解的"生活世界"概念的理所当然,也就是再问我们的工作概念——"生活世界"的前提或前理解问题。

首先来看德语地区民俗学在接受和理解"生活世界"概念时的得与失。

百余年来,民俗学一直被理解为有关民众生活的学科,对此,德国民俗学的开创者里尔(Wilhelm Heinrich Riehl,1823—1897)和瑞士民俗学的先驱者魏斯(Richard Weiss,1907—1962)等学者都有所论述[1]。可是,在相当长的历史时期里,民俗学关注的核心问题大多是民俗事象而非民俗生活。20世纪60年代初,为了清算纳粹利用民俗学的历史,并摆脱"民俗学"的意识形

---

* 本文系作者于 2014 年 10 月 4 日在日本东京参加"再问'理所当然':中日韩高层集体公寓变迁中的生活方式与生活世界"国际学术研讨会的演讲稿,曾以中、日、韩三种文字发表于日本日常和文化研究会《日常と文化》第 1 号、三铃株式会社、2015 年 3 月 31 日,汉语文本首次单独发表于本文集。

[1] 参见 Helge Gerndt, *Kulturwissenschaft im Zeitalter der Globalisierung. Volkskundliche Markierungen*, Waxmann Verlag GmbH, Münster, 2002, S.192;关于德语地区其他学者的相关论述,参见户晓辉:《返回爱与自由的生活世界:纯粹民间文学关键词的哲学阐释》,江苏人民出版社 2010 年版,第 15—17 页。

态色彩，德国民俗学的图宾根学派率先转向了日常生活研究，代表性的著作就是鲍辛格的《技术世界中的民间文化》①一书。这种转向不仅是试图使民俗学和民间文化研究向当前生活世界的现实开放，而且是向历史性和历史开放。②应该说，"生活世界"这个哲学概念为德国民俗学转向日常生活研究提供了重要的启发和影响。鲍辛格曾告诉我，他的"生活世界"概念来自胡塞尔和许茨，"生活世界是环境中你自己创造的那部分"③。但可惜的是，德国民俗学者在接受和理解"生活世界"这个概念时，严重忽视了它的哲学含义以及对科学主义和实证主义的批判功能，并且轻易地把它等同于或替换为"日常生活"。有学者甚至指出，图宾根学派的"日常生活"（Alltag）概念，主要不是指许茨等人的知识社会学意义上（即在主体之间分享常识）的经验层面，而是依据法国马克思主义者昂利·列斐伏尔（Henri Lefebvre，1901—1991）的理论，指平淡乏味的日常生活，其核心不是历史的客观结构，而是个人对日常生活的主观感受和微观体验。④在20世纪80年代，德国民俗学被理解为区域文化的社会史（Sozialgeschichte regionaler Kultur）或对社会变迁做经验的文化研究（empirische Kulturforschung des sozialen Wandels）。⑤

21世纪以来，德语地区的民俗学纷纷改名为欧洲民族学或经验文化学，变

---

① 赫尔曼·鲍辛格：《技术世界中的民间文化》，户晓辉译，广西师范大学出版社2014年版。
② 参见 Thomas Hengartner, *Forschungsfeld Stadt. Zur Geschichte der volkskundlichen Erforschung städtischer Lebensformen*, Dietrich Reimer Verlag, 1999, S.133。
③ 户晓辉：《德国民俗学者访谈录》，《民间文化论坛》2006年第5期；中国社会科学院文学研究所编：《走向世界的中国文学研究》，社会科学文献出版社2010年版。
④ 参见 Guido Szymanska, „Zwischen Abschied und Wiederkehr: Die Volkskunde im Kulturemodell der Empirischer Kulturwissenschaft", *Standortbestimmungen. Beiträge zur Fachdebatte in der Europäischen Ethnologie*, Tobias Schweiger und Jens Wietschorke(Hg.), Verlag des Instituts für Europäische Ethnologie, Wien 2008, S. 80。
⑤ 参见 Wolfgang Brückner, „Geschichte der Volkskunde. Versuch einer Annäherung für Franzosen", *Deutsche Volkskunde-Französische Ethnologie. Zwei Standortbestimmungen*, Isac Chiva, Utz Jeggle(Hg.), Campus Verlag GmbH, Fankfurt/Main, 1987, S.125；王杰文也指出，"尤其是在战后崛起的一代民俗学家，比如赫尔曼·鲍辛格、沃尔夫冈·卡舒巴那里，'生活世界'并不具有哲学的意涵，个人认为，他们所谓'生活世界'就是我们中国人理解当中的现象层面的'当下的日常生活'"。（《"生活世界"与"日常生活"——关于民俗学"元理论"的思考》，《民俗研究》2013年第4期）

成了一门具有许多名称的学科（Vielnamenfach）[1]。作为经验文化学的欧洲民族学主要指向主体在具体的生活关联中的日常实践形式并且强调微观研究。[2]对此，德语地区不同的学者有大同小异的描述和理解，例如，黑尔格·格恩特（Helge Gerndt）指出，民俗学的方法论能力来自其学科史，即文化比较、语境化和返回生活世界。民俗学把日常的生活世界当作主题，并且在地区的和文化空间的关系域中来描述生活世界，它把日常的生活世界理解为负载着文化意义即被历史和社会认可的意义构成物。[3]马丁·约纳斯（Martin Jonas）认为，"一门民俗学的文化学试图在生活世界的不同布局中描述并分析生活世界"[4]；还有一些学者认为，民俗学的"生活世界"范畴涉及不同的维度，这些维度能够从自然的、时间的和社会的视域加以限定，并且划分为不同的结构领域和功能领域[5]。

尽管把日常生活等同于生活世界在一定程度上也能够起到拓展民俗学研究领域的作用，尽管谁都拥有不选择胡塞尔"生活世界"概念的自由，但我的问题是：这种自由将给民俗学带来怎样的损失？我们是否需要再问民俗学者用"日常生活"替换"生活世界"这种做法的理所当然？

实际上，吕迪格·韦尔特（Rüdiger Welter）已经提示我们，胡塞尔的超越论自我及其世界的现象学，在第一悬搁中已经排除了日常社会学当作对象的一

---

[1] Regina F. Bendix, "From *Volkskunde* to the 'Field of Many Names': Folklore Studies in German-Speaking Europe Since 1945", *A Companion to Folklore*, Regina F. Bendix and Galit Hasan-Rokem(ed.), Wiley-Blackwell, 2012, p.364.

[2] 参见 Brigitta Schmidt-Lauber, „Europäische Ethnologie und Gemütlichkeit. Fragen einer Alltagskulturwissenschaft", *Österreichische Zeitschrift für Geschichtswissenschaften*, 15. Jg., Heft 4, 2004。

[3] 参见 Helge Gerndt, *Kulturwissenschaft im Zeitalter der Globalisierung. Volkskundliche Markierungen*. Waxmann Verlag GmbH, Münster, 2002, S.263, 240, 245。

[4] Martin Jonas, „Volkskundliche Kulturwissenschaft als "Grundwissenschaft"? Nachtrag zur Studierendentagung 2007 in Wien", *Aus dem Tagungskoffer. Reflexionen einer Studierendentagung*, Laura Hompesch, Martin Jonas, Judith Punz, Anna Stoffregen(Hg.), Verlag des Instituts für Europäische Ethnologie, Wien 2009, S. 16.

[5] 参见 Günter Wiegelmann, Matthias Zender, Gerhard Heilfurth, *Volkskunde: Eine Einführung*, Berlin: Erich Schmidt Verlag, 1977, S.231。

切东西。如果社会学接受的"生活世界"术语不是对超越论自我及世界而是对自然态度中的自我及世界的世间描述,那么,把胡塞尔的术语转入完全不同的兴趣领域这种做法本身就需要做详尽的辩解,而不是简要的提示。① 德语地区不少民俗学者都赞同并采纳了许茨的社会学观点,纷纷使民俗学社会学化和社会科学化②,因而同样需要做出理论的辩解。许茨明确表示,社会科学研究的不是互为主观性或交互主体性的哲学方面,而是人们在自然态度中体验到的生活世界的结构;经验社会科学的真正基础是自然态度的构成现象学,而不是超越论现象学。③ 这种观点实际上已经背离了胡塞尔,因为在胡塞尔那里,世界本来就是超越论的现象,生活世界固然是人们直接经验的世界,但如果没有对自然态度的悬搁,生活世界也不能显山露水并且被当作主题。④ 胡塞尔还指出了两种主题化的方式:客观科学直接把世界客观地当成主题,而精神科学则以主观相关的方式,或者在主观给予的方式中把世界当作主题。也就是说,

---

① 参见 Rüdiger Welter, *Der Begriff der Lebenswelt. Theorien vortheoretischer Erfahrungswelt*, Wilhelm Fink Verlag, 1986, S.185。
② 参见 Wolfgang Kaschuba, *Einführung in die Europäische Ethnologie*, Verlag C.H.Beck München, 2006, S.93。
③ 参见 Alfred Schutz, "Husserl's Importance for the Social Sciences", *Edmund Husserl, 1859-1959: Recueil Commémoratif publie a L'occasion du centenaire de la Naissance du Philosophe*, Martinus Nijhoff/ La Haye, 1959。许茨的观点并不一致,至少他曾认为,"理解生活世界的意义的途径是超越论现象学的途径。正因如此,后者才能独自为一切文化科学和社会科学创造基础。这些科学研究的一切现象都是我们这个生活世界的现象"(Alfred Schutz, *Collected Papers*, IV, Edited by Helmut Wagner and George Psathas, Kluwer Academic Publishers, 1996, p.107)。关于许茨与胡塞尔的"生活世界"概念的比较和深入讨论,参见 Frank Welz, *Kritik der Lebenswelt: eine soziologische Auseinandersetzung mit Edmund Husserl und Alfred Schütz*, Westdeutscher Verlag GmbH, Opladen 1996。
④ 正因如此,许茨也要对自然态度进行悬搁。"与胡塞尔以先验还原的方法研究日常生活实在不同,他(许茨——引注)创造并阐述了'自然态度的悬置'这样一个概念。这种悬置与胡塞尔所说的现象学悬置不同——它不是理论研究活动中社会科学家所进行的悬置,而是生活世界中的正常人在过正常生活的过程中所进行的悬置;它不是抱着怀疑态度进行的悬置,而是普通人的抱着理所当然的态度进行的悬置,因为日常生活现象被他们看作是理所当然的","他(许茨——引注)指出,在持自然态度的同时,生活世界中的行动者还必须突破他的自然态度,因为生活世界本身中存在着超越性和能动性的维度","许茨明确指出,对一个生活中的现代人来说,被认为理所当然的世界的预先构成部分是不充分的,它是一个开放的世界,因此仅仅依靠自然态度是不够的","许茨希望通过对日常生活世界意义结构的描述和揭示,使人超越自在的日常存在状态,成为自由的、创造性的个体"。参见何林:《许茨的生活世界理论及其当代意义》,《辽宁大学学报》(哲学社会科学版)2010年第6期。

"现在我通过超越论的还原反转过来了；现在产生了一种精神科学，它事先并没有世界，也并不总是坚持这个世界"，这时"主观地"指"主观本身成为主题，而不问客观的自然"，或者说，"现在以这种方式成为我们的主题的绝非世界，而仅仅是以变动的给予方式，不断地预先给予我们的世界"。① 换言之，在胡塞尔看来，这种新产生的精神科学把主观给予的世界当作主题，就等于把自由的、历史的人当作主题，因为被主观给予的世界总是人的世界，人也不是外在于世界的人，而是在世界之中并且具有人格或人格态度（die personale Einstellung）的人。② 人格不是指人的性格或心理素质，而是指人作为个体所独具的、不可被剥夺的精神存在，主要指人拥有权利并承担义务的道德能力和自由能力。正如海因里希·布林克曼（Heinrich Brinkmann）所指出，客观的自然科学不能发现自由，精神科学与自然科学不仅涉及不同的对象领域，而且涉及不同的人观（Auffasungen vom Menschen）。具体而言，精神科学涉及的人是道德存在者，也就是有责任能力和自由能力的人。精神科学的研究必须考虑和理解人的责任能力和自由能力。③ 如果民俗学只是以客观科学的方式直接把生活世界当作主题或者只是研究自然态度中的日常生活，那么，这种研究就无法呈现具有责任能力和自由能力的人。也就是说，"在性质世界中没有具体的主体性（个人存在的自由意义）的位置，只有原始的生活世界才是主体性的绝对的策源地"④。这是民俗学抛弃胡塞尔"生活世界"概念的超越性之后可能遭遇的最大危险和损失。因此，我在2008年就指出：

---

① 参见 Edmund Husserl, *Die Krisis der europäischen Wissenschaften und die transzendentale Phänomenologie. Eine Einleitung in die Phänomenologische Philosophie*, Martinus Nijhoff Haag, 1954, S.305, 157。
② 参见 Edmund Husserl, *Die Krisis der europäischen Wissenschaften und die transzendentale Phänomenologie. Eine Einleitung in die Phänomenologische Philosophie*, Martinus Nijhoff Haag, 1954, S.302。
③ 参见 Heinrich Brinkmann, *Lebenswelt und Wissenschaft: Vorträge und Aufsätze*, Pfungstadt bei Darmstadt, 1993, S.151-153。
④ 吕微：《民间文学——民俗学研究中的"性质世界"、"意义世界"与"生活世界"——重读〈歌谣〉周刊的"两个目的"》，《民间文化论坛》2006年第3期。

在近年对"生活世界"概念越来越频繁地使用过程中，民俗学者们仍然大多把"生活世界"理解为直接存在于我们周围或者我们直接生活在其中的客观的日常生活世界。换言之，在民间文学或民俗学界，"生活世界"几乎是"日常生活"的同义词。这不仅隐含着对胡塞尔"生活世界"概念的误解，更在很大程度上遮蔽了这一概念给当代民间文学或民俗学研究可能带来的重要革新作用，因而有必要重新讨论。①

我在《返回爱与自由的生活世界：纯粹民间文学关键词的哲学阐释》一书中，已经专门追问了胡塞尔"生活世界"概念的问题域及其对民俗学的价值和意义。本文之所以要再次追问民俗学者们理解这一概念的理所当然，是因为"被视为理所当然的东西却恰恰是生活世界的哲学所要揭示的。把它当作某种被现成给与（予）的存在者就等于跳过了真正本源的问题，（从而）丧失了认识生活世界的可能性"。②为此，我要补充说明如下：

（1）在胡塞尔那里，由于客观科学忘记了其理论活动最初是奠基于生活世界的直接性之上的，因此，返回生活世界的号召，其实就是号召悬搁客观主义态度。③如果民俗学只取"生活世界"的空名而回避悬搁客观主义的态度，那么，这种"生活世界"概念，在民俗学的日常生活研究中就只能是有名无实，民俗学就无法摆脱客观的实证科学的惯性，从而变得积重难返、积习难改。只要我们承认民俗是生活世界中特定的实践行为，我们就不能用实证科学的方式来对待并研究民俗实践，因为实证科学的方式只能导致对实践主体的人格、精神以及责任能力和自由能力的忽视或遮蔽。

（2）胡塞尔的"生活世界"是共同的意义基础，它具有双重类型，即普

---

① 户晓辉：《民俗与生活世界》，《文化遗产》2008 年第 1 期。
② 张祥龙：《胡塞尔"生活世界"学说的含义与问题》，载尹树广、黄惠珍编：《生活世界理论：现象学·日常生活批判·实践哲学》，黑龙江人民出版社 2004 年版，第 51 页。
③ 参见 R. Philip Buckley, *Husserl, Heidegger and the Crisis of Philosophical Responsibility*, Kluwer Academic Publishers, 1992, p.98。

遍的、先验的生活世界（形式的、不变的）和具体的、实际的生活世界（内容的、变化的、相对的）。① 或者说，按胡贝特·霍尔（Hubert Hohl）的划分，人的精神的、历史的和共同的生活有三个层次：一是直接经验的日常生活；二是反思的生活（如科学的生活）；三是绝对的生活，即在绝对反思中才能达到并且以自身的意愿绝对地塑造其周围世界的生活。② 显然，研究第三层次的生活的是现象学而非民俗学。但是，在胡塞尔那里，生活的这三个层次实际上是一体的和统一的③，也就是说，每一个经验的我，都包含着一个先验的我。经验的我是不同的，但先验的我则是相同的。如果民俗学只研究第一层次的生活而忽视第三层次的生活，那就可能堕入相对化、差异化、地方化、民族化、碎片化的文化表象而失去学科自身的统一性，变成单纯的个案堆积和叠加。相反，保持普遍的、先验的生活世界的维度，则有助于恢复民俗学自身的统一性和连贯性，并由此返回民俗学的实践理性起点，"回到先于性质（经验）世界的意义（先验）世界即'生活世界'这个前概念的'事情'本身"④。进而言之，民俗学研究的实践准则恰恰是从第三种生活（先验的我）出发来看第一种生活（经验的我），而不是仅仅沉溺于第一种生活做各种各样的归纳和描述。

（3）胡塞尔指出，普遍的生活世界的先验性（Apriori）是普遍的、前逻辑

---

① 参见 Hubert Hohl, *Lebenswelt und Geschichte: Grundzüge der Spätphilosophie E. Husserls*, Verlag Karl Alber Freiburg /München, 1962, S.32；即便从经验上说，在如今的时代，越来越多的同时代人也能够感到不同民族的生活世界就是唯一的"人类文化"的变体，参见 Helge Gerndt, *Kulturwissenschaft im Zeitalter der Globalisierung. Volkskundliche Markierungen*, Waxmann Verlag GmbH, Münster, 2002, S.260。
② 参见 Hubert Hohl, *Lebenswelt und Geschichte: Grundzüge der Spätphilosophie E. Husserls*, Verlag Karl Alber Freiburg /München, 1962, S.49。
③ "胡塞尔在通往生活世界哲学的道路上借用了某种有关生活的概念，这一概念远远超出了他实际上用'生活世界'所指谓的东西。如果'生活世界'在胡塞尔各种讨论的论证关系中是某个确定的人类经验基地的名称，那么'生活'在他那里就意味着一切可能的生活——从生物学上的现实到文化生活直到'先验的生活'"（〔德〕E.W.奥尔特：《"生活世界"是不可避免的幻想—胡塞尔的"生活世界"概念及其文化政治困境》，邓晓芒译，《哲学译丛》1994 年第 5 期）。
④ 吕微：《民间文学—民俗学研究中的"性质世界"、"意义世界"与"生活世界"——重读〈歌谣〉周刊的"两个目的"》，《民间文化论坛》2006 年第 3 期。

的先验性，不同于客观—逻辑的先验性，因此，对这两种先验性做出原则性区分至关重要。① 格尔德·布兰德（Gerd Brand）解释说，现象学的先验性就是从一开始决定一切经验的形式，但这种形式又是质料的、具体的先验性，它内在于经验自身之中，因而是作为单独一类经验被体验到的先验性。在现象学看来，意识总是对……的意识，而"我"总是在世界之中经验着世界的生活或生命。② 也就是说，在先验性的意义上，超越论的我不是与世界处于对立的两极，而是在世界之中的先验生活本身。现象学的先验性指的不是经验的时间之先，而是经验的条件之先。生活世界不是个人的事实性经验对象，而是一种先验意识的"对象"。它虽然是相对于人而有效的世界，却不是相对于人的主观心理而有效的偶然经验的世界，而是偶然经验世界的一般结构和普遍本质，是变中之不变。③ 胡塞尔的助手路德维希·兰德格雷贝（Ludwig Landgrebe）也指出，生活世界哲学的主题是胡塞尔所谓"形式的、普遍的东西，即在生活世界的一切相对性变化中保持不变的东西"④，这是对不同的生活世界的一切经验研究而言的先验性，是比较与区分具体的、不同的生活世界的可能性条件。因此，其他学科也需要这种意义上的超越论规则，来对不同的生活世界进行分析、描述和比较。⑤ 这也就意味着，生活世界的意识和自然态度中的意识一直由一种绝对意识承载着。现象学还原为我们打开了通往生活世界构成原理即绝对意识或绝对主观性的道路。因此，生活世界的发生只是这种绝对主观性的"自身客观化"（Selbstobjektivation）。胡塞尔的"生活世界"概念不是社会学的"日常生

---

① 参见 Edmund Husserl, *Die Krisis der europäischen Wissenschaften und die transzendentale Phänomenologie. Eine Einleitung in die Phänomenologische Philosophie*, Martinus Nijhoff Haag, 1954, S.144。
② 参见 Gerd Brand, *Die Lebenswelt: Eine Philosophie des konkreten Apriori*, Walter de Gruyter, 1971, S.51-52。
③ 参见高秉江：《胡塞尔"生活世界"的先验性》，载尹树广、黄惠珍编：《生活世界理论：现象学·日常生活批判·实践哲学》，黑龙江人民出版社2004年版，第145页。
④ Edmund Husserl, *Die Krisis der europäischen Wissenschaften und die transzendentale Phänomenologie. Eine Einleitung in die Phänomenologische Philosophie*, Martinus Nijhoff Haag, 1954, S.145。
⑤ 参见 Ludwig Landgrebe, "Lebenswelt und Geschichtlichkeit des menschlichen Daseins", *Phänomenologie und Marxismus, Band 2: praktische Philosophie*, Bernhard Waldenfels, Jan M. Broekman und Ante Pažanin(Hg.), Suhrkamp Verlag Frankfurt am Main, 1977, S.29-30。

活"概念的前身，而是审查"日常生活"概念的机关（Instanz）[1]。进而言之，绝对意识也源于超越论的我（das transzendentale Ich）。如果民俗学放弃了生活世界的构成原理即绝对意识的道路，那就等于放弃了日常生活研究的尺度和标准，就可能落入文化相对主义的泥淖。

（4）生活世界的"构成"不只是为意识带来存在者的显现，而是通过意识的设定成就来创世（Weltschöpfung）或创造存在（Schöpfung des Seins）。这种意识就是绝对意识或超越论的我。超越论的我是伦理的我（das sittliche Ich），也就是具备责任能力和自由能力的我[2]。这个我相当于费希特所谓"本原行动"（Tathandlung）的我，也就是纯粹实践的我。这就意味着生活世界的"构成"不仅是一种认识，更是一种本源的实践行为。我对我的世界经验和创造负责，这里的我就是人格的我。每个人的人格的我都是平等的。"生活世界"概念引入民俗学的重要意义之一就在于，通过"生活世界"的先验性彰显民俗实践的先验性，让我们在从各种各样的民俗现象中看到经验的我的同时，不要忘记超越论的我的人格性和自由实践能力。如果民俗学把这种超越论的我从生活世界中排除出去，那么，不仅生活世界的统一结构和形式特征无从谈起，只剩下复数意义上相对的生活世界内容，而且民俗学研究的人也就不再是具有自由能力和平等人格的人，这样一来，生活世界也就无以成为爱与自由的世界。

（5）"生活世界"概念的引进不仅使民俗学转向了当前的日常生活，更要求以往的实证民俗学转向实践民俗学。民俗学的生活世界不是由民俗事象构成的静态世界，而是由民俗实践创造并建构起来的动态世界，也就是一个民俗实践的世界。因此，在生活世界的民俗实践中，"文化"概念已经得到进

---

[1] 参见 Manfred Sommer, „Der Alltagsbegriff in der Phänomenologie und seine gegenwärtige Rezeption in den Sozialwissenschaften", *Pädagogik und Alltag: Methoden und Ergebnisse alltagsorientierter Forschung in der Erziehungswissenschaft,* Dieter Lenzen(Hrsg.), Verlagsgemeinschaft Ernst Klett, 1980, S.35-37.

[2] 参见 Ludwig Landgrebe, *Der Weg der Phänomenologie. Das Problem einer ursprünglichen Erfahrung,* Gütersloher Verlagshaus Gerd Mohn, Gütersloh, 1963, S.147, 196.

文学或民俗学研究的唯一"世界"。①

进而言之,生活世界是民俗学的出发点和归宿。从生活世界出发意味着从德国浪漫派为民俗学赋予的内在目的和实践意志出发,即从自由意志出发,尊重人的本性(即人格)和事物的特性(Eigentümlichkeit),也就是以人和事物自身为目的,尊重并维护不同的民族、文化和个人保持不同(Ungleichheit)的相同(gleich)权利[2]。尽管人们构造出来的具体的生活世界各不相同,但生活世界的统一结构和先验形式所蕴含的超越论的我则是相同的和平等的。民俗学与其他学科的根本不同在于,它不是对具体的、不同的生活世界进行归纳,而是从生活世界的先验立场出发,也就是从超越论的我出发,用自由意志把人和研究"对象"都看作有机体,也就是在把他们当作手段的同时也把他们当作目的,这是另一种无(研究和认识的)目的的合(事物本身的)目的。恰恰在这个意义上,民俗学才能与生活世界发生深层的关联。因为在胡塞尔那里,生活世界尽管是主观相对的,却仍然具有超越论的统一结构和无目的的合目的性。胡塞尔一方面强调生活世界具有先于一切目的而被给定的审美特性[3],它是一种"构成物",但不是"目的构成物",另一方面又指出,生活世界也可能是主体"按照想象的和意愿的兴趣——目的的兴趣生活"。[4] 如果像目前多数学者那样追随许茨,先把"生活世界"概念在胡塞尔那里的超越论特征消解掉,然后再引入民俗学的研究,那么,引进这个概念的根本价值和意义就已经

---

[1] 户晓辉:《民俗与生活世界》,《文化遗产》2008年第1期。
[2] 参见 Harm-Peer Zimmermann, *Ästhetische Aufklärung. Zur Revision der Romantik in volkskundlicher Absicht*, Verlag Königshausen & Neumann GmbH, Würzburg, 2001, S.502。
[3] "其实,康德《判断力批判》的世界才是最经常的、最本真的世界,正是胡塞尔所说的'生活世界',海德格尔所说的'存在'的世界"(《叶秀山学术文化随笔》,中国青年出版社1999年版,第171页)。
[4] 这反映了胡塞尔"生活世界"概念的层次性和多义性以及他的目的论思想,参见 Edmund Husserl, *Die Krisis der europäischen Wissenschaften und die transzendentale Phänomenologie. Eine Einleitung in die Phänomenologische Philosophie*, Martinus Nijhoff Haag, 1954, S.141, S.461-462, S.466。

一步扩展，它不再仅仅是习俗和流传意义上的传统，也不仅仅是教育和特权意义上的精华，而是在广义上指人们遵循特定规则的思维活动、解释活动和行为活动的实践①。不仅文化是人们遵循特定规则的实践，作为文化学的民俗学实际上也是遵循特定规则的实践。生活世界的民俗学本来就应该是实践民俗学。

（6）如果说日常生活是展示生活世界的一种特定形式，那么，日常生活中也常常有遗忘。这里的遗忘不是遗忘什么东西，而是日常生活对生活世界的遗忘，所以，才需要日常生活的自我启蒙②。民俗学的首要任务不是对日常生活中的记忆内容和被遗忘的东西进行拾遗补缺，而是克服日常生活对生活世界的遗忘，至少要对这种遗忘做出提醒或警示。

因此，我在《民俗与生活世界》一文中已经指出：

> 民间文学或民俗学的"生活世界"是人的"超越论（先验）的我"构造的成就；它是一个先于实证科学经验的世界，因而也是一个为认识或实证主义科学所难以理解和把握的世界。
>
> 民间文学或民俗学的"生活世界"是一个直接经验或直观的世界，但要洞察它的结构和特征，必须经过现象学还原，即悬搁客观主义世界观和客观科学的方法论；这就意味着，"生活世界"概念的引进不是为了"扩大"民间文学或民俗学已有的"地盘"和研究领域，而是彻底改变学科以往的一切客观主义世界观和客观科学的方法论，将以往的所谓"客观"研究对象（无论是神话、歌谣、史诗还是所谓的物质民俗）全部还原为主观的生活世界；生活世界不是民间文学或民俗学的"世界"之一，而是民间

---

① 参见 Wolfgang Kaschuba, *Einführung in die Europäische Ethnologie*, Verlag C.H.Beck München, 2006, S.98.
② 参见 Bernhard Waldenfels, „Lebenswelt zwischen Alltäglichem und Unalltäglichem", *Phänomenologie im Widerstreit: Zum 50. Todestag Edmund Husserls*, Christoph Jamme und Otto Pöggeler(Hg.), Suhrkamp Verlag Frankfurt am Main, 1989, S.107.

丧失殆尽。①尽管民俗学并不研究现象学，也不能研究生活世界本身②，但保持生活世界的超越论维度正是返回德国浪漫派为民俗学赋予的古典理想和自由意志的重要途径。要"避免将生活世界简单地等同于日常世界或研究对象的粗暴做法"，我们就必须明白，"'生活世界'也不是民俗学的研究对象，而应该是民俗学研究的立足点"，"'生活世界'为包括民俗学在内的整个人文社会科学的'研究'揭开了崭新的一页"，"民俗学与民俗学'研究'的潜在的伟大贡献，是对人的生活、生命与自由存在的极大关注与探讨。在这方面，没有哪一个学科可以与民俗学相媲美，这可能正是民俗学之所以能够安身立命的关键之所在吧"。③

如上所述，从生活世界的先验立场出发，更意味着把理论民俗学转变为实践民俗学。"生活世界"概念能够为民俗学带来的不仅是研究领域或研究"对象"的统一性④，更重要和更根本的是统一的实践准则，也就是为实践民俗学赋予底线伦理和实践律令。只有借助胡塞尔的"生活世界"概念使民俗学返回自

---

① 参见户晓辉：《返回爱与自由的生活世界：纯粹民间文学关键词的哲学阐释》，江苏人民出版社 2010 年版，第 291—292、312、326—330 页。

② 早在 1994 年，高丙中就敏锐地指出，"民俗学探讨的是生活世界的问题，但是它实际上并不能研究整体的生活世界或把生活世界作为整体来研究"，"我们并不能看见整个生活世界。因此，我们可以想象它，思考它，谈论它，但是，我们并不能研究它"，"基于这一认识，笔者把民俗学的直接对象定为民俗和民俗生活，而把生活世界和生活文化作为民俗学的领域"高丙中：《民俗文化与民俗生活》，中国社会科学出版社 1994 年版，第 145—146 页）。我也已经指出，"当我们说生活世界不能研究的时候，无疑指的是单数意义上的生活世界，这样的生活世界正是一个先天的（a priori）、先验的生活视域或视界（Horizont），它作为我们的共同视域或视界是预先被给予的东西，但并不被我们主题化，因而不是我们认识和研究的对象⋯⋯民间文学或民俗是在生活世界的视域或视界中构造起来的现象，由于具体被给予的经验的差异，就形成了不同的生活世界现象，因而，我们可以谈论复数意义上的生活世界现象。民间文学或民俗正是这样的生活世界现象"（户晓辉：《返回爱与自由的生活世界：纯粹民间文学关键词的哲学阐释》，江苏人民出版社 2010 年版，第 367 页）。

③ 参见邵卉芳：《"生活世界"再认识》，《民俗研究》2012 年第 6 期。

④ 高丙中在谈到引入"生活世界"这个概念对民俗学研究的作用时指出，"有了'生活世界'这个完整的概念，民俗学的领域再也不显得零碎了。过去由于没有达到这种整体性的把握，看见民俗研究一会儿文艺，一会儿巫术，一会儿物质生活，一会儿习惯法，难免认为它们是五花八门，乱七八糟。现在，它们不仅相干相关，而且共同组成了完整的生活世界"（高丙中：《民俗文化与民俗生活》，中国社会科学出版社 1994 年版，第 138 页）。

己的实践理性起点并且以此重建实践民俗学，才能从根本上拯救民俗学碎片化、个案化、实证科学化以及在诸多学科中自我迷失的危机。

正因如此，我要提醒东亚的民俗学者：在把"生活世界"这个哲学概念引进民俗学时，不要像德语地区多数民俗学者那样，因为走得太远而忘记为什么出发。

中国民俗学的新时代：
开创公民日常生活的文化科学*

高丙中

  民俗复兴是中国过去三十多年的文化大事件，普通公民有机会在自己的生活中恢复传统民俗的活力，这与"五四运动"以来不得不放弃民俗的趋势大为不同。中国当代的民俗学也逐渐走上一条与"五四运动"以后的民俗学完全不同的道路。经过二十多年的转型，中国民俗学已然完成一次理论转向和方法更新，已然与所处的社会全面建立起一种新的积极关系，发展成为一门关于公民日常生活文化研究的学科，因此，相较于以前的文史性的遗留物研究，我们可以说，中国民俗学进入了一个新的时代。

  中国民俗学的当代变化实际上呼应了岩本通弥对日本民俗学定位的反思。他在《以"民俗"为对象即为民俗学吗？——为什么民俗学疏离了"近代"》这篇重要论文中谈到，日本民俗学从柳田国男为之奠基的时候就不是研究民俗的学问，而是通过民俗进行研究的学问。这个定义后来被改变，成为研究民俗的学问。但是，到当代它面临各种社会变化的问题和理论问题，必须重新被定义为关于当下的日常生活的学问。[①] 中国和日本的民俗学除了大趋势上的相同，

---

* 本文是王晓葵教授组织的"作为记忆之场的东亚"研讨会（华东师范大学 2014 年 8 月 30—31 日）的会议论文，略有修改。

[①] 岩本通弥:《以"民俗"为对象即为民俗学吗？—为什么民俗学疏离了"近代"》，宫岛琴美译，王晓葵校，《文化遗产》2008 年第 2 期。

当然在具体的学术路径上有各自的特点。例如，关于民俗复兴与公民的文化权利的争取，对于中国民俗学来说就比对于日本民俗学更为重要。

"新的驿程" 2.0：中国民俗学的新时代

钟敬文先生在 1987 年把自己的一系列关于民俗学的论文结集出版，标题是《新的驿程》①。此时正是中国民俗学的一个转折点，钟敬文先生的标题既是表明中国民俗学从"文革"中断后走过了一段恢复的路，也表达了钟敬文先生对中国民俗学下一个阶段的期许。"新的驿程"既是客观地指走过的路（新近所走的路），也是主观且热情地指要走的路，也就是倡导"走新的路"。钟先生的这一指示后来明确以"建立中国民俗学派"相号召②。

就在新的驿程开启之后，我于 1988 年来到北京师范大学，成为钟敬文先生的学生张紫晨先生指导的博士生，并在二位先生的指导下，在 1991 年完成《民俗文化与民俗生活：民俗学的研究对象与学术取向》的学位论文③。在我自己看来，该论文是对钟敬文先生的"新的驿程"的理论表述，一方面以"民"和"俗"的概念演变叙述了民俗学的学术史，另一方面，对民俗学应该是怎样的学术进行了论证。学术史的叙述虽然占据了较大篇幅，但是，真正的立意还是在于呼唤一种新的民俗学。

在接下来的岁月里，中国民俗学一边前行，一边反思自己的道路，陆陆续续出现了不少的学术史评述论著。从张紫晨先生和王文宝先生各自的《中国民俗学史》④、赵世瑜的博士学位论文《眼光向下的革命》⑤，到刘铁梁在 1998 年发

---

① 钟敬文：《新的驿程》，中国民间文艺出版社 1987 年版。
② 钟敬文：《建立中国民俗学派》，黑龙江教育出版社 1999 年版。
③ 该论文以《民俗文化与民俗生活》为题列入"中国社会科学博士论文文库"，后由中国社会科学出版社于 1994 年出版。
④ 张紫晨：《中国民俗学史》，吉林文史出版社 1993 年版；王文宝：《中国民俗学史》，巴蜀书社 1995 年版。
⑤ 赵世瑜：《眼光向下的革命：中国现代民俗学思想的早期发展，1918—1937》，北京师范大学博士论文，1997 年，北京师范大学出版社 1999 年版。

表《中国民俗学发展的几个阶段》，20世纪90年代的学科史论著分期、分阶段清理了中国民俗学从古至今的历史发展。总的来说，这个时期的学术史回顾，主要是申明当时的民俗学工作是有自己的历史来路的，学科积累的基本文献、主要人物和研究范例已经与当下的研究衔接起来，中国民俗学就算是恢复起来了。不过，刘铁梁的文章虽然重在对现代中国民俗学进行分期，但是，在结尾部分呼应了我在博士论文中的倡导，并乐观地看到，中国民俗学正在"进入一个真正发展的阶段"[1]。等到进入"新世纪"，人们才更容易以新的眼光看见中国民俗学发展的实绩。这个时候，学者们一边肯定学科的具体进步，一边着力探讨中国民俗学应该如何克服问题往上提升。[2] 民俗学的一些开拓性的经验研究著作虽然已经出现，但是它们还没有成为代表中国民俗学的新主流。

二十年是一代学人成就自身的时间。就在"新的驿程"开启二十年之后，一些民俗学者陆续著文评估新一段"走过的路"，对中国民俗学的各种进步予以"划时代"的评定。2008年对于中国社会、中国心态和中国学术都是一个标志性的年份，我们在各个方面都开始十分积极地看待自己。民俗学界很快出现了一系列学术总结的文章，对中国民俗学所取得的巨大成就在历史的高度予以充分肯定。[3] 我在2008年发表《中国民俗学三十年的发展历程》，阐述了中国民俗学的两个关键转变的完成："从知识生产的定位和学科性质来说，中国的民俗学是在学人背景、研究目的、研究方法都很驳杂的'民俗研究'中得以专

---

[1] 刘铁梁：《中国民俗学发展的几个阶段》，《民俗研究》1998年第4期。
[2] 例如，钟敬文：《对中国当代民俗学一些问题的意见》（由万建中、黄涛、萧放、吴晓群整理），《社会科学战线》2002年第1期；杨树喆：《中国民俗学学科发展现状刍议》，《宝鸡文理学院学报》（社会科学版）2002年第2期；刘铁梁：《开拓与探索的历程：民俗学学科建设的回顾与展望》，《北京师范大学学报》（人文社会科学版）2002年第5期；黄泽：《论中国民俗学新世纪的学科发展》，《思想战线》2003年第1期；谢国先：《新世纪中国民俗学的发展方向》，《云南民族大学学报》（哲学社会科学版）2006年第5期。
[3] 例如，高丙中：《中国民俗学三十年的发展历程》，《民俗研究》2008年第3期；刘铁梁：《中国民俗学思想发展的道路》，《民俗研究》2008年第4期；刘晓春：《从"民俗"到"语境中的民俗"：中国民俗学研究的范式转换》，《民俗研究》2009年第2期；叶涛：《新时期中国民俗学论纲》，《江苏社会科学》2000年第3期；安德明、杨利慧：《1970年代末以来的中国民俗学：成就、困境与挑战》，《民俗研究》2012年第5期。

业化的。与此同时，中国的民俗学是从偏重文史的人文学科嬗变为社会科学的。"① 这两个转变以及它们在国家的学科体制上的落实，被用来证明中国建成了自己的民俗学。而刘晓春的文章也是通过学术范式的成功转换而间接地支持中国民俗学已经走完了一段"新的驿程"。至此，对于中国民俗学的历史总结似乎可以告一段落。但是，相比于钟敬文先生"新的驿程"的双重含义（走过的路与要走的路），我们的论述还少了某种重要的东西。

2013 年，户晓辉、吕微和韩成艳先后在《民俗研究》发表了关于民俗学研究对象的"民"从特殊人群向普遍公民转化的文章②，他们在民俗学同仁的经验研究中看到了这个变化的轨迹，最重要的是，他们在理论上论证了这种转化的应然性和中国民俗学由此可以达到的前景。理由在于，当"民"被认知为公民的时候，"民"就从现代国家要排斥或教化的异己转化为所信赖、所依靠的（葛兰西意义上的）"有机"份子，民俗学也就有机会从文人的好古之学、猎奇之学转为现代国家经世济时的基础学科，因为具有"公民身份"的民是现代国家的文化之根和权力之源，现代国家之成立开端在"民"作为公民之成立。由此，中国民俗学进入一个开阔的发展地带。于是，另一个"新的驿程"呼之欲出了。为了与钟敬文先生的时代命题相区别，我宁愿称之为"中国民俗学的新时代"。③

中国民俗学的定性评估：对象与方法

对于中国民俗学的评估，我们没有采用量化的方式，没有统计民俗研究论

---

① 高丙中：《中国民俗学三十年的发展历程》，《民俗研究》2008 年第 3 期。
② 户晓辉：《从民到公民：中国民俗学研究"对象"的结构转换》，吕微：《民俗复兴与公民社会相连结的可能性—古典理想与后现代思想的对话》，均载《民俗研究》2013 年第 3 期；韩成艳：《在"民间"看见"公民"：非物质文化遗产保护语境下的实践民俗学进路》，《民俗研究》2013 年第 4 期，见《定位于现代社会日常生活的民俗学—"国际比较视野下的民俗学前景"》笔谈。
③ 中国民俗学在 2006 年召开第六届代表大会和学术研讨会，曾经采用"新世纪的中国民俗学：机遇与挑战"的主题，我这里的主题也可以理解为那个主题的一种转化，即"中国民俗学的新世纪"。

著数量，也没有去统计民俗学论著或学人的引用量。我们采用的是定性评估，主要看民俗学在过去三十多年的重要转变。不过，我们这里所谓的重要转变，不仅是民俗学内在的学术转变，而且特别基本也特别关键的是民俗学外在的民俗现象的社会转变，以及民俗学内在转变与外在转变的互动关系。

从传统认识论来看，民俗学的知识群体是认识的主体，民俗现象是认识的客体。但是，中国民俗学的当代发展恰恰不是基于这种截然二分的认识论可以理解的。从改革开放以来，中国经历了一个民俗复兴的过程，也就是说，今天我们面对的民俗现象不是在改革开放之初就如此呈现的，而是逐渐恢复、生成的。而且，这个由恢复与生成的机制所得到的"复兴"不是一个自然过程，而是一个公共部门（政府、媒体、知识分子群体）不断介入的过程。其中，民俗学人发挥了专业性的积极作用。无论是在村社（社区）层面还是全国层面，民俗学人都以自己的专业努力参与了民俗复兴，今日的民俗复兴状态或局面，毫无疑问是民俗学人参与造就的。河北省范庄龙牌会从一个害怕被作为迷信打击的庙会，成为冠冕堂皇的龙文化博物馆，再成为省级非物质文化遗产代表作，民俗学人从 1991 年以来的参与在其中发挥了建设性作用。中国的主要大城市在 20 世纪 90 年代初陆续颁布禁止燃放烟花爆竹的各项规定，到 2000 年左右陆续颁布新规定，允许市民按照规定在春节期间燃放烟花爆竹，也与民俗学人关于"年味"、传统节日的观念生产密切相关。因此，我们对于中国民俗学的评估把对象限定在学科内还是把对象定位在时代中，会是两种不同的方法，不同的结果。

对于评估对象与评估方法的选择是内在地关联着的。对于民俗之民与民俗学人、民俗与民俗学的关系，对于民俗（复兴）与时代（变迁）、民俗之民与政府的关系，可以有两种理念不同的认识，一个是反映论的，一个是共生论的。反映论就是我们从小就学到的唯物主义哲学，上层建筑是经济基础的反映，社会心理反映社会现实，这是反映论。按照反映论来说的话，时代（大社会）变了，民俗肯定就变了。这是说社会决定着民俗，民俗是被决定的。显然，这种哲学不能给我们提供有用的方法论。如果以共生论来看，这四组概念所指的实体都可以是主体，都可以是主动者，而任何结果都应该被看作相互作用的共同结果。因此，不能仅仅说这个时代在变，所以民俗在变，还应该说恰恰是民俗、民俗的主体在变，这个时代也在变。这里面民俗、民俗之民、民俗学人、政府等等，都不是一个被决定的消极的方面，恰恰是一个积极的参与者。

反映论的认识论指导我们看见单向关系和结果，共生论的实践论引导我们关注动因和复杂互动的过程。如果各方都是主体，都是积极追求的实践者，那么，社会因为它们的追求而注入动力和动能，又因为它们的相互作用而产生各方都持有"股份"的结果（成果）。各方都有自己的目标或远大目标（主观的历史意识），但是，历史的真实方向只能是各方博弈的产物（客观的历史事实）。因此，我们既要把民俗、民俗之民、民俗学人、民俗学科当作它们自己来看待（它们各自是主体），也要把它们当作相互的关联物来看待（它们同时是共生的主体、其他主体的伴生物、伙伴）。

中国民俗学的理论转向

中国民俗学从1990年之后才发展起来自己的理论领域。任何知识活动都需要自己的理论依据，但是，只有知识活动成为专门的学科，才需要也才有条件形成自己的理论生产，就像人类从利用东西做工具到自觉制造自己的工具所代表的进步一样。理论生产形成规模，形成学科内一个特定的领域，民俗学之为"学"才真正得以确立，得到承认与尊重。

我在1991年完成的《民俗文化与民俗生活》是专门回应学科与时代的提问所做的民俗学的理论探索。它对于中国民俗学的意义首先不在于具体说了什么，而在于促成中国民俗学从"用"理论到"造"理论的知识生产分工。吕微在2000年发表《现代性论争中的民间文学》，在2003年发表《"内在的"和"外在的"民间文学》，在2006年发表《民间文学—民俗学研究中的"性质世界"、"意义世界"与"生活世界"——重新解读〈歌谣〉周刊的"两个目的"》，着力所做的是用普遍主义逻辑寻找（建构）民俗学（民间文学）作为独立学科的内在依据，及其在中国民俗学历史文献中的根子或种子。[①] 等到户晓辉在2004年出版《现代性与民间文学》、在2010年出版《返回爱与自由的生活世界：纯粹民间文学关键词的哲学阐释》时[②]，中国民俗学真正形成了自己的理论领域，因为无论就其哲学根基，还是就其民俗学问题的针对性和系统性，此二书都代表了中国民俗学者对于西方理论的中国化、对于哲学的民俗学化的最新高度。

也许我们应该说，中国民俗学在形成自己的理论领域的同时，也产生了自己的理论家。吕微和户晓辉都是在中国民俗学的职业生涯中成长为民俗学理论家的。民俗学是从汤姆斯创造 folklore 这个词开始的，但是，他的这个偶然的发明能够容纳一门现代学科，这要从整个西方的思想与历史出发才能够理解的。吕微和户晓辉在中年才决志从西方哲学的根底探讨民俗学的基本理论问题，于是开始从西方哲学的经典读起，户晓辉更是决心从头学习德语，从头学习拉丁语，直到能够翻译、引用哲学的和民俗学的德文文献。在中国民俗学的这个圈子里，有人就是为了追求学术不在乎多少年有没有产出，这才证明它能够是一门纯粹求知的学科。即使不是实用的东西，如果觉得该有人去做，就真有人去奉献年华。一个学科如果有若干这样的人，我觉得这个学科作为一个独立的求知领域就成立了：就是要有人真的把它当作喜欢的东西，不计成本地追求。由此而论，中国民俗学也已经成为知识的荣耀之地，因为这个圈子里已经有这群好学深思的人。一个学科要有自己的学术风范：由具体的人格代表学科的求知之志。中国民俗学已经有这样的学术人格。

我要讲中国民俗学的新时代，主要从几个方面讲它有什么资格说是新的。

[①] 吕微：《现代性论争中的民间文学》，《文学评论》2000年第2期；《"内在的"和"外在的"民间文学》，《文学评论》2003年第3期；《民间文学—民俗学研究中的"性质世界"、"意义世界"与"生活世界"——重新解读〈歌谣〉周刊的"两个目的"》，《民间文化论坛》2006年第3期。

[②] 户晓辉：《现代性与民间文学》，社科文献出版社2004年版；《返回爱与自由的生活世界：纯粹民间文学关键词的哲学阐释》，江苏人民出版社2010年版。

中国民俗学的理论形成了可辨识的领域，当然是由实在的论说所支撑的。第一个我要讲的就是理论转向。从遗留物到日常生活的文化研究，这个是我们好多同仁这些年一直在努力谋求的变化。在这里，生活世界和日常生活这两个概念起到了很大的作用，因为民俗是个对象概念，是社会文化现象，这个对象概念要有意义，必须要有理论进来，如果没有理论进来，就没办法成为一个学问，至少是无法成为一个有思想的学问，因为有些人不用理论概念也能够做研究，但是他很难有思想性的学问。

理论的大方向转变后，我们的研究要进一步落到观察与分析的对象上。民俗学的最基本的理论是要解决民俗学的对象问题，也就是要在同仁内部约定什么是民俗，其他问题都是从这个问题派生的，或者被这个问题制约的。民俗对象问题可以分解成三个问题：（1）经验上各是各的民俗现象要被认知为一个整体；（2）谁是"民"；（3）什么是"俗"。

不同的民俗现象在学术上被作为整体性的"民俗"看待，在过去二十多年是通过两种方式来处理的。首先是引入"生活世界"的概念来包容一切。民俗研究的东西，一会儿是拜祖宗，一会儿是偏方，一会儿是宴席上的吃吃喝喝、唱唱跳跳，一会儿是成年礼，又一会儿是手工编织，这样的对象如何是相关的？我的尝试是用生活世界的概念把它们包含在一起，在认识上成为一个整体。其次是用哲学思维贯通一切。吕微用康德的先验范畴、索绪尔的内在性（外在性）概念讨论民俗学（民间文学）的全部现象，建立了一种普遍主义的言说方式。实际上，当民俗学者能够用普遍主义语言研究在现象层面杂多的民俗，民俗现象的整体性问题就被化解了。这种方式曾经在故事学的创立中发挥过作用。一个故事都各自是自己，一个民族的故事也只是属于这个民族，但是母题、故事类型的发现（或发明）在所有民族的所有故事之间都建立了内在的联系，由此故事学可以成立，引申这种方法的民间文学也可以成立，进而引申这种方法的民俗学也可以成立。但是，当这种引申不能作为主导的方式之后，民俗学原有的对象整合就失效了，于是，需要学人重新努力去解答这个根本的问题。中国民俗学的对象整合问题在过去二十多年是解决了的，并且是以不断进步的方式在解决。

中国民俗学对于民俗之"民"的界定在 1990 年前后从农民到国民（全民族）的扩大，并没有真正解决问题。从纯粹学术的角度说，民俗之"民"扩大到全体国民，就算是达到极限了。但是从实践的角度说，这种扩大并不必然造成任何实际的社会动能，并不必然造就积极的改善社会的观念。虽然偶尔有学者把"民"作为公民看待，呼吁赋予在文化上受歧视的普通民众以公民的权益，但是并没有把"民"定义为公民的学术论述。直到 2013 年，当吕微、户晓辉、韩成艳分别从哲学的、思想史和学科史的角度明确、充分地论述民俗之"民"是公民的时候，民俗定义在中国社会的思想力量和实践力量才有了无限的释放潜力。

中国民俗学对于民俗之"俗"的重新界定，早在钟敬文先生于 20 世纪 80 年代借鉴日本民俗学的理念提出民俗学应该是"现在学"的思想之后，逐渐以"生活文化"的定位而在民俗学界获得共识。不是从古俗、文化遗留物的历史角度界定民俗之"俗"，而是从日常生活、生活文化的概念把"俗"指认为现实生活的文化传承，对于中国民俗学的调查研究方法的转变发挥了指导作用。

中国民俗学的价值转变：重新发现日常生活的理所当然

中国民俗学对于民俗的研究从来都是从中发现价值，但是，在不同的时期关于价值的观念是非常不同的。其中的关键转变是从肯定民俗的历史文化价值到肯定民俗的现实文化价值，从肯定"俗"脱离"民"的价值到肯定"俗"对于"民"的价值。从陈述中国民俗学的初始动机的《歌谣》周刊发刊词，无论是学术的目的（搜集歌谣是为了积累学术研究的资料），还是文艺的目的（参与催生"民族的诗"），都不会关照持有这些文化养分的"民"。而当代的民俗学恰恰是在对于现实的"俗"的关注中发现了"民"，发现了保证"俗"对于"民"的积极价值的社会实践，当然，首先是发现了积极看待"民"的立场与视角、方法。

中国民俗学在当代的价值转换从日常生活概念的运用所表现的变化来看是再清楚不过的了。从中国民俗学转向现实的调查研究以来，中国人的日常生活是民俗学最有贡献的地方。但是，总的来看，一方面中国社会科学对它的重视远远不够，另一方面，我们的相关研究一直没有走对研究方向。有一套日常生活批评的丛书，基于新马克思主义的社会批判，在非西方的欠发达国家，认为老百姓的生活习俗都是不对的：因为大众的传统跟现代西方国家是不一样的，并把种种不一样放置在一个秩序里，纳入一个结构，在此，差异就显示为一高一低，一个先进一个落后。中国民俗学也曾经受这个结构制约，对"老百姓"的生活主要采取这种批判的立场。但是，中国民俗学毕竟没有放弃发现民间价值的初衷，很容易就与那种意识形态的批判保持距离，不再做简单的批判。到我们这辈人从20世纪90年代真正参与民俗学的学术生产，我们开始学会另一种态度。首先是不能批判，再就是要尊重而不是批判。怎么解决这个问题呢？如果要走出另外一条路来，需要几个条件，第一个是时代发生了变化，第二个就是意识形态发生了变化，第三个是民俗学这帮人发生变化。这三个方面要一起发生变化，我觉得我们这辈人是赶上了这三个方面一起发生变化，我们也可以很自豪地说在这里面我也起到了推动的作用，而不是等着这些东西变了我再来做变色龙。

怎么让"日常生活"概念变成支撑老百姓生活，帮助民俗学者去正面看待老百姓的生活？我们还是要借助哲学。哲学关于日常生活的研究有一点是非常关键的，胡塞尔、许茨、卢克曼等人的研究都在说，日常生活有一个属性是"理所当然"（taken for granted）。日常生活就是常识的世界，也就是常人以理所当然的心态来自处、相处的世界。可是，当公众被卷入现代社会，我们的现代遭遇变成越是理所当然就越错，结果就是：大众必须被改造，甚至被强迫改造。其政治技巧就是对大众的文化传统进行污名化。要改变这个趋势，就必须重新在理论上以及在经验研究中让日常生活恢复理所当然的属性，恢复知识界、思想界和公众对于日常生活的理所当然的认识。

日常生活的理所当然对于"民"来说是正常的，但是时代变了，原来我们生活在小社区或者若干村落的区域社会，日常生活的理所当然是很正常的，但是我们现在有国家、有知识分子，他们有他们对这个社会定向的追求，于是，日常生活的理所当然属性在现代社会的局限也必须承认。家族械斗、童养媳这些民俗的理所当然必然导致一些问题。现代国家是有秩序的，"民"必须迁就妥协；但是现代国家的"民"又是有法定权益的，可以通过程序让国家改变已有的限制。所以我们看到这些年的民俗复兴促使国家改变了多方面的政策与法律，我们在温州永嘉看到宗族祠堂挂"文化礼堂"牌子得以合法存在的例子，宗族祠堂有戏台，可以举办宗族活动，也可以唱传统的地方戏，成为非物质文化遗产保护的积极力量。宗族祠堂成为文化礼堂，村落里作为日常生活的祠堂活动又在多个方面成为理所当然。该祭祖的时候祭祖，该唱戏的时候唱戏，该宣讲三中全会精神也可以在这里，互不妨碍。以前是完全否定的，现在是在一定条件下重新正当化、合法化，国家在里面做了妥协，宗族在这里面也做了妥协。于是，成就一种互相有条件的理所当然，这就完成了从传统社会日常生活的理所当然到现代社会的日常生活的理所当然的转化。显然，这是过去的民俗学（只调查祠堂内的仪式活动）所不关注、不采取的立场。但是现在的民俗学恰恰认识到只做祭祖是不够的，谁在祭祖，他如何祭祖，他何以能够让这件事情是正当的？这是我们当代青年民俗学者每个人都在自己的田野中看到的现象。社会看待民俗的价值，已经从陋俗论转变为遗产论。

"民"必须成为真实生活的承担者而受到关注。把中国民俗学的新价值与关于"民"是公民的理念结合在一起，会带动民俗学的新取向。在做民俗学研究的时候不能还把人当农民，他是农民没错，但是你今天去研究的时候恰恰不能把他当农民，而要把他当公民。如果还是用农民这个概念的话，当然不会看到任何事情是理所当然。农民这个概念在中国就是代表落后的文化、落后的思想观念、落后的生产方式[1]，如果有学者还用农民这个概念，走的还是日常生活

---

[1] Myron Cohen, "Cultural and Political Inventions in Modern China: The Case of Chinese 'Peasant'", *Daedalus*, 122, no. 2, 1993.

批判的路子。所以要让文化遗民变成文化公民，完成这个转换，才是当下的中国民俗学的学问。我觉得公民概念之下，大家本来是不一样的，阶级、收入以及教育、民族、宗教等方面不一样，但是在公民概念之下，尽管我们是不一样的，但是我们是平等的。如果平等是成立的话，这个不一样才是要尊重的。以"民"为公民，我们虽然不一样，但是我们并不必然还论高低，只论如何不一样。

中国民俗学的方法更新

中国民俗学的理论更新和价值转换，必然带来新的研究方法的实验与传播。做文化遗留物研究，文字资料具有优越的价值，因为在古籍中最好找到历史资料，研究者不需要到现实生活中花钱花时间调查。即使这种学问被质疑，还是不一定就能够自动促使学人走向田野作业。一定要有一个概念成为约束的条件，民俗学人才可能感到必须到现实生活中去。田野作业成为学科的基本的研究方法，不可能是即兴、偶然为之。

生活世界和生活文化，在中国民俗学界成为基本的概念的时候，参与观察生活过程的田野作业就成为与之搭配的不二方法。钟敬文先生讲民俗学是"现在学"，那么，它为什么是现在学呢？怎么才能够将现在（现实）作为学问的对象呢？生活世界这个概念就能够做到这个学理上的支撑。生活世界是活态的，也是包含整体的和过程的，这些都构成研究视角与方法的内在约束，由此我们能够理解自20世纪90年代中期以来年轻一代民俗学者普遍选择以蹲点的方式开展自己的田野作业，用民族志的文本承载自己的民俗志研究。

中国民俗学的新一代学人尝试多种调查方法，写出多种"民"与"俗"之关系的民俗志论文，一时并无定式。郭于华、张铭远分别在1990年、1991年完成民俗学博士论文，都是通过在全国多省、多点考察的采风方式获得研究资料，分别完成了关于丧葬和生殖崇拜的论文。①当我在博士论文里论述转向民俗生活的时候，我的师兄师姐实际上已经转向以实地调查为依据进行的专业研究了。后来的年轻学人逐渐把调查地点集中在一个地区、一个村社，从而每人都有自己专属的研究地域和领域，使自己成为能够把特有的地域与领域捆绑在一起的经验研究专家。安德明、刘晓春等人在1997年、1998年分别完成祈雨禳灾习俗和宗族乡村社区生活的博士论文时，已经是扎根在特定的乡村（以特定的村社为中心）进行比较长时间的田野作业了。②这种方式成为许多民俗学博士生的经验研究范例，如王杰文和岳永逸在2004年分别完成的对伞头秧歌的研究和河北赵县庙会的研究，虽然都是以大量的田野调查为基础，但是都不聚焦一个村社，而是把调查范围扩大到专题现象所涉及的区域村庄。③

与此同时，把田野作业地点选定在特定社区的个案研究也逐渐形成趋势。从2000年前后以来，中国民俗学的田野作业越来越规范，对于"俗"的观察越来越紧密地与"民"联系在一起。西村真志叶对燕家台村民的长期观察与对"拉家"的体裁研究，就是其中的一项范例。④

在民族志方法成为民俗项目的个案研究的标准方法之后，年轻学者对非物质文化遗产项目的个案研究成为展示他们的方法理念和田野作业训练的最佳舞台。众多的书写非物质文化遗产代表作的民族志文本在这个时期大量涌现。例如，乌云格日勒的成吉思汗陵祭奠研究，戚晓萍的二郎山花儿会研究，王瑛娴的杨柳青年画传承研究，王立阳的保生大帝信仰研究，宋奕的柳林盘子会研究，宋红娟的西和乞巧节研究，它们以生动而完整的个案呈现了各种民俗成为主流

---

① 郭于华：《死的困扰与生的执着——中国民间丧葬仪礼与传统生死观》，中国人民大学出版社1992年版；张铭远：《生殖崇拜与死亡抗拒——中国民间信仰的功能与模式》，中国华侨出版公司1991年版。
② 安德明：《天人之际的非常对话——甘肃天水地区的农事禳灾研究》，中国社会科学出版社2003年版；刘晓春：《仪式与象征的秩序——一个客家村落的历史、权力与记忆》，商务印书馆2003年版。
③ 岳永逸：《庙会的生产——当代河北赵县梨区庙会的田野考察》，北京师范大学博士论文，2004年。王杰文：《仪式、歌舞与文化展演：陕北·晋西"伞头秧歌"研究》，中国传媒大学出版社2006年版。
④ 西村真志叶：《日常叙事的体裁研究：以京西燕家台村的"拉家"为个案》，中国社会科学出版社2011年版。

社会的正面价值的过程以及具体项目的文化传承状态。他们的调查方法与叙事方式的开拓与创新真正体现了这个时代的进步，发现、展示了学术与社会的积极关系。

结论：开创公民日常生活的文化科学

民俗学在汤姆斯那里被定义为"the lore of people"，翻译过来就是"人民的知识"。但是人民是谁？作为二等公民的落后群众其实并不能得体地被称为"人民"。除此表述之外，谁可以是人民呢？公民就是人民。谁是民俗之"民"？我们今天在集合概念上用"人民"，在个体概念上用"公民"。如此转译之后，民俗就是社会基本的公共文化。民俗就是公民作为群体的日常生活，有待专业工作者去挖掘（调查），去书写（民族志文体的民俗志）。公民的日常生活，在调查与书写之前就是生活，写出来就是文化。生活是公民自己的，公共文化要借助专业知识分子的工作才被看见，被认知，被承认，有时候还要经过政府的介入和认可。由此而论，民俗学就是关于公民日常生活研究的文化科学。

民俗，在传统时代就是那个社会的基本的、理所当然的公共文化。经过近代以来的转变，民俗变成要在现实生活中革除的对象，调查、搜集也只是基于它们的历史价值和文化素材价值。在过去30多年的社会与学术的变革中，民俗复兴，重新进入国民的生活，也重新进入国家的公共生活。民俗已经在大量提供公共文化了，近十多年的非物质文化遗产保护所做的工作，实际上可以简化为大规模地依托国家体制从日常生活中发现公共文化。成为非物质文化遗产，就是成为合法的公共文化。因为原来说过什么节，过什么庙会，那就是村里面的节，现在乡政府或者地方政府说这是我们地方的节日，又上报，使它成为在更大共同体里代表这个地方的文化。原来运作的是排除法，让民俗成为区隔我们是不同人的一个方法，现在发生了一个根本的转化，通过民俗项目成为公共文化，把不同的群体当作一个共同体的有机组成部分，都是"我们"中的成员。因为都是"我们"的一部分，所以谁的民俗都可以是"我们"的公共文化。

在民俗成为公共文化的大门洞开之后，民俗由现代体制的异己转化为伙伴，为内在相同的部分。原来把日常生活界定为民俗，是跟现代的体制隔离，正是因为这些东西不符合现代体制，才是民俗。现在民俗转化成为公共文化之后，恰恰跟这个社会的科学、艺术以及经济部门甚至工程设计都是可以积极联系的，再没有人为的鸿沟。手工是土的，现在却能够与最洋气的东西拼接。比如说刺绣，与代表高科技的苹果产品按照原来的分类是一个那么高，一个那么低，可是恰恰现在刺绣可以出现在苹果产品的包上，而LV的提包如果设计了手工刺绣，可以是特别时尚或高贵的。

我们能够从各种变化看到中国民俗学与20世纪90年代前是非常不一样的，许多方面都是一百八十度的转弯。这是民俗学的一个新时代。今天的民俗学在理念、方法和价值上是一门新的学问，当然它在学术上跟原来的知识还是有深刻的关联和渊源的，但是学科的现状与知识的渊源不再是一种直接沿袭的关系。中国民俗学确确实实处在一个新时代，这个新时代既是说民俗学作为一门学问处在一个新时代，也是说民俗学所处在的这个社会是处在一个新时代。

追问现代社会的日常生活——东亚民俗学者的新探索

周星

基于相近的地缘和共享的东亚文化史，以及历史上和现实中中国、日本和韩国彼此之间深厚的民间交流传统，东亚三国的民俗文化之间有着千丝万缕的关联性；三国也都在经济起飞之后，相继实现了或正在实现着"生活革命"，分别确立了各自的现代日常生活；与此同时，三国民俗学者之间也存在着良好的学术互动关系。东亚三国的民俗学虽有各自独特的国内民俗学课题需要面对，同时也有很多共享的学术兴趣，例如，都需要面对民俗学的现代转型，以便回答各国涉及现代社会日常生活文化的各种问题。本文简要介绍一项由三国民俗学者共同参与的国际合作课题，并对相关成果及其对中国民俗学的借鉴意义予以提示。①

三国民俗学者共同参与的国际合作课题

2013 年 5 月 10 日—13 日，日本民俗学会会长、东京大学教授岩本通弥邀

---

① 笔者以中国民俗学者的身份参加了该课题，并由于"在日"的角色，又被课题组期待为促成中日民俗学者之间的学术共识承担一些沟通中介的工作。田村和彦、施尧两位先生也为中日两国民俗学者在本课题中的沟通交流做出了贡献。

请日中韩三国多位民俗学者共同出席了在东京大学召开的国际研讨会，会议主题为"民俗学的实践与市民社会——在德国民俗学与东亚民俗学之间"。此次聚会更重要的一个目标是希望三国学者充分地交流"通气"，为即将申请的一项文部省国际合作研究计划做必要的准备。此前在日本和德国、日本和韩国民俗学者之间已经有过充分的交流与合作，此次中国民俗学者也应邀参与，是希望三国民俗学者能够在一些基本的民俗学理念上形成一些初步的共识。例如，大家都比较认同德国民俗学的现代转型及其对现代社会之日常生活的研究，能够为东亚三国的现代民俗学提供参鉴；也大都认可源自现象学的"生活世界"理念对于以日常生活文化为对象的民俗学来说，具有理论和方法上至关重要的意义；大都主张民俗学应该面向各自国家当下的现实生活，并且不是只以被特定化的传统或民俗为研究对象；并且，也都认为民俗学对于现代社会日常生活的研究，不能只停留在口头或书面的强调，更应该落实在具体的学术研究实践之中；也都确信民俗学的参与和学术实践，将有助于基层社区的市民运动。此外，大家也都确信三国民俗学者之间的合作研究，有助于推动各自国家民俗学的现代转型，也有助于东亚三国民俗学的共同发展。

  2014年，岩本通弥申请的为期四年的文部省大型重点国际合作课题"面向构筑东亚'作为日常学的民俗学'：日中韩德民俗学研究协作网的形成"获准通过。该课题的目标主要是促成日中韩三国民俗学者之间的学术研究网络，进而促使因联合国教科文组织国际条约所主导的"非物质文化遗产"的制度化和标准化而产生激变的东亚民俗学，也能够吸收、接纳及涵括重视与基层市民运动的实践相协同、并以"日常生活"为关键词的德国民俗学的学术理念；通过将日中韩各有特点的民俗学方法及分别积累的成果予以重新组合，再经由相互的合作研究而有新的拓展。和经常容易被观光资源化和国家品牌化所动员与吸纳的东亚民俗学的现状相比较，德国民俗学可供参考的范式是致力于分散在地方的市民本位的文化政策以及旨在构筑居民主体自治的社会—文化概念。作为"在野"之学，各国的民俗学均重视内在地具有软性抵抗属性的市民的主体性实践及其与生活改善的关系，该课题也旨在创新此种"在野"的民俗学，通过建设国际性"多文化共生"的学术研究网络，在东亚形成具有包容性的学术共享的基础。

2014年5月，日韩中三国的部分民俗学者在韩国首尔聚会，一起考察和参观了首尔历史博物馆的主题为"公寓里的人生"[1]的特别展览，并就本课题的相关调查项目进行协商。随后在韩国民俗学者的关照下，三国民俗学者一起在首尔市某小区的高层公寓进行了考察并入户访谈。分别对东京、首尔和北京的现代都市小区的高层集合住宅里居民的居住生活方式进行调查研究，构成了本课题中最具有学术实践性的具体内容。事实上，此类研究在日本和韩国已有一定程度的研究实践及学术积累，倒是中国民俗学在这方面显得较为薄弱。

日韩民俗学研究现代日常生活的成果

日本和韩国的民俗学、人类学在研究现当代社会的日常生活方面已经取得了很多重要的成果，此处仅以他们对普通居民的居家生活空间及其生活财产的全方位研究为例予以说明。

长期以来，日本有关市民住宅生活空间和生活财产等方面的研究，主要集中在民俗学、人类学、家政学[2]和所谓"考现学"[3]当中。今和次郎发明了

---

[1] 关于首尔历史博物馆的特别展览"公寓里的人生"，其官方网址为 http://www.museum.seoul.kr/www/board/NR_boardView.do?bbsCd=1002&seq=20140222081534099。

[2] 根据日本家政学会的定义，家政学（Home Economics）是一门实践性的综合科学，它从人和物两个方面致力于研究以家庭生活为核心的人类生活，以及生活中人与环境的相互作用；家政学以自然、社会及人文诸科学为基础开展研究，旨在推动生活的改善，并贡献于人类的福祉。美国家政学会于1994年改名为"美国家庭·消费者科学学会"（American Association of Family and Consumer Sciences）。中国的家政学不是很发达，但有"中国家政服务业协会"（China Home Service Association）的组织存在。

[3] 考现学：在既定的场所和时间段，有组织和系统地对现代的社会文化现象进行集中的调查研究，以分析和阐释世态和风俗的学问。对应于考古学（archaeology），有一个新创的词考现学（modernology）来表述它。考现学是由今和次郎1927年首先提倡的，但作为新的对于都市风俗进行观察的学问，今和次郎最早是在1925年发表了他有关"银座街风俗"调查的成果。

对一户家庭居室内所有物品均予以描绘和记录的方法，它虽然费时费力，但其所获资料的重要性却备受关注。从1975年起，日本有关机构也多次组织开展了对日本家庭所有财产物品的大规模调查。2002年3月21日至7月16日，日本国立民族学博物馆举办了长达数月的特别展览："2002首尔样式——李先生一家的生活"，堪称是这方面具有较高水准的研究成果。[1]围绕此次特展举办的国际研讨会曾经讨论过它的学术成就，相关成果后来收录于《国立民族学博物馆调查报告》第44集之中。[2]专家们就此次特展所依据的调查方法指出，它是以今和次郎的"考现学"调查为范本，可称之为一种"生活资财生态学"研究。

为了此次展览，首尔市民李先生一家把他们日常生活中所拥有和正在使用的全部东西都贡献出来，包括家具用具、衣被卧具、冰箱中的储藏，甚至工资明细表和孩子成绩表等等，全部共计3200多件。在这些实物中内在着令所有调查人员和参观展览的观众们均感到震惊、共鸣和有所体悟的生活智慧和文化。根据主办方的介绍，举办此次特展的目的，在于突破以往主要是由大众媒体的介绍所营造的人们对于韩国文化的印象（例如，韩国的美容业、韩国著名料理、韩国的美术或音乐等艺术领域之类），在促进日本国民理解韩国文化之际，能够超越既有的固定程式化表述或刻板印象，开辟从韩国普通民众日常生活的现实状况去入手、去理解的全新路径。但是，要实现日常生活的相互理解，就需要有根据准确和翔实的资料所开展的实证性的学术研究，进而才能够通过博物馆的展示，把知识提供给一般的大众。

"2002首尔样式——李先生一家的生活"特展的主要看点是得到了家居首尔市某高层公寓的李先生一家的全面协助，调查者才得以对其生活的全貌

---

[1] 关于这次特别展，请参考http://www.minpaku.ac.jp/museum/exhibition/special/200203/index。此次特展还出版了画册和详细的解说，参见国立民族学博物馆编：『2002年ソウルスタイル——李さん一家の素顔の暮らし』、千里文化財団、韓日共同開催の特別展解説書、2002年。
[2] 朝倉敏夫、林史樹、金香来编：『国立民族学博物館調査報告』44（2002年ソウルスタイル—研究と展示の評価）、国立民族学博物館、2003年。

和生活财产的全容进行了全面、彻底的确认、登录和研究；然后，再基于调查成果，原封不动地陈列展示出李先生一家的日常生活。主办方希望参观者通过李先生这一家人的生活，来了解韩国普通民众的现实生活状况。如果简单地予以归纳，这种方法就是把市民现在的生活，采用考古学的方法（事无巨细地）予以全面调查，再通过考现学的方法予以研究和揭示，接下来，再用博物馆学的各种方法和技术予以重现般的展示。主办方的学者们匠心独运，首先是在主展厅陈列了李先生一家的住宅空间及其居室布置，然后，在其周围的展厅则依次布置了"孩子的房间和学校"、"夫妇的房间与父亲的职场"、"奶奶的房间与故乡"、"（主妇）的厨房与市场"等相关主题的展示，它们彼此间的组合生动、具象地展演出李先生一家三代人各自活动的生活空间。对于孩子通学的小学校，展示了韩国首尔一个小学4年级的教室，除了有教科书之类的实物资料，观众还可以通过影视资料，了解孩子们上课的情形和在校就餐的情形；关于父亲职场的展示，对于很多平日里难于了解自己父亲职场情形的日本中小学生们，提供了促使他们重新认识自己父亲的契机；对于"故乡"的展示，向日本公众展示了韩国人不同于日本人的家族史记忆，亦即通过故乡的祖坟来认识家庭曾经的历史。专家认为，基于此次全面调查所获的全部展示，将把21世纪初韩国人的生活作为一个整体置于一个"时间胶囊"（Time Capsule）之中，以便留给后人，所有这些生活财产的组合或许就是未来的文化遗产[①]。

在特别展览举办期间，每个周末，博物馆还配合安排了多种韩国文化展演及学术研讨，例如，举办了主题为"韩国的幽默戏剧"、"首尔市民的从生到死"、"现代韩国的葬礼与首尔的'医院殡仪馆'"等多方面的展演、讲座与研讨，集中反映了现代韩国社会居民一生的各种事件：学校生活、高考、征兵、恋爱、结婚、工作、葬礼、地下世界等等。

参观此特展，观众就像是去邻居家拜访做客一样。日本公众通过特展可

---

① http://www.minpaku.ac.jp/museum/exhibition/special/200203/index.

以不断地亲身发现邻国韩国的日常生活之与日本人自身日常生活的很多相似和差异之处，而一般市民主体性的此类发现被认为是迈向异文化理解，亦即两国国民之间相互理解的第一步。2002年是"日韩国民交流年"，此次特展是日本国立民族学博物馆与韩国国立民俗博物馆共同策划的通过相互展示邻国普通民众的生活文化，以推进相互理解的国际合作项目。与此同时，首尔的博物馆也展示了类似的日本生活文化。应该说，这样的展示之所以成为可能，是由两国民俗学和人类学的实证性调查所取得的资料和研究成果为支撑的。

通过对现代都市小区的高层集合住宅里居民的生活方式进行详尽、彻底的调查，来研究现代社会的日常生活这一方法和思路，后来也被导入韩国，并引发了韩国民俗学者新的学术实践。韩国的国立民俗博物馆从此一直持续地开展了"活态的生活/家道"或"生活（用具）的全部——过日子的方式"之类主题的研究，这是一种对普通居民日常生活的全部用具彻底调查，亦即将某户居民的所有家具、器物全部进行登记并予以细致的分析和研究。根据丁秀珍（韩国东国大学现代民俗学研究所教授）介绍，具体的调查是先在每个"道"选出2个村，由两个调查员和一位摄影师，三人小组入住村落长达8个月，调查并撰写民俗志；其间会选择一户有代表性的家庭，并增派两名调查员，尽最大可能地详细记录其生活财产。该家庭馈赠给调查队的物品，会全部拿到国立民俗博物馆展示。[1] 当然，这种调查后来也在首尔等都市中得以实施。目前，采用这种为理解民众的生活世界而将其外在的所有生活财产均予以记录的"生活财产生态学"方法，韩国已有19项"生活（用具）的全数"调查得以展开[2]，我们可以从韩国国立民俗博物馆的官方网站，检索到在首尔及全国各地展开调查的这些个人家宅之"生活财产"的全部民族志照片。事实上，它们现在已经成为官方正式的记录资料。

---

[1] 丁秀珍：《韩国"日常生活研究"的发展》，金英姬译，第182—184页。
[2] 有关韩国的16项调查，请参考韩国国立民俗博物馆主页（http://efw.nfm.go.kr/service/）的有关网页：http://efw.nfm.go.kr/service/book/salim/2/。

追问现代日常的"理所当然"

2014年10月4日，日本民俗学会和岩本通弥主持的课题组合作，在日本成城大学举办了主题为"追问'理所当然'：日中韩·高层集合住宅的生活方式及其生活世界"的国际学术研讨会，日中韩三国民俗学者将他们对现代社会的探讨，集中在"集体住宅·公寓"中的日常生活。会议采取中日韩三国语言交替的翻译和PPT字幕，以谋求彻底到位的学术沟通。会后于2015年3月出版的学术杂志《日常与文化》第一期，收录了与会11位学者的学术讲演和研究发表的全部论文，并全部翻译成日中韩三国文字。

此次会议由三个单元组成。第一单元分别由日中韩各一位民俗学者提出问题，岩本通弥的讲演主题为"'理所当然'与'生活疑问'与'日常'"[1]，对本课题选定三国同一的研究对象，亦即高层集合住宅里的生活方式与生活世界的理由作了说明，理由一是为了质疑我们认为的"理所当然"，二是尝试对民俗学的方法予以再思考。岩本指出，全球化导致超越国境、地域之生活世界的类似化与平准化；关注普通人的日常实践，分析寻常之物之事之人及其行为，并对其构成单位持续进行观察、记录和分析的民俗学，也需要克服脱离现实的倾向，以坚持质疑理所当然的态度。岩本认为，"日常化"意味着成为理所当然，这一概念有助于我们对身边各种不言自明的日常生活提出质疑、使之异化，从而得以将自己的世界客体化，使之成为可以凝视的对象。岩本在讲演中还介绍了日本与韩国通过对生活资财的全数调查来接近于理解居民生活世界的研究方法与案例，例如，柳田国男的世相描述、今和次郎的考现学、日本有关机构组

---

[1] 岩本通弥：《"理所当然"与"生活疑问"与"日常"》，宗晓莲译，《日常と文化 特集日中韓·高層集合住宅の暮らし方とその生活世界》2015年第1期，日常与文化研究会，2015年3月，第113—124页。

织实施的"生活财生态学"调查，以及韩国国立民俗学博物馆的生活财及生活世界调查等。周星讲演的主题为"平民·生活·文学：从周作人的民俗学谈起"①，主要是试图重回民俗学发祥时代的初衷，以中国早期代表性的民俗学者周作人的民俗学研究为案例，追问民俗学的基本出发点，亦即如何理解普通的平民百姓到底是怎样生活的，进一步则对中国民俗学研究现代社会日常生活时感到力不从心的欠缺之处，例如，轻视物质文化研究等，进行了批评。李相贤（韩国国立安东大学民俗学教授）讲演的主题为"德国民俗学与日常研究——以德国图宾根大学民俗研究所对乡村的日常研究为中心"②，对德国民俗学的核心概念"日常"进行了解说，他详细解说了德国民俗学史上首次以"日常研究"为目的的乡村调查，指出这样的调查已不再像此前的民俗学总是把乡村视为一个共同体，而是把乡村视为居民的生活空间，是与其他乡民共生共存的地方、地点。李相贤指出，德国历史学的日常史研究也对民俗学的相关研究产生了积极的影响，例如，德国民俗学传统的物质文化研究较为关注对象的外形特征、住宅式样、服装形态等，但受到历史学相关成果的影响之后，则更加关注居住在特定住宅内人们的居住文化。

第二单元依次由日韩中三国各一位民俗学者相继报告了他们分别在东京、首尔和北京进行的对于高层集合住宅内居民居住生活方式的田野工作。篠原聪子（日本女子大学家政学教授）的报告题为"东京住宅楼的变迁与生活"③，和开发商合作，她对1964—2010年间日本首都圈开发销售的660个案例进行了资料搜集和调查，分别探讨了日本分售式住宅楼之住宅平面图的变迁及其与共用空间的关系；指出住宅单元中主妇空间的建构、住宅楼的社区化、和式房间的变迁及客房的出现等要点，分析了住宅楼这一社区的成熟及变迁过程；透过由开发商提供的房屋格局，她探讨了居民对其居住生活的实践和居住生活的各种

---

① 周星：《平民·生活·文学：从周作人的民俗学谈起》，前引文献，第125—138页。
② 李相贤：《德国民俗学与日常研究——以德国图宾根大学民俗研究所对乡村的日常研究为中心》，金英姬译，前引文献，第139—147页。
③ 篠原聪子：《东京住宅楼的变迁与生活》，宗晓莲译，前引文献，第148—156页。

变化。南根祐（韩国东国大学现代民俗学研究所教授）报告的题目为"首尔高层集合住宅的发展和公寓生活"[1]，介绍了首尔历史博物馆举办主题为"公寓里的人生"特展的背景，亦即公寓在韩国日益普及的现状，分析了普通民众越来越多地选择高层公寓作为居住生活空间的理由，进而论及政府的住宅政策所产生的重大影响。南教授还通过与传统"韩屋"的起居生活相比较，分析了现代公寓里起居生活的一系列特点，令人印象深刻的，例如，在维系席地而坐式的起居习惯的同时，也逐渐形成了家庭内站坐式的生活、火炕与暖气并重或更加胜出一筹、专供储存泡菜的冰箱的设置等等。韩国在引进欧美式高层集合住宅公寓的同时，积极地致力于本土化实践，发明了很多更加切合韩国人生活习性的空间；当然，与此同时，和传统的"韩屋"相比较，现代公寓也有了很多革命性的变化，例如，家庭成员的关系更加平等了，厨房的重要性极大地增加了等等。王杰文（中国传媒大学艺术研究院教授）报告的题目为"北京市高层集合住宅的生活及生活世界的变迁"[2]，基于对北京市数十户高层楼房居民的入户访谈调查，王杰文研究了北京高层住宅里居民的生活世界，他关注居住者是如何在住宅设计的"约束"之下不断地尝试创造新的日常生活的各种实践。王杰文指出，北京市高层集合住宅的历史发展深受国家政策的影响，但居民在住宅之内的生活实践却有很多反映普通民众生活智慧之处，例如，对于室内装修的各种尝试，对于家具和家用电器的布局配置，对于家庭内摆设的各种讲究等等。但走出居室之外，包括楼道、公共电梯、楼梯间、社区小广场或公共绿地等社区环境，则较少有居民关心和参与，仅从北京市的案例看，高层集合住宅这种将多数人的日常生活聚集到一个地点，甚至一个建筑物之内的居住形态，并不能自然而然地形成共同体式的社区公共生活。和日本、韩国的类似研究已有一定积累的状况相比较，中国民俗学者对于现代都市里高层集合住宅之生活世界的研究还非常薄弱，王杰文教授的报告堪称是这方面的重大突破。

---

[1] 南根祐：《首尔高层集合住宅的发展和公寓生活》，金英姬译，前引文献，第157—165页。
[2] 王杰文：《北京市高层集合住宅的生活及生活世界的变迁》，前引文献，第166—176页。

第三单元也是由三个国家的学者分别发表各自的研究以及对上述发表和讲演做出评论,大家共同的焦点是民俗学在理解、把握和研究现代社会普通人的日常生活时需要反复斟酌的研究方法和基本理念。大月敏雄(东京大学工学教授)发表的题目为"居住方法的调查与建筑计划学"[1],他集中介绍了日本建筑规划学中受到今和次郎考现学的影响而发展起来的居住方式研究的谱系。今和次郎曾经与柳田国男一起进行过民居调查,他致力于理解在眼前的建筑物中发生和存在的生活现象,试图揭示其是如何得以成立的问题,这种方法和理念影响到后来的居住方式调查和使用方式调查。居住方式调查主要是通过调查普通民众的居住方式,例如,寝食分离的传统,后来就被应用到新的建筑设计当中;使用方式调查则主要是对人们通常是如何使用建筑物的行为进行调查。由于建筑学不得不解决实用性的问题,因此,理解日常生活中那些理所当然的现象及其变化,自然就会对建筑设计提出各种新的要求。丁秀珍的发表,题为"韩国'日常生活研究'的发展"[2],她介绍了韩国多学科从事日常生活研究的现状,尤其是民俗学方面,以韩国国立民俗博物馆从 2002 年起开展的对于韩国人日常生活的调查及建档工作,指出其调查主题以"物"为核心,进而追索其背后蕴含的人与物的关系,追问人们通过物品的摆放创造了怎样的家庭景观,以及每个家庭是否都物尽其用等等,亦即将家庭的生活财产置于文化的语境之中去理解。丁教授指出,日常生活研究并非只局限于生活财产的研究,当调查者采用日常生活的概念来把握生活财产时,应以何种角度将其对象化是一个难题。她强调了社会学的日常研究视角,指出虽然我们把日常视为理所当然,其实它多变并处于高度的流动性之中,因此,当今的日常应该是处于理所当然和非理所当然之间,在难以意识到和需要意识到的之间徘徊。因此,她认为,对于现代性中的日常,有必要提升至日常生活的政治性的层面去探讨。重信幸彦(日本国立历史民俗博物馆客员教授)的发表题目为"世相史的可能性"[3],他从高层集合

---

[1] 大月敏雄:《居住方法的调查与建筑计划学》,宗晓莲译,前引文献,第 177—181 页。
[2] 丁秀珍:《韩国"日常生活研究"的发展》,金英姬译,前引文献,第 182—184 页。
[3] 重信幸彦:《世相史的可能性》,宗晓莲译,前引文献,第 202—205 页。

住宅楼侵入传统街区的例子，指出在住宅内部因为居住者的努力而可能成为舒服的空间（包括共有空间），但由于楼内居民几乎不参加街区的社区活动，事实上却削弱了高层集合住宅所在街区的社区生活，对此问题的质疑或许也是对一种理所当然的追问。重信幸彦认为，日本民俗学中对"世相"予以解说的想法，也是民俗学如何面对日常生活的一种态度或方法，柳田国男甚至认为解说世相正是民俗学的职责。柳田所谓的"世相史"，就是普通生活的人们从自身的经验之中了解到生活的变化，此种世相史的目的就在于启示那些怀有疑惑的人不要放弃对理所当然的追问。重信幸彦指出，在将日中韩的高层集合住宅里各自理所当然的生活通过比较予以相对化之后，接下则有必要对此种理所当然的形成，亦即"日常化"过程的可能性与危险性，予以进一步的追问和思考。

高丙中（北京大学教授）发表的题目为"中国民俗学的新时代——开创公民日常生活的文化科学"[1]，论述了近些年来中国民俗学的理论转向和方法论更新，在从遗留物研究到日常生活的文化研究的转变过程中，由于引入生活世界的概念，使得民俗事象彼此之间形成整体性，可以在认识上成为一个整体；再就是将民俗之"民"定义为公民，民俗就成为公共文化，民俗学研究就是要还俗于民，肯定俗对于民的价值，进而确认日常生活的理所当然，亦即正当性。他指出，当生活世界、生活文化或日常生活成为民俗学的基本概念之后，民俗学的方法自然面临更新，亦即参与观察生活过程的田野作业的方法就逐渐确立起来。户晓辉（中国社会科学院教授）发表的主题为"再问民俗学'生活世界'概念的理所当然"[2]，主张对生活世界和日常生活予以严格甄别，他认为，应将"生活世界"概念限定于胡塞尔现象学的意义之上。户晓辉指出，生活世界这个哲学概念曾为德国民俗学转向日常生活研究提供了重要的启发，但德国民俗学在接受和理解这一概念时却忽视了它的哲学含义以及对科学主义和实证主义的批判功能，轻易地把它等同或替换为日常生活。如果民俗学只是以客观

---

[1] 高丙中：《中国民俗学的新时代——开创公民日常生活的文化科学》，前引文献，第185—193页。
[2] 户晓辉：《再问民俗学"生活世界"概念的理所当然》，前引文献，第194—201页。

科学的方式直接把生活世界当作主题，它其实是无法呈现具有责任能力和自由能力的人，这是民俗学无视生活世界概念的超越性之后所可能面临的最大损失。他提醒中国民俗学者在把生活世界理解为直接存在于我们周围或我们直接生活其中的客观的日常生活世界之际，将会面临同样的困境性。

中国民俗学者的新探索

中国民俗学者参与三国民俗学的国际合作项目，应该说既有很多收获，也作出了相应的学术贡献。自从20世纪90年代以来，中国民俗学出现了将研究对象更加明确地定位于现代社会日常生活的转型，高丙中对这一转型过程曾进行过多层面的论述，值得指出的是，在这一过程中，中国民俗学对德国民俗学的参考和借助生活世界的概念等，均曾是具有重要建设性的有益尝试。2014年，德国民俗学者鲍辛格的《技术世界中的民间文化》[1]和他的对谈体学术自传《日常生活的启蒙者》[2]，分别由户晓辉和吴秀杰翻译成中文出版，目前在尤其是年轻一辈民俗学者中间，正在产生广泛的影响。

参加东亚三国民俗学合作计划的中国民俗学者高丙中、户晓辉、王杰文，在2013年第4期《民俗研究》杂志的"定位于现代社会日常生活的民俗学：'国际比较视野下的民俗学前景'笔谈"[3]中分别撰文，提及他们参加2013年5月初在东京大学由岩本教授组织的学术研究会之后的感触。吕微和高丙中在为"笔谈"撰写的"主持人语"中指出，自从将生活世界这一哲学概念引入中国民俗学以来，推动了中国民俗学对研究对象的重新定位，并逐渐呈现出朝向以日常生活为对象的整体性研究方式的转换。但是，现代社会日常生活中的文化传

---

[1] 赫尔曼·鲍辛格：《技术世界中的民间文化》，户晓辉译，广西师范大学出版社2014年版。
[2] 赫尔曼·鲍辛格等：《日常生活的启蒙者》，吴秀杰译，广西师范大学出版社2014年版。
[3] 吕微、高丙中、户晓辉、王杰文、宣炳善、彭牧、韩成艳：《定位于现代社会日常生活的民俗学："国际比较视野下的民俗学前景"笔谈》，《民俗研究》2013年第4期。

承和科学技术发展早已经是一种相辅相成的关系，作为生活世界概念的题中应有之义，民俗学在对包含科学技术应用的现代社会日常生活的多学科关照当中应该大有作为。

户晓辉在笔谈中认为，德国民俗学的理论、方法和概念与东亚民俗学之间存在着能够相互通约的关联性，但此次会议的主题，亦即技术与民俗的关系问题并不具有新意，它在德国民俗学中是早在 1961 年，就已经由鲍辛格在其《技术世界中的民间文化》中解决了，民间文化和科学技术的对立早已不再是困扰民俗学的问题了。不过，问题在于中国民俗学者直至最近才刚刚意识到伴随着民俗学的转型，把现代社会的日常生活视为对象，他们所面临的现代社会的日常生活早已是被科学技术所彻底渗透了的。或许对于德国民俗学而言早已不再感到困扰的问题，对于中国或东亚民俗学而言却仍是吃紧的课题，因为至少在中国民俗学里，目前还几乎看不到这方面像样的研究成果出现。倒是岩本通弥认为民俗学应该有利于基层文化中民主建设的观点给户晓辉留下了深刻的印象，户晓辉认为，民俗学与民主建设的关系问题，其实对于中国民俗学而言，应该比日本和韩国来得更加迫切，日本学者的见解促使我们再次意识到民俗学原本就应是一门为民主、争自由的学问，也因此，它需要关注身边当下，也关注民生民主方面的问题。此外，他还批评了中国民俗学的经验研究只是提供了部分而非整体、只是讨论实然而非应然，这样的民俗学是无法从实然推论出应然的。①

高丙中在笔谈中指出，中国民俗学研究对象的调整，需要经验性的案例研究和理论界定的努力之间相互引以为依据，它们彼此之间也是相互突破的关系。②高丙中认为，中国民俗学自 20 世纪 90 年代以后，逐渐地把学科对象定位于当下社会中普通人的日常生活，民俗学对象的调整使得"民"的范畴扩大了，也更加自由了，但对于"俗"却仍拘泥于旧的观念，被认定为现代社会里的传

---

① 户晓辉：《为民主、争自由的民俗学——访日归来话短长》，《民俗研究》2013 年第 4 期。
② 高丙中：《民俗学对象问题的再讨论——一项建设的后现代性的硕果》，《民俗研究》2013 年第 4 期。

统式方式，在一定意义上，是将其和科学技术的距离视为传统性的依据。于是，民俗学者虽然在田野中看到了科技渗入日常生活这一实在的社会现实，却有意无意地把科学技术排除在了思考的对象范围之外。现在，中国民俗学者终于越来越清醒地意识到今天所谓的民俗生活，必然是借助现代科学技术的生活。在这个意义上，三国民俗学者之间的交流与合作，同时借助鲍辛格的理论，可以达成同行间的学术共识。高丙中指出，民俗学要从致力于改变不承认或否认日常生活的正当性，迈向论证日常生活的理所当然性，因为这种理所当然性对于普通人自信、尊严的生活至关重要。但是，由于此种理所当然性往往难以超越文化边际的制约，因此，就需要有先验的诸如自由、平等之类普世性观念的支撑，日常生活的应然和理所当然也由此才能得到学术知识的保障。对生活世界和日常生活这两个概念，高丙中的见解是应该加以区别地使用，前者是后者的哲学概念，后者是前者的经验研究范畴，当说到经验研究时就用后者，当进行方法的哲学思考时就用前者。

王杰文的笔谈恰好以"'生活世界'与'日常生活'——关于民俗学'元理论'的思考"为题。王杰文介绍了他对岩本教授学术思路的理解，但对其期待和鼓励三国民俗学者一起从事对经济高速增长时期民众日常生活的变化进行研究，印象深刻，这样的研究在岩本看来能够为解决社会文化方面的问题做出民俗学角度的贡献。王杰文指出，虽然生活世界的概念是从胡塞尔的现象学借鉴来的哲学概念，但即便是在这一概念的祖国德国，大多数民俗学者在其具体的研究实践中也多是把它视为和日常生活基本上同义。他们这样做自然不无道理，它可能意味着生活世界概念的哲学原意无法原封不动地应用或落实于具体现象的经验研究之中，而民俗学的学科史表明它在任何国家均是对具体现象的研究，均是一门经验学科而不是哲学思辨性的学科。

笔者比较认同王杰文的见解，但也重视户晓辉的提示。中国民俗学当然不是不需要"元理论"层面的哲学思索，但当学科的对象和理念均已经明确地定位于现代社会的日常生活，那么，眼下最迫切需要的可能是能够推出若干具有示范性的个案或专题性研究，就像王杰文在此课题中开展的对北京市高层集合住宅里居民生活方式及其生活世界的初步研究。这样的研究意义重大，即便它有一些地方可能在哲学思维者看来仅是一些"常识"或不那么高大上深，或者它在国外已经有了研究的先例（就像户晓辉所说的那样，鲍辛格已经解决了技术和民俗的关系），已经被研究过了，但只要中国现代社会日常生活的这部分"常识"、经验或者事实、现象尚未被中国民俗学者研究过，那么，揭示它们就是中国民俗学绕不开、躲不掉的重要学术使命。

但要把现代社会的日常生活作为整体予以客体化并进行研究，在方法论上殊非易事。户晓辉提醒的借由生活世界概念而对民俗学的科学主义和实证主义经验研究方法之不足的揭示，并非耸人听闻。民俗学在研究现代社会的日常生活时，必须充分地意识到生活者是具有主体性、能动性并无时不在实践着自己人生，并无时不在阐释和建构着生活意义的人，也因此，日常是貌似理所当然，实际却永远流动不居。所以，民俗学者必须重新检验截至目前已经颇为熟悉且得心应手的研究方法和概念工具，放下身段，带着设身处地的同情以及和对象倾心交流的姿态，同时还要时刻准备着自我反思地去面临各自研究实践的现场。

编著译者简介

（以在文集中出现的先后为序）

周　星，日本爱知大学国际中国学研究中心教授。

王霄冰，中山大学中国非物质文化遗产研究中心教授。

汉斯·莫泽（Hans Moser，1903—1990），已故德国民俗学家，曾任巴伐利亚科学院民俗学研究所负责人，《巴伐利亚民俗学年刊》主编。

简　涛，德国柏林自由大学民族学博士。

赫尔曼·鲍辛格（Hermann Bausinger），德国图宾根大学教授、经验文化学研究所前所长。

海尔曼·斯特洛巴赫（Hermann Strobach），前东德国家科学院民俗学和文化史领域负责人，《民俗学与文化史年刊》主编。

林郁娴，德国慕尼黑大学德国语言文学系博士。

李孟蓁，德国慕尼黑大学日耳曼语言系博士研究生。

古提斯·史密什（Guntis Šmidchens），美国华盛顿大学斯堪的纳维亚研究系教授。

宋　颖，中国社会科学院民族文学研究所助理研究员、法学博士（民俗学）。

河野真，日本爱知大学国际交流学部教授。

八木康幸，日本关西学院大学文学部文化历史学科教授。

滨田琢司，日本南山大学人文学部日本文化学科教授。

香川雅信，日本兵库县立历史博物馆主任、学艺员。

山田慎也，日本国立历史民俗博物馆研究部民俗研究部门教授。

川森博司，日本神户女子大学文学部史学科教授。

西村真志叶，日本自由民俗学家，文学博士。

菅　丰，日本东京大学东洋文化研究所教授。

陈志勤，上海大学文学院社会学系副教授。

岳永逸，北京师范大学文学院民俗学与文化人类学研究所教授。

杨利慧，北京师范大学文学院民俗学与文化人类学研究所教授。

於　芳，华南师范大学外文学院讲师。

王杰文，中国传媒大学艺术研究院教授。

刘爱华，江西师范大学历史文化与旅游学院副教授。

艾亚玮，江西师范大学美术学院副教授。

胡　慧，河南省开封市第三十三中学教师，民俗学硕士。

杨　曼，江苏省南通市通州区委党校教育科讲师，民俗学硕士。

阿兰·邓迪斯（Alan Dundes, 1934—2005），美国民俗学会前会长，曾任美国加州大学民俗学和人类学教授。

周惠英，浙江省杭州市城市建设档案馆，文学硕士。

瑞吉娜·本迪克丝（Regina Bendix），德国哥廷根大学民俗学教授。

李　扬，中国海洋大学文学院教授。

薛泽闻，武汉非遗文化传播有限公司电子商务部主管，非物质文化遗产学硕士。

刘晓春，中山大学中国非物质文化遗产研究中心教授。

罗伯特·巴龙（Robert Baron），美国纽约州立艺术委员会民间艺术项目主管、《公共民俗学》主编。

黄龙光（彝名：诗纳倮乌），《云南师范大学学报》副主编，副教授。

芭芭拉·克什布拉特-吉布利特（Barbara Kirshenblatt-Gimblett），美国纽约

大学表演研究系教授。

黛布拉·科迪斯（Debera Kodish），美国费城民俗项目（Philadelphia Folklore Project）创建及主持人。

张举文，美国葳涞大学东亚系主任、教授。

岩本通弥，日本东京大学社会人类学研究室教授，日本民俗学会前会长。

施　尧，日本东京大学文化人类学专业博士生。

户晓辉，中国社会科学院文学研究所研究员。

高丙中，北京大学社会学院人类学教研室主任、教授。

后记·鸣谢

选编本书的构想，从2003年前后民俗主义的相关理念传入中国时起，至今已经过去了十余年。

先是2003—2004年间，周星在爱知大学多次和同事河野真教授讨论，得到鼓励；2005年暑假，周星在北京和宋颖博士商谈，得到支持；在2009年3月，周星访问德国柏林自由大学东亚研究所时，和简涛博士商谈，得到积极响应；2012年12月，周星在广州中山大学参加"非物质文化遗产保护法制建设学术研讨会"时，和王霄冰商谈，确认相互合作事宜；2015年4月至2016年3月，周星在美国葳涞大学东亚系访学期间，全力以赴从事有关选译、选编和编辑工作，其间得到张举文教授的多方关照和支持。这期间，周星和王霄冰通过电子邮件联系，双方默契配合，终于将这份拖延了很久的任务初步完成。

本书编者受益于诸多国内、外民俗学同仁先进的指教。本书可被看作我们向他们认真学习的成果，同时它也是我们出于和中国民俗学一起成长的愿望而对相关学术资源所做的一次整合或者梳理。这期间我们得到了太多的民俗学同行师友的支持和鼓励，在此一并致以由衷地感谢！对于本书所收论文的各位作者、译者以及拥有原作版权的出版社、杂志和个人分别以无偿或仅象征性收费等方式，让渡中文简体字版相关权利的善意，我们深表感激。

北京师范大学中国社会管理研究院/社会学院人类学民俗学系为本书提供了宝贵的出版资助，并将本书纳入"中国社会治理智库丛书·民俗学系列"的第一部而郑重推出，在此，我们谨向该丛书主编魏礼群院长和民俗学系列主编萧放教授表示诚挚的谢意。本书同时得到了中山大学"中国古代文学与文献研究"大科研平台"中国戏曲与俗文学整理研究团队"的部分出版资助，在此我们也表示深深的感谢。商务印书馆丁波、李霞两位编审和本书责任编辑李强为本书的出版尽心尽力，也令我们心怀感念。

编者期待广大读者能够喜欢这本书，并由衷期待各位的批评与指教！

周星、王霄冰

2016年3月20日于

美国俄勒冈州西宁市（Salem）——中国广州市中山大学